台灣經驗與「南洋」敘述

朱崇科 著

Taiwan Experiences &
"Nanyang" Narrations

目錄

序

一

"南洋"文學研究新思維模式啟示錄

一、重畫馬華文學新地圖：新啟示與新擔憂

我閱讀近年學者對世界華文文學的論述，就像一張張用不同手法與視野不斷重畫的地圖。繪製地圖，就是通過一定的載體，表達地球上各種事物的空間分佈、聯繫及時間中的發展變化狀態，呈現風景歷史建築到生態、飲食文化旅遊。地圖是國家版圖最主要的表現形式，反映國家的主權範圍，具有嚴肅的政治性、嚴密的科學性和嚴格的法定性。繪製地圖是用平面二維或立體的多維形式表示地球複雜現象的圖形或圖像，它具有嚴格的數學基礎、符號系統、文字註記，並能用地圖概括原則，科學地反映出自然和社會經濟現象的分佈特徵及其相互關係。現在還有電子數位化虛擬地圖，加上導航，街道、山川、湖泊、森林、花草一一立體化，還可加上視覺的影像。超越尋找地圖的地理基本符號，還發展出文學地理、地標文化和地緣政治學詮釋。經由各種方法與工具繪出來的地圖多種多樣，有的新奇古怪，超乎想像，有的甚至失焦造成嚴重的誤解與錯誤。比如曾經有學者把台灣地圖方向倒置，企圖製造台灣遠離中國大陸而"屬"東南亞板塊的論述。今天科技創新的導航，一不小心也常常引導開車的人誤入墳場或荒野的死路盡頭。

深入閱讀朱崇科的這部《台灣經驗與"南洋"敘述》，我理解到他關於台灣經驗與"南洋"書寫／論述的論述頗有啟示，有時明顯指出，有時以隱喻的語言婉轉暗示，但也存在擔憂——尤其是目前台灣大馬學者的"台灣經驗與南洋敘述"，就如製作地圖功能與表述中的種種問題，會產生因地緣政治及其他的新技術而誤導的陳述。

二、南洋文學學術新思維模式

朱崇科《台灣經驗與"南洋"敘述》的內在理路，是一種建立在 20 世紀以來人文社科學術的新思維模式。目前世界各國的人文與社會科學學者在研究與教學有影響力的學術思維模式，簡單地說，有兩大模式：一種屬知識驅動型（knowledge driven）的學術思想理論模式，如後現代、文化研究、性別研究、東方主義、讀者批評、讀者死亡論等；另一種由地理社會甚至國家政治環境變遷（situational shifts）所構建，如殖民主義、後殖民主義、馬克思主義理論、現實主義等。文學新思維與文學理論的發展堪稱變化萬千，但也翻來覆去。

關於文學研究的範圍，更具體的舉例來說，1967 年法國文學批評論家羅蘭・巴特（Roland Barthes, 1915–1980）發表論文〈作者之死〉（*The Death of the Author*），他認為作品在完成之際，作者就已經死亡，文本（text），任何作品都是一個"多維空間"，這個空間由無數話語構成，不存在原始的由作者創造的單一意義的文本。文本的這種複數性意義由讀者創造，一個文本的整體性在讀者那裏產生，而不能任由作者的動機來決定。傳統閱讀理論一向忽視讀者，現在是推翻作者的神話，讓讀者站起來的時刻了。這種閱讀方法影響巨大，導致後現代理論如讀者理論批評的產生與盛行。但這絕不是閱讀文學唯一的方法，因為至今從讀者的社會生活經驗、動機與作者的自我解讀仍然被奉為研究文學的另一種重要途徑，比如韋勒克與沃倫（René Wellek & Austin Warren）的《文學理論》（*Theory of Literature*）對文學的多元解讀理論仍然是文學（批評）理論的金科玉律。20 世紀（中葉）以降，文化研究及其他方法與理論則更推進更多元的方法與視野。

所以與時俱進的朱崇科在其《台灣經驗與"南洋"敘述》裏面每一章每一篇，嘗試使用和駕馭不同的方法、理論與視野。他根據需要，不時選擇從中國大陸、中國台灣、東南亞、歐美的角度來討論相關議題。東南亞的華文文學，是最具雜駁性的文化社會與想像的文學，這本論文集具有很高的針對性、可讀性與啟發性。

三、從各個角度重畫東南亞的華文文學新地圖

回到世界華文文學這個日新月異的學科。21 世紀前後，國際學術界開始

競爭性地以各種方法、從各個角度重畫東南亞華文文學的新地圖，以中文撰寫論述的學者，全世界各大學包括非華人都有參與，古遠清編著的《世界華文文學新學科論文選》（台北：萬卷樓，2022），選錄數十位國際作家學者的論述，呈現了在全球化的浪潮下建構具有國際性、多樣性的世界華文文學結構與理論，就是最好的例子。另外還有其他語文的專書論文很早就出現，如最早的黃森同博士的英文論文 *The Impact of China's Literary Movements on Malaya's Vernacular Chinese Literature from 1919 to 1941*（University of Wisconsin PHD thesis, 1978），馬漢茂（Helmut Martin）的德文、英文與中文的很多論述，到近年 Brian Bernards 的英文專著 *Writing the South Seas : Imagining the Nanyang in Chinese and Southeast Asian Postcolonial Literature*（University of Washington Press, 2015），曾昭程的英文專著 *Malaysian Crossings: Place and Language in the Worlding of Modern Chinese Literature*（New York: Columbia University Press, 2022），駱世俊《在台馬華文學的形成與發展研究（1965–1989）——以選集為研究對象》（復旦大學博士論文，2022）都是根據個人發現的新特點而畫製了新的新馬華文文學新地圖。

簡單地說，在這股浪潮中，朱崇科的台灣經驗與"南洋"文學研究傲然獨立、自成一家，說明目前除了台灣的馬華學者做自己的研究外，中國大陸、新馬及歐美其他學者也同步關注與研究這個課題。

四、多元文化世代必然的學術趨勢

2022 年 11 月 5 日，我主持新加坡作家節的講座"新加坡文學史建構"，即使只有三位主講人，他們卻也各自從不同的學術方法與文化視野來論述，這是多元文化世代必然的學術趨勢。作為主持人，我本人最早進入此領域，我是新批評文本分析與比較文學的世代。他們三位主講人已遠離 20 世紀 70 年代我在美國就讀研究所時期的學術主潮。他們之中第一位是新加坡作家／學者伍木，他的散文、詩歌、批評與學術著作豐富，新加坡本土經驗與色彩強烈，著有《朝向環境倫理：新馬華文詩文中的生態書寫（1976–2016）》（新加坡：八方出版社，2021）。第二位是有馬大與台大學術訓練，目前在台灣大學任教與定居的高嘉謙，純學術客觀如法官，他與王德威編選的《南洋讀本》（台北：

麥田出版公司，2022）是走進南洋風土、人文最重要的人文讀本，作者超越國籍與白話的界綫，收錄了從柏楊、穆旦、米憐、黃遵憲、丘逢甲、羅門到今日新馬年輕作家的文章。第三位是新加坡長大，復旦大學本科畢業，英國劍橋碩士與耶魯大學博士學術背景，目前在新加坡國立大學任教的新生代曾昭程，他出版了關於新馬文學與離散跨域連結問題的新書 *Malaysian Crossings: Place and Language in the Worlding of Modern Chinese Literature*（Columbia University Press, 2022）。他們因為學術文化背景有點差異，因此各自表述。

　　我當時特別指出目前新馬文學研究因學術與生活經驗多樣化，作家兼學者或純學術的闡述的差異性特別有意義，可惜主講人中少了具有東南亞或具有歐美學術研究經驗的學者，尤其中國大陸學者，前行者有劉俊，新世代的則是朱崇科。這樣對話才更加多元，視野才更完整。

五、解剖台灣經驗與新馬作家及其自我研究的話語權神話

　　朱崇科這本論文集特別關注具有台灣經驗的，尤其長期居住台灣的馬華作家及相關研究。如果說 "新馬文學資料在新馬，研究中心在台灣"，或者話語權掌握在台灣，那是自我中心的說辭，正如蘇珊‧桑塔格（Susan Songtag, 1933–2004）所說，被局限在柏拉圖的洞穴（in Plato's cave）的知識，會產生視野性的導航作用。

　　在台灣成長的新馬作家，後又居留台灣自主研究新馬文學，確實形成華文文學界極受注意的群體。關於一個新馬作家在台灣崛起，他的文學的形成，是一個非常複雜而有趣的文化現象，比如從砂拉越去台灣留學，後又定居台灣的李永平，如何解讀他與台灣的關係？我、許通元與鍾怡慧主編的《從婆羅洲到世界華文文學：李永平的文學行旅》論文集（馬來西亞：南方大學出版社，2020），收錄從四面八方、世界各地解讀李永平台灣與婆羅洲經驗的小說創作的論文，企圖解剖這個個案，目的就是打破似是而非的地緣政治說（台灣製造了李永平的單元思考論），解構 "沒有台灣就沒有李永平" 的迷思。作者群體包含關注與研究李永平，沒有限制在台灣的馬華學者。

　　而我自己為了尋找與建構東南亞作家獨特的南洋詩學，一直在摸索。甚至以自己為個案研究，暴露自己文學創作的秘訣，把自己放在手術台上自我解

剖，在台灣新詩百年國際研討會（台灣中央大學與台灣新詩學會，2022 年 5 月 27 日）發表了《我的南洋詩學變形記》，企圖破解許多迷思。我說：

"近年來常常遇到一項解讀東南亞華文作家詩學的大挑戰，譬如新加坡或馬來西亞華文作家，甚至其他東南亞作家，他們如何受到台灣文學的影響？尤其曾到過台灣留學，然後在當地開始寫作，甚至長時間住在台灣，主要著作在台灣出版與成名，如李永平與商晚筠等。也有不少在新馬或南洋其他地方出生，因為種種原因如讀書或被驅逐出境，後來在中國大陸成為作家，如杜運燮等人。即使他們成為大陸作家或台灣作家，他們的作品幾乎都顯現或隱藏著南洋詩學。"

最後我把自己每一站走過的路綫，像輸入地址的導航系統一樣，在複雜的地圖上從起點到終點畫上一條連接綫。我發現了不一樣的自己，這也讓別人更難理解，絕不是像過去以一句話"受台灣現代派詩歌影響"就可總結我的詩學。我的南洋詩學變形記極其複雜，由很多元素構成，以下的回答也不是完整的答案：以我人生經歷的路程與社會經驗來解讀，大致上可根據人生閱歷用來測量與評估自己的詩學蛻變，不過彼此永遠不斷進行對話，不像數學永遠尋找與認定唯一的真理。

（一）大馬左派／五四詩歌傳統（1950 年代）："寫實本土南洋詩學"；

（二）台灣現代詩與我（1962–1966）："個人現代主義詩學"；

（三）美國現代詩與漢學複合傳統（1967–1973）："越界跨國族南洋詩學"；

（四）重整與融合的中西傳統詩學（1973–1980）：現代古典結合的"本土書寫的南洋詩學"；

（五）重返殖民地的南洋（1980–2000）："受傷的南洋詩學"；

（六）再度重返南洋（2010–2022）："生態的南洋詩學"。

從一站到另一站，其實是相聯不斷，至少這是我的寫作哲學，不斷累積、吸收與融入的一種持續成長。

六、被邊緣化的大陸馬華文學論述？

我在過去討論東南亞華文文學的文章裏多次指出，東南亞華文文學研究的新學術群如中國大陸新世代的學者群不容忽視，更不能因為中國的政治制度不同而把他們邊緣化。全球已經醒悟中國大陸經濟與科技的進步與強大，研究戰略前瞻性超前，但在美國推動地緣政治的影響下，這群學者很容易被台灣邊緣化，故意以海德格爾的“存在遺忘”被對待。不少新生代學者，像新加坡國立大學中文系博士畢業、目前在廣東中山大學執教的朱崇科，他所代表的論述尤其值得注意。朱崇科《台灣經驗與“南洋”敘述》論述具有台灣寫作背景的新馬作家，以及新馬作家的自我文學成就論述，就是這個分領域學者不能不閱讀的典範研究。他的視野開闊而獨特，為目前具有台灣經驗的新馬作家與文學帶來全新的觀察、剖析與對話。他細讀其作品，全球視野中準確分析其複雜的文學文化結構與典範性。他建構了一家之言，扮演多種評論與學術的角色，從各章題目就可略見他多方法、多觀點的論述。朱崇科這本論文集，是研究新馬文學史上留台生文學的發展歷程的重要論述，其“緒論”是研究這個課題一定要閱讀的文章。他很坦誠直接地警惕性地指出：“比如可以廓清對很多說法的誤解，斷奶說，去中國性等等，也可以藉此模式去深入考察香港與新馬文學的關係”等等錯綜複雜的文學現象。另外朱崇科特別警告，“如果單純從比較文學所言的影響論的角度處理，難免會簡單化了某區域文學發展”，台灣馬華文學研究界的有關研究明顯出現“思考的缺陷和盲點”，還有“過分強調主體性，自我經典化、罔顧歷史事實等”。

朱崇科的《台灣經驗與“南洋”敘述》，除了肯定了很多創作與論述，也不無憂心地把脈一部分在台灣的馬華作家／學者“思考的缺陷和盲點”，同時在地緣政治的嚴重左右下，膨脹的自我容易把台灣以外的馬華文學研究邊緣化，或者以為台灣的馬華文學研究才是中心，而大馬與中國大陸，甚至其他地區的論述都是邊緣，在多元文化的世代，這是不容忽視與接受的趨勢。

如前面簡單的討論所涉及的台灣政治環境中不少馬華作家／學者強調將“台灣視角”作為研究的出發點，於是轉而將台灣作為研究馬華文學的替代田野，逐步轉型為“台灣的馬華文學研究”，以台灣視角進行台灣想像下的馬華文學研究。所以一些學者甚至說出“新馬文學資料在新馬，研究中心在台灣”的大話，這會製造台灣想像下的馬華文學研究論述。這使人想起長期以歐美為中心的出發角度的、通過東方主義解讀的亞洲文學研究。

但讀完朱崇科的《台灣經驗與“南洋”敘述》，我知道這樣的發展絕不可能，也是不應該發展起來的論述。從此角度看，朱崇科真是一位跨國界多元文化思考的優秀學者。

王潤華

王潤華（1941-），東南亞極富盛名的學者、詩人、散文家，著述等身。曾任新加坡國立大學教授兼系主任，台灣元智大學"大學教授"（University Professor）。今為馬來西亞南方大學資深講座教授。

序

二

當“家國”遇到生命的個體

　　對筆者來說，台灣和“南洋”應該都算是熟悉的地方。二十餘年間到了台澎金馬四十多次，累計“駐台”時間超過兩年，除在大學講授課程外，更多的是到鄉下做田野調查，考察廟宇、民居、遺跡和鄉村社會。訪問馬來西亞和新加坡也有十多次，考察新山、麻坡、馬六甲、巴生、怡保、太平、大山腳、檳城等地的華人社區（還有許許多多的小聚落，包括本書一再提到的殖民時代為防患華人與馬共聯繫而建立的“新村”），拜訪會館、公司、廟宇、學校，徜徉於礦場、批局和雜貨舖的舊址，聽著長輩以熟悉的潮州、客家、粵語或閩南口音講述故事，對於一個常年從事華南鄉村社會史的學者來說，總會有某種親切、溫潤和對其社會歷史脈絡似能掌控的感覺，儘管身處遠離移民原鄉的“異域”。可是，捧讀朱崇科的《台灣經驗與“南洋”敘述》書稿，這樣的感覺卻被顛覆了，深深感受到來自另一領域的學術衝擊。

　　筆者過去也零零星星看過一點馬華文學的作品，在台灣中央大學、成功大學和暨南國際大學任教時，先後與本書提到的幾位馬華作家也有過喝茶聊天的緣分，但認真完整地閱讀一部研究馬華文學的學術著作，卻還是第一次。我們都知道華文教育及華文文學對“南洋”華人社會的特別意義，也知道 1950 年代以後馬華文學發展中台灣的影響與地位，而這種情況的形成，無疑與國際政治格局的變遷、當代中國政治形勢的發展、中國與東南亞國家政治關係的演化，有著密不可分的關係。馬華作家從“留台”“旅台”到“在台”及其心路變化，無不深受國家和政治力量的影響。不論是當年“神州詩社”被取締及溫瑞安、方娥真放逐香港的經歷，還是近年“台獨”思潮發展之下在台馬華作家思想與創作日漸沉潛局面的形成，政治因素和意識形態對文學發展的巨大作用，是毋容置疑的。讓筆者深受觸動的是，崇科筆下這些受到"台灣經驗"影響的馬華作家所展現出來的理解國家、政治和族群的表達形式，與我們這些做鄉村社會史研究的人，竟然會有如此的不同。

我們這些號稱做"歷史人類學"的同行，在新加坡和馬來西亞進行田野考察，不管到的是粵海清廟、潮州會館、粵東古廟還是華人家庭，首先關注的多是碑銘、匾額、牌位、族譜、批信、賬簿、商業文書和訴訟文件等文字資料，從中不難發現中國原鄉的典章制度、宗法觀念、倫理精神、商業習慣和文化傳統的深刻影響。所以，在從事華僑華人歷史和傳統鄉村社會研究的歷史學家看來，"南洋"華人的"中國性"，很自然地被理解為歷代中原皇朝意識形態在遙遠的"異域"的延伸和衍變。從中國典章制度與"南洋"本土習慣或殖民地法律互動交融的視角，去理解這些與中國東南沿海百姓有著深厚血緣和地緣關係的人群的日常生活及其內部權力關係，也就成為很自然的事情。從歷史學的學科本位出發，"國家"的存在始終是一個與具體研究的學術價值相聯繫的潛在而深刻的尺度，在社會史的研究者內部，一個個案的、區域的研究，常常要能夠做到在制度史的意義上改變同行的認識，才算有了學術史上的價值。我們也認為自己致力於理解普通人的物質生活與精神生活，但由於意識形態意義上"國家"的存在和具體學術實踐中對制度史解釋的追求，我們更多地是關注研究對象"正常的"和"平常的"一面，或努力從制度史的角度"正常地""平常地"去理解研究對象"不尋常"的言談舉止。陳寅恪先生主張的"神遊冥想，與立說之古人，處於同一境界，而對於其持論所以不得不如是之苦心孤詣，表一種之同情"，講的也是這樣的境界。

毫無疑問，所謂"中國性"與"本土性"的關係，在很長的時間裏，也是馬華文學創作及其評論中最令人糾結的問題之一。1949 年新中國成立，國民黨政權退守台灣，1955 年中國政府確定不承認雙重國籍的政策，1957 年馬來西亞獨立，1965 年新加坡建國，這一系列重要的政治事件，使馬華文學的發展刻上了深刻的政治印記。語言、文字、風俗與信仰這類與"家國"和族群認同密切相關的文化存在，也就在有意無意之間，成為馬華文學家表達其政治觀念或所理解的政治意象的符號或標識，成為評論家們試圖理解其創作理念中"中國性”與“本土性”關係的帶有“索隱”意涵的綫索。而眾多馬華作家留學台灣及其留在台灣任教的情形，又使他們及其評論者對“中國性”的理解，產生了“眾聲喧嘩”且與時俱進的複雜。有意思的是，文學家們筆下的“家國”印象，與歷史學者在田野調查中獲得的感覺，會有這麼大的差異。通過崇科的評述不難發現，在這些有著“台灣經驗”的馬華作家的“南洋敘述”中，通過一個個個體生命所表達的“國家”存在和政治力量，帶上了活生生、富於感性、充滿激情且能包容異端和非倫理的特質，文學家們所描述的熱帶雨林氛圍下的“南洋”華人的日常生活與精神世界，與社會史學者眼中的東南亞華人社會場景，真的是大相徑庭。例如，馬共的存在及其相關歷史記憶，在馬華文學作品中可以說是具有某種魔力、揮之不去的話題，從王潤華開始，大多數有影響的馬華作家在其敘述中，總是難以迴避馬共與華人社會的關係。在他們的文字中，馬共回到了具體的生活場景，存在於個體的、活生生的人物形象之中，關於這一高度政治化且自然蘊含有某種“家國情懷”的題材，不但有理想、鬥爭、組織化、悲劇感之類的內容，而且充滿了慾望、狂放、隱秘和非倫理的想像。這與近年陸續出版的關於馬共的回憶錄和歷史研究作品，形成鮮明而有趣的比照。

也許我們可以說，馬華作家大都有“南洋”的生活經驗，他們的創作植根於自己的經歷和體驗，在這樣的意義上，他們的描述可能比基本上是“外來人”的社會史研究者，更貼近實際的生活場景。而能對這一判斷構成挑戰的，可能是馬華社群中眾多的文史工作者，這些“本地人”對馬華社會的歷史書寫，構成了面貌不同的另一種敘說。

整體說來，好的文學創作取向，應該有其國際化的背景。本書所研究的馬華作家的“台灣經驗”，大多來自其留學經歷和學者生活，大學校園的良好學術環境，使世界文學現代發展中與熱帶叢林生活有關的成功作品及其敘述風格的巨大力量，有可能產生足夠的影響。本來熱帶雨林的氛圍與經驗，從小就是他們成長過程中大道自然的組成部分。因此，馬華文學不難在現當代世界文學發展史上找到自己的定位。作為歷史學者，筆者在思考的反倒是另一個問題：在以歐洲文字和馬來文書寫的文學作品中，現當代“南洋”華人社會的面貌，又是什麼樣的？這也許是“國際化”過程中，真正要面對的問題。相形之下，關於東南亞華僑華人社會歷史的研究，與國際歷史學主流關心的問題相去甚遠,基本上仍在"自言自語"狀態,但卻與陳達、施堅雅(William Skinner)、傅吾康(Wolfgang Franke)、王賡武、濱下武志等學者的研究一脈相承,不同文字出版的學術著作可以相互批判、交互印證,相得益彰。這又是一個有趣的比較。

崇科 2005 年博士畢業於新加坡國立大學,師從王潤華、楊松年教授修讀新馬華文文學;2013 年上半年曾赴台灣東華大學擔任一學期的客座教授,講授《馬華文學》;2015 年上半年他又前往新加坡南洋理工大學訪問,繼續查檢資料、思索新見。迄今為止,他有關此領域的論著包括《本土性的糾葛》《考古文學"南洋"》《華語比較文學》和《馬華文學 12 家》等,是馬華文學研究界享有國際聲譽的卓越學者。求學"南洋"與講學台灣的學術經歷,使他成為探究"台灣經驗與'南洋'敘述"課題的不二人選。有意思的是,正如本書的"緒論"所述,他居然神差鬼使地拋棄了原定以類教科書格式,分門別類講述"留台新馬作家譜系""立足台灣的南洋書寫""扎根本土的文學創制""台灣視野下的南洋論述"和"本土敘述的雙重視閾"的寫作模式,改為類似文學史敘述的按時間序列鋪陳的形式,從而也就啟發了筆者從社會史的經驗出發,發一點雜感的勇氣。

是為序。

陳春聲

2019 年 3 月 25 日於廣州康樂園馬崗松濤中

陳春聲(1959–)歷史學家,廣東中山大學歷史學系教授。學術兼職有中國教育部歷史學科教學指導委員會主任委員、中國史學會副會長等。

緒

論

一、文獻綜述及研究意義

有關區域華文文學（area Chinese literature）和其影響文化資源關係的討論，其實是一個相當有趣的課題。如果單純從比較文學所言的影響論的角度處理，難免會簡單化了某區域文學發展、形成的複雜性；但如果過分強調其本土特質，似乎又誇大了區域華文文學本身演進的事實。因此其中的細微之處需要有心人士結合具體區域文學的互動關係實際而展開認真而深入的思考。比如，以 20 世紀中國文學和大陸以外的區域文學，比如馬華文學（此處包含馬來亞時空的華文文學）的關係為例，我們可以說，馬華文學的現代性和中國現代文學息息相關，甚至在 1920、1930 年代的馬華文學 "場域"（field）[1] 裏，絕大多數的作者／文化人都糾纏了濃郁的中國性（Chineseness），畢竟，他們大多數人的政治身份都依然是中國護照持有者。但同時，我們也要看到，隨著時間的推移，包括馬來亞本土的固有文化影響元素浸潤，本土（性）的影響力日益增強，而馬華文學現代性的變遷其實何嘗不添加了本土的色彩而顯出與中國文學的較大差異？[2]

眼光略作偏移，如果我們去考察台灣 "場域" 與 "南洋" 華文文學的關係，自然也不乏弔詭和幽微之處。毋庸諱言，台灣經驗和新馬文學生態關係的討論屬華文文學學科前沿性課題，相關研究中成體系性的關聯論著目前不多，主要就是陳大為教授著述的《最年輕的麒麟 —— 馬華文學在台灣（1963–2012）》（台南：國立台灣文學館，2012）、溫明明著《離境與跨界 —— 在台馬華文學研究（1963–2013）》（北京：中國社會科學出版社，2016）；論文也相對較少，直接關聯的如高嘉謙《馬華小說與台灣文學》（刊《文藝爭鳴》2012 年第 6 期）等。簡單而言，新馬華文文學生態發展與台灣經驗的關係，目前的研究多數集中在陳大為、黃錦樹、高嘉謙等留台學者那裏。哈佛大學王德威教授在他的論文集裏對此領域多有提攜和涉獵。大陸方面由於資料限制和興趣不同，可謂略有述及，如劉小新、黃萬華、朱雙一等都是箇中好手，但往往因為論述焦點的

1　這個概念出自法國思想大師布爾迪厄（Pierre Bourdieu, 1932－2002），具體可參〔法〕皮埃爾·布爾迪厄著，劉暉譯《藝術的法則：文學場的生成與結構》（北京：中央編譯出版社，2011）。

2　有關馬華文學本土性的考察可參拙著《考古文學 "南洋" —— 新馬華文文學與本土性》（上海：上海三聯書店，2008）和《馬華文學 12 家》（北京：生活·讀書·新知三聯書店，2019）。

側重或缺乏全域意識大都語焉不詳。

　　陳大為的專著是目前為止非常集中的論述，無論如何，它以相對翔實的資料為我們清晰勾勒出一條頗有連貫性的留台／在台馬華／台灣文學的路綫，可謂功勞赫然。他也一直堅持自己的觀點，在台馬華文學作為馬華文學板塊之一三足鼎立（另兩足是西馬文壇、東馬文壇）的重要組成部分，不容忽略。而其論述的焦點主要是：1. "馬華旅台詩人群的崛起"（以星座詩社、神州詩社為中心）；2. "馬華文學的地景構成（1977–1987）"；3. "自傳體寫作與學院派風格之形成（1989–2007）"；4. "武俠與科幻：馬華文學的幽暗角落"。

　　或許是時間原因影響（如作者在後記所言，"其實這並不是一部我計劃中的著作，比較像是接下的一項任務，在有限的心力和時間內完成"），又或者是不得不遵循體例要求（此書被納入李瑞騰教授主編的台灣文學史長編，編號31），此書倉促成型出版的痕跡顯而易見，也因此不乏爭議。相較而言，最精彩的部分恰恰是關於詩人的論述，而陳大為本身也是卓有成績的詩人，可謂吻合了艾略特（T. S. Eliot, 1888–1965）關於 "詩人批評家"（poet-critic）的精彩論斷和說明。[1] 但同時此書也有焦點飄忽、文體和作家比重分配不均、過分重視文學獎等缺陷，甚至讓人清晰覺察 "詩人批評家" 的偏執。如在台馬華批評家黃錦樹就犀利甚至不無尖刻地指出："這本《最年輕的麒麟》是貶低小說而拔高詩與散文的，巧的是，這恰恰是大為和怡雯最擅長的領域。以篇幅來看，整本書只有三個主要作者：溫瑞安、陳大為、鍾怡雯。"[2]

　　溫明明的專著《離境與跨界 —— 在台馬華文學研究（1963–2013）》主要分為四章："再華化" 的生命旅程：在台馬華作家的認同意識；離境的文學傳統：代際譜系與台灣的意義；跨界的文學書寫：出走南洋與回望馬華；闡釋的焦慮：與身世有關的命運。整體而言，該書主要還是立足於宏觀脈絡，從史的角度進行了歷時性考察，具有較好的問題意識，但限於實地經驗的缺乏、對台灣及大馬人文脈絡多角度的觀照不夠充分，該書的論述依然顯得 "隔"，因此

1　具體可參〔英〕托馬斯·斯特恩斯·艾略特著，李賦寧譯《批評批評家》（上海：上海譯文出版社，2012）第一節 "批評批評家"，頁 1-22。

2　黃錦樹：〈這隻斑馬 —— 評陳大為《最年輕的麒麟 —— 馬華文學在台灣（1963–2012）》〉，《華文文學》2013 年第 5 期，頁 117。

新意和銳利程度依然還有提升空間。但值得肯定的是，作為中國大陸第一部認真梳理 50 年在台馬華文學的研究論著，其存在自有其合理性、衝擊力和可取之處。

如果仔細考察此論題的學術意義，首先，我們必須追問的內在的問題意識有：位置的變遷、離散經驗和（自我）放逐等經歷往往會帶來文學視野和書寫立場的更新，台灣經驗對於新馬留學生的文學書寫有哪些滋養，對新馬文壇有哪些實質的衝擊？他們具有怎樣的雙重乃至多重視野，或者是否可能被雙重邊緣化？從本土認同角度看，外在的經驗又如何強化或分解了他們對南洋本土的眷戀？他們創作中的中國性再現又呈現了怎樣的姿彩？

其次，從文學創作的實績來看，台灣經驗在相當長一段時間內成為新馬華文文學創新性（尤其是現代主義書寫）的主要源泉。由於中國大陸、中國台灣和馬來西亞等歷史和政策原因，導致留台生從 1960 年代至今絡繹不絕，成為一道獨特的文學 / 社會景觀，而且成績斐然、影響力巨大，毫不誇張地說，他們以有限的人數，卻鑄就了新馬華文文學經典書寫（含批評）的三分之一甚至是半壁江山。

再次，從新馬華文文學的研究來看，留台生則發揮了更大的作用，甚至有"新馬文學資料在新馬，研究中心在台灣"之說。毋庸諱言，台灣的本土思潮、豐厚學養和活躍思維的促發，加上對"南洋"故鄉的密切關注，使得這幫留台學者往往可以"見賢思齊"，因此展開新馬文學研究實踐時往往能夠具有非常獨到的問題意識。同時，考察二者的內在關聯，也有助於我們探索其思考的洞見，同時也重審其缺陷和盲點，如過分強調主體性、自我經典化、罔顧歷史事實等。

本研究也有很強的實際意義和理論價值。因為，一方面，研究新馬文學史上留台生文學的發展歷程，對於新馬華文文學現有的研究和認知是一個巨大的推進和清晰梳理，具有巨大的現實意義，可以讓本土作家以及所有研究者重新認清留台經驗的歷史地位和價值，而且理論上，也可以為類似課題處理提供借鑒個案，比如可以廓清對很多說法的誤解，如"斷奶說""去中國性"等等，也可以藉此模式去深入考察香港與新馬文學的關係等等。

另一方面，研究這幫作家對於台灣文學及其生態也是一個促進，至少可以

17

喚醒以政治劃分文學的 "台獨" 分子能夠以更客觀的心態看待這種文學現象及其不容忽略的成就。更進一步，無論是對於台灣文學史的重寫，還是新馬文學史的重構都提供了不可多得的嶄新處理視野。比如，如何處理政治身份改變的 "被" "離散" 作家，如何看待其 "南洋" 虛構和台灣等經驗的關係。

二、概念釐定及概論

本書主要鎖定新馬文學中的留台作家，考察台灣經驗以及相關思潮對他們個體創作以及 "南洋"（此處主要是指新馬）文學生態的影響，同時也反過來會處理他們對於台灣文學生態的衝擊、更新和擴展。

這裏的 "台灣經驗" 當然是一個流動的、發展的概念。它主要是指實實在在的台灣地域、文化、教育、政治、現實生活等層面。當然，從實際操作上，我們似乎很難區分哪些是台灣影響，哪些是自我創造，甚至哪些是融合之後的再創造。畢竟，文學創作往往更是個體的事業。為此，本書在考察時一方面會考察台灣影響的具體面目，另一方面也採取更寬泛的內涵，主要集中在跟台灣相關或在台灣發生（過）的文學現象。當然，毫無疑問，台灣作為文學生產的重要場域，那些雖然未曾留學台灣卻由台灣提供亮相機遇的作家也不少，特別具有影響力的新馬作家包括英培安、黎紫書、歐大旭等，類似的其他新馬著名的本土作家還包括李天葆、陳志鴻、龔萬輝、吳龍川（滄海·未知生）、賀淑芳、黃瑋霜等，他們都在台灣出版過著作。如高嘉謙所言："台灣提供了這些馬華作者初次出版著作的機會，甚至成了不少作家持續投入寫作和參與文學活動的重要地域。"[1] 在本書的實際論述中，我也會部分涉及此種書寫，比如英培安（1947–2021）和黎紫書（1971– ）等。

"南洋" 敘述也包含兩方面內容，一方面是有關 "南洋" 的創作，比如小說、詩歌、散文中的南洋故土書寫與虛構，另一方面是關於新馬華文文學的批評，這裏的敘述也就變成了論述的意思。當然，也會兼及這些作家在台灣的影響。需要說明的是，此處的 "南洋" 並非筆者中國中心的表現，作為一個曾經留學、訪學於新加坡超過四年且長期研究區域華文文學的學者，這點世界性思

1　高嘉謙：〈馬華小說與台灣文學〉，《文藝爭鳴》2012 年第 6 期，頁 35。

維和視野的轉換性以及包容度還是長存心間的，之所以稱為"南洋"，是因為早期的留台生如李永平、王潤華等人，他們出生於 1940 年代，彼時的故鄉還是英屬殖民地 —— 馬來亞或婆羅洲，還不存在馬來西亞（1971- ）的說法，尤其是"南洋浪子"[1]—— 李永平本人內心不太認可馬來西亞的說法。不無弔詭的是，這個時候用"南洋"一詞反倒弔詭地更具有涵蓋性。

簡單而言，如果以他們登上台灣文壇的時間先後為順序來做個梳理的話，可以發現最先奪人眼球的是 1960 年代在台灣大專院校和文壇嶄露頭角的"星座詩社"，這個由馬來西亞僑生為主體的詩歌社團，開啟了馬華青年在台灣組織文學社團的先河。其大馬籍的核心成員主要是林綠、淡瑩、王潤華、陌上桑、陳慧樺、麥留芳、葉曼沙等等。另外需要指出的是，他們既獲益於台灣現代詩崛起的潮流挾裹，同時又是建設者和參與者。儘管台灣對他們的影響居多，但作為參與者，他們其實對台灣文壇的豐富和活力也不無貢獻。這種幽微的內在互動才更呈現出文學發展的複雜性和迷人魅力。[2]

值得關注的還有 1976 年成立的"神州詩社"，主要代表人物是溫瑞安、方娥真、黃昏星（李宗舜）等。他們對文化"中國性"的高度癡迷、文武兼修、拉幫結社、特立獨行等等做法甚至弔詭地為（曾一度企圖"反攻大陸"、自詡立足正統文化中心的）台灣當局所不容，並於 1980 年 9 月遭查抄，溫、方二人被驅逐出境，身無一物流落香港。[3]

而此時，尤其是 1970 年代後期，優秀的馬華小說家們開始在台灣文壇，尤其是文學獎（尤其是"聯合報""中國時報"文學獎）上不斷有所斬獲，如李永平（1947–2017）的《拉子婦》（1976）、商晚筠（1952–1995）的《癡女阿蓮》（1977）和張貴興（1956- ）的《伏虎》（1980）等都是獲獎作品，也呈現出逼人才氣。商晚筠英年早逝，但李、張卻是更上一層樓，李永平以《吉陵春秋》

---

1 這是李永平的自謂，可參王德威〈原鄉想像，浪子文學 —— 李永平論〉，《江蘇社會科學》2004 年第 4 期，頁 103。

2 有關論述可參洪敬清〈越境的實踐與書寫：星座詩社之馬華作家與作品探析〉，熊婷惠、張斯翔、葉福炎編《異代新聲：馬華文學與文化研究集稿》（高雄：國立中山大學人文研究中心，2019）。

3 可參前述陳大為專著第二章有關研究以及更早的黃錦樹〈神州：文化鄉愁與內在中國〉，收入氏著《馬華文學與中國性》（台北：元尊文化，1998）等。

（1986）獲 "中國時報文學獎" 推薦獎，更在 1999 年入選《亞洲週刊》讀者票選的 "二十世紀中文小說一百強"。而張貴興的《群象》（1998）入圍了第二屆 "時報文學百萬小說獎" 決選作品，並獲得讀者票選獎第一名，其《野豬渡河》（2018）獲得台灣第七屆聯合報文學大獎，並且以強勁之勢橫掃多項大獎，如第 15 屆花蹤文學獎馬華文學大獎、香港浸會大學第八屆紅樓夢獎、美國紐曼華語文學獎等。

到了 1980 年代，曾在大學修習園藝，並在 1972–1974 年任教於台灣中興大學園藝系的潘雨桐（1937– ），也在 1980 年代初期進入台灣文學獎獲獎行列。耐人尋味的是，他其實是在美國讀博士期間和之後的跨專業、跨時空的文學歸返，但同樣也展示了台灣經驗與 "南洋" 敘事的複雜關聯。

從 1980 年代末到 1990 年代末，一批在台灣文壇深耕的 "六字輩" 馬華作者如黃錦樹、鍾怡雯、陳大為、林幸謙、辛金順等人，先後斬獲多個文學大獎而引人注目，同時他們往往兼擅文學批評，立足台港、回望大馬，奠定了又一個世代馬華作者的地位和勢能。如今他們是絕對的中堅和領軍人物。而當然，因為他們中間個人國籍的改變、時空的轉換，尤其是文化事業重心的偏移也給他們的論述帶來了新的影響和可能性。[1]

俗話說 "長江後浪推前浪"，戲謔的說法還有賡續 "前浪死在沙灘上"，只要大馬青年們留台的事業不間斷，"在台馬華文學" 似乎就擁有不斷的新生實力補充，而只要文學不沒落，似乎這種使命、追求與興趣就成為一種不斷的延續。

三、論述預設與實際框架

按照我最初的預設，"台灣經驗與 '南洋' 敘述" 的預設主體框架如下：

第一部分：考察留台新馬作家譜系，呈現一幅宏觀圖像。一方面，包括個體作家，如王潤華、淡瑩、陳慧樺、傅承得、林綠、李有成、張錦忠、林幸謙、林建國、李永平、潘雨桐、張貴興、黃錦樹、鍾怡雯、陳大為、柯思仁、

1　有關論述可參拙文〈區域華文文學的越界、跨國與主體解 / 構——以旅台馬華文學為例〉，新加坡《華人研究國際學報》第十四卷第一期（2022 年 6 月）。

蔡深江、許福吉、陳志銳、陳強華等。另一方面，也包括文學社團，如星座詩社、神州詩社等。

第二部分：立足台灣的南洋書寫。主要是考察人在台灣時的有關南洋的文學創作。如王潤華（南洋植物，中國意象）、溫瑞安（中國情結）、林幸謙（文化中國的投射）、李永平（南洋、台灣、文化中國等）、張貴興（熱帶雨林，台北等）、黃錦樹（台灣、中國大陸與南洋的互動）、鍾怡雯（南洋個體記憶散文）、陳大為（有關南洋的"史詩"）等。

第三部分：扎根本土的文學創制。主要是研究留台後回歸南洋的作家們的創作。如柯思仁（通過台北反思新加坡）、蔡深江（語言的中國化與混雜）、許福吉（書寫新加坡）、陳志銳（後現代實踐）、陳強華、潘雨桐等等。

第四部分：台灣視野下的南洋論述。主要是研究台灣經驗以及時空下對新馬文學批評的貢獻以及缺點。其中代表人物主要有張錦忠（南洋論述）、黃錦樹（馬華文學批評）、林幸謙、林建國（對馬華文學的理論建構）、鍾怡雯（亞洲散文中間的中國圖像）、陳大為（馬華留台作家論述）、高嘉謙等。

第五部分：本土敘述的雙重視閾。考察那些回歸本土以後的留台研究者對本土的貢獻以及對文學生態的建設。比如，柯思仁、蔡深江、許福吉、陳志銳、陳強華等。

事實證明，預設和計劃與實際研究之間總有各種各樣的差距和變異。理論的思辨、層次分明、條分縷析似乎已經變成了一種誘人的雙刃劍，它毫無疑問可以彰顯出論述的條理性和鮮明纏繞的問題意識，令人欲罷不能；但同時，它往往又割裂了具體作家或被論述個案的整體性和特異性，很容易變成宏大敘述下（grand narrative）個案作家們被分塊按需置入或挪移的操作，似乎更看到了論者的強烈主體性，而被論述對象卻被割裂得屍骸遍地。在這兩者之間，平衡之後我還是更傾向於對個案整體性和複雜性的集中論述，如此看起來學術未必那麼層層推進，但對於真正的讀者來說似乎更酣暢淋漓。

為此，按照時間順序最先呈現的該是第一章：如何萌蘖？而代表性作家則是早期赴台留學的優秀作家、業師王潤華教授，王自然有他的特異性，但為了更好地展現他的風格，他其實也有潛在的對話者，就是他之前的作家鐵抗（1913–1942），他是從中國大陸南來馬來亞的彗星般的作家，不僅才華橫溢長於創作、編輯，還提出了"馬華語系"的概念，甚至還弔詭地在日本人"檢證"中命喪南洋；同樣並列的還有新華國寶級作家郭寶崑（1939–2002），他同樣是一個承上啟下的優秀作家，巧妙實現了對新華文學的奠基性轉換，將他們並置，反倒可以看出王潤華的獨特性，同樣也可以看出新馬作家的某些共性。師母淡瑩（1943– ）作為東南亞著名女詩人，恰恰也是台大外文系製造，她詩作中的獨特"新"華性特別值得關注。

第二章：原鄉東馬。其中則以李永平、張貴興和潘雨桐為中心。然而他們又有不同的幾路，李、張共性更多，他們出身東馬，都入籍台灣，都擅於書寫台灣與東馬的對話。而潘則是跨專業、跨領域書寫，最後定居大馬，雖然是西馬人，卻也在東馬長期工作，因此同樣有複雜的對話關係。

第三章：眾聲喧嘩。六字輩的世代代表作家紛紛登場，黃錦樹、陳大為、鍾怡雯等都是一時的好手。黃錦樹不僅僅長於中短篇小說，還有出色的文學批評技藝，而兩者對照閱讀，反倒可以看出他的洞見和可能偏執。長於詩歌的陳大為、擅長散文的鍾怡雯同樣也是學者型作家，他們的苦心孤詣也有讓人探究的動力。還有香港文壇常青樹 —— 劉以鬯（1918–2018）先生有關南洋的書寫，其中呈現出香港與南洋的互動關係。而此時潛在的對話者卻是新華優秀小說家英培安，他的長篇《畫室》匠心獨具，頗具張力。

第四章：聚焦個案。女作家黎紫書作為大馬本土出產的最優秀的作家，的確有自己的風格。她也有不少優秀作品在台灣出版。本書既集中精力逐一探勘其兩部長篇《告別的年代》和《流俗地》的宏觀變化與幽微之處，也認真探討其小說敘事"故事性"的特色與限制。

第五章：理論再詮。毫無疑問，華語語系文學（Sinophone literature）在海外日益炙手可熱，最能亮出我的底牌的就是對"華語語系（文學）話語"的再解讀。某種意義上說，我更欣賞"華語比較文學"。[1] 同時，也認真而且誠懇地清理了史書美（Shu–Mei Shih）的有關論述局限。值得關注的還有錢超英教授（1958– ）的澳大利亞華人文學批評，他也開拓了我們的視界。而"馬共"主題小說卻可以呈現出新、馬和台灣場域書寫實踐的連綴、差異及類型化。

1　具體可參拙著《華語比較文學：問題意識及批評實踐》（上海：上海三聯書店，2012）。

　　　　　　　　　　　　　　　　　　　　　　　　　　　　　　　緒　論

不難看出，本書沒有按照預定的計劃繼續研究詩歌團體，如星座詩社和神州詩社等，那是因為一方面前人研究已經相當充分，很難突破；另一方面，身居其間的代表性作家王潤華原本早就突破了詩人角色的限圍，同時兼善散文、文學批評和跨學科的學術研究，個案單列反倒更容易凸顯其獨特性和嬗變軌跡。同時，原本論述設計要涉及的作家還包括林幸謙、歐大旭等，尤其是出生於台北的馬來西亞頂尖英文作家歐大旭（1971– ）呈現出特別繁複的自我及文化認同，和馬華作家的常規書寫拉開了距離，某種意義上說，以英文寫作的華人作家也該成為馬華文學研究的重點之一，惟其如此，才不會讓華文文學研究陷入固步自封的境地。但以上作家（還包括陳大為）專論已經收入了拙著《馬華文學 12 家》（北京：生活・讀書・新知三聯書店，2019），歡迎對照參看。

同樣較少涉獵的還有新加坡留台作家。相較而言，由於新華文學已經被列入國家文學行列，不像馬華文學依舊苦苦掙扎，擺脫不了姜身未明的族群文學身份，反倒多出強悍的信念追求和文化身份藉助，留學台灣的作家、學者必然呈現出深刻的台灣痕跡，而新華作家則相對較少，貌似被“收編”，實則政治認同和文化認同相對明晰的他們往往更喜歡在新加坡時空內發聲，比如柯思仁、蔡深江等等，他們“逆襲”台灣的衝動和實踐相對不強，因此在本書中論述篇幅反倒減少了。英雄所見略同的是，游俊豪教授也在研究中指出：“更有歷史意思的是，新華場域跟 1978 年改革開放的中國場域建構文學的雙向複系統……台灣，從來沒有成為新華作家的基地。”[1]

在批評完陳大為的《最年輕的麒麟》之後，黃錦樹曾在評點誰最適合撰寫在台馬華作家文學史的論述時說道：“老的如李有成（我在不同的場合均批評他對馬華文學做得實在太少）、張錦忠（其《馬來西亞華語語系文學》雖非專論在台馬華文學，但涉及的部分也比大為這本可靠多了）。年輕的如高嘉謙，或仍在寫博論的如詹閔旭、劉淑貞、陳允元等。而我判斷，由年輕一代來寫會更好，因為他們學術剛起步，必然全力以赴。”[2] 所論貌似有理，畢竟，在台或

1　游俊豪：《移民軌跡和離散論述：新馬華人族群的重層脈絡》（上海：上海三聯書店，2014），頁190。

2　黃錦樹：〈這隻斑馬 —— 評陳大為《最年輕的麒麟 —— 馬華文學在台灣（1963–2012）》〉，頁118。

留台經歷對於這個題目的書寫具有歷史現場感，相較於人在大馬的批評和論述而言，佔有太多優勢，甚至也包括理論、出版層面，都足以傲視大馬本土書寫者。但在台馬華學者書寫自我的創作和論述同樣也有弊端：迄今為止，由於可能被"雙重邊緣化"的危險，一方面，要在台灣扎穩腳跟，心態上不乏焦慮，也難以擺脫台灣視域的局限，另一方面，卻又遠離大馬本土創作和權／利的中心，他們似乎都沒有擺脫"自我經典化"的缺憾 —— 畫地為牢、自我表揚並且極度蔑視不同立場（包含大陸學者）的論述，這就意味著他們其實很難擺脫小圈子主義並真正揚長避短、開放包容。

為此，本書的確還有它不可替代的價值，畢竟，本書作者立足於在新馬的四年多的實地經驗（包括田野考察和全世界最豐富相關資料的閱讀），加上台灣東華大學（華文文學系）的半年客座體會（從台灣場域觀看"在台馬華文學"），有了自己的獨特視角和切身體會，那就是，真正從馬來西亞本土的同情與了解（insider）以及外來的客觀冷靜角度（outsider）重新審視這種彼此對視與影響，因為無論是留台作家、學者本人，還是新馬本土論述都可能存在文人相輕和利益糾葛的弊端；另外，"台灣經驗和'南洋'敘述"只是相關理論／理路的一種實踐，更大更多的比較也該在此基礎上展開，這當然是後續的野心和更長遠的前瞻性。但是，回到當下，本書立足扎實的史料，藉助新穎的方法，應當可以為區域華文文學研究中的影響和反撥研究提供可能的新思路。

第一章

如何萌蘖

第一節　卓爾不群論鐵抗

提要：鐵抗是馬華文學史上，尤其是戰前五年最傑出的作家，他兼擅文學理論與創作實踐。從理論演進角度看，他大致上可被納入現實主義思潮：一方面他強調對馬華文藝的現實化處理，而在抗戰壓力日甚後，他更主張文以載道與踐行，比如文藝通俗化、文藝通訊與報告文學等等，另一方面在對本土詩學的曖昧堅守中，他亦有不少可以闡發的洞見；文學實踐上，他長於反諷，又善抒情，同時又能採用橫斷面的手法敘事，是一個不可多得的人才。

關鍵詞：鐵抗；現實化；超族際；本土詩學

鐵抗，原名鄭卓群，出生於廣東潮陽，曾用名鐵亢、明珠、金鐵皆鳴、金箭、金鑒、鳴珠、群等。1936 年冬，鐵抗南來馬來亞，在民眾學校教書，並主編《星洲日報》服務版，1937–1938 年接編《星洲日報》、《文藝》週刊，1939年編輯《總彙報》副刊〈世紀風〉，並同時與友人創辦並主持《文藝長城》，1940 年赴馬來亞吡叻州（或霹靂州）邦咯島（Pulau Pangkor）各地教書，1941年底返回新加坡，不久星洲淪陷，1942 年 2 月鐵抗於日本人"檢證"[1]時被捕並慘遭殺害，年僅 29 歲。

馬來亞文學時空中的鐵抗存在時間只有短短五年，但他卻是馬華文學星空（尤其是早期時段）中璀璨的一顆明星。在這五年內他筆耕不輟，先後嘗試過各種文體：如散文、隨筆、短篇小說、中篇小說《試煉時代》、文學短論及文學批評論集，除此以外，他也寫過通訊、劇本等等。[2] 大致而言，他的作品大多收入方修主編的《鐵抗作品選》、駱明主編的《鐵抗研究專集》（新加坡：新加坡文藝協會，2006）中。毋庸諱言，鐵抗具有彗星般的氣質，也受到及時的關

1　有關文學性描述可參余雪田〈新加坡檢證大屠殺〉，《海內與海外》1997 年第 12 期；有關論文可參李恩涵〈1942 年初日本軍佔領星洲"檢證"之役考實〉，新加坡《南洋學報》第 41 卷 1、2 期（1986年），頁 1-21。

2　方修〈前言〉，方修主編《鐵抗作品選》（新加坡：上海書局，1979），頁 1-4。

注，如人所論，"鐵抗當時可能不會知道，他的長眠之所，竟是這片逗留三五年的陌生地；他當時可能也不會知道，就因為這三年五載，文學史將他的定位給了這個地方 —— 一個廣東潮陽地方來的年輕人，在三五年間成了馬華作家，而且還是文史家心目中極為重要的馬華作家"。[1]

莊華興認為，我們應該出土鐵抗，"鐵抗於 1937 年初出現於馬華文壇，至 1942 年去世的五年光景中，留下幾篇傑出的小說和頗富洞見的理論文字，值得重視。出土鐵抗，是出土馬華詩學的部分墾拓性工程"。[2] 問題在於：如何出土？又如何呈現？

需要指出的是，鐵抗獻身文學的這五年，恰恰也是他血氣方剛、專心做事、努力開拓的時期，如人回憶所言，"他把文藝當作終身的事業，態度誠懇，許多文藝青年都學吸煙喝酒和打牌，把生命消煞在這些無謂的事情上，以為非此不足成為文學家，結果是文學家還做未成，而頹唐文人的惡習都染遍了"。[3] 但同時卻又是他力比多（libido）找不到宣泄口[4]、刻意認真轉移的時期，因此彼時即使是現實主義的主流大潮亦無法遮蔽其洶湧的暗流跌宕，這體現在其文學理論的演進和變遷中，同時在他的理論和創作實踐之間難免既可能吻合，同時又有繁複張力和對抗。難能可貴的是，鐵抗兼擅創作和文藝評論，又相對有識見，他的豐富與部分駁雜其實有時也是對主流文學（史）觀（比如方修等）的挑戰乃至校正。鑒於前人論述相對富足，本文並不強調面面俱到，而是更側重其獨特之處，所謂卓爾不群而後又引領人群，也恰恰暗合了其原名鄭卓群。

1　張永修：〈屍骨沒了 文學挖掘未了〉，馬來西亞《南洋商報‧南洋文藝》2000 年 7 月 15 日。

2　莊華興：〈出土詩學？——重讀鐵抗及其他〉，《南洋商報‧南洋文藝》2000 年 7 月 22 日。

3　石蘊真：〈記鄭卓群〉，方修主編《鐵抗作品選》（新加坡：上海書局，1979），頁 137。

4　鐵抗在日本人"檢證"中的死亡原因眾說紛紜，"關於鐵抗的死因，鄭卓榮是從鐵抗朋友口中聽聞的。那是一般已為文藝界人士所相信的'傳奇'死法：鐵抗通過了日軍的檢查，日軍要將檢印蓋在衣服背後時，鐵抗要求蓋在手巾上，觸怒日軍而被推到一邊 —— 鄭卓榮說，推向一邊是生，推向另一邊是死 —— 鐵抗被推到死亡的那一邊……鐵抗要求將檢印蓋在手巾上的'異舉'，一般朋友解說為鐵抗潔癖所致。然而，鄭卓榮卻認為，潔癖應該只是部分因素。他相信，鐵抗拒絕衣服被蓋印，更大的原因是鐵抗根本就抗拒日軍的統治"。具體可參張永修〈屍骨沒了 文學挖掘未了〉，《南洋商報‧南洋文藝》2000 年 7 月 15 日。但在我看來，也和青春力比多的失控有關。

一、理論演進：馬華現實化及其張力

　　整體而言，鐵抗的文學理論雖然有變化和發展，但在主流上屬"現實主義"範疇當無疑義，尤其是到了較後期的階段，他甚至大力提倡現實主義。如在 1940 年 9 月創作的〈馬華文藝現實化問題〉一文中，他就指出："對於'現實化'，或者說，馬華文藝的現實主義，即就到今日，還徘徊在個人主義濃煙中的作者，也未嘗而且不敢提出相反的抗論；這說明了整個文壇是朝著這方向走的；不過有的還依戀著過去，未曾越狹小的世界一步；有的認識不足，誤解'現實'的意義，因而未曾把握現實的本質；有的則因環境的限制，不敢正視現實罷了。而走在這些的前面，作為馬華文藝的領導人的，無疑地是'現實主義'。"[1] 這種論述肯定了當時文壇現實主義的先鋒地位，但作為一個較有個性和理論基礎的文藝工作者，他的文學理論堅守又有獨特和遠見卓識的元素。

（一）中國性現實主義

　　毋庸諱言，作為身在馬來亞的中國僑民，即使鐵抗有書寫"此時此地"的部分在地認同，但可以理解的是，他的現實主義中也難免具有相當強烈的中國性，這裏的中國性既有部分政治文化認同，同時也是對中國現實主義理論的移植。在他看來，儘管馬華文藝界和中國文藝界有差別和各自的特殊性，但亦有密切關聯，"因為馬華文藝是屬'華僑'的，而華僑是中國人，因此馬華文藝自然隸屬於整個的中華民族文藝，成為她的一個重要部分，另一方面，因為華僑和祖國的同胞相仿，組成的社會不但同具封建的性質，而且在同一勢力之下……因此文藝在總運動目標方面，同樣是反侵略反封建的。也可以說：馬華文藝界配合著祖國文藝界的行動而執行她的任務"。[2]

　　甚至在〈馬華文藝的地方性〉一文中他也可以將地方性拓展到祖國（中國）的抗戰，"將祖國抗戰的題材加以組織，形象，置於馬華讀者（或觀者）面前，

1　參駱明主編《鐵抗研究專集》（新加坡：新加坡文藝協會，2006），頁 205。

2　鐵抗：〈馬華文藝是什麼〉，駱明主編《鐵抗研究專集》（新加坡：新加坡文藝協會，2006），頁 197。

使他們把握到抗戰的中心意義，從而組織他們，教育他們；這，雖然攝取的不是地方的題材，卻發揮了地方性的效果。這就是馬華文藝作品的地方性"。[1] 所以，熱心為鐵抗著述的《馬華文藝叢談》寫序的柳北岸指出："鐵抗在這個偉大時代呼喚之下，雖然遠離故國，可亦投入了白熱化抗爭的洪爐，緊緊地站定他的崗位，配合了中國抗戰，在新馬發揮他的寫作力量，雖說當時馬華文藝在發展上的條件不夠，可他勇敢地吹起了建設的號角。"[2] 顯而易見，鐵抗的中國性現實主義自有其特點與功用。

1. 不斷現實化。不必多說，鐵抗更強調的是"現實化"問題。這是近乎貫穿其文學理論發展的主綫和關鍵詞。在〈馬華文藝是什麼〉中他指出書寫馬來亞現實的必要性，不寫甚至就是犯了錯誤，"假如有人故意無視馬華現實，捨棄馬來亞華僑社會的典型事件和典型人物不寫，以為那是可有可無的素材，而一味描寫些馬來亞華僑社會以外的不熟悉的場面，那他就犯了錯誤"。[3] 而〈馬華文藝現實化問題〉更屬專篇文論，他指出了當前有關書寫的不足：一是認識不足，二是不敢正視現實，並進行總結。"作者們在今日是應該把握現實主義創作方法的，不但要勇敢地從現實中擷取題材，而且得強化主題，把題材在正確的主題下面形象出來。這樣，'馬華文藝現實化'這一鵠的才有到達的希望。"[4]

同樣，在進行文藝現狀總結時，他也從批評的層面指出有關文藝不能真正現實化的問題，"作者還不曾充分地接觸廣泛錯綜的馬華現實。就是說，還有許多不曾從狹隘的生活裏解放出來……而且多數還深入得不夠，因此作品內容的積極性或現實性依然有一個限度"。[5] 綜上所述，不難看出鐵抗對現實主義的高度強調與不吝弘揚，從概念釐定到任務剖析，再到缺陷批判，然後及時現實總結，這一再看出他的努力與堅守。

2. 文以載道及踐行。值得注意的是，隨著抗日戰事的推進和馬來亞戰局壓

1　鐵抗：〈馬華文藝的地方性〉，同上書，頁 225。
2　柳北岸：〈序二〉，鄭卓群著《馬華文藝叢談》（新加坡：維明公司，1956），頁 4。
3　鐵抗：〈馬華文藝是什麼〉，駱明主編《鐵抗研究專集》（新加坡：新加坡文藝協會，2006），頁 195。
4　鐵抗：〈馬華文藝現實化問題〉，同上書，頁 208。
5　鄭卓群：《馬華文藝叢談》（新加坡：維明公司，1956），頁 8。

力日蹙，鐵抗的文學理論具有不斷增強的政治性和功利性強調，而且也有圍繞相關主題加以踐行的引導和要求。

在 1937 年 8 月 8 日鐵抗從王哥空（1903–1959）手中接編《星洲日報》副刊〈文藝〉時，他在〈致親愛的作者〉一文中寫道："關於技巧，編者個人是最重視的。沒有圓熟的技巧，作品就宛如缺乏表現力的畫面，而其所捕剪的題材，也同樣地失去可能顯示的意義。編者希望本刊的來稿，不但要有進步的中心，同時要具備這為作品之肌肉的強健描寫技術。"[1] 而到了 1940 年〈詩、散文、個人主義〉一文中，卻已經部分改變了態度，指出了馬華詩人們世界觀的不統一："一方面是對於現實的正視、把握，發掘，組織，再現，並且是基於組織廣大群眾的必要而採用大眾化手法的再現；一方面是對於現實的迴避、忽視，歌頌個人靈感，醉心於各種各式的詩範。前者是進步的，後者是保守的，屬後者的詩人們正乘著一年來馬華文藝的退潮而佔著上風，有著壓倒的數目。"[2] 甚至最後還提出忠告，要求揚棄個人主義、頹廢的氣息，探求新的大眾形式，擴大、充實自己的生活。

不僅如此，鐵抗還展開了不少頗有實踐性的文藝活動。其中包括：

（1）文藝大眾化及通俗化

1938 年張楚琨（1912–2000，時任《南洋商報·獅聲》編輯）等人提倡在馬來亞文藝界展開文學的通俗化運動，鐵抗對此表示支持，但他同時也對如何利用舊形式為通俗化服務提出了自己的看法："所謂舊形式的利用，應該是舊形式辯證地批判地利用，它必須揚棄那腐惡乖理的形式和封建的內容，必須以此為文藝大眾化的一種過渡手段而達到屬大眾的新形式的建立；稱為新型小說的，論理該是日漸成長中的大眾化新形式之一。而且，利用舊形式要看文藝的對象（讀者）對於該形式是否熟悉，能否消化。在馬來亞居住的閩粵華僑，未必喜歡北方的舊形式，因此不必強用。"[3] 赫然可見鐵抗的獨立性。

（2）鼓吹報告文學／戲劇

1　鐵抗：〈致親愛的作者〉，《星洲日報·文藝》1937 年 8 月 8 日。

2　鐵抗：〈詩、散文、個人主義〉，方修主編《鐵抗作品選》（新加坡：上海書局，1979），頁 121。

3　〈馬華文藝大眾化運動和文藝通訊運動〉，《星洲日報·晨星》1940 年 11 月 27 日。

如何利用更卓有成效的新型的藝術形式為馬華文藝及抗日服務？鐵抗基於此也特別強調對於戲劇（尤其是話劇）的反思，在〈馬華戲劇檢討〉一文中，他指出馬華話劇界的缺點，比如缺乏健全的組織——馬華戲劇統一戰綫，缺少發展計劃，劇人（戲劇工作者）工作態度不良；同時，在〈試寫劇本罷〉中，他又鼓吹多寫劇本，"馬華試寫劇本的，在完成充分的準備之後，必得注意適當的主題題材和口語，更必須爭取演出的量和質的進步"。[1]

同樣，鐵抗積極鼓勵書寫報告文學，在〈你想做報告文學者嗎？〉一文中，他首先肯定了報告文學的重要意義，分析其衰落，同時也指出如何做一個有關人士，比如深入生活、鍛煉寫作技巧、意志堅決、有正義感等等，而且他還對此題材展開總評及更深入的思考，如在〈論馬來亞的報告文學〉中，他就強調可能出現的書寫的公式化問題及解決對策等，"報告文學當然要迅速地反映大眾關心的群眾活動的縱橫面，但尤其要迅速地把握並反映那些看來平淡但極重要的社會現實……題材的千篇一律，會使報告文學離開它的最重要的崗位；報告文學者視野的狹隘，會使他的工作意義減少"。[2]

（3）策劃文藝通訊運動

鐵抗還積極推進文藝通訊運動。此運動原本於 1938 年由廣東文學會司馬文森（1916–1968）提倡，沈明則通過《總彙報》副刊〈世紀風〉加以推動。1939 年 11 月，〈世紀風〉編輯鐵抗開始大力鼓吹，而後他還專門寫了〈馬華文藝通訊及其運動〉進行總結和反思，比如告誡大家一些起碼的寫作常識、具體運作，其中也還包括如何做一名文藝通訊員等等。如人所論，"在〈世紀風〉的努力下，其他報社也都跟進。這種做法不但可以培養幹部，也可給報社帶來直接的新聞，不必聘用大批人手。結果在新加坡設立總站後，也在吉隆坡成立分站，又在 13 個鄉村區成立支站。正式登記的文藝通訊員有 40 餘名，可惜這個運動在 1940 年後，因鐵抗的離職及通訊員的素質問題，再加上客觀上的限

1　引文見駱明主編《鐵抗研究專集》，頁 245。〈馬華戲劇檢討〉一文參見前引書，頁 238-241。
2　鐵抗：〈論馬來亞的報告文學〉，駱明主編《鐵抗研究專集》（新加坡：新加坡文藝協會，2006），頁 258。

制而未能持久發展下去"。[1] 但無論如何，鐵抗在其間功不可沒。

由上可見，我們不難發現鐵抗的現實主義觀，而且，他不僅在文學原則上加以強調和提倡，也結合各種新型文體進行實踐，希望可以推行文藝的大眾化、通俗化，讓文學更好地反映現實，亦為現實服務。

（二）曖昧的本土詩學

相當耐人尋味的是，在〈馬華文藝的地方性〉一文中，鐵抗作出了設問：我們所要的馬華文藝的地方性怎樣呢？他自己回答道：

"依據進步的世界觀，直接發掘馬來亞的活生生現實，用馬來亞華人的真正語言 —— 口語，和能為華人大眾所接受的中國作風，發揮那組織地方的文藝對象（讀者或觀者）的主題的文藝作品，便是我們所需要的具有地方性的馬華文藝作品。

詳細點說，題材應該是馬來亞的，直接的，活生生的；主題應該是進步的，能負擔組織華僑大眾的任務的……而馬華文藝作品，在技巧方面，應該吸取華人大眾的口語，使自身活潑，通俗，有生氣。地方風景的描寫，是 '地方化' 的當然的結果，用不著著重論述，而口語和通俗，才是形式方面的條件。"[2] 但同時他也指出地方性作品的位置："馬華文藝終極的目的，不但要使她的讀者認識馬來亞以外如中國抗建大業的中心意義，而且要使他們特別認識自身和所處的環境，把握特殊環境的將來。具有地方性主題和非地方主題的作品，充其量是馬華文藝的副產物，決然不是根本。"[3] 可以反思的是，在鐵抗這裏，"此時此地" 的本土詩學當然重要，但由於他的中國認同依然強大，且本土論述往往指向未來和本質，卻總有些東西旁逸斜出，從而造成了論述的曖昧性。實際上，鐵抗是不少新潮論點的獨特闡發者，其曖昧之處恰恰可能呈現出新理論的萌蘗，特別值得身為後顧者的我們仔細探勘。

1. "超族際／族界"。在〈馬華文藝是什麼〉一文中，鐵抗自然又呈現出

1　謝詩堅：《中國革命文學影響下的馬華左翼文學（1926–1976）》（馬來西亞：韓江學院，2009），頁103。

2　鐵抗：〈馬華文藝的地方性〉，方修主編《鐵抗作品選》（新加坡：上海書局，1979），頁110。

3　鐵抗：〈馬華文藝的地方性〉，方修主編《鐵抗作品選》（新加坡：上海書局，1979），頁109。

他的曖昧性本土詩學，既強調馬華文藝的僑民特徵／屬性，又指出它要反映的馬華現實與中華民族文藝具有一般的共通性和特殊性。在此基礎上，他提出了"超族際"的概念，"馬華文藝是局限在一族（中華民族）裏面的呢？還是超越族界的？如其是前者，那麼她所擔負的使命，就正如狹義的國家主義者的主張那樣狹隘，不能完成馬華文藝最高效能的發揮。馬華文藝，因為她是在'人種陳列所'的馬來亞建立起來的，她和印度僑民的和馬來土著的文藝有一致的地方，同為馬來亞文藝的一環。就一般的社會關係看，華僑文藝的主體 —— 中國人和印度人等在經濟上和生活上有的已經發生了多方面的關係，譬如商業上的關係，勞動上的關係等等，尤其是後者，佔著最重要的一環。由於階層相同，各民族間早就有了生活上的共同要求，或者經濟上的共同理想。這種要求和理想自然是馬華文藝所要反映，所要推動的，這一來，就不得不將其他民族的活動也都反映了。這是必然的，因此馬華文藝應該是超族界的。"[1] 這是基於現實生活發生的實際總結。

相當犀利的是，鐵抗此概念有其內在邏輯：一方面，他強調馬華文藝建基於"人種陳列所"的馬來亞，它和印度僑民文學、馬來文學同屬馬來亞文學的一環，三足鼎立、相輔相成；而另一方面，若以華人為中心，從社會關係上看，華人和印度人、馬來人也有諸多層面的"共同要求"，犬牙參差，這是馬華文藝必須反映的現實，而且他對這個特質與馬華文藝的關係亦有精深的判斷，"唯有這特質 —— 超族界的特質的存在，才能保證馬華文藝內容的豐富與進路的正確"。

從此視角看，鐵抗曖昧但超越性的立場令人讚嘆，他恰恰既超越了中國中心主義者（China centrism）或民族主義者的狹隘，同時又超越了馬來本土主義者的傲慢，從而為馬華文藝的長綫發展指明了方向，如莊華興所言："在戰前僑民思想根深蒂固的時代，鐵抗的超族際論無疑具有前瞻性意義，或許土生性馬華文化（indigenous Mahua culture）資源的累積可以在這裏找到催生性元素（cultivating catalyst）。這些在戰後／獨立前後某些馬來左傾文人與社會寫實作家的作品中可找到契合的文學共圖 —— 賦予語言文字強烈的社會功能，同

1　鐵抗：〈馬華文藝是什麼〉，方修主編《鐵抗作品選》（新加坡：上海書局，1979），頁 94。

時沒有放棄美學理想的追求。"[1]

2."馬華語系"。毋庸諱言，"馬華語系"概念的提出雖同樣可謂無心插柳，但個中內涵確有值得重審之處，這呈現在其〈馬華方言文藝雜論〉一文中。

鐵抗一針見血指出了方言文藝的可能優勢，"新鮮，活潑，通俗而具有深入能力"，同時從書寫語言角度，他對歐化和北方語言的地位進行評價，"說馬華寫作者是歐化和北方化語文的奴隸，是毫不過火的。馬華作者選擇的是發生於閩粵人間的社會素材，描寫的是屬閩粵語籍的人物，而所運用的文字語言呢，卻是歐化的，或者北方化的"。[2]

表面上看，他只是從語言／方言角度指出馬華文學書寫內部的權力／話語關係，但此議題本身亦可擴展，包括中國普通話／標準語對區域華文文學的混雜（hybrid）話語問題。若更進一步，從後殖民（post-colonialism）的視角解讀，其中又有一種可能的霸權關係存在——中國文學和區域華文文學的關係，甚至也可以聯繫到後來的"斷奶論"等等。[3]

接著鐵抗指出"馬華語系"多元並存的重要性，"既稱為方言文藝，就字面說，應該包括方言劇本，方言小說，方言詩等，而在馬華語系的區分上，應該包含馬來亞華僑諸種語系的文藝作品"。[4]相當有趣的是，鐵抗以"馬華語系"涵容了馬來亞華人內部的方言文藝可謂別具匠心，照此邏輯類推，這些年炙手可熱的華語語系（Sinophone）概念其實並無太多新意，無非把馬華拓展為華語而已，更多流於術語的理論性生產，而不具備真正的可操作性。[5]若依鐵抗的邏輯加以延伸，史書美的包容性較小的概念無疑是自廢武功，甚至開歷史的

1　莊華興：〈出土詩學？——重讀鐵抗及其他〉，《南洋商報·南洋文藝》2000 年 7 月 22 日。

2　鐵抗：〈馬華方言文藝雜論〉，駱明主編《鐵抗研究專集》（新加坡：新加坡文藝協會，2006），頁279。

3　具體可參張永修、張光達、林春美主編《辣味馬華文學》（馬來西亞雪蘭莪：中華大會堂，2002）。

4　鐵抗：〈馬華方言文藝雜論〉，駱明主編《鐵抗研究專集》（新加坡：新加坡文藝協會，2006），頁280。

5　具體評價可參拙文：〈華語語系的話語建構及其問題〉，《學術研究》2010 第 7 期；〈再論華語語系（文學）話語〉，《揚子江評論》2014 年第 1 期等。

倒車。[1]

回到論題上來，鐵抗並沒有放任方言文藝中方言的蔓延式發展，他也對某些傾向和認知進行批評，"他們以為非把方言原原本本毫無增減地寫上去不可，因此他們試想將產品分割為兩部分：對話部分一體用的方言，非對話部分便用普通語文。這想法是不倫不類的，離開理論頗遠的……我們得記住：人物的對話汲取方言，不過要取得人物的特定語言的格調氣氛等而已"。[2] 方言的使用不可太任性、太封閉，這樣的固步自封就等於閉門造車。從這個視角來看，鐵抗既有較強的包容性，同時又強調本土的獨特性，自有其圓潤邏輯。

3. 反機械論。方修在《馬華新文學史稿》中如此評價鐵抗："鐵抗還有一個非常難得的特點，就是在思想修養上不斷地趨向時代。南來之初，他的文章中經常可以發現若干雜質。雖然那篇受過指責的署名'祥'的〈文學機械論〉，有說並非他的手筆，但類似的觀點，在他前期的作品中是數見不鮮的……然而過了這個時期之後，卻就漸漸晉入另外一種境界了。"[3] 在我看來，稱其為"雜質"是方修對鐵抗的誤讀。

署名"祥"的〈文學機械論〉發表於 1937 年 9 月 5 日的《星洲日報》副刊〈文藝〉。而於 1939 年 1 月發生的"現實主義與朋友主義"論爭的當事人之一張天白就堅定地認為"祥"就是鐵抗的筆名之一。我們此處贊同多數人意見，將之列入鐵抗的作品門下。

鐵抗在此文中批評 1927 年後中國的新興文學的一些問題，認為他們思想過度激進，論調機械，未能吻合當時的中國國情，反倒是 1937 年"七七事變"後強調的"民族的、國防的"文學更適應彼時的客觀需要；同時還強調文學

1　Shu-mei Shih, *Visuality and Identity: Sinophone Articulations across the Pacific* (Berkeley and Los Angeles: University of California Press, 2007)，中文翻譯版為史書美著，楊華慶譯，蔡建鑫校訂《視覺與認同：跨太平洋華語語系表述·呈現》(台北：聯經出版事業股份有限公司，2013) 和史書美着，趙娟譯〈反離散：華語語系作為文化生產的場域〉，《華文文學》2011 年第 6 期。或者拙文〈為反而反的悖謬——論史書美華語語系研究〉，新加坡《華人研究國際學報》第 11 卷第二期，2019 年 12 月號，頁 81-95。

2　鐵抗：〈馬華方言文藝雜論〉，駱明主編《鐵抗研究專集》(新加坡：新加坡文藝協會，2006)，頁 285。

3　方修：《馬華新文學史稿》(下) (新加坡：星洲世界書局，1965)，頁 82。

"是具有人性的"，文學戰士可以靈活消除社會矛盾，未必一定要改革環境，方修因此歸結為"思想境界卻並不高"。[1]

在我看來，這是方修以道德論、世界觀、思想的傾向性等樸素現實主義理論窄化鐵抗的文學認知，事實上，鐵抗的觀點恰恰可以呈現出他在當時語境的正常乃至犀利，比如批評中國新興文學的刻板、激進和機械，即使在今天看來也可謂相當睿智，畢竟，中國的新興文學中的確不乏左派幼稚病等傾向，雖然也有其所謂日益狹窄和激進的"革命"追求，如人所論，"革命文學扭轉了五四新文學運動的方向，是對五四啟蒙文學的反動。中國文學進入一個轉折點，即由爭取現代性轉向爭取建立現代民族國家，由啟蒙文學轉向革命文學（新古典主義）"。[2] 類似的，文學書寫指向人性、關聯人性似乎天經地義，也是一個常識，應該說這都是血氣方剛的鐵抗非常本能而又銳利的文學探勘，從此角度看，鐵抗的被委屈和窄化恰恰反映出方修文學史觀的狹隘與偏執。

二、文學實踐：多元現實主義

鐵抗不僅僅是一個出色的文學批評家，同時也是一個優秀作家，雖然他一如彗星稍縱即逝，但卻搖曳多姿，具有很強的爆發力與輻射性。如果我們非要偷懶地用現實主義標籤套用他，那麼他的創作可被稱為"多元現實主義"。相當耐人尋味的是，他的創作可謂頗富張力：一方面，他和文學史家對他的描述框限頗有距離，而另一方面，他的文學實踐和其理論堅守亦有張力，莊華興指出，"除了小說，鐵抗對馬華文學的貢獻是理論的建設。他的理論指導他的寫作實踐，也是他寫作實踐的經驗總結，互補共生，互為參照，形成他創作生命的內在原動力"。[3] 所論有精彩之處，但只看到了問題的一面，某種意義上說，鐵抗的創作對理論的逸出和突破更是他的迷人之處，兩者並非完全吻合。

我們當然可以找到鐵抗文學理論與實踐高度契合的地方，比如在〈人物的

1　方修：〈前言〉，方修主編《鐵抗作品選》（新加坡：上海書局，1979），頁 5。

2　謝詩堅：《中國革命文學影響下的馬華左翼文學（1926–1976）》（馬來西亞：韓江學院，2007），頁 23。

3　莊華興：〈出土詩學？——重讀鐵抗及其他〉，《南洋商報·南洋文藝》2000 年 7 月 22 日。

描寫〉中，他指出"在典型人物的雕塑方面，馬華寫家該注意到'一般'和'特殊'的統一"，"大凡完成了人物特徵的概括之後，為要使筆下的人物更具實象，因此在已所知道的許多人物中，選出了特殊習慣最凸出最動人的一個作為藍本，是該被允許的，因為這不特無傷大體，且可使人物更為迫真，創作過程更為容易"。[1] 這當然可謂夫子自道，他的人物塑造，如名作〈白蟻〉中的主人公塑造可謂形神俱備，是理論的有效踐行。而在〈馬華文學作品中的口語〉中就強調合適的口語對話的重要性，"文學創作應該追求高度的真實性，口語化的對話，在適切對話者的階段，修養性格，語屬這幾點上，能夠幫助文學產品真實性的完成。馬華文學作者是必須注意這一點的。他們應該深入到他們所要描寫的人群中間，去汲取最具表現意義的，最活潑的語言"。[2] 而在〈試煉時代〉中鐵抗在描述漢奸朝鮮人金利宗向張川勒索時所講的話就是"一嘴從天津學來的京白：'聽著沒有？十萬犒軍費你得先墊！聽著沒有了？'"（《鐵抗研究專集》，頁 321）可謂言出必行。

（一）靈活的反諷

　　毫無疑問，鐵抗的小說中最擅長的策略之一就是反諷，而相當有意味的是，他自己對這種手法有著相當清醒而深刻的認知。在〈談諷刺〉一文中，他指出了諷刺在抗戰社會的必要性，"有如目前的祖國一般，馬來亞華僑社會是富有諷刺資料，而且急切需要'文學上的諷刺'的國度。古舊社會遺留至今的愚昧，造成上中階級的自私與虛榮；我們試一冷靜地觀察一些上流人物行善好義的行為，便不難明白在那些行為後面的是潛伏的虛榮心理"。[3] 同時他也指出採用這種手法的準備：一為人格基礎，二為選擇合適題材；當然他也有相關禁忌：不可攻擊別人的生理／心理缺憾，不可攻擊某種非落伍的人行為上的缺憾。當然還有自己的諷刺原則：1. 以馬來亞素材為主；2. 具有本質意義；3. 指向人物和時間的典型；4. 諷刺該是積極的，"所謂積極，含有建設推動的

1　鐵抗：〈人物的描寫〉，方修主編《鐵抗作品選》（新加坡：上海書局，1979），頁 119。

2　鐵抗：〈馬華文學作品中的口語〉，方修主編《鐵抗作品選》（新加坡：上海書局，1979），頁 105。

3　鐵抗：〈談諷刺〉，方修主編《鐵抗作品選》（新加坡：上海書局，1979），頁 111。

意思；向腐惡的人性進擊，使之遭受嚴重破壞之後，重新建立善良的性格，這是建設；指出人性的缺憾而加以嘲笑之後，進一步指出善良的性格前途，這是推動"。[1]

毫無疑問，鐵抗自有契合其理論原則的代表性作品存在，這尤其以〈白蟻〉〈洋玩具〉為典型。〈白蟻〉嘲諷了那幫吸附於抗戰偉大事業的寄生蟲們：他們各懷鬼胎、巧舌如簧，為謀取私利不擇手段，其中就有冒充鐵軍甲等團長的林某，其目的是騙錢帶姘頭回廣西開店；也有藉販賣假古董玉器謀生的煙鬼蕭思義；有藉宣揚救亡募捐騙印刷費的王九聖；也有企圖靠社會網絡騙取報名費的陳鵬舉，而他們最終都集中到冤大頭——牙蘭加地籌賑分會主席蕭伯益的藥店裏來。類似的〈洋玩具〉也是嘲諷，一個二毛子青年馬奇烈，父親是唐人，但他是英校生，完全不會國語，他到山芭華人學校教英語，對學生們毫無感情、憎恨厭倦他們，對祖國（中國）的歷史現實近乎一無所知，迷戀都市生活，最後回到檳城了事。小說藉此嘲諷殖民奴化教育導致的惡果，變異的華人後裔不過是一個"洋玩具"。

而出人意料的是，〈試煉時代〉作為一個鼓吹抗戰時代家服從國、個體服從集體的主旋律中篇，卻也在正面樹立張建的積極轉變過程的同時加入了反諷。作者也曾經解釋小說中不少黑暗面的植入，"這得歸究到我的僻見和性格。我一向認定配置得宜的憂傷描寫和其相反的描寫手法，同樣的有感發讀者，完成預定的 '藝術的' 力量。而抗戰第一階段的黑暗實況，又必須指出以資檢討；並且自己是一個憂鬱質的青年，喜歡用憂鬱的詞句來勸勵他人和自己"。[2]

某種意義上說，戰爭的殘酷與罪惡有時讓鐵抗也難以徹底堅守自己的諷刺原則，比如他曾寫到抗日傷兵們的獸性，"新自固安撤下的一部分東北兄弟們，亦和傷兵一樣的流蕩在正定的大街小巷，駐搭在主人出走的空民房，以及其他可以紮營的所在。郊外僻靜地方的居民，已經奔到不知名字的地方去，剩

1　鐵抗：〈談諷刺〉，方修主編《鐵抗作品選》（新加坡：上海書局，1979），頁 115。

2　鐵抗：〈關於《試煉時代》〉，駱明主編《鐵抗研究專集》（新加坡：新加坡文藝協會，2006），頁 306。

下來的空隙就由他們來填補。他們的目光射出了貪婪和飢餓，唇上響著瑣碎埋怨。市區的店家早關上了門板，有的留下一條門縫來應付他們⋯⋯所有的生物正在呻吟著⋯⋯"。（《鐵抗研究專集》，頁329）戰爭的殘酷讓人變得更具有獸性，雖然他們也是抗日戰士。同樣在敘述張健的母親時也有諷刺，鐵抗一方面強化了她企圖守住小家的頑固性乃至自私性，另一方面卻又讓她在臨死前變成了支持抗戰和向日本人報仇的關鍵推助力，某種意義上說，這種反諷性又略顯誇張了。

　　但從更宏闊的層面來看，上述操作卻可以反襯出青年鐵抗的難能可貴，他可以在抗日事業中發揮文學乃至文藝事業的向心功能，處處以抗戰、現實化、積極向上為主，但同時在創作中他又發揮了文學的主體性，這是他作為一個作家的真正的文學自覺，從文學品格上來說，他既是高貴的、一腔浩然正氣，又是血氣方剛的、頗有個性的，為此在整體遵從的基礎上又形成了一種可愛的張力 —— 反諷本身也是一種現實主義的靈活生產力。

（二）多才的抒情

　　值得關注的是，鐵抗還是一個長於抒情、才華橫溢的作家。在他的散文裏這幾乎是一種處處可見的招牌式撒播。〈馬來亞的雨景〉中寫到自己之前怕雨、恨雨，後來發生了變化，"然而現在，我愛上這裏春意盎然的雨天了。我愛椰林的錯誤扶疏，尤愛它披襲雨裘昏昏欲睡的憨態，有時偶然看到小草背脊上水點象麗人悲喜交集時瑩瑩然的淚珠，心裏便不禁湧上若干感觸與憧憬。假如時間容許，我將於天雨時節，張羅幕於田野，飾鷺羽，圍草裙，做短時間的野人；興來時，陪著迷人的蠻婆，於淅瀝聲中烤鹿肉，建立熱帶女人的哲學系統"。（《鐵抗作品選》，頁31）在這樣的敘寫中，雖偶有文化優越感，但整體上既有文采，又有性情，其中瀰漫著純真：本土認同和力比多的遊走。

　　類似可以入選中學語文教材的還有〈寂寞．漁港〉，"這吡叻漁港就是瀰漫了寂寞的⋯⋯那時候才能將寂寞趕走呢？我也該象那座紅艷放縱的燈塔一樣，旋轉著熱烈地生活了。我覺得這種死寂的夜晚，惟有艷紅的東西才是具有思想的熱力的，而我兩月來卻在那有著夢樣的燈光的寓所裏生活；不特凝定在吡叻漁港最寂寞的一點，而且連思想的熱力也讓悽咽溫軟的潮聲帶走了"。

（《鐵抗作品選》，頁34）同時也轉換空間，從室外回到房間："回到室裏，又看見藍滑的花瓶上的黃的、紫的花，沒有花香，鮮艷的顏色盛飾著，夢樣的燈光下靜靜地躺著沉重的書本。我重新在書本的跟前坐下去。

並不看書，我想起一束一束的計劃，極遠地方的許多面影。

今夜再沒有什麼像枯丁香似的東西從我的髮際滑落下去了。

但我十分寂寞——

窗外是黑暗繁殖著的吡叻海港的夜晚。"（《鐵抗作品選》，頁35）其中瀰漫著淡淡的憂傷、寂寞，而且景色、人居、大自然巧妙地融為一體。

而相當引人注目的還有他在小說中亦堅持特定的抒情性，這尤其體現在其中篇〈試煉時代〉中，比如開頭第一段寫道："鬼子的炮火燒毀了宛平之後，就以燎原的趨勢，像馬拉松火炬賽跑似地向平漢路南端及其附近迅速奔去。休養了三數年的華北平原又開始呻吟起來。野火的種子撒落在她濃黃而寬闊的胸上，惡意地找尋農民稀有的財產和妻兒的生命作為食料。永定河早就給暴戾的射擊手擊傷，痛楚地訴苦著意外的災厄。只有在鋼軌上前進的列車是特別興奮的。它從後方運來了華夏群眾對於民族戰爭的信心和希望，運來了鼓勵和運來了物質和精神上的糧食。"（《鐵抗研究專集》，頁309）其中具有強烈的抒情性，擬人手法活躍了敘述的氛圍，當然也夾雜著某些主體事物（比如列車等），又是對敘事場景和發展的推進。

類似地，在主人公思想的發展和事件、時空的推進中，抒情性也功不可沒，"罕有的兩顆激動的眼淚墜了下來，火影在他的眼角閃耀著，心是趨向另一思想領域中去了。他覺得到了蘇州就必須多多少少贖償以前的過失，他是一個青年人，在寒冷而負傷的徐州，示威的行列前面"。（《鐵抗研究專集》，頁372）同樣，在描述了張健家庭倉皇逃竄的方向時，鐵抗亦有亦幻亦真的抒情表述："東方的千百條路徑在猛燒著鬼子的大火……長江航運斷絕，江上飄著雪珠……

南方正橫衝著坦克和騎兵……

西方嗎？西方？

西方一樣地沒有北方人的親戚，北方人的家，北方人該走的路徑……

西方一樣地在醞釀著猝不及防的事變，在陳列著炮壘和槍巢……

然而終於向著西方。"（《鐵抗研究專集》，頁 383）

　　林易山曾對〈試煉時代〉有一個批評："總括起來，這篇作品，文字的美麗、有力，勝於故事的暴露；而故事的暴露勝於人物的描寫。假如作者自身曾在那大時代的紅火爐裏體驗，那這篇作品的面目，也許和現在的面目不同吧！"[1] 說到底，也是強調了鐵抗的文字（抒情）功力強勁。整體而言，鐵抗這一中篇的追求自有其野心，作者身處抗戰的大時代洪流中，已經開始同步共振並反思其間的陰暗面、缺陷與問題，這是相當難能可貴的，雖然其書寫有類型化、過度濃縮的缺點，但在其同類作品中卻是出類拔萃的，至少有較強的文學性和可讀性。

（三）橫斷面

　　在《馬來亞一日》的倡議中，鐵抗希望報告文學者／文藝通訊員集體創作《馬來亞一日》藉此看出馬來亞社會的形象複雜程度，"所謂《馬來亞一日》，即是馬來亞一日間在商業機構裏，文化機關裏，作坊裏，農村漁場裏，以及各種地方所發生社會事件的文藝報導，由報告文學者寫作出來，交給一個負責的編纂會編纂，印成一冊，作為全馬來亞的忠實反映"。[2] 毫無疑問，他也有此類書寫，如〈申新第八廠〉就是對日軍轟炸上海，尤其是滬西百利南路第八廠房時慘象的素描，同樣〈做教員還要賣田〉又是對發生在馬來亞個人悲劇的快速敘寫：王吉安因妻子重病不得不挪用了賑災的公款而要及時賠償，最後被逼賣田。

　　相對成績較高的則是〈上海冬日之春〉與〈女銷售手〉。前文頗有 1930 年代心理分析派（或"新感覺派"）素描都市的風格，不過鐵抗呈現出的更是對話的角力和其中都市慾望的蓬勃流動。女嚮導和有錢男人之間的打情罵俏、親密擁吻以及顛鸞倒鳳，鐵抗文字在其中有強烈的詩性風格和現代派色彩，如"上海依然捲成了一支軟糖，疲倦地豎將起來。她已經使旅客滿足了！不懂事的汽車在外面都（按："嘟"）了一聲，鈔票的神經纖維立刻感到一陣溫軟的壓

1　林易山：〈鐵抗的《試煉時代》〉，《星洲日報·晨星》1938 年 11 月 23–24 日。
2　駱明主編《鐵抗研究專集》（新加坡：新加坡文藝協會，2006），頁 263。

迫"。（《鐵抗作品選》，頁 41）毋庸諱言，24 歲的鐵抗顯然洋溢著力比多的衝動、活力和創造性，這是當時的現實主義作家所缺乏的新鮮和發散性。

〈女銷售手〉卻是書寫 16 歲的未婚小姑娘桂珠為養家不得不做藥品銷售，但在常型西藥之外，還得兼售男性用品。鐵抗著力描寫小姑娘的兩難性：一方面是家庭困窘急需幫助補貼家用，而另一方面推銷性用品卻又難免給人吃豆腐、揩油、騷擾。在我看來，小說中最為強調的是人生活著的艱難性，而在主人公刻畫方面則突出桂珠的複雜和不幸遭遇。同樣，作者除以對話貫穿小說外，也強化了其間的心理描寫，她在被一老闆騷擾後倉皇逃出，"用惶亂的腳步走著。她忘記去埋怨藥公司的司理，埋怨要她掙錢的媽媽，埋怨介紹她的表姐了。她只向前，卻不再到咖啡店，到人家店前去。心頭辛酸到難以形容的地步，但只是辛酸而已，卻理不出什麼頭緒"（《鐵抗作品選》，頁 59）。這當然也和作者的主張有吻合之處，"外形的描摹並不是人物描寫的焦點，和它同樣重要甚或更為重要的是人物心理過程的表現"。[1] 鐵抗卻傳神地書寫出一個小姑娘被騷擾後的慌亂、辛酸、無助，且又無力理清思路清醒面對現實的真實心理。

相當耐人尋味的是，此篇小說中也有其他伏筆或象徵內涵，如"何況她從中國來只有半年的時間，以前整天跟住了媽媽很少出來，完全不熟悉星加坡人的性格。她煩躁地覺得今天又要跟昨天一般毫無成績……要是廈門不給東洋人佔領了去就好了，媽媽跟自己就不必逃到這裏來找親戚，也就不必教自己來幹這種不要臉的下等生活。什麼時候才能回去呢？"（《鐵抗作品選》，頁 55）從不同層次的華人身份認同轉換的角度來看，這是新客對新加坡的觀感和焦慮，同時也孕育著本土認同轉化的艱難與可能契機。從此視角看，這既是桂珠現實謀生的艱難書寫，在遇到困難時，她想著要回國，但又是她代表的中國人本土化的艱難與必然性象徵，捱過這開始的艱難，本土認同會強化很多。

---

1 鐵抗：〈人物的描寫〉，駱明主編《鐵抗研究專集》（新加坡：新加坡文藝協會，2006），頁 234。

結語：鐵抗是馬華文學史上，尤其是戰前五年最傑出的作家，他兼擅文學理論與創作實踐。從理論演進[1]角度看，他大致上可被納入現實主義思潮：一方面他強調對馬華文藝的現實化處理，而在抗戰壓力日蹙後，他更主張文以載道與踐行，比如文藝通俗化、文藝通訊與報告文學等等，另一方面在對本土詩學的曖昧堅守中，他亦有不少可以闡發的洞見；文學創作中，他長於反諷，又善抒情，同時又能採用橫斷面的手法敘事，是一個不可多得的人才。換言之，重讀鐵抗，不只是挖掘馬華文學本土演進的複雜面貌，而且也是對優秀書寫者的地位還原與致敬，而有關文學史書寫中既對他有褒揚部分，但又有誤讀和遮蔽之處，我們需要更多鐵抗及其獨特詩學從文學史的塵垢或油彩裏出土。

1　有關分析和描述可參林文錦〈鐵抗的文學理論及其對新馬文運的推動〉，新加坡《亞洲文化》總第9期，1987年4月。

第二節　"大""小"的辨證 —— 重讀《棺材太大洞太小》

提要：郭寶崑的代表作《棺材太大洞太小》往往被解讀為個人對強大而刻板體制的反抗主題，本文則試圖通過細讀此文本，探究其間大與小的辨證。一，承認的政治：小傳統與大現實？把棺材意象放到傳統的喪葬話語中，可以看出棺材太大洞太小的尷尬其實是標準化的"偽"民主與現代性弊端對儒家文化傳統的漠視與限制。二，成長中的自反：大"祖父"與小"我"。如果把此名作解讀為成長文本，我們也可以看出其間傳統的敗落以及在血濃於水的關聯下"我"之主體性的增強。而郭以小見大的敘事策略也值得關注。

關鍵詞：郭寶崑；《棺材太大洞太小》；傳統；喪葬

作為新加坡國寶級的文化人，郭寶崑無疑牢牢佔據了獅城歷史書寫的重要一隅：一方面，他是新加坡社會、歷史、文化進程的參與者和創造者；另一方面，他也必將為後人所銘記。如果我們縮小範圍，關注其文學創作，他勇敢堅韌的直面現實的勇氣，他超越卓絕的持續創新意識，都在在引人注目，這一切自然無愧於他作為"新加坡的良心"[1]的榮譽稱號。

瀏覽相關研究，各種文學史往往會顧及到郭的不可替代性，不管是整體性的文學史概述，還是分門別類的戲劇文學史處理，郭都不可或缺。[2]但整體而言，有關郭寶崑文本的精讀性論文佔總數比例相對較小，而本文則欲重讀其代表作《棺材太大洞太小》[3]（1984年創作，1985年上演，如下簡稱《棺材》）。在我看來，優秀作品或經典是經得起一而再、再而三的細讀的，而同時，目前

1　具體可參拙著《考古文學"南洋"——新馬華文文學與本土性》（上海：上海三聯書店，2008），頁292。

2　前者如黃孟文、徐迺翔主編《新加坡華文文學史初稿》（新加坡：新加坡國立大學中文系、八方文化創作室，2002），後者如周寧主編《東南亞華語戲劇史》（廈門：廈門大學出版社，2007）都不吝褒揚。

3　郭寶崑文本可參柯思仁、潘正鐳編《郭寶崑全集——華文戲劇（2）：1980年代》第2卷（新加坡：八方文化創作室，2005）。

　　　　　　　　　　　　　　　　　　　　　第一章　如何萌蘖

對《棺材》的主要認知往往強調它反映了人和非人性的制度之間的異化關係。[1] 這樣的論述自然不能說錯，但失之於簡單化。本文的問題意識在於，郭寶崑是如何在此文中呈現出他對"大"與"小"的辯證思考的？傳統與現實，祖父與後代之間又凸顯出怎樣的張力、曖昧或衝突？從文體創造來看，郭又是如何以小見大的？

一、承認的政治：小傳統與大現實？

重新思考《棺材》中祖父下葬的風波及結果，我們或許可以稱之為一種承認的政治（the politics of recognition）。毫無疑問，在這種承認中富含了權力／話語（power/knowledge），其中既有棺材本身所關聯的喪葬禮俗、文化制度與標準化（standardization）之間的角力，同時也暗含了現代化（modernization）過程中可能出現的盲點、限制與弊端。

（一）喪葬話語中的棺材表徵

毋庸諱言，喪葬禮俗在中國有著非常悠久以及豐厚的歷史傳統，不僅如此，無論是縱向歷史主軸上的時代風格、類型與包含變遷，還是從空間角度思考不同民族、地域的相關文化形塑等等，都可謂各有千秋。[2] 如果縮小範圍，以儒家文化中的喪葬禮儀為中心加以觀照的話，也是博大精深。

1. 棺材表徵。中國的喪葬禮俗歷史綿長、內容繁複，而棺材在其中也扮演著至關重要的角色。簡單而言，一方面，棺材是喪葬禮儀程序（最遲在夏商周時代初具雛形[3]）中"大殮"禮儀的必備載體，而另一方面，棺材也蘊含了權力和宗教（比如祖先崇拜等）的意味。

大殮，也即"盛屍以棺"，往往在死後第三天，即"小殮"次日舉行，據

1　周寧主編《東南亞華語戲劇史》（下）（廈門：廈門大學出版社，2007），頁 701。
2　可以參考的著述不少，比如羅開玉著《中國喪葬與文化》（海口：三環出版社，1987）；郭於華著《死的困擾與生的執著——中國民間喪葬儀禮與傳統生死觀》（北京：中國人民大學出版社，1992）；陳華文著《喪葬史》（上海：上海文藝出版社，1999）等。
3　具體可參徐吉軍、賀雲翱著《中國喪葬禮俗》（杭州：浙江人民出版社，1991），頁 83。

儒家文獻解釋，此舉的目的是"以俟其生"（《禮記·問喪》）。棺材，根據《說文解字》解釋，"棺，關也，所以掩屍"，可見它是死者存居的貼身空間。無需多言，由於喪葬的歷史悠久，而且往往事關每一時空推進中的個體，所以棺材的發展史也可謂博雜繁複，比如，其中涉及不同權力階層和身份的規定，使用怎樣的材料和規格，以及棺槨上的不同雕飾等等都耐人尋味。[1]

從此意義上說，《棺材》中祖父的棺材顯得厚重、寬大（"那口棺材太大了。大得不得了；請了十六個勞力，由他們合力把棺材由靈車扛到墳口去。那口棺材實在重；重到連十六個人都扛到吃力得要命。他們把它由靈車上抬下來的時候；差一點掉在地上，幸好我們家屬衝上去接住。"）其實更可謂是對繁複喪葬禮儀傳統的遙遙禮敬，也部分隱喻了過於豐厚的中華文化傳統。

2. "入土為安"與儒家傳統。土葬制度並非為漢族單獨所用，但真正影響深遠往往是在和長期顯赫的儒家傳統結合後，如此"入土為安"就變成了長久信奉的理念。當然，在此理念中也蘊含著不同時代的先人們對於身體／靈魂死後安放的一種認知，如《禮記·祭儀》中所言，"眾生必死，死必歸土，此之謂鬼。骨肉斃於下陰為野土，其氣發揚於上為昭明"。而《禮記·郊特牲》中亦言，"魂氣歸於天，形魄歸於地"。換言之，"入土為安"其實為逝者指向了另一個彼岸世界（如陰界），這是一種祖先崇拜與身體安置，否則，死者的靈魂在陽間遊蕩，對於生者很可能會變成一種威脅，乃至禍害。

更進一步，"入土為安"還要考慮到墓地的選擇，比如強調自然和人文的風水，同時，甚至也會非常重視對葬日的確認，最好是吉日良辰。[2] 除此以外，迄今為止，中國／華人習俗中往往存有"先死為大"之說，平輩的人會因為友人先死而要致禮（或下跪），而某些法律法規（如過路收費，在本市本區內一般對喪葬車單程免除）亦表現出相應的人情考量。

（二）中西文化角力的聚焦

若從棺材表徵來看，棺材太大洞太小的內在張力其實可以從兩個層面展開

1　具體可參徐吉軍、賀雲翱著《中國喪葬禮俗》（杭州：浙江人民出版社，1991），頁 274-283。

2　具體可參徐吉軍、賀雲翱著《中國喪葬禮俗》（杭州：浙江人民出版社，1991），頁 106-107。

思考：傳統的不能承受之輕；現代化及其限制。

1. 傳統的不能承受之輕。某種意義上說，沉重的棺材表徵了（儒家）傳統文化之於新加坡現代化過程中的某種巨大背負。依據傳統習慣與推理，精心準備的大棺材毫無疑問可以"入土為安"，而且可以風光下葬，但到了洞太小的（新加坡）現實中時，傳統其實已經過於沉重和龐大了，標準化版的現實亟欲拋之而後快。

我們暫時將目光鎖定在"洞"字上。棺材的居室，也即墓室，其實也有其獨特意義和悠久歷史，它對於先人的身體和靈魂安放亦有多重功效，同時也深切地體現了喪葬文化的豐厚，如人所論，"中國墓室形制雖然隨時代的發展而有多方面的變化，但它皆體現'事死如生'的喪葬原則，從這個方面說，墓室形制的發展實際也是中國宮殿建築和民居建築形制發展的投影"。[1] 郭氏文本中的洞太小，其實更多隱喻了傳統文化存活的空間已經被日益壓縮。

如果結合新加坡社會狀況和郭本人的經歷，這種理解或許更具針對性。郭本人 1976–1980 年因政治原因而被羈押，李光耀先生 1980 年關閉了中國大陸本土以外第一所華文大學——南洋大學（1955–），1984 年郭創作了《棺材》英文版，彼時規定所有新加坡學校都要逐步過渡到以英語為第一教學語言，各民族語言作為第二教學語言；可以理解但又不容忽視的是華文課程課時量不斷減少。從此視角思考，中華文化在新加坡的發展傳承和 1965 年以前相比其實已經近乎被連根拔起[2]，作為民間和弱勢中華文化象徵的棺材面對急劇現代化（西化）的新加坡現實時，已顯得過於粗重笨大，從此意義說，新加坡並非是一般意義上的儒家文化的優秀繼承者，而更多是功利性的表面借用。

2. 現代化及其限制。面對棺材太大洞太小的難題，有關主管部門的口徑是整齊劃一的（表面詩情畫意，實則僵化不堪），而在思考解決方案時，他回答道：

1　具體可參徐吉軍、賀雲翱著《中國喪葬禮俗》（杭州：浙江人民出版社，1991），頁 250。

2　新加坡從 1980 年代以來，華語和相關文化水準近乎止步不前，雖然從政治正確的角度來看，政府提倡學好華文的口號日新月異煞有介事，但根本上無濟於事，因為核心位置、工作語言和上等人士的美好感覺語言仍然是英語。口號政治的目的是通過吆喝和呼籲免責，而實質上將華語水準更多維持在半死不活的狀態。

"一、換過口較小的棺材，

二、改去埋在私人墳場，

三、把前後左右多餘的木材削平，

四、乾脆把屍首移出來，用蓆子包起來埋葬。其實這第四個方案有一個額外收穫，就是把那口極其特殊的棺木留下來擺進博物館陳列。"毫無疑問，結合前述對喪葬習俗的梳理，上述任何一條方案都是對固有傳統和死者的不尊重。

同時值得深刻反思的是其中的"一人一墳"的標準化操作。表面上看，這是一種因應現實的民主化操作，而實際上這更是一種偽民主，或至少是有缺憾的民主。罔顧個體差異削平異己其實就是強硬的削足適履。最後雖然允許破例一次解決這個難題，但藉口和核心理由卻是面子問題，"因為我們不要叫國內外人士誤會，說我們不尊重傳統；連死人也不留餘地"。這其中也包含了現代化決策執行者部分盲目的崇洋心態，而且，弔詭的是，有關當局卻把這唯一一次有人性的正常化操作及時加以自我表揚："他就因為這件事，而獲當年最有人道主義精神的傑出人物，得到一個光榮的獎狀！"這都呈現出行政思維邏輯的一方面過於世故，而另一方面過於死板的畸形模式。

根據自由主義學者哈耶克（Friedrich August Hayek, 1899–1992）對寬容的理解，任何一種知識都並非確認的，而是有其局限的，"主張個人自由的根據，主要在於承認所有的人對於實現其目的及福利所賴以為基礎的眾多因素，都存有不可避免的無知（inevitable ignorance）"。[1] 易言之，承認個體、團體、體制等的限制，相互協商，才能讓個體、群體、黨派等有和諧並存的可能性。在新加坡的現代化過程中，由於歷史開端國情的獨特性和複雜性，飲水都要進口的"小紅點"國家生存的緊迫性往往壓倒了各種機制和個體權益齊頭並進的可能性，通俗一點，麵包的誘惑遠遠超過了文化／思想的芬芳。這近乎變成了一種思維定勢，活人的眼前物質利益至關重要，這種急功近利性和經濟至上主義勢必使得原本普通的棺材顯得過於龐大和另類，但實際上，大棺材在上代人

---

1 弗里德里希·馮·哈耶克著，鄧正來譯《自由秩序原理》（上）（北京：生活·讀書·新知三聯書店，1997），頁 28。

那裏還可以看見，因為殯儀館經紀"他爸爸當初也曾經處理過如此之大的棺材"。

二、成長中的自反：老大"祖父"與小"我"

《棺材》此文還有另外一種讀法，那就是，我們可以視之為一篇"成長"作品，或者說"教育小說"（Bildungsroman），簡單而言，就是要敘述或者處理主人公自幼年或少年一直到成年的歷練過程，往往主人公們都要經歷一些危機或挫折，而後從精神上變為成年人。[1] 需要說明的是，和一般相對完整有一定時間跨度由小到大的成長過程不同，《棺材》中的"成長"毋寧更是體現在處理"棺材太大洞太小"難題中的思路嬗變及相關實踐操作上。難能可貴的是，在這篇作品中，"我"呈現出循序漸進的自反性（self-reflectivity），而這種自反性的剝離和凸顯恰恰和"祖父"（們）息息相關。

（一）不合時宜的老大"祖父"

從文化機制、政治體制、社會動力等諸多層面構成的內外可能性來看，19世紀末迄今，各地華人社會的現代化是一個不可阻擋的大趨勢，不管是外在殖民帶來的順便現代化，還是外部衝擊之下的內在回應，還是肌體內在發展步驟之中裏應外合的步伐更換。從此視角來看，傳統文化、體制、社會道德等勢必實現逼不得已的更新，而在20世紀大轉型期或者劇烈變動中，比如"五四"運動，則很可能伴隨著"傳統文化大解體"。[2]

回到《棺材》中來，我們不難發現，作為文化傳統和華人前輩，"祖父"（們）其實也是一種存在的弔詭。從大的層面來看，傳統其實正在走向敗落，曾經的歷史榮光慢慢變成了文化遺產，乃至惡化成過時陳舊的文化包袱，巨大而沉重的棺材亦有其粗笨性隱喻；即使是華人內部，一方面，是幾世同堂的

---

1 有關敘述可參王炎：《小說的時間性與現代性：歐洲成長教育小說敘事的時間性研究》（北京：外語教學與研究出版社，2007）的說明。

2 林毓生：《中國傳統的創造性轉化》（北京：生活・讀書・新知三聯書店，1988），頁231。

大家庭逐步分裂，乃至崩壞，"人太多，大家結了婚，就一個一個離開家，散了。起初，祖父很生氣。大家庭分裂的這件事，他很不高興"。另一方面，傳統內部亦有劣根性存在，不僅自身的肌體孱弱，而且精神上也走向苟且和偷懶："為什麼那些勞力沒有力氣扛起一口棺材？說起來，其實並不奇怪。那些勞力多數都是抽鴉片的。給別人扛棺材不過是幫幫手，賺一頓飯吃。他們怎麼會想到那棺材會那麼重？！"從這個層面思考，"祖父"的確不合時宜了。

但同時我們亦應當體察到其間的曖昧之處，也即，祖父的棺材／遺產並非高不可攀的超然存在，但卻成為不遠的後輩們難以收拾的難題，至少也成為年輕一代看客們的好奇焦點，"在這個時代，有幾個人的祖父會有這麼一口又稀有、又精緻、又結實、又光滑、又沉重的棺材？我敢說，很多人一定是風聞到我們這一口棺材非常特別，特地到墳場去觀賞的"。從此角度看，卻又可以反證出現代化過程中的簡單理路、生硬粗暴，它對傳統的處理似乎過於草率輕視，看客中間其實也有人是因為對傳統的缺乏了解造成。為此，借用林毓生的話說，我們必須調試傳統與現代性之間的張力，"把中國傳統的文化加以創造地轉化，使之成為我們現代民主自由國家多元性社會的文化上與道德上的基礎。這個多元的社會必須建立在一個大家一致視為當然的文化與道德秩序之上"。[1]可惜急速現代化的人們總是缺乏應有的耐心。

（二）小"我"中的身份自反與確認

作為"祖父"長孫的"我"其實不得不承擔了讓逝者"入土為安"的使命，但一開始，他操辦此事更多是一種被動實踐，也並不真正明了其中的豐富蘊含。

1. 面子的推動。弔詭的是，"我"與文本中的墳場主管其實在某種意義上共享了面子[2]的監控與推動功能，區別在於，前者在乎的是親人、圍觀者（"看客"們）的反應和指點，而後者則是強調國內外人士的"誤會"。通過文本

1　林毓生：《中國傳統的創造性轉化》（北京：生活‧讀書‧新知三聯書店，1988），頁 236-237。

2　有關面子的論述，主要可參翟學偉：《中國人的臉面觀：形式主義的心理動因與社會表徵》（北京：北京大學出版社，2011）；黃光國、胡先縉等著《人情與面子 —— 中國人的權力遊戲》（北京：中國人民大學出版社，2010）；張琳琳、黎亮著《面子》（重慶：重慶出版社，2006）等。

來看，"我"清楚感受到了棺材下葬時現場看客雲集，數量上也不斷增加，從二三百人最後變成七八百人，"當我們回到墳場的時候，人群已膨脹到七八百人。而且，不懂為什麼，報館、通訊社、廣播電視台全都來了，使這件事成了當年國內十大新聞之一"。

毋庸諱言，當棺材與洞不吻合難題出現後，"我"還是頗有急智的，比如買多一塊地藉此避免尷尬出現，以至於在文中出現"我"對自己的誇獎："嘩，我真行！我心裏想，我的腦子真不錯，冷靜靈活、當機立斷，在最沉痛的時刻我竟然還能保持穩定，真是可圈可點。"但需要指出的是，這種表現其實富含了面子監控之下的有意表演性，其微弱的主體性其實還是讓位於面子保全的，因為事情發生後，"我們都僵住了，我們個個站在那裏，你看看我，我看看你，一句話也說不出來。我敢說，那一定是人類埋葬史上最滑稽可笑的場面！你花了這麼大的本錢、那麼多的精力、那麼多的感情搞了那麼大的一個葬禮，有兩百多人來觀看，結果呢？"

2. "血濃於水"的文化遺傳。在"我"自以為得意的急智發揮作用受挫時，"我"的主體意識開始覺醒，首先是開始質疑，包括處理墳場事務的殯儀館負責人和主管人士。從某種意義上看，這些官味十足的行政人員其實也是缺乏主體性的存在，他們一方面是手握權力的高高在上者，執行任務刻板僵硬，但另一方面，面對更高權勢和規章時，他們卻又奴性十足。從此視角看，這些角色身上也投射了精神意義上的孫子角色。

如果從文化傳統的視角看，有關人員開出的解決方案，無論哪一條都近乎是對傳統文化的隔膜，乃至最後變成了羞辱。比如，挪動屍體換棺材，和陌生小鬼共享墓室，隨意改變入土日期，等等，這些都是對喪葬文化傳統的無知、解構與無視。毋庸諱言，喪葬禮儀發展到後來，有其過度程式化、僵化、勞民傷財，甚至束縛人性的弊端，但畢竟它在對人性悲情的有效抒發，對祖先靈魂的有序安放等層面發揮過重要作用。但現代社會中的科層制人員更多在乎的是如何堅決執行既定的規章制度，而對過去的（在他們看來很多是過時的）傳統制度和文化相對菲薄，易言之，喪葬傳統的"棺材"必須合乎現代法律規章的"洞"，否則就是不合法，同時還會搬出來特殊國情論加以強化："那是違背國家的規劃的。我國地小人多，土地異常寶貴，講人情是不能違背國情的！"

作品中的"我"開始發作了，相對無知的他其實同樣也拋棄了繁瑣的喪葬禮儀論證或說明，而是從"血濃於水"的傳統直覺上振振有詞質疑："我祖父下葬，既不是醬油裝瓶子，也不是黃梨裝罐頭；既不是建房子砌磚頭；也不是停車場劃位子。"在發出無論如何都要讓祖父下葬否則就不走的要求後，其實"我"也曾經興奮、忐忑、後悔過，但轉念一想："管他！一個人一輩子能有幾個祖父可以送葬的？不好好幹，對得起祖宗麼？"無論是禮儀制度，還是法律規章，都必須讓死者順利安葬。這種邏輯其實又弔詭地暗合了儒家喪葬制度的樸素本質特徵"慎終追遠"，而在原則上又堅持"事死如生，事之如存"。從這個意義上說，祖父的文化傳統又部分遺傳在"我"的血液和情感中，成為關鍵時刻的一種處世原則。

三、虛構的技藝：如何以小見大？

《棺材》一文在文體上常常是被當作戲劇來讀的，其實考慮到其虛構性和跨文體（inter-genre）特徵，它完全也可以當作一篇小說來讀。而若從此視角考察，也同樣可以看出郭寶崑以小見大的敘事策略。

（一）敘事策略：以小見大

從選題角度來看，郭寶崑其實選擇了一個不那麼引人注目的小題目。畢竟，讓逝者下葬是生活中常見的事情，因為生老病死是人生常態。同樣 A 和 B 不吻合，出現錯置、落差亦不罕見，因為悖論、或然性又是一種不可避免的存在邏輯。在這些"小"的掩飾與平淡中，唯一讓人矚目的大概就是這個大棺材了。但棺材又是可大可小、可儉可奢的事物，藉助傳統的豐厚和權勢的尊顯，它可以變大（有權有勢有文化有地位人士的講究）；如果只是單純掩屍的物質性載體，它似乎又可以小到忽略不計，甚至一塊破布，一張爛蓆都可替代（赤貧人士的將就）。

郭寶崑以一種相對平鋪直敘的手法敘述著事件的進展，有時亦會煞有介事地聚焦於棺材太大洞太小難題的解決進度和細節以及變化著的對抗，他在這平淡敘事的背後其實訴說著諸多議題——傳統的不可承受之輕、現代化的急躁、刻板與局限，科層制和工具理性的鐵籠限制（iron cage）[1] 等等。如郭自己的深刻認知："我們都身處於這巨大的制度中。作為個人，我們是怎麼認識自己的呢？除非你已經開始這麼思索，你怎能創造出屬你自己的藝術？"[2] 當然，這些象外之意都需要郭寶崑的預設讀者（target readers）細細加以品嚐、體味。

值得一提的是，在該文開始和結束，郭都採用了"夢"進行首尾呼應，如開頭"不懂為什麼，這件事老是要回來。這個夢。每次我心裏煩，我就做夢，夢到這件事"這樣的手法當然意在自然引起事端，好給讀者或觀眾帶來懸念。結尾"至於我呢，不懂為什麼，這件事常常在夢裏回來"再次以夢重複並非簡單的複述，而是一種開放的懸而未決的掛念，這件事情暫時得以解決，但是如果到了他們年輕人那一輩，問題會不會繼續重複呢？當然，更進一步，這樣的策略也為郭寶崑的書寫設置更多安全保護，也即，無論如何，這是一篇虛構作品，請勿對號入座。

歐清池（1943–2021）指出，郭寶崑的戲劇理論往往能結合本地現實，創造力強，"郭寶崑並不反現實主義，他只是從西方引進一些新的表演形式，並結合本地現實加以運用，他的成功在此，而他的失敗在某種程度上可說是與華文教育的消失此大環境息息相關"。[3] 這段話頗有可堪玩味之處，《棺材》中的大處需要有心讀者仔細咂摸，而真正明了新加坡歷史語境的讀者其實可以更深一層、"窮千里目"。某種意義上說，正是棺材文化表徵的被抽離化和取而代之的物質化、商業化語境才使得人們對這篇作品的理解變得相對模式化，乃至膚淺化。

有關當局對難題的處理方式在他們看來是高效的，甚至還有一些人道主義關懷，而實際上更是缺乏尊重個體差異基礎上的標準化操作，生搬硬套，正如主管人士字字句句強調的："一個人一個墳！而且要確保他們每個人的棺材都符合我們那墳地的標準尺寸。記住：標準尺寸！"這也更談不上能夠採取"多

1　最著名的論述當然是來自韋伯（Max Weber），有關評述可參 Derek Sayer, *Capitalism and Modernity: An Excursus on Marx and Weber* (London: Routledge, 1991), p.22。

2　郭建文、張夏幃主編《郭寶崑：風風雨雨又一生》（新加坡：闆新文化私人有限公司，2002），頁123。

3　歐清池：《新華當代文學史論稿》（新加坡：斯雅舍，2010），頁249。

元文化主義"的包容性視角。當然,即使是"多元文化主義",亦可能有其缺憾,比如可能與資本主義的全球化產生某種共謀關係,本土文化被收編,從而成為跨國資本全球擴張的掩護乃至工具,"跨國資本對異文化的承認和寬容只是其全球擴張和流動的一種策略,無遠弗屆的資本試圖將'多元文化主義'轉換為真實的權力關係的隱蔽性修辭"。[1]

(二)喪葬的複雜功能:兼與魯迅比較

從書寫主題來看,郭寶崑的《棺材》並非是孤單的旅人,其前輩作家、文壇巨匠魯迅(1881–1936)當然亦是書寫喪葬的好手,而在其小說中,其喪葬自然有其別具匠心和苦心孤詣之處。[2] 此處不妨以其名作〈孤獨者〉與《棺材》略作比較。

1. 如何敘事?在小說虛構的開端和結尾上,二人有相似之處。《孤獨者》是以葬禮為始終,《棺材》以"夢"進行呼應。但整體而言,魯迅對敘事的推進有比郭擅勝場之處,比如,其小說中獨特氛圍的營造沉鬱厚重、抒情性的有機使用極具感染力,這一點讓讀者可以強烈感受到個體性情與喪葬禮俗(和社會制度)之間的不可調和的衝突。相較而言,《棺材》的敘事簡潔、幹練,敘寫了個體在體制的強大作用下逐步被邊緣化,最終導致個性被閹割,"最初,他是以黑色喜劇的手法加以嘲諷,如 1985 年的《棺材太大洞太小》"。[3] 但同時也要看到,《棺材》也有自己的問題,比如為了讓觀眾、聽眾掌握要義而流於直白,感染力不夠豐贍。

2. 意義的建構。〈孤獨者〉中,魯迅更多在小說中表達了喪葬話語對個體人性的鉗制與戕害,以及相關個體最終失敗、死亡的悲劇,令人極其壓抑、感覺沉重。相較而言,郭寶崑在《棺材》中卻呈現出更複雜的對傳統角色的認知和定位。一方面,它是相對敗落的,亦有其自身的劣根性,但另一方面,它卻

---

1 朱立立、劉小新:《寬容話語與承認的政治》(江蘇鎮江:江蘇大學出版社,2009),頁 177。

2 具體可參拙著《魯迅小說中的話語形構:"實人生"的梟鳴》(北京:人民出版社,2011),第三章第四節。

3 柯思仁:〈現代性追求中的過往意識——林海燕的《讓我們看雲去》與郭寶崑的《芽籠人上網》〉,《戲曲研究》第 55 輯(北京:文化藝術出版社,2000),頁 103。

成為觀照（新加坡）現代化弊端的一面鏡子，它時刻提醒著我們必須秉持合理態度，最好能夠對其精華進行"創造性轉化"，否則後輩們不得不繼續夢牽魂繞，同時又要防止"偽"現代性、表面民主操作蠶食和異化我們的正常人性。從此視角看，時代（新加坡建國後急劇變換的時空）和作家（郭寶崑）的敏銳性造就了類似主題的不同功能與意義建構。

毫無疑問，郭寶崑在《棺材》中所關注的議題是複雜的，也是重大的，雖然表面看起來未必如此。整體而言，他以令人欽敬的勇氣、良知、洞察深刻地反省著新加坡社會的重大議題，甚至也往往是對華人社會的共通性思考，這既是他的本土性，又是他的超越性所在。表面上看，新加坡的知識分子傳統是沉寂的、脆弱的，但實際上薪火總在堅定相傳，郭寶崑身後的英培安、希尼爾（1957– ）[1]、柯思仁（1964– ）等都不乏擔當，並以其各自方式和獨特策略進行有效傳遞。

結語：郭寶崑的《棺材》作為其轉型時期的重要作品，其實有著一種"大"與"小"的辨證，我們看到其中在承認的政治視野下，傳統的被矮化／忽略與現實的托大裏面包含著中西文化的角力；同樣如果我們視之為一篇成長作品的話，也可以看到"祖父"和"我"的互動中自反性身份確認的建構。當然，郭亦用了以小見大的策略，即使和魯迅相比，有關書寫也有其獨特之處。這一切在在説明，作為文學寶藏的郭寶崑本身值得我們（華人社會）仔細閱讀。

---

1 有關敘述可參拙著《考古文學"南洋"──新馬華文文學與本土性》（上海：上海三聯書店，2008），《本土性的糾葛──邊緣放逐·"南洋"虛構·本土迷思》（台北：唐山出版社，2004）有關論述。

第三節　論王潤華放逐詩學的三階段

提要：王潤華的創作自有其獨特性，對於放逐詩學的作用和實踐頗有心得。他相當清楚自己作為一個跨國的多元化的華人，孜孜不倦地汲取各種現代派的合理因素，柔韌含蓄，努力建構一種新的本土中國性，其重點則是南洋詩學建構。在此過程中，他既強調正面進攻，從植物、水果、動物、人文歷史加以層層疊構，同時又借重他山之石加以強化、確認。同時他從不固步自封，而是一直強調全球化和本土化的融合，力圖實踐並彰顯他作為跨國華人的豐富文化屬性。

關鍵詞：王潤華；放逐詩學；南洋

毋庸諱言，王潤華教授是東南亞華人文學中炙手可熱的作家之一。他筆耕不輟、著述等身。學術上，他橫跨多個領域：中西比較文學、中國古典文學（司空圖、土維等）、中國現代文學（尤擅魯迅、沈從文、老舍研究）、文學理論、新馬華文文學等，並在上述領域皆有專著出版。創作上，他既是詩人，又是散文家，兼擅多種流派 / 風格、視野開闊、內容駁雜，如人所論，"在當代華人詩界中，能將中國文人多雅致的傳統，包括詩、文同時做最徹底精粹的推展者並不多；而王潤華可謂是一個異數。詩往往可以表達到某種社會或時代的反影及詩人的思維，其內在的真誠性，才是藝術創作之源。王潤華是位感情綿密又富思索、愛鄉土的詩人；他也是用生命為詩的歌者"。[1]

王潤華在新馬、台灣長期擔任教職，在亞洲相關學界有著舉足輕重的影響力，而且加上其桃李滿天下，相關研究亦是相當繁茂，甚至有專門的博士論文進行研究，比如王愛金《王潤華現代華文文學觀的論述與實踐》（復旦大學博士論文，2008）。粗略說來，相關研究主要可分為：1. 綜合和宏觀性研究，比如南治國〈本真的詩人情懷宏闊的學術視野 —— 王潤華教授與比較文學〉（《中

1　林明理：〈王潤華和他的新詩創作研究〉，台灣《全國新書資訊月刊》第 161 期，2012 年 5 月，頁 65。

國比較文學》2001 年第 2 期）、林明理〈王潤華和他的新詩創作研究〉（台灣《全國新書信息月刊》第 161 期）等；2. 關涉其創作和本土性關係，如南治國〈新馬華文文學的本土性建構——以王潤華的相關論述為中心〉（《華文文學》2005 年第 2 期），朱崇科〈後殖民本土：去殖民化和回歸本土——論王潤華的熱帶叢林和南洋水果〉，收入朱崇科著《考古文學"南洋"——新馬華文文學與本土性》（上海：上海三聯書店，2008）；3. 利用較新理論研究其詩學，如戴淑樺〈解構與建構：論王潤華《地球村神話》的中國古典視角的異化書寫策略〉（台灣《台灣詩學學刊》第 19 號）、劉於慈〈後殖民的亞洲滋味：論也斯與王潤華飲食詩中的文化情境與地方想像〉（台灣《中國現代文學》第 19 期）等。不必多說，上述研究都對我們深入了解王潤華的複雜性、多元性打下了良好基礎。

耐人尋味的是，王潤華是一個不折不扣的放逐者。他從馬來亞出發，到台灣政治大學留學，略作休整（回馬教書），又繼續負笈美國 University of Wisconsin（Madison）師從周策縱教授，順利獲得博士學位後，卻又轉身進入新加坡的南洋大學（1955–1980）[1] 教書，而後因為南洋大學被迫關閉，中文系被合併到了新加坡國立大學中文系而轉任，歷任講師、高級講師、副教授、教授等，2002 年他退休並到台灣元智大學教書，十年後，2012 年 7 月他返回馬來西亞南方學院（大學）擔任資深副校長、講座教授等。

毋庸諱言，王潤華對放逐詩學有其相當清晰而堅定的認知，從自身的經歷到學術研究都是如此，碩士期間他研究郁達夫就思考放逐的意義，而且終生不改。在他看來，"從留學日本到回到中國，郁達夫的小說散文很明顯地表現出他一直在自我流放。在中國他是圈外人（outsider）、零餘者、頹廢文人、自我放逐者。到了南洋，他的心態就更加如此"。[2] 同時，在他的創作中這一主題和

1　有關南洋大學的研究可參胡興榮著《記憶南洋大學》（桂林：廣西師範大學出版社，2006）；李元瑾主編《南大圖像：歷史長河中的審視》（新加坡：南洋理工大學中華語言文化中心、八方文化創作室，2007）；利亮時著《陳六使與南洋大學》（新加坡：南洋理工大學中華語言文化中心、八方文化創作室，2012）；周兆呈著《語言、政治與國家化：南洋大學與新加坡政府關係 1953–1968》（新加坡：南洋理工大學中華語言文化中心、八方文化創作室，2012）等。

2　王潤華：《魚尾獅、榴槤、鐵船與橡膠樹》（台北：文史哲出版社，2007），頁 54-55。

涵蓋亦不斷重複、強化、豐富和迴響，我們甚至可以稱之為一種放逐詩學。簡單說來，其放逐詩學可以分為三個階段：1. 台灣美國留學時期，創作上以《內外集》（1978）作為分界；2. 新加坡時期，以《熱帶雨林和殖民地》（1999）作結；3. 返台至今，以《重返集》（2010）為代表。

一、提純中國性：一輪明月照古今

作為橫跨馬來亞到馬來西亞歷史階段的華裔少年，作為身居熱帶都市邊緣（分別在霹靂州地摩和金保讀小學、中學）的讀書人，王潤華活潑敏感、熱情好奇，從詩人的萌動期就葆有一顆赤子之心，而且他成年後選擇去另一個文化中心──台灣求學，後又去最發達的民主國家美國繼續攻讀，完成了其學術執照的獲取，也實現了其詩歌風格的三級跳，即從寫實到台灣型現代主義再到美國型現代主義。而第一個階段的代表性詩集主要是：《患病的太陽》（台北：藍星詩社，1966）、《高潮》（台北：星座詩社，1970）、《內外集》（台北：國家書店，1978）。

（一）從寫實到台灣型現代主義

作為一個出身相對邊緣的詩人，王潤華的詩歌風格是有其發展階段和轉型標誌的，他是一個從寫實風格轉向現代主義的詩人。

1. 寫實嘗試。某種意義上說，對於出身相對邊緣和底層的人來說，寫實主義可謂是一種逃不脫的宿命，至少從生存語境的內容體驗上，這是一種必然。成長中的王潤華也不例外，但也有自己的經歷和別樣追求使然，如其自己所言："我在 1962 到台灣進大學之前，是五四文學的崇拜者，寫了不少五四風格的詩歌，寫實又本土，頗得左派詩風。當時我在新加坡的《星洲日報》副刊或香港的《文藝世紀》發表的詩，都是模仿當時左派的詩風。"[1] 比如同情底層而呈現出強烈的人道主義關懷。《旋轉的琉琅》書寫在馬來亞錫礦附近的婦女們

1　趙秀敏：〈行走中的堅守──訪南洋著名作家、學者王潤華教授〉，《中國文學研究》2008 年第 3 期，頁 121。

在河邊辛辛苦苦用琉琅淘洗沙石中的錫勉強維生，詩人寫道：

"你們的苦難，

像琉瑯激起的水浪

——一波未平，一波又起。

貧困糾纏你們，像沙石一樣難洗去。"[1]

但同時，詩人也讚揚她們的吃苦耐勞精神，並以文字向她們致敬。

當然，彼時年青的王潤華也有延續"馬華文藝獨特性"傳統的詩作，如〈紅毛丹成熟時〉，把紅毛丹這樣的熱帶水果和熱帶人本身緊密結合，"紅毛丹成熟時——/無任殼外或內心/都一樣/像熱帶人"（頁7）。有意思的是，王潤華也有一些高亢的作品，如〈高崗上——題金保培元中學劉思聘天文台〉就寫道：

"我，時代的歌手，

站立在高崗上，

對著遼闊碧綠的近打平原，

振臂高唱　這是太空時代，

讓我們從荒漠裏追上去！"（頁10）

"振臂高唱""追上去"類似的關鍵用詞還重複吟哦，樂觀積極，新舊對比、浪漫激進，頗有一絲社會主義現實主義[2]詩歌的風采。

弔詭的是，英殖民者統治時期或馬來西亞初期的社會，由於國家事務繁雜，諸多議題處於商榷討論階段，反倒讓華人社會的文化制度或文學生產場域相對寬鬆，簡單而言，更多是五四遺風，但這個時期由於是所謂的"中國'兩結合'文學與馬華愛國主義文學"[3]時期，也偶爾從港台傳過來一些左翼風格讀物（或右翼乃至"黃色"讀物）混雜其間，呈現出一種詭異的包容性。

2. 台灣型現代性。王潤華針對自己留學台灣時的文學狀況寫道："1962至

1　詩作出自《王潤華詩精選集》（台北：新地文化藝術，2010），頁9。下引只註頁碼。

2　有關論述可參陳順馨：《社會主義現實主義理論在中國的接受與轉化》（合肥：安徽教育出版社，2000）。

3　有關論述可參謝詩堅：《中國革命文學影響下的馬華左翼文學（1926–1976）》（馬來西亞：韓江學院，2009）。

1966 年我在台灣讀大學的四年，正好是現代派文學猛烈顛覆台灣的反共抗俄的文學時期。年輕的一代，沒有中國經驗的人，完全被現代派席捲而去。我馬上張開胸懷擁抱現代詩歌，因為個人的、青春的想像，最容易和大膽的、虛無的反抗制度的語言走（疑為 "奏" 筆誤，朱按）出和弦。"[1] 1962 年王潤華入讀台灣政治大學西語系，並與友人創辦了星座詩社，出版《星座詩刊》。某種意義上說，王潤華是台灣現代派的受益者：回望那個時代，1956 年，紀弦與同好們合組 "現代派"，接著，覃子豪以象徵主義等問題纏繞加入論辯；接下來是余光中、林亨泰分別扛著藍星、現代詩派的大纛粉墨登場，他們繼續台灣現代主義詩學的辯證。[2] 同時，沐浴其中的王潤華又是台灣現代詩發展和充實的回饋者，其詩集《患病的太陽》《高潮》中多有體現。

比如其〈守潭 —— 我們總以為這飛泉下的潭是魚蝦的淵藪〉寫道，"仰望飛泉，遂忘卻永恆 / 飢渴的我們癱瘓在苔蘚石上 / 貪婪的凝視黑影和落紅 / 湧現自恆古神秘的漩渦 / 死守一潭的夢幻 / 悲嘆一個日落的午後 / 我們終於埋怨著背上沉重的夕陽 / 失望的消隱於荒涼的潭邊"。這裏的潭無疑意象蘊含豐富，可以視之為一種文化傳統，又可以視之為一種可能的文學流派，甚至還可視為一種命運的限定，但無論如何，通過對潭的守望和失望，卻孕育著新變的可能性。

〈奔進花朝〉（1965）則呈現出另一種面貌，可以誇張，"蓓蕾怒放的聲浪，把我們撞擊 / 出風景綫外 / 失落在氾濫著陽光的花神的家鄉"；難免徬徨，"吶喊，我怕驚醒億萬個繽紛的夢 / 掙扎，我怕更陷進百合 / 無底的花蕊"；同樣也可以在豐富隱喻外呈現出清新的氣息，"可是只要我一仰望，便吸著羞赧的太陽 / 因為一剎那，百花啊都爭妍地開在你的臉上"。

相較於〈患病的太陽〉的整體清新，〈高潮〉由於添加了不少創作主體的情緒波動、事件發展，而且往往會借古喻今、古今並存，在此類幻設後詩作更多了晦澀與濃郁。

---

1 趙秀敏：〈行走中的堅守 —— 訪南洋著名作家、學者王潤華教授〉，《中國文學研究》2008 年第 3 期，頁 121。

2 具體可參陳義芝著《聲納 —— 台灣現代主義詩學流變》（台北：九歌出版社有限公司，2006）有關論述。

〈北上〉（1968）一詩呈現出一種非常複雜的"北上"情結，現代社會的快節奏、信息爆炸與事變頻仍，從大社會到詩人自己的小世界都呈現出一種焦灼感，"一個不慣投宿於歡呼與掌聲的難民／我多次翻越過叢林深處陡斜的公路／穿進又闖出陌生小鎮狹窄又擁擠的街道／打油站廣告的陰影下／捧著焦慮的頭額／伏在方向盤上作短暫的喘息"。據詩人附記所言，他是"站在往北的公路旁，等待一位學者兼詩人給我的消息。他的聲音是綠瑩瑩的光，面對著這綠燈，我停止徬徨，跨越十字路口"。但詩歌最後卻呈現出柳暗花明的結果，"煙火外，我耐心等待／北上的公路／張開腿，亮著綠燈／讓我像堤岸崩潰後的洪水／闖入桃花夾岸的古津盡頭／是喧鬧的廟宇"。但整首詩毋寧更呈現出情緒的複雜性，意義相對含混。

代表作〈高潮〉一詩寫得奇幻而又迷人。全詩共五節，（1）"只聽說有一湖深奧的艷麗／重陽節，眾多皇族的王孫便奔向／以花為主義的雲雨峰"；（2）"山神廟的守門人未醒／太陽與我們皆被那推不開／原始森林的黑暗／糾纏得落葉一般疲倦"；（3）"追溯水源，我走入飢渴中／望遠鏡的深處／古老的烏鴉仍然在尋找／放生池湧不出的另一瓣蓮花"；（4）"待眾人走出虛無的雲端／我又獨自迷失於深山的夜雨"；（5）"慾望墜落，而且毀滅／隱沒於胡姬花爭妍的山谷／向觸及天堂的頂峰呼叫一下／遂進入另一個美麗的高潮"。此詩迷人之處在於他對高潮的呈現美麗而曖昧，風景的高潮、動物（烏鴉）的尋覓，和人主觀的慾望高潮探索隱約互見，頗顯功力。

（二）提純或再造中國性：以《內外集》為中心

王潤華在接受訪談時對於東南亞華文文學的文學傳統與流變過程有著清晰的認知，"東南亞的華文文學，自然不能拋棄從先秦發展下來的那個傳統，沒有這一個文學傳統的根，東南亞甚至世界其他地區的華文文學都不能成長。王潤華說，若單靠這個根，是結不了果實的，因為海外華人多是生活在別的國家，自有當地的土地、人民、風俗、習慣、文化和歷史。當這些華人作家把各地區的生活經驗及文學傳統吸收進去時，與本身原有的文化傳統糅合，自然就形成一種獨特的文學傳承"。[1] 易言之，和某些人咋咋呼呼地打打殺殺"中國性"不同，王潤華從未放棄過中國文學傳統給他的母乳和營養。主要寫於1970–1976 年間的《內外集》卻又呈現出王潤華對中國性的巧妙而複雜處理。

1. 文字重釋與文化再造。人在美國，卻要研究中國的學問，尤其是王潤華的博士論文處理的還是司空圖。實際上，這或多或少對於第三代大馬華人身份的王從文化上有種再中華化（resinification）的感覺。

王潤華此一時期特別引人注目的是他不可蹈武的"象外象"詩篇實驗，那是他跟隨周策縱教授修習"中國文字學"課程的副產品，由字形結合文化、現實的薈萃而重新加以處理。比如〈早〉，"太陽站在白茅上 / 飲著風 / 吃著露 / 將黑暗的影子 / 吐在落葉地下"則根據字形和含義形構出一首清新可人的解碼詩。再如〈暮〉，"寺院 / 金黃色的鐘聲 / 將夕陽擊落 / 野草叢中"。詩人巧妙編織了寺院暮鼓的場景，而且又是結合字形加以具體化。

更富文化含量的顯然是〈女〉（𠁣）。1. "你上身是夢 / 下體是謎 / 赤裸在遙遠的深閨裏"；2. "讀完最後一頁 / 抄至最末一朝 / 你只有豐隆的乳 / 修長的腿 / 觸痛我的雙瞳"；3. "也許 / 你還有 / 一隻手 / 一片唇 / 隱藏在昨天的夜裏"。其中自然有根據字形的描繪，但是更呈現出詩人的文化關懷，表明此一性別在歷史時空中被遮蔽和壓抑後的模糊存在。第三節可以有雙重讀法，一種是繼續批評歷史對女性的壓抑，無法書寫和口述自我，另一種則也有因愛而迷失自我的可能性。

王潤華的此類書寫可謂苦心孤詣、活潑豐厚，很符合他一貫的詩人品格，如人所論，"王潤華的'象外象'，以文字為具體對象，充分發揮了中國文字的具象特性與視覺的美感價值。這無異給某些徒以形式為目的，'東施效顰'的西式具體詩一記棒喝，使詩人猛醒回頭，重新在中國文字中尋找詩的靈感，也許這才是我們的具體詩"。[2]

值得注意的還有王潤華的〈山水哲學〉。全詩如下：

1　古喬：〈越界跨國中的華文 —— 王潤華教授看華文的今天與明天〉，台灣《師友月刊》2006 年第 4 期，頁 14。
2　張漢良：〈論"象外象"的具體性及其美感價值〉，王潤華著：《內外集》（台北：國家書店，1978），頁 142-143。

上	中	下
遠山	路走盡在	兩座山
崎嶇地睡著	樹叢	把水壓成
而沒有石頭		澗
濁流消失在		
古樹	煙霧中	而湖水
一片蒼翠		又將山逼成
而沒有枝丫	岸斷絕成	崖
古渡		
綠水		
悠悠流去	水開闊處	
而沒有波浪	有遠帆	
野人		
永恆的望雲		
而沒有眼睛		

　　王潤華在論述王維的桃源行詩篇時指出："他以道家的方式接受自然，與山水融合一體，這種'無心'或'無知'的旅程，也可以用來說明王維詩歌的語言的特點。分析性的、說明性的語言（有心之旅），反而捕捉不到人與大自然情景交融的經驗，因此，他採用多義性的暗喻與象徵性的語言。"[1]某種意義上說，這也是王潤華的夫子自道。〈山水哲學〉一詩呈現出類似於見山是山、非山、又是山的三重境界，文字中佈滿否定與肯定的張力對抗與融合，表面無我，實則有我的精心佈局，但最終山水的善變、豐富與主體性佔據主角，同時又有詩畫互見的靈思，著實耐讀。當然，除此以外，還有模仿司空圖的〈狂題〉，以及〈看畫記〉〈門外集〉等等都對唐代詩學進行禮敬和穿越性追摹。

　　2. 神話再造。同樣值得關注的還有王潤華的神話書寫（重寫）系列。主要是有關《紅樓夢》《西遊記》《水滸傳》以及古代中國神話的書寫。《第幾回》（之一、之二）都是對《紅樓夢》尤其是賈寶玉的集中刻畫。在"之一"裏，奇特

1　王潤華：《王維詩學》（香港：香港大學出版社，2009），頁7。

的還有詩人的再現手法，詩中有詩，如"我們在龍門的陰影下擠來擠去／那樣多的人／追逐著一點聽說藏在城牆內的繁華／我們一次又一次，被人推倒／怎樣長的繩子也繫不住太陽"，這段話包含著非常豐富的哲理，或許是賈寶玉之前的歷史，或許是賈寶玉生存期間的現實，甚至也可能是王潤華當時的現實，又或者是追求名利的我們身處的現實，如人所論，"詩人應該在詩內進入第二層來表達他對生命的看法及情感，而不是詩本身發射出作者的情緒，這就是'第二身'（persona）的運用"。[1] 正是因為看穿的絕望與失望，所以賈寶玉最終才選擇出家。"之二"則是對這種選擇的確認。

〈天討〉則書寫古代神話中的神仙前輩對天命的討伐和悲壯對抗。如逐日的誇父、嚐百草中毒而死的神農、射日的后羿等等，正是因為他們的努力，才讓人類得以延續。〈天譴〉中則繼續謳歌治水的大禹，包括他治水不成偷取息壤而被處死的父親鯀，大禹治水後，地球一片生機勃勃，"九州又佈滿獸蹄鳥跡／草木像煙／在廚房茂盛／禽獸像夢——／在床上繁殖"。〈天書〉則是書寫復仇後的林沖雪夜上梁山前的場景。〈天災〉則是書寫孫悟空的造反經歷，詩末孫悟空在等待帥父，詩人寫道，"我還在等你／我的鬢邊少髮多青草／頷下都是綠莎／我答應天譴日／送他們一場大雨／讓不屬這季節的花／剎那間開放"，毋庸諱言，詩作中呈現出強烈的反抗精神和浪漫情懷。〈磚〉一詩則是探究雷峰塔何以倒掉的原因。民婦盜磚（雷峰塔上的）和孫傳芳們爭奪地盤並置，呈現出詩人在大小歷史間的人道情懷和批判自私人性，尤其是國民劣根性的意識，如人所論，"詩人創造出偷磚的這麼一個神話來，他不止相信它，而且是用這麼一則神話來批評社會，來說教"。[2]

當然，《內外集》還涉及了其他主題，比如本土介入，比如《裕廊外傳》書寫的是新加坡的"飛禽公園"，如其中的"山雀"一節，"早晨十點／椰樹潮濕的影子／還懶散的躺在宿草叢中／野雀們便將陽光啄吃完了嘰嘰喳喳的／又搶著啄吃遊客們／偶爾吐在樹蔭下的一點點謠言"。除了本土植物以外，王潤

1　引自翱翱：〈論王潤華詩中的神話原型〉，王潤華著《內外集》（台北：國家書店，1978），頁 154。
2　陳慧樺：〈談王潤華詩中神話素材之運用〉，王潤華著《內外集》（台北：國家書店，1978），頁 149。

華還把野雀們的嘰嘰喳喳和謠言掛鉤，可謂別有機趣。同樣需要提醒的還有《溯流而上》，是對康拉德《黑暗的心》主題的別樣重寫，這自然也部分開啟了以後王潤華後殖民視角重讀和重寫本土的另類天空。

二、南洋詩學創設：赤道驕陽炙人魂

毋庸諱言，王潤華在新加坡南洋大學和國立大學執教時期的三十年是他創作和學術最具創造力和勃發的時間段，同時也是他孜孜不倦建構南洋詩學的鼎盛期。如其所言，"於是當我在這裏落地生根，開始了從南洋出發，在鄉土與現代的交媾中，孕育我的南洋詩學和後殖民詩歌理論的建構與書寫"。[1] 在此時段，他完成了《橡膠樹》（新加坡泛亞文化出版社，1980）、《南洋鄉土集》（台北：時報文化，1981，散文）、《山水詩》（吉隆坡：《蕉風》月刊，1988）、《秋月行》（台北：合志文化事業股份有限公司，1988，散文）、《把黑夜帶回家》（台北：爾雅，1995，散文）、《熱帶雨林與殖民地》（新加坡：新加坡作家協會，2000）、《地球村神話》（新加坡：新加坡作家協會，2000）、《榴槤滋味》（台北：二魚文化，2003，散文集）等，可謂創作豐碩。

（一）南洋詩學的正面建構

王潤華從多個層面正面建構他的南洋本土詩學，比如，熱帶動植物、人文山水等等，企圖打造出多元並存、物產豐饒、人文敦厚的南洋存在。

1. 南洋生物。毫無疑問，熱帶雨林既是王潤華生於斯、長於斯的實際空間，同時又是作家創作藉助和形塑的一種"時空體"。在他的筆下，水果、植物、動物等等都呈現出本土而又獨特的特徵與表徵。

南洋水果。非常典型的是他對熱帶水果的隆重推出，榴槤、山竹、紅毛丹、菠蘿蜜、鳳梨、尖美娜、西瓜、楊桃、人心果等。王潤華對它們分別進行描述，傳說、歷史、誇張、擬人等等諸多手法一擁而上，呈現出詩人發自內心

1　趙秀敏：〈行走中的堅守——訪南洋著名作家、學者王潤華教授〉，《中國文學研究》2008 年第 3 期，頁 121。

的對水果的熱愛，比如描寫榴槤上市，"為了萬世流芳／每年有兩個季節／我巡倖全國的疆土／御駕所過，都架起牌樓／我的子民蹲在街邊或路邊向我禮拜／真是舉國歡騰／有些甘榜的村民／為了謁見君王／甚至當掉帽子和沙籠"。王潤華以他的機智和幽默把水果之王上市時喜歡榴槤的饕餮之徒拭目以待、蠢蠢欲動的景象盡收眼底，而且在一本正經中令人忍俊不住。當然，更深一層理解，這些水果也有自己的秩序，也呈現出詩人強烈而風趣的本土認知。[1]

除此以外，王潤華也寫到好吃的食物，比如〈還魂記──炸蝦餅〉其實是母親深受馬來飲食文化影響製作的美食，"我們小孩／都很驚訝／剛剛廚房那一盤乾癟的蝦的孤魂／端出餐廳／還魂後／一盤芬芳的蓮花／一盤潔白的白雲"，把食物寫活了，富於詩意、讓人嚮往。正如學者廖炳惠所述，"食物進到口中，遂成為一種挪用（appropriation）的活動，將異文化、異身體加以啜飲、吸收、消化。透過比較、距離化（distanciation）的方式，欣賞異國食譜的風味"。[2]

南洋植物。比如書寫奇特的〈豬籠草〉，這種植物生活在惡劣環境中，比如殖民者採礦後的地區，詩人寫道，"熱帶叢林潮濕苦悶／暴風雨天天來洗劫／躲藏在貧瘠的山坡上／我的根在沙土中找不到礦物質／我的葉子捕捉不到破碎的陽光／流浪到沼澤池塘邊緣／只有鱷魚，沒有泥土／因此我向彩虹學習／永遠把陷阱掛在天空"。作者藉此隱喻本土華人強烈的適應性和吃苦耐勞精神。

藉助本土植物，王潤華還呈現出獨特的認同軌跡。比如，對橡膠樹、雨樹的刻畫，這些原本移植自他方的植物已經實現了本土化歸，如〈雨樹〉就寫道，"我們雖然歸化成樹，換了國籍／不再是草木，不再回歸南美洲／不過，我們還保存祖宗的傳統風俗／傍晚，當大鐘樓敲了五響／我們便如鄉下的親人一樣／將門戶通通關上"。這首詩表面在寫植物，其實是為自己的南洋認同找尋安放位置。

〈綠色的誘惑──斑蘭葉寫真記〉則是一首呈現出詩人獨特身份表徵的詩

---

1 具體可參拙著《考古文學"南洋"──新馬華文文學與本土性》（上海：上海三聯書店，2008），頁194-195。

2 廖炳惠：《吃的後現代》（台北：二魚文化事業有限公司，2004），頁131。

作。斑蘭葉（馬來語 pandan）是南洋本土常用的香草植物，無論是土著民族，還是華人都經常使用它調味。耐人尋味的是王潤華在詩作中對它的態度，他採用外來者的眼光定位斑蘭葉，"自從英國殖民者／焚燒森林／種植從巴西移植的橡膠樹／斑蘭葉慘死在巴冷刀後／留下綠色的香魂／神秘的誘惑著／南洋各民族的慾望與幻想"，而另一方面，他又以喜愛的眼光為之辯護，"巴黎香水／塗在女人身上／只能喚醒一些邪念／熱帶雨林的斑蘭葉／一二片葉子的幽香／使到南洋的一切食物飲料／森林邊緣的苦悶生活／變成一種誘惑"，但在這種外來和本土的流動和轉換中，卻又可以呈現出本土華人的自我定位。其他如《南洋野草誌》等都有此類關懷和可能實踐。

2. 歷史人文。王潤華並沒有忘記深入挖掘他腳下土地的豐厚人文內涵。這當然就包括殖民地歷史、馬共歷史、新村等等。

（1）殖民地苦難。除了對可愛、美味、豐饒的南洋特產進行讚揚以外，王也不忘書寫殖民地的歷史，比如《熱帶雨林與殖民地》一書就是對殖民歷史的記錄。〈集中營的檢查站〉就是書寫軍警們對不同身份階層人的檢查，如割膠女工、小學生，同樣也有一些精神方面的白色恐怖，"刺死黑影""餓死影子"等。同樣，也是懼怕馬共等人的對抗與騷擾，殖民者們卻也不得不把自己隔絕在高牆大院內加以保護，〈英國殖民者的吃風樓〉，就書寫他們要高築麻包沙袋、要提防熱帶水果籃中的偽裝炸藥、要儘量遠離橡膠園等，當小孩疑惑地諮詢母親時得到的回答是，"這是殖民地聖誕節／奇異風俗的禮物"。

"新村"[1] 的設置是英軍對付馬共的一種堅壁清野的作戰方式，英殖民政府為了阻止郊區的華人與森林中的馬共游擊隊接觸，便將原本散居在郊外華人集中起來，這些集中點後來就變成了華人聚居的新村落。絕大部分華人新村都位於西馬，東馬也有三個專門為對付砂共而設的新村 ——"新生村""來拓村"和"大富村"。王潤華當時就居住在馬來西亞地摩埠新村 B-31 號。他的〈新村印象 —— 一個小孩記憶中的緊急法令〉就是對這段歷史的再現。他既寫到小朋友眼中的抵抗，"我家的貓狗／與河邊的紅毛丹樹／都拒絕乘軍車／移居鐵

1　有關資料可參林廷輝、宋婉瑩著《馬來西亞華人新村五十年》（吉隆坡：馬來西亞華社研究中心，2000）。

蒺藜包圍的新村／寧願野生在禁區裏"，同時又寫到自己的願望，"但願自己／是一間回教堂／或牛羊／宵禁時／不必回到鐵絲網中／的集中營／繼續住在熱帶雨林／像野胡姬花／還可爬上相思樹／好奇的／向曠野瞭望"，從正反兩方面表示反對。

〈逼遷以後的家園〉則從堅守日益破敗家園的動植物的視角加以控訴，同樣也是訴寫自己真實的新村經驗。〈新村保衛團 —— 紀念父親被殖民政府強迫擔任新村保衛團的檢查與巡邏任務〉如標題所言，父親也要參與檢查、守夜、巡邏；〈山中歲月 —— 記我小時候回憶中有關馬共的種種印象〉則是描寫記憶中馬共的幾個面向，如理想主義、告別親人進山、民眾的支援、槍傷、葬禮等等，"我們在爛泥中挖個洞／把他扔下／像農夫播下種子／他不是中彈腐臭的屍體／而是一粒種子／雨季過後／他又是一棵愛陽光的大樹"詩句中呈現出人道主義和對理想主義的同情。〈友情與埋伏 —— 記一位馬共區委書記阿光之死〉則書寫阿光英勇作戰，身上槍傷累累，新傷舊傷合起來有十餘粒子彈在身，最後自殺身亡，令人敬佩而又唏噓。

（2）地域標誌。地理位置的確認和本土意識有關，作為詩人的王潤華同樣也涉及對本土人文的彰顯與譜寫。〈聖淘沙戰堡〉主要書寫當年英軍因為錯誤的戰略敗給日軍以後的戰爭遺跡，它書寫了遊客們（和當年的炮兵們一樣）的無聊疲憊、小孩子們的視綫所及，以及 "只有野生的胡姬花／似乎不願嗅聞彈藥的味道／從碉堡的裂縫／探出頭／迷惘張望中／看見遠遠山頭的受降館內／戰爭已經是一張張的照片和幾個蠟人／在免費供人欣賞"，詩作明顯呈現出本土植物的持久殺傷力以及人跡的容易被遺忘和沖淡。

同樣，王潤華還寫到了新加坡的〈寶塔街〉，其實通過聲色、職業等手段再現華人歷史，是一個有意味的片段印象連接，如 "當榕樹的鬚根爬進屋裏／會聽見豬仔館內／麻將與牌九通宵碰擊的聲響／也會嗅過估俚間／汗臭味與鴉片煙的芬芳" 和 "在微弱的煤油燈下的老人／從臉色和掌紋／能說出番客過去與未來的道路"。當然還有對著名的〈虎豹別墅〉的刻畫，既寫到神話歷史傳說的濃縮式拼貼，但又寫到高科技的侵入，"自從五彩的巨龍盤踞在山頭／高科技的滑浪車／立體電影尖銳的聲響／把一千多個古老神話／嚇得躲藏在陰暗處……"

有趣的是，王潤華還有把植物、歷史結合起來的書寫，比如長得像問號的〈過溝菜〉，全家人愛吃它的原因居然是，"因為在英國殖民地或日軍佔領時期／南洋的市鎮和森林裏／有太多悲劇找不到答案"，同樣還把這種歷史穿越現實，"是遺傳還是仇恨／今天新加坡植物園裏的蕨菜／還是用像問號的手掌／捕捉陽光與月亮／逼它見證許多屠殺的秘密"。

（二）他山之石：借鑒與批判

如人所論，"馬華現代詩的'現代性'是西方／台港文學技巧和思潮混合的移植特性，交織著一些鄉野傳奇的本土特性，它有別於西方高度發達／腐敗的資本主義社會文化，也有異於中國性現代主義自我流放的現代感性"。[1] 刨除此論過於簡化的弊端，類似的，王潤華的南洋詩學的確有其獨特性，他對於南洋詩學的建構也還有其他策略，那就是藉助可以攻錯的他山之石，一方面，來辨清自我，另一方面，也可以強化和壯大自我。

1. 自然與人心的雙重環保。毫無疑問，日益惡化的全球環境也讓詩人王潤華憂心忡忡，在《把黑夜帶回家》自序中，他呼籲道："我開始為了地球的環境生態，撰寫一系列環保意識很強的散文。現在請您為了搶救地球而閱讀這本散文集，因為在這裏，你可以聽見我錄下來的地球向您呼救的聲音。"（頁2）而在這本物質層面不太厚、精神關懷很深遠的散文集裏，我們至少可以發現兩個層面的環保追求。一個層面就是對自然規律和品性的強調，批評地球上人類的亂砍亂伐亂殺，比如〈白鯨之死及其他〉〈焚燒的樹林〉等。同樣也包含對於天人合一規律的強調，而自然和樹木也有自己的優長，如〈圖騰樹上的意義〉。而在〈樹木人生〉裏面，王潤華甚至把自己認同成為熱帶雨林的樹，"我就像一棵第三代的橡膠樹，當年雖然在台灣唸大學，到美國唸研究所，但我跟其他同學很不相同。他們不是跟台灣女子結婚定居下來，就是在美國永久生活下去。我不但選擇跟馬來西亞女子結婚，還回來教書。我是樹，只能生活在這樣的熱帶雨林裏，需要這樣的土壤和氣候，居住在沒有廣闊綠色如海的森林的大都市，我就有恐懼感，因為水泥建築不是我的種族，樹林才是我的同類"。

1　張光達：《馬華現代詩的時代性質與文化屬性》（台北：秀威資訊科技有限公司，2009），頁100。

（頁 39-40）

除此以外，王潤華還強調人性和人心的環保。同名作《把黑夜帶回家》主要是寫加州柏克萊大學城附近的安全問題，為安全起見，要儘量在天黑前回到住家，"門外的夜晚既寒冷又危險"，以至於最後"在灣區住了一個半月後，現在我比女人更怕黑暗。我我我比她們先回家。"《舊金山大地震之後》作家也更關心地震之後的心理治療問題，"可是美國人的精神道德結構，與樓房剛好相反，老一代歷經開拓的艱苦奮鬥，心中有防震的系統結構，可是愈年輕就愈易受文化地震破壞其心靈，這是難於令人了解的"。（頁9）這樣的觀察和轉換自有其微妙之處，自然界的地震、人心的地震以及人性如何與地震共處的確更是一門學問。

2. 人文借鑒。同樣值得提醒的是，似乎為了更好地建構南洋詩學，王潤華其實也從其他國家和地區的自然人文裏汲取營養，這尤其體現在其《山水詩》和《地球村神話》裏面。

《山水詩》中寫到不少異國或異域文化現象，如泰國的佛家文化〈佛國出家記〉、泰國農人的出行習慣、買賣方式〈澤國日記〉；對於文萊的觀感〈汶萊水鄉印象〉。其他還有日本〈箱根印象〉〈銀閣寺詩抄〉，韓國〈韓國慶州尋古記〉，還包括美國、加拿大（〈山中詩抄〉可謂一絕）、中國等印象。不必多說，這些印象系列中間除了風景以外也寄託著詩人對於價值和人生的判斷，比如〈在內華達公路上〉，"當車子駛出雷諾賭城／向內華達廣闊的天空飛馳／一群牛馬／默默低頭吃著／沙漠上／殘餘的白雪"，在人的急功近利、恣睢墮落和自然的怡然自得之間，詩人自然更指向美好的自然。

《地球村神話》則是另一種風格，詩人既描繪新加坡自己生活的現實〈搬家記〉，也書寫歷史古跡和文化存留〈寶塔街〉〈虎豹別墅〉，同時也描寫他國風光，如加拿大〈冰河三題〉、中國〈中秋過洞庭〉〈戈壁灘上的太陽〉等，而不容忽略的是，他也以神話的方式寫了一系列有關遠古的故事，如《天梯》寫天梯的傳遞民情作用；〈神木記〉〈遠國異人記〉則是讀過《莊子》《山海經》《淮南子》等古書之後的有感而發，如人所論，"王潤華的《地球村神話》詩集裏的作品大多以互文性'超文'的方式，來鋪敘其作品。其主要是表達一種作者透過中國古典的敘述視角，結合古典神話文本與中國古典經典典籍，來再現一種古典遇見現代交織而成的‘異化’文本。然而，這種‘異化’後再現的文本的形成有著多元性的社會意涵”。[1] 的確是對其書寫的功效切中肯綮。

3. 批評他者。當然，王潤華對南洋詩學的建構同時也有對自我的辯白，這些尤其體現在有關的批評言論和論述中，比如借用後殖民理論彰顯其本土合法性、主體性等等，比如他重新讀出老舍〈小坡的生日〉中蘊含的“後殖民預言”意義，魚尾獅與橡膠樹作為新加坡後殖民文學的典型意象梳理，當然同樣也包括他不乏爭議的《從反殖民到殖民者：魯迅與新馬後殖民文學》。[2]

毋庸諱言，王潤華對魯迅在馬來（西）亞文壇上角色的轉換的解讀有其偏頗之處，也即，無論是作為文化提升的汲取資源，還是作為新馬本土文學的遮蔽者和黑暗之光，魯迅其實都是新馬華界內部紛爭（無論是利用還是借鑒）甚至內部殖民化的情緒宣泄載體，和魯迅本人關係不大。[3] 但王潤華通過這樣的矯枉過正的策略卻可以實現其強化本土認同、建構南洋詩學的理想和追求，這樣的批評本身就是應急和權宜策略，背後的核心還是要認準目標，繼續建構可能更強大而豐富的自我。

我們通過王潤華有關魯迅的詩作可以看出其追求。〈訪魯迅上海故居〉（1986）中詩人向魯迅呈現出高度的禮敬，同樣是在他去世 50 周年後繼續延續其批判華人劣根性的傳統，“我沿街向每一棵法國梧桐查問 / 它們都說 / 常常看見阿 Q、閏土、祥林嫂等人經過 / 短鬍撇在唇上的魯迅 / 五十年來卻未曾出現過”，同樣借鑒人 / 物的對比，詩人依舊緬懷這位偉大的前輩，“下午五點 / 在靜謐的虹口公園 / 我終於找到魯迅 / 他沉默的安坐在園中的石椅上 / 草木都枯黃了 / 只有他身上的綢袍還是那樣綠”。〈魯迅仙台留學詩抄〉（1994）則是為日本留學時期魯迅所受的污衊鳴不平和記錄，“世界各國的學者 / 正低頭爭論魯迅的成績單 / 為什麼有三種分數計算錯誤？ / 為什麼誣告藤野先生在筆記裏留下暗號 / 而偏偏解剖學卻不及格？”毫無疑問，王潤華對於魯迅充滿敬意而

1　戴淑樺：〈解構與建構：論王潤華《地球村神話》的中國古典視角的異化書寫策略〉，台灣《台灣詩學學刊》第 19 號，2012 年 7 月，頁 165。

2　上述篇章皆來自王潤華著《華文後殖民文學：本土多元文化的思考》（台北：文史哲出版社，2001）。

3　具體可參拙文〈“去中國性”：警醒、迷思及其他〉，新加坡《亞洲文化》第 27 期，2003 年 6 月。

且同樣以詩人學者的身份為其辯護和論證真相。[1]

三、多元的越界跨國：我以我血薦華人

2002 年底王潤華到了台灣元智大學繼續執教，人在台灣的王潤華具有更開闊的視野，作為全球化的支持者和獲益者，他也更加全球化。其主要變化可以從《重返集》（台北：新地文化，2010）窺得，王在此書〈自序：重返邊緣的思考〉寫道："書寫這本散文集裏的文章期間（2005–2008），我每年必需申請外僑證，以異鄉人的身份，自我放逐在台灣。作為知識分子，我原本就位居社會邊緣，遠離政治權力，置身於正統文化之外，這樣知識分子／作家便可以誠實的捍衛與批評社會，擁有令人嘆為觀止的觀察力，遠在他人發現之前，他已覺察出潮流與問題。"（頁 iii）

（一）堅守南洋立場

其實，早在《地球村神話》裏，王潤華就已經實現了越界與堅守的辯證。一方面，他對本土歷史、現實、文化有著濃郁的凝結，另一方面，他也跨越到其他時空和文化世界裏遨遊，顯現出他南洋華人的本土視維。如人所論，"因此他的越界不只是一國界的跨越，更是一殖民者／被殖民者間，那定義者／被定義者身份界綫的跨越，其中著實帶有深沉的解構批判性。也正是《地球村神話》對強勢文化系統的反看、解構，使得詩人能擁有一有意識的後殖民視角，也重新向內回看自身的鄉土馬來亞。擴充與填充過往的馬來亞鄉土書寫，一步步將南洋鄉土的邊緣地位消解而去，並在已充滿南洋在地經驗的馬華人心靈裏，在祖譜及想像的中國之外重新梳理歷史記憶"。[2]

---

1 王潤華有兩篇論文涉及仙台魯迅，〈回到仙台醫專，重新解剖一個中國醫生的死亡〉〈從周樹人仙台學醫經驗解讀魯迅的小說〉，收入王潤華著《越界跨國文學解讀》（台北：萬卷樓，2004），頁 257-289。

2 解昆樺：〈《後殖民／本土詩學的馬來亞，1949——王潤華《熱帶雨林與殖民地》的拘禁與流動書寫〉，《"話語的流動"國際學術研討會論文集》（台中：國立中興大學中國文學系，2012），頁 189。

《重返集》裏面最少有兩輯跟南洋有關，重返殖民地和熱帶雨林。非常耐人尋味的是，作家的立場因為重返而有了對照感，另外也因此呈現出雙重視野之後的南洋立場。同樣包含了本土生物，包含植物和水果，包含動物，當然也包含了有關的人文書寫。比如〈重回花園城市〉對新加坡保留大片綠化，尤其是東海岸公園的英明決策而歡欣鼓舞；〈重回馬六甲〉則是繼續強調馬六甲對於漢學研究和中國現實戰略的重要性；〈重回水果樹上〉則是強調親近低價乃至免費水果的自我傾向性，童年少年時甚至在果樹上準備功課，如此作者評論道："我的夢是對後現代水果商業化、政治化的一種顛覆性反應吧。它說明我還有重返人類大自然原鄉的意識。"（頁 111）

〈重回我家生猛的魚〉則是繼續書寫對生魚的深厚感情，包括對其性格和優點的讚揚，也對部分外國報紙後殖民（東方主義）觀點加以批駁，2002 年 7 月 23 日美國人把生魚當作怪物，而且禁止進口，"我們東南亞土生的人，對美國東方主義的想像，感到非常驚訝。由於生魚是原產地東南亞的本土淡水魚，除了是我們愛吃的味道鮮美的魚，又具有醫療與滋補的功效，新加坡的英文報《海峽時報》趕緊訪問當地養魚場的負責人，他們天天與生魚接觸，覺得美國人實在太誇張了"。（頁 81）

需要提醒的是，王潤華會特別注意複數中國性（Chinesenesses）中新馬華人本土中國性[1]的表現特徵，比如以新年節日為例，他發現了"撈魚生"的獨特性。在〈重回撈魚生的農曆新年〉他寫道："雖然撈魚生被稱作廣東菜餚，卻出自於新馬，並非大陸和香港。它具有多元性，不觸犯任何宗教、種族的忌諱，包括信仰回教的馬來人在內，都能接受。"（頁 142）在〈全球化的華人新年：人類美麗的文化節慶〉中他繼續強調："過年聚餐用各種宗教能接受的'撈魚生'，祝福愈撈愈好……在大陸、台灣、香港都沒有。這是新馬華人獨創的飲食文化，因此更容易被各民族、各種文化宗教背景的人們接受。"（頁 144）

黃錦樹曾經批評王潤華說，"也因為曾久居膠林及對歷史的著迷，所以才對王潤華《南洋鄉土集》那種輕飄飄、歡樂童年、未識愁滋味的膠林書寫感到

1　有關此概念，可參拙著《"南洋" 糾葛與本土中國性》（廣州：廣東人民出版社，2014）。

極端的不耐煩"。[1] 其實，他這是對王潤華的簡單化和部分誤讀，因為王潤華對自己的定位是多元化華人，所以才不會過分和刻意強調大馬本土的傷痕和慘痛記憶，雖然他也不斷通過回歸加以強化和確認；同時，另一面，王潤華對傷痕累累的故土進行原鄉書寫時，他採用的風格毋寧更類似沈從文，對故鄉的認知添加了溫情脈脈和苦難過濾之後的抒情性，而不是把累累傷疤撕裂給外人看，這大概也是他身為作家和批評家兼容互動、相得益彰的結果。[2]

（二）返觀台灣

在台灣擔任教授十年，王潤華對台灣的認知和感情都會更加深厚，毫不奇怪，他對台灣呈現出很複雜而微妙的情感：一方面，他是台灣外聘的國際專家，而且台灣也是他身份轉換的重要場域，從當年的大馬僑生變成了僑居的外國人才，為此，他對台灣的諸多優點不吝讚揚；另一方面，正是因為對台灣感情真摯、深厚，而且由於台灣難得地擁有華人世界特別寬鬆的言論自由度，為此，王潤華對台灣的不足也敢於有建設性意見或批評。

1. 褒揚台灣。台灣的人情味素來有名，但台南的"去中國化"意識和"台獨"傾向也非常強烈，二者可以並行不悖嗎？〈重回台南的異鄉人〉則是書寫他親身的經歷，以國語問路的"我"遇到只會閩南話的他，結果是離開很久的他又回來親自指路，這當然不是個案，為此作者不禁感嘆，"我突然領悟，本土文化意識為台南製造很多文學家，為台南生產很多善良、負責的普通老百姓。"（頁4）人情味和效率當然也有來自政府機關的改良，〈重回台灣政府機關辦事〉則說明台灣有關部門服務的提升，非常人性化、客氣、高效等。而在〈台灣文學的多元性〉裏作者也部分表揚了台灣文學對各色文學的涵容，有其世界性和開放性的一面，但作者也提醒台灣要提防"政治的本土主義單面向的性格"（頁221）。

台灣也有很美麗的自然風景，〈重回台灣解嚴後風景區〉提及很多風景因

---

1 黃錦樹：《烏暗暝》（台北：九歌出版社有限公司，1997），頁11。

2 王潤華本身也是沈從文研究專家，具體可參王潤華著《從司空圖到沈從文》（上海：學林出版社，1989）、《沈從文小說理論與作品新論》（台北：文史哲出版社，1998）等。

為解嚴後從軍隊或官方徵用還給廣大民眾，令人驚喜不斷，比如基隆的和平島海灘、金門、龜嶼"藍色鯨喜"之旅、三峽大板根公園、鶯歌陶瓷老街等等。〈重回野柳〉就是對本土化之後的野柳自然風貌和附近的朱銘美術館人文風景雙峰並置的讚美。除此以外，一直提倡沒有圍牆的大學藩籬的王潤華似乎也在其母校政治大學身上找到確認，〈重回沒有圍牆的大學〉其實是回憶自己求學時候政治大學的知識整合與開放性，如作者所言："今天重回台灣，所有大學都在建設校園文化、國際化、全球化，但是我在政大的讀書日子，它好像已是這樣的一所大學了。"（頁 59）

2. 建議與批評。更令人感興趣的或許是王潤華對台灣的諫言。集中的幾個問題可以概括如下：

簡體字問題。王潤華對台灣的簡體字問題寫了幾篇文章，如〈回返查禁簡體字書的日子〉〈重回簡體字的禁忌〉〈重回正體字的困境〉〈重回簡體正體字的對立問題〉等，可見他對此問題頗有意見。總結王潤華的建議，其實主要就是強調簡體字之於台灣的重要性，"因為簡體字已經成為一種國際語文"（頁 22）；"不能閱讀簡體字平面與數位化資料，也同樣會失去許多中華文化"（頁 177）；另外，他也淡化簡體字、正體字所謂的"對立"問題，二者同樣重要，但全球的 般民眾考量則來自現實層面。毋庸諱言，漢字簡化是個很複雜的問題[1]，王潤華提出的問題其實對台灣相當重要，至少學會認讀簡體字的確是一個必須，至少大學文科學生應該可以實現。

多元化 / 國際化問題。雖然台灣是一個國際化的區域，但在王潤華看來，有些層面明顯做得不夠。〈重讀台灣新聞媒體〉則批評台灣媒體較少關注台灣以外的世界進展，這自然也是本土化的限制之一，作者指出："台灣擁有最大的自由與文化空間，但很多文化人像我一樣，仍然期待台灣會出現有文化廣度與深度的新聞媒體。"（頁 26）相應地，他也注意到台灣大學的某些問題，〈重回台灣多元文化的校園〉則一方面批評台灣的校園國際化和多元化程度不夠，甚至比 50 年前還要差，另一方面，台灣學子出國留學的人數變少，本土化增強，這都是值得注意的傾向。

1　有些相對專業的討論可參史定國主編《簡化字研究》（北京：商務印書館，2004）。

除此以外，他也在〈重回大學生抄襲的煩惱〉中提出要對學生的抄襲現象提出應對策略，加強規範教育；而〈重回台灣的人行道〉則對某些商家佔道經營而且污染環境的做法表示不滿，作者寫道："我不敢再步行逛街了，我不願再看見這種髒亂、不守法規的現象。"（頁33）言語中隱約可顯出作者對新加坡有秩序、乾淨的潛在認同。

有論者指出，王潤華的研究風格是"活潑而自由"[1]，其實王潤華的創作和關注視野也是活潑、開放而自由的。《重返集》裏面自然也包含跨學科、跨國界的關注與書寫，多元雜陳、眾聲喧嘩，甚至也關注到自己遊移而永遠放逐的複雜身份，在〈我找不到一個適當的名詞來稱呼自己 —— 新加坡人？海外華人？〉一文中，作者總結道："現在回顧過去的一生，處處為異鄉，但也四海為家，四處流浪，生活在政治文化的邊緣，世界各地的所謂中國、台灣、華僑、華裔、華人、離散華人的各種各類的文化屬性建構了我這樣一位的華人，我反而處處適應，處處認同，我已是一個多元化的華人。"（頁235）

毋庸諱言，王潤華的創作也有自己的某些局限，他的書寫和出版不乏重複和交叉之處，尤其是書寫熱帶雨林、殖民地，在不同出版物裏多處出現雷同語句、段落或相似手法，而且不少議題或對象寫得過濫而顯得苦口婆心，這當然也可反證出自我突破的難度不小。包括前面多家高度讚揚的"象外象"創作，詩人陳大為也指出其問題："這種詩的可貴之處就在於第一次的創意，只能寫一次，之後就完全失去寫作價值，淪為不入流的模仿。所以它是一次性的創作……除了創意，這類型的創作缺乏思想深度，比較經不起分析，也無法突顯個人的語言風格。"[2]所論不乏可商榷之處，但對於問題的指出有其坦誠性。

王潤華書寫的另一個問題在於，他的新奇性遠勝於其深度。如果借用伯林（Isaiah Berlin）的說法，他更該是"狐狸型"[3]的學者和創作者，善於打一槍換

1　陳春梅：〈顯微鏡式的細讀與交錯式的比較 —— 試論王潤華"三論"的學術個性〉，《常州工學院學報》2007年第1期，頁34。

2　陳大為：《最年輕的麒麟 —— 馬華文學在台灣（1963–2012）》（台南：國立台灣文學館，2012），頁62。

3　具體可參 Isaiah Berlin, *The Hedgehog and the Fox: An Essay on Tolstoy's View of History* (London: Weidenfeld& Nicolson, 1953)。

一個地方，但開風氣不為師。這就意味著無論是其創作，還是其研究的厚重度和體系性偏弱，在某些時候，也會因此顯得原創性較弱。

　　結語：王潤華的創作自有其獨特性，同時他也不吝提攜後進和推進本土創作，對於放逐詩學的作用他相當清楚，如其所言：「這種流亡與邊緣的作家，就像漂泊不定的旅人或客人，愛感受新奇。當邊緣作家看世界，他以過去的與目前互相參考比照，因此他不但不把問題孤立起來看，擁有雙重的透視力（double perspective）」。[1] 作為一個跨國的多元化的華人，他孜孜不倦地汲取各種現代化的合理因素，柔韌含蓄，努力建構一種新的本土中國性，其重點則是南洋詩學建構。在此過程中，他既強調正面進攻，又借重他山之石加以強化、確認。當然，他從不固步自封，而是一直強調全球化和本土化的融合，力圖實踐並彰顯他作為跨國華人的豐富文化屬性。

1　王潤華：〈新加坡小說中本土化的魔幻現實現象〉，馬來西亞《南方學院學報》第 3 期，2007 年，頁 57。

第四節　論淡瑩作品中的 "新" 華性 [1]

提要：某種意義上説，淡瑩相當成功地以詩作詮釋了何謂新華性。她出生於馬來亞，與新加坡社會共享類似的多元文化結構，她早年留學台灣，其詩作具有台灣型現代主義的風格，營構了一個有情的世界，這種氣質與移民性吻合；而她留學美國後返回新加坡，又強化了其身上的文化中國性，因此她既涵化古典，又遊刃太極。而步入中年以後，她對現實人生有著更為通達、圓潤以及更為詩化的認知，比如她關注大千世界，也積極與自我對話，彰顯本土情懷，同時她也具有超越性，並以哲理詩化不少議題和現實人生。

關鍵詞：淡瑩；新華性；多元文化；詩化；中國性

作為新加坡和馬來西亞最具影響力和創造力的女詩人，淡瑩的創作既引人注目，同時又有其內在的嬗變理路。原名劉寶珍的淡瑩出生於馬來（西）亞霹靂州江沙（Kuala Kangsar），16 歲即發表詩作、散文等。1962 年就讀於台灣大學外文系，1967 年赴美，1971 年獲得威斯康辛大學（Wisconsin Madison）碩士學位，導師為周策縱教授，1971–1974 年執教於加州大學聖塔芭芭拉分校（UCSB），1974 年 6 月返回新加坡，先後執教於南洋大學、新加坡國立大學華語研究中心，2004 年退休。淡瑩的新詩創作主要有：《千萬遍陽關》（台北：星座詩社，1966）、《單人道》（台北：星座詩社，1968）、《太極詩譜》（新加坡：教育出版社，1979）、《髮上歲月》（新加坡：七洋出版社，1993）、《也是人間事》（台北：新地出版社，2012），部分散文收入《淡瑩文集》（廈門：鷺江出版社，1995）。

整體而言，數十年創作累積成數冊文本，淡瑩的產出可謂厚積薄發，而1995 年榮獲東南亞文學獎，1996 年再獲新加坡最高榮譽的文化獎（文學），

1　毫無疑問，這裏的新華性依然是在形成過程中的特質，我對其界定更多是文化建構層面的，而並非本質主義的。

　　　　　　　　　　　　　　　　　　第一章　如何萌蘖

這既是對淡瑩的高度肯定，同時反過來看也可謂實至名歸。相較而言，有關淡瑩的研究相對豐富：宏觀的如文學史定位，陳賢茂主編《海外華文文學史》（第一卷）（廈門：鷺江出版社，1999）[1]、黃孟文、徐迺翔主編《新加坡華文文學史初稿》[2] 等皆有論述。當然也不乏單篇論文，有對淡瑩作品（尤其是〈楚霸王〉〈傘內・傘外〉）的單篇賞析，如李元洛〈亦豪亦秀的詩筆——讀新加坡詩人淡瑩《楚霸王》與《傘內・傘外》〉（《名作欣賞》1987 年第 2 期）；亦有整體的分主題論述，如朱立立〈愛・詩性・時間之傷〉（《華僑大學學報》1996 年第 4 期）、周可〈濃妝淡抹總含情——淡瑩詩歌情感表現的三種境界〉（《華文文學》1996 年第 2 期）等。尤其值得一提的是，廖冰凌〈存在之思——新加坡女作家淡瑩作品中的哲理意蘊〉（《外國文學研究》2014 年第 6 期）結合淡瑩的最新詩作與散文進行處理，視角獨特而厚重、論述有力。

表面上看來，淡瑩作品中缺乏充分的本土性，而且其創作更多呈現出跨國的華人性特徵，而實際上在我看來，淡瑩作品中呈現出相當典型的新華性特質：其中一方面是明顯的移民性特徵，比如其台灣型現代詩創作，《千萬遍陽關》《單人道》；另一方面則具有多元性特徵，比如她關於中華文化古典的現代表述，如《太極詩譜》等；關於現實世界的詩化表達，如《髮上歲月》等。當然新華性中也包含一定的本土性視野，這在她的《也是人間事》《髮上歲月》中往往有無心插柳柳成蔭的實踐。但不必多說，上述術語既有其邊界，又往往犬牙參差，而結合其歷時性發展，又別有一番繁複糾葛。這也是以（哪怕是繁複）觀念統帥豐富個體的尷尬之處。

一、台灣型現代詩：有情世界

在《也是人間事・自序》中淡瑩寫道："重讀早期的詩作，特別是大學時期寫的《千萬遍陽關》和留美後期及剛回到新加坡時寫的《太極詩譜》裏的情

1　可參陳賢茂主編《海外華文文學史》（第一卷）（廈門：鷺江出版社，1999），頁 504-515。

2　可參黃孟文、徐迺翔主編《新加坡華文文學史初稿》（新加坡：國立大學中文系、八方文化創作室，2002），頁 372-376。

詩，十分驚訝自己也曾經那麼年輕多情過。年華似水，心境迥異，這類詩也算是在我人生中留下的一絲片影鴻爪吧！"（頁 22）和"少年心事當拿雲"不同，少女時期的淡瑩往往多愁善感，在台讀書時期，她得益於台灣詩壇甚多，如名詩人周夢蝶（1921–2014）的指點，羅門（1928–2017）、蓉子（1922 或 1928–2021）夫婦的幫助，同時 1962 年和王潤華、張錯、林綠、陳慧樺等人創辦星座詩社，她也從台灣型現代詩的汲取者變成了一個積極的參與者和建構者，為此，她可以文字搭建起一個"有情"[1]（沈從文語）的世界。這裏的"情"包含眾多，毫無疑問，第一是指愛情，其次是指親情、友情，第三則可以泛指普泛意義上的情感。

（一）西化的愛情

這裏所謂的西化的愛情並非是指淡瑩早期詩作中的愛情書寫只有西化色彩，而是指她至少在兩個層面展現出西化特徵：其一是書寫手法，無論是遣詞造句、意象展現等詩歌技藝往往採用現代派技藝；其二是，在中國意象連綴時往往以西化意象襯托，而在觀念取捨上往往也是西化居多的。比如〈窄裙的邊緣〉，"每個日落都激起一團聖火／燃亮你緊閉的雙目／莎士比亞從此長眠不起／當你躺在窄窄的黑裙邊緣／／水光瀲灩，照不盡旖旎／便睡到洞庭湖西子湖也枯竭／這是你永恆的歸宿／／下次我們再相望時／嘴裏就嚼滿了記憶／那個油膩膩的午夜／你在我的唇上繪半截彩虹"（《千萬遍陽關》，頁 12-13）認為，偉大的世俗愛情甚至可以讓莎士比亞長眠。

〈雨及千傘〉："十月，我守住了特洛埃／城外長髮的希臘人欲飛渡城牆和壕溝／寧靜了半季的落霞道，此刻／竟飄灑起木柵的柔雨／／我走出特洛埃的寂寞／撐著千傘旋入鏖戰／風吹得我裙也飄飄，髮也飄飄／那欲飛渡的人仍在千傘之外／／威猛的 Achilles 以為操縱著勝利／忠實的 Hector 不知死神已步近／宙斯的目光沒有比這時更冷漠／海倫卻在一夜間哭濕了木柵的肩膀／輪迴啊輪

---

1 "有情"在沈從文的"生命的寂寞"裏，佔有極其重要的地位。張新穎說，"'有情'是支持他生命實踐的一個不可或缺的東西"，可參張新穎著《沈從文精讀》（上海：復旦大學出版社，2006），頁 25。

迴，命運啊命運／你且來，千年，萬年／在霹靂河畔或是在落霞道／我聆聽流水淙淙，我不幻作落霞"（頁 34-35）也具有濃厚的西化色彩，這首詩以希臘神話的典故映襯詩人對愛情的渴望、主動甚至是歷盡艱辛的戰鬥。或許相當典型的則是〈那一夜──之四〉，"那一夜，多瑙河嗚咽／你遂遺失太多珍寶／／遠離傳統下的嘲笑／化宇宙為纖指／與你交叉，十指交叉／共酌氾濫一秒鐘的目光／／我看不到現代，聽不見古典／在音樂故鄉的維也納／史特勞斯偷啜暖暖的咖啡／偷啜情侶的瘋狂／／天火的熾焰在北極結冰／焚燒我們，復活我們／推開宇宙，你醜陋的笑／笑出一切無可奈何／／那一夜，多瑙河嗚咽／你遂遺失太多珍寶"（頁 48-49）。詩人以相當雄闊的語言、西化的意象書寫愛情的悸動，當然語句中間也偶有象徵派詩人李金髮的影子。

當然，在淡瑩吐露愛情的書寫中，亦有中西結合相當圓潤的詩作，如〈今晚，我走後〉："你將有重重悽楚／今晚，我走後／留下一闋回憶／半窗星藍／／立蓮而降，並展開羅裙／覆蓋你，自上至下，自左至右／你不栽蓮，蓮為你開放／開出馥郁，開出真真／／然後緩緩下跪，膜拜／朝你，朝我／奉獻一瓣虔誠／遠方傳來了肅穆的頌歌／／今晚，我走後／回憶在你的床邊叢生／你若子夜醒來，就默數半窗星藍"（頁 50-51）以現代的手法，中國特色的意象（蓮花、宋詞裏的真真等）連綴成一首雅俗共賞的佳作。需要指出的是，淡瑩大學期間的詩顯然相當西化而且晦澀，為此我們不能過分具體化其愛情所指，很多時候，詩作中的"你"可能是泛指（少女懷春的必然結局），也很可能是現實中的白馬王子，當然有時也是幻化的繆斯的化身，為此解讀時不可過分坐實。

1967 年淡瑩赴美並與王潤華結婚。而她的《單人道》（1968）中的愛情書寫在具體個人層面有了確指。此詩集中很罕見的暖意作品〈今夕〉也可以呈現出愛情的恆定性與彼此的思念，"從你的雙目搭一座橋樑到我的雙目／六十英里的惆悵和相思／今夕，你便是牛郎，我是織女／握掌的溫暖，在橋的中站"（頁 55），當然也有西化的痕跡，"我很倦，欲睡在希臘人的臂彎／夢已經平息的愛琴海／在陽光下跳出金剛鑽，套著／那延伸至碧落至黃泉的無名指"（頁 56）此間展示了他們步入了婚姻的恆定性。有趣的是，詩作中還嵌入了他們彼此的著作名稱，比如王潤華《患病的太陽》、譯作《異鄉人》，淡瑩《千萬遍陽關》等。當然詩人也可以續寫他離開後的孤獨感，如〈孤獨夢〉，"他離去的腳步像吸水紙／吸乾我灑在長亭的懷念／／十里之外仍有十里／直到無涯處／相思樹的濃蔭成霧／推我入蒼茫和孤寂中／／那張彈簧鐵床，蹦起／他小寐時的磨牙聲／他屈背離開拓寶藏的書房／遺下數根莎翁的白鬍鬚／／我的目光常被扭曲／巡視空室，一如域外／只有延伸的地平綫／而無古人，而無來者／／他匆匆的腳步吸盡歡聚後／我是暫時枯萎的向日葵／串孤獨夢，在長亭外"（頁 62-63），同樣是以中西合璧的意象（如莎士比亞、長亭等）表達思念、回憶和孤寂。

　　相當有趣的是，愛情也可以成為彼時相對青春的夫婦面對艱辛生活的精神支撐與憑藉，這尤其體現在她在《太極詩譜》中那些書寫當年北美生活的篇什中。比如〈團圓〉中就寫道，"聽你說／七年前繚繞在指南宮的一縷青煙／仍如我們的初戀繚繞在你心中／於是就有多少相思也被你握成團圓了／／於是風雨之後的那晚／我被握成一朵睡蓮／日夕等待／歌手行吟至湖畔／吟唱一曲〈採蓮謠〉"（《太極詩譜》，頁 128-129），其中明顯有一種對愛的回憶、確認與渴望。而〈走在昔日的路上〉（1972）則是人在加州工作的淡瑩向王潤華的濃郁思念訴說，"我是一縷孤魂／為追溯往事／獨自飄來蕩去／你說，我該在何處棲身？／你說，我如何燃亮三百個漫漫長夜？／行行重行行／每一步都踢起很多惆悵／與君生別離／你我的思念有沒有歸宿？"（頁 126-127）當然，偶爾也會以過客的身份翻轉思念和寂寞感，"十二月／我的懷念／像雪花灑在你雙肩上／你是趕路的過客／漠視星光，漠視雪花""雨打紗窗五更寒／你猶在三千哩（里）外／猶在渺茫處／我卻記取那夜共舞時／旋律把我捲入深深的寂寞裏"（頁 123-124）。而到了〈傘內‧傘外〉時，這種愛情的焦慮感變成了諸多寧靜與甜蜜、共渡與守候，"二月底三月初／我摺起傘外的雨季／你敢不敢也摺起我／收在貼胸的口袋裏／黃昏時，在望園樓／看一抹霞色／如何從我雙頰飛起／染紅湖上一輪落日"（頁 90），俏皮中顯示出天人合一的愛意。如人所論，"情愛是文學史上永恆的話題，二十世紀文學中的愛情往往失卻了神聖的光芒……淡瑩詩中的愛情醇厚深摯、健康而有活力，是相愛雙方默契的應合和深情的關懷，這樣的詩讓我們對人類和生命產生信賴和依戀"。[1]

1　朱立立：〈愛‧詩性‧時間之傷〉，《華僑大學學報》1996 年第 4 期，頁 61。

（二）過敏的悲情

　　羅門指出，淡瑩的某些詩以"愛"為軸心，"向周圍所輻射與波及到的種種屬人尤其是現代人的存在情境 —— 如人的孤獨感、失落感、絕望感、都市文明的空漠性，死亡的悲劇性、以及紅塵剎度的情懷……等等皆是頗相一致的，且形成她獨特的精神創作面"。[1] 這的確是指出了《單人道》主題書寫的一個非常重要的面向。

　　相較而言，《千萬遍陽關》中的詩人偶有愁緒，但總為愛情所沖淡，如〈五月在落霞道〉，"我是南風，旋轉滿林的相思樹 / 紅絨的裙子，摺疊於片片葉面 / 你採摘後，夾在小杜的詩裏 / 沒有星光的夜晚，不圍爐談小杜的詩 / 遍讀莖上的髮香，淚眼及迷茫"（頁 27），"淚眼及迷茫"已是詩化的存在，而且"髮香"也透露了愛情的融合度；〈任你縹緲遠去〉"自此不泣唱陽關，空餘惆悵 / 任冷冷的風夾在衣袖裏縹緲遠去 / 我不回首，但似孤城，在灑著針雨的窗前"（頁 19）亦有一絲"為賦新詞強說愁"的感覺。甚至在〈夜遊指南宮〉更顯出一種體驗豐富情感（包括憂傷）的主動追求，"以十指彈落廿三個紅塵 / 掌吻掌，隨你上山 / 回眸處，盆地列滿星座 // 級級皆是一窪死水，皆有佛盤坐 / 閉目合十，任歲月劫塵世 / 任嫦娥的裙裾成炭，成灰 // 今夜上山，豈是禪悟 / 如來與我何關？我不圓寂 / 只伴你並坐石階，喚醒愁結"（頁 9）。

　　而到了《單人道》中，詩人呈現出相當強烈的悲劇情結，同時類似於疾病、死亡、絕望、虛空等意象頻頻出現，如〈季節病〉，"滿目皆呻吟，懸掛在鐵床的四根支柱上 / 黑轟然隕跌至紗帳內 / 我是一條受傷的蛟龍，在血泊中 / 翻騰、輾轉，與死亡作季節性的鏖戰 // 絞痛和冷汗闖入了病榻 / 糾纏得呻吟聲如火山之爆發 / 噴出紅似熊焰的岩漿 / 狂吞一瓶又一瓶無辜的針藥 // 死神每廿八天必打幽谷經過 / 透視埋著的寶藏是否很處女 / 而一切仍很奧秘，仍很處女 / 帶著弓箭準確的征服者猶未降臨 // 勝利與我彼此相屬 / 季節病暫時痊癒後 / 我匆匆束裝，往太陽的故鄉旅行 / 讓發育不全的生令，繼續醞釀、破裂"（《單人道》，頁 51-52）詩人通過處理痛經的經歷觀察周圍病者，可謂細膩而深刻。

　　〈鐘聲常鳴〉是一首較長的詩，主要是涉及淡瑩 1966 年返回馬來西亞短暫

1　羅門：〈走在"單人道"上的淡瑩〉，淡瑩著《單人道》，頁 12。

的代課生涯，如"絕望是周期性的復發症／打上帝的指縫經過／／每天，將時間裝進公事包／以最低廉的價錢拍賣給學生／他們的頭腦是剛寫滿又擦乾淨的黑板／常飄落一些粉屑到我的旗袍／／劃紅色的死亡交叉，在堆積的作業上／把剩餘的生令填入課程表／我不再是城堡裏的貴族／而是向英國歷史請求糧食的乞丐"（頁15-16）就是對她厭煩的工作的描述。不必多說，她絕望或憤怒也是其源有自，核心是"繆斯的精神被分裂吊在辦公室的鐘擺上／那規律的鐘擺，擺不走千年遺憾／／生令只是每支粉筆的附屬／寫滿無數個黑板後又拭去／我將用剩的夾在拇指食指的短短希望／投入字紙簍的血盆大口／教室外，長廊以直綫形的空虛迎我"（頁17）當然也有外在原因，學生們往往不動腦筋思考，"他們的目光繫著一連串通向墜地的鐘聲／我就恨高跟鞋的細跟刺不進他們的神經／醫治患了麻痹症的大腦小腦"（頁18）。詩人也寫到彼此的煎熬與解放，"囚車已輾著時辰到來／耳膜炎即刻痊癒，只聽鐘聲／像生令之虹，劃過黃昏陽"（頁21）。

〈終點〉中書寫頗多都市病，但即使是寫詩人自己獲得學士學位的判斷亦顯得觸目驚心，"墓誌銘鑄製成的方帽子／如今被壓縮得很扁／古羅馬中國也被逼到墳場尋找立足之地／那兩千個幽魂卻飄遊處處／以鏡頭獵捕光榮及輝煌／當很歷史的鐘聲響自扁平的帽頂／我的約會永遠在出口之內／絕路之外"（頁22-23）。而〈數盡無奈〉則把一種幽怨、無奈和絕望的意緒寫得劍拔弩張，"絕望撒下如台北市萬噸灰塵／自前窗闖入雙眸的陰影／我踩不死傳染病菌／它們在拖帶裏繁殖復繁殖／／每個毛孔都據居著絕望／擁擠、蠻橫、阻塞／我被囚困於黑死病的磁場／無法衝出兩極和傳染區／／眉睫再也織不進期待／只能抱膝面壁／任絕望像越戰升級／像流行症蔓延／／蔽天的神傷，紛紛降落／以千鈞惆悵鎮壓我／我披髮闔目，在雷峰塔下／數盡幽怨，數盡無奈"（頁35-36）而且調動了現實、典故和自我的敏銳感受輪番上陣。同樣還有令人絕望的絕望，如〈希望龜裂〉，在用了不少詩人典故後，比如李白、陶淵明等，詩人開始誇大感受，"這是個空氣也龜裂的日子／流彈苦悶到爆炸／豪雨的徵兆雖已懸在半空／雨後，絕望卻叢生如春筍"（頁40）。如人所論，"對存在狀態和意義的模糊不定，導致焦慮不安的潛在愁緒，在《單人道》裏愈見鮮明。此時淡瑩已畢業並執教，刻板的教學生涯，離鄉多年重返家園的調適困難，使她更敏感於自身存在的觀照。這 19 首詩少了之前的淡淡愁緒，取之以鮮明具體的意象、澎湃激昂的情緒。縱觀《單人道》，盡是生理和心理的疾病與痛楚，'疾病'（the illness）可說是高度概括的喻體、象徵物"。[1]

同樣值得一提的還有，赴美一段時期，詩人和丈夫王潤華過著相當艱苦的生活，他們不得不棲居地下室，還要到處兼職賺取生活費，而《太極詩譜》中的〈火焰〉就表達過憤怒得找不到出口的情緒："很想仿芝加哥的黑人 / 以憤怒燃燒起一把火 / 燃燒起被放逐到異國的悲哀 / 可是火焰啊，火焰在何處？"（《太極詩譜》，頁 116）〈飲風的人〉中也有灰黑的傾吐，困窘而無奈，"他是一隻被追逐於視綫之外的黑鴉 / 再憤怒也啼不醒萬年青的綠意 / 乃挾兩翼寒流徘徊至水窮處 / 環視域外而域外無一樹無一歌"（頁 111）。

但毫無疑問，詩人也書寫其他情感，比如血濃於水的親情，既構成了有情世界的宏闊天空，又是一種自我的釋放，比如留美時期的〈那比永恆更永恆的名字〉就是獻給母親的詩作，"咬一口半生熟的牛排 / 咬一口千哩（里）外你的聲音 / 可口可樂的空瓶子底下 / 有一層薄薄的眼色沉澱"，這是以細節貫穿；也會直抒胸臆，"以愛疊起過去現在乃至未來 / 渡過異鄉深深的庭院 / 一剎那頓悟，那比永恆 / 更永恆的名字是 / 母親"（頁 118-119）。

《千萬遍陽關》中亦有獻給父親的詩文，〈常青樹〉"好比燈塔，照引七艘船的航程 / 又似燕語，銜去洶濤 / 無巨浪的臂彎裏，我是第四艘船 / 泊岸吸滿毅力後，便乘天風趨萬里 // 你沒有名字，你的名字是永恆 / 排列在我旅途的兩旁 / 只要一仰睇，生活就蓊鬱"（頁 8），某種意義上說，父親既是淡瑩永恆愛的源泉，也是一種奮鬥時期的精神支撐。〈單人道〉時期除了用可以確認的愛情稀釋愁苦外，亦有友情滋潤，比如〈今夕〉中提到羅門，"偶爾與羅門談談攻城的戰略 / 說海倫如何被希臘人的精神感動 / 蓓蕾開放前，自己卻寂寞躺下望雲"（頁 58）。而到了《太極詩譜》中，既有給知己白先勇的專文〈五千年〉，"他是一抹獨來獨往的雲 / 懸在五千年歷史的上空 / 從一個朝代漂泊到另一個朝代 / 而歸程是杜鵑嘴裏的一隻絕曲"（頁 114），頗有激賞之意；當然也有為友

1　廖冰凌：〈存在之思 —— 新加坡女作家淡瑩作品中的哲理意蘊〉，《外國文學研究》第 36 卷第 6 期，頁 160。

人的詩作〈無題〉（頁 120-121）。

　　羅門指出："淡瑩在創作時，思想與情緒的湧出，是頗帶有那種感人的衝擊力的，但還是嫌急了一些，如果能冷靜與忍耐一點，使 '詩' 的本身執住絕對與所有的發言權，讓思想與情緒默然（非消失）在詩中，則對其完成 '藝術' 優美的傳達過程，與使詩接近乃至進入佳境是大有幫助的。"[1] 這種批評自然有其道理，但作為更多是年青時代詩情與實驗的產物，《千萬遍陽關》《單人道》也有其激情飛揚、活力四射以及相對西化的特徵，這種特徵無論是對淡瑩，還是對於後來的新華文學中的移民性特徵而言都是可以理解的，往往也是難以複製的。錘煉與融入既需要時間、閱歷，又需要更多的反思、反撥與實踐，而這種變化要到她返回新加坡後才會有質的變遷或提升。

二、古典的現代表述：華化魂靈

　　耐人尋味的是，留美經歷對於優秀的新馬華文文學家往往都產生了相當深遠而且內在的影響，如王潤華恰恰是在其留美時期及稍後創作及出版了不可踵武的《內外集》，尤其是 "象外象" 系列。李永平也恰恰是在留美時期創作出馬華文學史上的經典之作 ——《吉陵春秋》，而相當別致的是，其中的吉陵鎮富含四不像哲學，是一個頗具典型性的惡托邦（dystopia）[2] 形象。毫無疑問，留美七年對淡瑩也別具意義，其中之一就是再中華化。而在 1971–1974 年她接受白先勇推薦在加州大學聖塔芭芭拉校區講授古典文學、中國文化、初級中文等，這都為她涵化中華文化的古典精華部分奠定了堅實基礎，同時也是一種直接觸發。

　　值得注意的是，淡瑩的再中華化還有第二種機緣，就是 1974–1980 年她在風雨飄搖的新加坡南洋大學（新馬人簡稱 "南大"）執教，這種影響往往是潛移默化的，如她寫於 1984 年的〈驚變〉就是描述她參觀南大遺址的感慨，其

1　羅門：〈走在 "單人道" 上的淡瑩〉，淡瑩著《單人道》，頁 14。

2　具體可參拙文〈旅行本土：遊移的 "惡" 托邦 —— 以李永平《吉陵春秋》為中心〉，《華僑大學學報》2007 年第 3 期；或拙文〈台砂並置：原鄉／異鄉的技藝與迷思 —— 以李永平、張貴興的小說書寫為中心〉，《中山大學學報》2015 年第 3 期。

中有糾結，"鏟泥機、打樁機、起重機 / 一齊怒聲呵斥 / 逼我立即走出 / 走出這幅青山綠水 // 風過處 / 落葉喑然無語 / 我使勁踢起 / 一些文化遺跡 / 一些胸中塊壘"（《髮上歲月》頁 34）；有對"南大"精神中團結一致、草根性的弘揚，"看！那如拳頭粗的鐵鎖 / 寒光儡人，森森然 / 鎖住了文、理、商學院 / 鎖死了每間課室裏的 / 春風。小草不能再生 / 所有根鬚都被刈除，包括 / 賣冰水、踩三輪的血汗 / 包括販夫、走卒的感情"（頁 35），同時也寫到對這種所謂現代化建設破壞性的不滿與質疑，"還有湖光，還有山色 / 一蘿厘一蘿厘被載走 / 日後回來尋覓 / 應以何處為起點？// 夜的黑爪，霍地張開 / 我握著軸的兩端 / 將心情慢慢捲起 / 從滿目瘡痍中 / 一步一回首 / 走出這幅 / 這幅青山綠水"（頁 35-36）。

（一）涵化古典

淡瑩書寫 / 重寫古典的系列主要有三種：其一是寫於美國的〈楚霸王〉系列；其二是寫於"南大"時期的"懷古十五首"；其三是寫於台灣時期（2004–2012）的古典樂器系列。

1.《楚霸王》系列。毫無疑問，《楚霸王》是淡瑩的成名作乃至經典之作，它相當嫻熟地展現出詩人的多重書寫面貌，如李元洛所言："〈傘內·傘外〉這首詩，和《楚霸王》的情調風格完全不同，後者是金戈鐵馬的英雄豪氣，前者是花前月下的兒女柔情，後者是烈火狂飆中，前者是人約黃昏後，充分表現了這位女詩人多方面的詩的才氣。"[1]

整首詩霸氣十足，如詩歌的開頭，"他是黑夜中 / 陡然迸發起來的 / 一團天火 / 從江東熊熊焚燒到阿房宮 / 最後自火中提煉出 / 一個霸氣磅礡的 / 名字"（《太極詩譜》，頁 41）。同樣在書寫垓下之圍時，詩人也別具匠心、對比明顯，"此岸 / 敵軍高舉千金萬邑的榜告 / 他那顆漆黑的頭顱 / 沒有比這時 / 更閃爍 / 更扎眼 / 彼岸 / 婦孺啼喚八千子弟的魂魄 / 縱使父老願再稱他一聲 / 西 楚霸 王 / 他的容貌 / 已零落成黃昏 / 烏江悠悠"（頁 45）。〈虞姬〉則又彰顯出詩

---

1 李元洛：〈亦豪亦秀的詩筆 —— 讀新加坡詩人淡瑩《楚霸王》與《傘內·傘外》〉，《名作欣賞》1987 年第 2 期。

人的婉約氣質和技巧，寫她的生不逢時，"在那雙重瞳裏／她是一朵／開錯了季節的／海棠花／飲罷酒／舞罷劍／就遽然化作一堆／春泥"；她的附屬性，"營外是恨／營內也是恨／這一串血淚／該和在酒中／嚥下／還是揹在／他寬闊的肩上"（頁 45）。當然更寫她的殺傷力，"絆住馬蹄去向的／豈是一匹／又一匹的猛將悍卒／是她款款的眼神啊／不能仰首／那眼神"（頁 46）；以及勇敢率先赴死，"舞完這一招／已是登峰造極／她如凌空的劍花／倏然逃逸出／謠傳紛紛的／重瞳"（頁 46-47）。

〈烏騅〉則是另一種寫法，雖然採取的是第三人稱"牠"，但此馬卻有主體性，比如其思考和對戰爭的小視，"自從東渡／牠總以為對岸的鼓聲／是一陣一陣春雷／頂多淋濕著蒼白的雜毛"，其事功"牠曾前蹄騰雲／後蹄駕霧／馱著江東一股霸氣／創下楚國江山"（頁 48），其被主人送人並渡江，"風跟雲／在水面悠悠地漂流／船在水上／騅在船上／悲哀坐在馬鞍上"，其自殺殉主，"當對岸的鼓聲／震落整個江山／他的長嘶／一直沉入深深的江底"（頁 48-49）。

2. "懷古十五首"系列。這個系列中的標題／主題大都是詞牌名。耐人尋味的是，淡瑩在處理時大致呈現出兩種意象：一種是復活古典，以延續其韻味和意義指涉，如〈聲聲慢〉"終於走出／走出四弦／輕攏慢拈／將半生的滄桑／彈成一首／一首哀艷的絕響／從北宋唱到／南宋，唱到／鳥啼，泉水暗啞／唱到弦亦斷，魂亦斷……"（頁 52），有很強的歷史感。〈蝶戀花〉"誰敢保證，三月／翻飛在花間的蛺蝶／夢見的絕對不是我／／輪迴以後／也許我超生為蝶／也許蝶淪落為我／也許什麼都不是／你何嘗聽說過／十二生肖中，也有／一隻羽翼斑斕／吮食花蜜的昆蟲"（頁 61），此中既有莊周夢蝶的典故化用，同時又重新詮釋了"我"和蝶的互化的可能複雜關係。〈漁家傲〉"我隱姓埋名／多年，卻無一日／不縱情傲笑江湖／只有那對立於水中／瘦骨臨風的白鷺／始終覺得費解／我晨昏泛舟／釣起的總是一片／浩瀚煙波"（頁 59），其中洋溢著隱秘的尊嚴、孤獨和清高感。

而另一種主體介入性更強的傾向則呈現出古典再現之後的現實性或哲理思辨。〈武陵春〉"縱使有桃花千株／我不妨小立此岸／觀賞，何必問津／水流的來處及去處"（頁 52-53），呈現出一種遠觀和更超脫的境界。〈新荷葉〉"幾顆渾圓的露珠／蘊藏著大千／滴瀝溜轉／在剛舒展的荷葉上／／明日滑落泥淖中

　　　　　　　　　　　　　　　第一章　如何萌蘗

的／是搖搖欲墜的露珠／還是正在擺渡的／我"（頁54）則是屬物我的同化；〈滿江紅〉"啊！請不要誤會／染紅了一河床鵝卵石的／是仇家淋漓的鮮血／／在草本植物中／天生纖小的我／喜歡逐水而居／經常把胭脂般的面頰／探出水外／好奇地瀏覽／陸上明媚的風光"（頁55-56），此詩顛覆了其原有的壯懷激烈，而以紅色水草的淘氣與習慣呈現出一種自然風光。

整體而言，淡瑩的此系列書寫呈現出她對有關古典文化知識的熟稔，但她又不是一種被動接受或吸收，而在其間介入了新的理解、現實感和鮮活的詩性，從此角度看，其書寫呈現的是更具超越性的華人性。

3. 古典樂器系列。實際上，在1980年代淡瑩在《髮上歲月》裏也有兩篇古典書寫／重寫。〈重逢〉（1989）是書寫唐婉重見陸游時的追問，回應〈釵頭鳳〉。她藉唐婉之口發聲，更強調二人的知己關係，"鶼鰈之樂像旭陽／穿透枝葉和寒霧／篩落心田／紅顏，是我／知己，也是我／不妨簾外，婆婆有意／無意間的咳嗽／藏著幾許嫉恨"（頁186）；同時又比照陸游的矛盾性，可以陣前殺敵，"強敵當前，毫不懼憚／甚至夢中，亦馳騁沙場／向胡奴追討河山／吐氣如虹，憤慨滿腔的／你，怎麼會，怎麼會／懾於無形的禮教／在嚴峻逼人的目光下／颯颯寫下一紙休書"（頁186-187），卻無法保留真愛，故二人婚姻最終也只能如花枯萎。〈詩魂〉則是重寫屈原，其中既有雄壯氣勢，"三閭大夫顯赫的身世／包裹在重疊的竹葉裏／脈絡分明，密實飽滿／從汨羅江至江北江南／流至二千多年後的今天"（頁189）；亦有細膩的現實與歷史的交錯書寫，"繩子解開，葉子揭開／我雙手捧著的／是一出有棱有角的歷史悲劇／掌紋中隱約傳來／深沉急促的鼓聲／咚、咚、咚咚咚／擊散所有水族的魂魄／擊落楚國的獵獵旌旗／擊痛無數翹首仰望的眼睛"（頁189-190）；當然也奉獻褒揚、提及屈原的自沉，"肝膽可以映照日月／情操可以印證山河／飲露餐菊之餘／問了天，問了地／仍有許多吐不完的牢騷／乃行吟澤畔，任／湖水如讒言／及膝、及腰、及肩／淹沒一顆被放逐的頭顱"（頁190），也有詩人對屈原的真誠紀念，"水底的詩魂，不管／你是否涉江而來／我都饗你，以微溫的雄黃酒／且趁著夕陽未下／人尚未酩酊／焚燒此三十行／成灰燼"（頁190-191）。不難發現，此一時段的淡瑩在書寫真愛與正氣時亦頗有正氣，同時往往以相對圓熟的詩藝正面建構。

而到了退休後旅居台灣時期的古典樂器系列，淡瑩的書寫又有了新境界。〈琵琶〉卻是藉助經典曲目"十面埋伏"將其戰爭化／武器化，"原來敵軍就埋伏在十指之間／硝煙四起的剎那／周圍一片漆黑／鴉雀無聲／／不知道一彈指／多少戰馬奔騰飛躍／一按弦／多少隊伍相互廝殺／我蜷縮在角落／忐忑不安，屏息／凝視著琵琶上方／交錯閃動的刀光劍影"（頁 25-26）；而且還細描其台上台下的巨大殺傷力，"殺戮聲陣陣／自遠而近，由疏到密／驀地眼前一黑／我頹然倒下／／血，從傷口／不止一處／汩汩冒出／染紅了台上台下"（頁 26）。〈二胡〉（2010）藉助盲人阿炳的"二泉映月"重寫舊文本，"一開始小巷就被拉長了／唏噓之聲自巷頭延續到巷尾／孤燈下／那雙充滿悽苦的盲眼／正一步步探索嗚咽的出路"，她巧妙地將半輩子的辛酸與琴弦掛鈎，"梗在胸臆間的辛酸／被琴弦緩緩拉出來／再一點一點被推回去／推拉之間，不覺／過了大半輩子"（頁 27-28），毫無疑問，二胡的演奏也有上佳效果，"寒月高照，泉水冰冷／我雖不喝酒，沒抽煙／甚至拒吃高脂肪食物／心房還是揪在一起／抽搐了又抽搐／最終淌下兩行清淚／一行留給來生／一行還給過去的自己"（頁 28）。〈古箏〉則是藉助"高山流水"的曲目，詩人著力書寫二者之間的知己關係，"小溪淙淙，清泉潺潺／目的乃奔赴巨川／我的流向異於它們／我要永遠依偎崖下／讓澎湃的水聲／見證一生一世的盟約"（頁 30）。毋庸諱言，古典樂器系列更可以呈現出淡瑩書寫的收放自如，既可以剛烈鏗鏘，又可以細膩入骨，甚至這種巨大張力可以實現平穩而靈巧的轉化。

（二）遊刃太極

1971 年淡瑩開始在美國學打楊氏太極拳，1974 年回到新加坡後，一段時間內每天早上六點半就去空地上打拳，因此悟出一些人生哲理。1975 年開始寫《太極詩譜》，一直到 1977 年花兩年時間才完成了這 40 首詩。

淡瑩寫道："在這一組詩裏，有單寫動作的如〈白鶴晾翅〉〈單鞭下勢〉，也有寫動作兼蘊含我個人對人生的看法的如〈扽手〉〈金雞獨立〉〈撇身捶〉〈栽捶〉。我較偏愛後者，不止是我寫它們時注入了我的真實感情，同時它們也赤裸裸地反映了我的人生觀。我不否認這些詩正如一些朋友所說含有很玄的禪理。佛教是中國數千年來的傳統精神支柱，我們的日常生活以及處世態度受其潛移默化的影響是顯而易見的，只是一般人認為這是理所當然的，因此常常處在不知不覺中。"[1] 從整體的角度看，太極拳的一套招式在認真處理後可以起到通體舒暢、強身健體之效，其中既有中華文化，如佛、道家的養生之道，同時又有諸多相生相剋、吐納自如、天人合一的大道理。淡瑩的書寫首先暗合了這一整套流程及其結構，如開頭的〈擊掌問佛〉，"自丹田 / 徐徐地 / 呼出一部似懂非懂的 / 易經 // 一舉掌 / 那朵潔白的蓮 / 竟不選季節 / 吐蕊了 // 弟子在下 / 何謂陰何謂陽 / 何謂虛何謂實 / 何謂柔何謂剛 / 又何謂太極之初"（頁 7-8），既有開始，又有疑惑，而結尾（四十）〈左右攬雀 尾合太極〉則對此有問題的對應答案，"打完最後一招 / 始大徹大悟 / 所謂太極 / 即一切陰陽之母 / 靜則合 / 動則開 / 無聲無相 / 生生不已"（頁 37），同樣還有一個相對圓滿的回歸，"這時我必須 / 回歸本位 / 必須釋放 / 棲憩在髮叢中的 / 一對山雀 / 重返混沌的 / 太極之初"（頁 37-38）。中間的 38 招，既是太極姿勢，又是組詩的骨架。易言之，詩歌的整體結構和太極拳的程式合一，而某些招式和理念亦具有契合性，而更引人注目的則是浮游其上的淡瑩的獨特人生理解。

（十）〈倒攆猴〉其中既有對動作的描述，如可退，"你把如意棒 / 掄成又紅又大的落日 / 緊隨著我的腳步 / 下山"，然後反擊而進，"再退便臨淵 / 我運勁 / 如抽絲 / 源源遞送"（頁 12-13），但詩人最後還有對哲理的昇華，也有對前文本〈西遊記〉的調侃，"莫走 / 你願意選擇 / 水簾洞 / 或是 / 金、木、水、火、土"。（二一）〈指擋捶〉當然有對動作的描述，"敵剛我柔 / 敵柔我剛 / 敵進我退 / 敵走我粘 / 反正是這麼回事 / 周旋下去 / 難免大開殺戒"（頁 21），但亦有發自人性角度的批評，"這一招 / 何其毒辣 / 竟決意斷絕 / 其命根子 // 歷代傳下的 / 家譜 / 從今以後 / 是不是一頁 / 空白"（頁 21-22）。（三十）〈金雞獨立〉"我的最終目的 / 只是為了尋找 / 禾堆裏 / 零零落落 / 被遺忘的稻粒 / 並無意 / 蓄勁在胸 / 把你踹踏成 / 大千世界中 / 一芥微塵"（頁 27-28），書寫頗出人意料，書寫此招式背後蘊含的寡慾或無慾則剛的道理，而非是為了攻擊或殺戮。（三四）〈栽捶〉"一捶下去 / 我突然變卦 / 把積壓了 / 十五載的 / 冤仇 / 私慾 / 全埋在 / 這一小鉢 / 淨土裏 / 到了春天 / 開發出來的 / 竟是三兩株 / 菊

1　淡瑩〈自序〉，淡瑩著《太極詩譜》（新加坡：教育出版社，1979），頁 3。

91

花／及淡淡的／白蓮"（頁 30-31），亦有相當仁慈的心，把一個殺招轉換成和諧之美（菊花／白蓮），可以顯出人格的高潔。

某種意義上說，淡瑩對《太極詩譜》中人生哲理的感悟既有其相對鮮活、有趣的主體介入乃至獨創性，同時又有在感悟太極博大浩瀚精神之後對不少世俗觀點的超越，從此角度看，其詩性氣質、道德品格與人生哲理三位一體，頗有價值，如人所論，"淡瑩的《太極詩譜》含有很深的人生意味，而這種人生意味中又無不蘊藉著玄虛的禪理，這種禪理的獲得不僅是詩人以超然之眼看人生、以平常之心感悟生命的必然結果，也是詩人將自己的個體生命體驗融入中華傳統的道禪文化精神血脈之中所修悟的人生與智慧的自然流露"。[1]

三、不拘一格：現實詩化

如人所論，"淡瑩進入 70 年代中期以後的詩歌創作也就明顯地呈現出一種全新的風貌，具體表現為：審美視角漸漸從內心世界轉向日常人生；情感表現從精巧濃密轉為質樸素淡，有時直抒胸臆、直陳心跡，竟不惜以散文筆法出之；而意象營造也顯得簡明、疏朗 —— 凡此種種，無不表明其詩作的整體風格有了一種於靈動中見穩健，於敏感中見平實的氣象"。[2] 易言之，中年以後的淡瑩更關注現實，同時詩化現實的傾向開始增強，相較而言，淡瑩的《千萬遍陽關》與《單人道》，要麼關注愛情主題，要麼表達一種憤怒、焦慮、絕望意緒，加上語言相對晦澀，與現實關聯性反倒顯得疏離。從《太極詩譜》開始，尤其是其第三輯"鴻爪篇"有部分篇目開始呈現直接的現實性，而到了《髮上歲月》與《也是人間事》則更是成為一種主流，淡瑩在此中也呈現出其較強的包容性和多元主義。不必多說，亦呈現出其某一層次的新華性特徵。

（一）關注大千世界

需要說明的是，這裏的大千世界當然不是指面面俱到、無所不包的世界，

1　周可：〈濃妝淡抹總含情 —— 淡瑩詩歌情感表現的三種境界〉，《華文文學》1996 年第 2 期。

2　陳賢茂主編《海外華文文學史》（第一卷），頁 510。

而是指可以呈現淡瑩書寫題材大氣或霸氣特徵的世界，主要包含兩種類型：一是對國際重大事件的觀察及入詩；二、有關弱勢群體的雕塑式的書寫。

1. 快照國際政治。〈海魂〉是因為看到 1979 年某日刊登了越南難民浮屍的圖片，詩人頗為感慨，書寫難民的可憐，"甚至水都有身份有國籍 / 不容混淆，不許擅改 / 而你什麼都沒有，除了滄桑 / 你的國籍是渺渺的公海 / 陸地變成了今生唯一的奢望"（頁 26），同時也批評有關外交事務的宏大性。詩人也書寫難民們的"中間物"身份，"經過湛藍海水的洗禮 / 我無從探聽你的姓你的名 / 我只知道 / 你是你父母終日倚閭的 / 一脈香煙 / 你是你妻子午夜夢回的 / 刻骨相思 / 你是你稚兒嗷嗷待哺的 / 全然依傍"（頁 27），當然也書寫了他難免被消費的談資角色，"而狂濤呢，狂濤是強烈的 / 消化液，消化了舢舨舴艇 / 也迅速消化了香煙相思 / 之後，排泄一串污濁的泡沫 / 第二天，在世界各大報章上 / 成為一則無關痛癢的新聞"（頁 27-28）。〈萎縮的枝丫〉則寫五歲的柬埔寨小難民，護士扎針輸液時卻找不到她因營養不良而萎縮的動脈，只能眼睜睜看她死去，首段寫其生命的遺傳性脆弱，"你自血光中誕生 / 忠厚善良的祖先 / 什麼都沒遺留給你 / 除了跳動的脈搏"（頁 31），然後寫她的枯瘦，"你跳躍著的年齡 / 萎縮成瘦瘦的枝丫 / 體內非常鄉土的血 / 涼如叢林裏的夜露"（頁 32），最後寫出詩人的慨嘆，"唉！算了吧！再精密的針 / 也刺探不出你的動脈 / 你早已經把血管 / 交給焚燒中的雲 / 紅十字會的十字 / 只紅給天上小鳥看 / 你遲鈍的大眼睛 / 是永遠也看不到的了"（頁 32-33）。而〈戰霾〉則是寫於 1991 年美國伊拉克談判失敗之後，詩人擔心開戰，也預測其可能的惡果，但同時詩人卻希望以和平收場，"聽，是什麼聲音在急促滾動？/ 咚隆咚隆，咚隆咚隆 / 自遠而近，響徹九霄 / 是黃沙上的戰鼓？還是雷鳴？/ 若是戰鼓，願它迅速 / 擂醒侵略者的美夢 / 是雷鳴，盼它在新春裏 / 下一場酣暢淋漓的豪雨 / 洗盡世間一切貪婪、蠻橫 / 讓波斯灣上空，澄藍 / 明澈，白鴿翱翔 / 正如創世紀之初 / 天和地，一片祥和"（頁 214-215）。

2. 雕塑弱勢群體。嚴格說來，上述難民亦算弱勢群體，但他們更多是由政治問題導致的，所以歸入現實政治一欄。迄今為止，淡瑩書寫難民詩作成就最高的是〈禿鷹的獨白〉（收入《也是人間事》），主要寫一隻禿鷹緊盯著枯瘦至死的蘇丹小孩，希望其速死後以之屍體為食物的情景。詩人選擇以禿鷹的視角切入和講述，既有新鮮感，又合乎弱肉強食勝者為王的邏輯，交代情況，"千載難得一見／凡我族類，無不為之／垂涎，心跳加速／我遂停止盤旋／收斂雙翼，在暮靄下／屏息／觀賞"（頁89-90）；其次寫禿鷹的安慰，"蘇丹小孩，我的黑天使／當死神一步步欺近／莫哭泣，莫驚慌／我將寸步不離，不休不眠／徹夜守護著，你／可安心睡去／做一個永遠不必醒來的／美夢"，禿鷹的問詢，"我的黑天使，是否／世間的苦難太沉重？／降落在骷髏似的身軀／你無法抬頭，望一眼／被蹂躪的家鄉／無法站立，成一個頂天立地的好漢"（頁90-91）；禿鷹的承諾與請求，"莫焦慮，莫擔憂／受上帝差遣／我會忠心耿耿／護衛著單薄的你／助你擺脫飢餓、貧窮／助你遠離兵燹、疾病／我只有一個，僅僅一個／微不足道的要求／莫緊張，我的黑天使／你乖乖躺下，躺在這塊／育你、養你的土地上／以赤裸柔嫩的肉身／祭我小小的五臟廟／土葬、火葬，都不如／駕乘一對翅膀，飛入／雲霄，離開齷齪的地球／離開貪婪好戰的萬物之靈"（頁91-92）；禿鷹擺明事實然後催促小孩上路，"你幫我了卻心願，我助你／乾乾淨淨，脫離塵寰／到一個你夢寐以求的世界／烙餅、麵包、牛奶巧克力／在伸手可及之處，等你／祥和、平靜、溫柔／在藍天白雲之上，等你／／莫再猶豫了／我的黑天使／速速拜別紅塵吧／我們必須趁著夜暮撒下前／趕上最後一抹血紅的夕陽"（頁92-93）。需要指出的是，這首詩中禿鷹的自白並非是截然偽善的，屬獲勝者對獵物的玩弄，畢竟詩人對小孩有著高度的同情，也希望他能夠平靜地、有尊嚴地離開，但在最後勝利者禿鷹略顯著急，顯示出其難免獸性的一面。

〈另一種肉體買賣〉則是書寫印度南邦的一個賣腎村——維立瓦甘中的婦女們迫於生計不得不賣掉人體器官。詩人一開始就寫到了傷害的巨大視覺衝擊力，"姿態輕盈，嘉絲杜麗／優雅地一轉身／污漬斑斑的紗麗下／一道驚人的刀痕／從黑色的左腰／延伸到棱棱的脊背／橫跨印度洋，直下太平洋／猛地扎入獅子島上／我怦然跳動的心房"（《髮上歲月》，頁43）；同時她也寫到了金錢的巨大衝擊，"一塊皮膚一千盧比／一個腎臟三萬盧比／一片眼角膜八萬盧比／盈耳盡是膨脹後的盧比　盧比　盧比／熟悉濕熱的銅味／散發在齷齪的陋巷／比鮮花還芬芳／比醇酒更誘人"（頁45-46）。但無論如何掙扎，最終還是難免售賣器官的命運，"夜幕已經降臨／黑暗中無數星光／從嘉絲杜麗猶豫的／眼神，翩然逸出／嘉絲杜麗臉含笑容／愜意地進入夢鄉／因為她終於醒悟／眼睛和腎臟一樣／只要一個就夠了"（頁51）。〈梳起不嫁〉則是寫在南洋做工的順德自梳女階層。詩人先寫她們的靚麗，"柔柔披在肩上的／豈只是烏黑水亮的秀髮／是炫麗閃爍的青春啊／從唐山迢迢到南洋／蕉風拂過，椰雨淋過／那匹玄色動人的瀑布／千里一瀉至小蠻腰／裊裊娜娜，搖曳生姿／多少漢家郎的心弦／多少好男兒的遐思／都被一一牽動／一一撩起"（頁216），又提及她們的自梳，同時也以設問的方式解答，"為了唐山破敗的家園／為了繼承香火的弟兄／為了逃避為人妻／為人媳的未知命運／你毫無怨尤／以一雙纖纖素手／你心甘情願／以一輩子孤清／換來親人的豐衣、足食"（頁219-220），當然也寫她們的奉獻與不易，"當年，跪在神靈前／歡天喜地，全心全意／梳起不嫁時，那顆／令人動容的美麗孝心／可曾想到，半個世紀後／如何梳理繚亂的愁緒？／是不是越梳越愁？／越梳越亂？終於／亂得一片淒涼／亂得不堪細訴，更／不堪回首"（頁221-222）。

某種意義上說，淡瑩無論是對重大政治事件的關注，個體人物的無能為力，還是對弱勢群體悲慘命運的精心刻畫都可以呈現出她對現實世界的積極介入、反思以及博大的胸懷。

（二）對話自我世界

嚴格意義上說，幾乎詩人所有的書寫都可納入自我世界，但這裏的自我世界另有所指，主要是指兩類：一類是關於"我"的私世界，第二類則是"我"的身份──新加坡人的本土關懷。[1]

1. 私我的世界。某種意義上說，淡瑩勾勒出一個圍繞她的五彩繽紛的私世界。比如中年以後，頭髮逐步變白的困擾，是否染髮等。〈髮上歲月〉首先呈現的是一種類比式的精彩判斷，"染髮心情和落日心情／莫不與歲月相關／前者尤為複雜／太陽，無可抉擇／必須依時墜落／頭髮，可染，可不染／跟歲月

1　有關早期新馬華人國家認同的考察可參崔貴強著《新馬華人國家認同的轉向（1945–1959）》（修訂版）（新加坡：新加坡青年書局，2007）；有關新馬華文文學與本土性的關係可參拙著《考古文學"南洋"》（上海：上海三聯書店，2008）。

抗衡，染／不染乃認命的詮釋"（頁55）；當然也寫到諸多惆悵、心悸等遐思，最終決定染髮，"再三耽延，反覆思量／最後決定一覺醒來／將滿頭斑斑歲月／染成飛揚的青春／矇騙天下所有的菱鏡／日，落抑或不落／從此與我無關"（頁57）。〈黑與白〉則延續此議題，但已經變成了有關先生王潤華為其染髮的思辨，有愛，頭髮白不白並不重要，"三千煩惱絲和弱水三千／沒有一丁點牽連／然而認真追溯起來／除了數字類似／其關係也非比尋常／此道理不容置疑／在你的十指挑拈撥弄下／千絲萬縷、長短不一的煩惱／經過一個半小時／終於回返最初本色／顧盼自得之際／一陣拔越清脆的磬音／鏘鏘破鏡而出／唉！我不正是你眼裏／弱水三千中，那／最柔最亮的一瓢？／何必耿耿於懷／烏黑與雪白之間／截然不同的詮釋？"（頁84-85）。〈人造淚〉則是關於其眼疾在鐳射處理後需要用人造眼藥水輔助治療，她對此頗有感慨，"以廉宜的價格／買一瓶歡樂淚／一瓶傷心淚／梨花帶雨，不再是為了／悲秋，更非為了一段／似有還無的／孽緣"（頁83）。

中年以後的愛情表達與人生感悟自是不同於以前的少女時代，〈雪融〉（留美追憶之二）是一首回憶性詩作，淡瑩把當年的淒寒昇華為一種相互砥礪的守望，"日子淒寒，唯有整夜／低吟雪萊的千古名句／書香和茉莉茶香／在齒頰裏駐留了一冬／／為了相惜又相疼，我們／不得不掩飾起臉上的憔悴／直至雪融的聲音／潺潺流經窗外的小溪"（頁136-137）。〈中秋調寄潤華〉（1985）寫給人在美國的先生王潤華，"你寄來今年最後一片楓葉／北國冬天的步伐／如此快就逼近異鄉人／那天，我才開始吃雙黃／一刀下去，兩個黃燦燦的月亮／一個在艾荷華／一個在獅子城／遙相凝望，是甜也是鹹／我一口一口地咀嚼／竟嚼出無限心事／只恐怕萬般心事／剎那被皚皚白雪淹沒／而你啊仍蒙然不覺"（頁149-150），愛意若隱若現，細讀則是處處傳情，可謂爐火純青。如淡瑩自己所言："我最滿意的還是那些情詩，是真正付出了一份感情，有所感，有所觸動寫出來的詩。而不是早期那種虛無縹緲、比較晦澀的詩。早期的詩是不成熟的，到了中年時寫的情詩，還有對時間消逝的那種感觸，真正是我內心的感受。到了晚年的時候，我很淡，真的很淡。"（可參趙秀敏《淡如自在之水，瑩如溫潤之玉 —— 新加坡最高榮譽之文化獎獲得者淡瑩訪談錄》）

相當別致的則是《家務詩五題》，作為上班族女性，但是淡瑩還是要面對繁瑣的家務問題。沒想到詩人眼中處處詩，一不小心她倒成了千千萬萬家庭婦女做家務時的清醒代言人。比如〈擦窗〉中間詩意十足，和寫作類比，認真、自豪感油然而生，"熠熠生輝的百葉窗／散發著早春的溫馨／從最上面一葉／數到最底下一葉／從右邊第一扇／數到左邊最後一扇／就像每次寫詩／都要算算寫了幾行／寫寫擦擦 停停寫寫／一直寫到心境／澄明剔透／如這些玻璃片片／映照出滿室燦然／才腰酸脖子疼的下來／作遠距離的仔細打量／眼前的傑作／可否與日月爭輝"（頁 179-180）；〈吸塵〉"真希望這一管柔軟若蛇的／真空 在三十分鐘／吸盡世上的污穢／人間的荒謬／最要緊的是吸乾淨／蒙在心中多時的塵垢／好讓我諦聽／詩的種子／破土而出的聲音"（頁 181-182），既有寫實的詩意，又有哲理性。〈洗衣〉中則佈滿愛意，"清晨醒來／對著落地鏡穿衣／你是否也穿上了／我的一片綿密心思"（頁 175）；〈曬衣〉中又難免家庭主婦的緊張，"擰乾後，用力一抖／就抖出片片陽光／職業婦女的／心 遂被夾緊／在衣架上／一天不知多少回／惦記著 凝視著／天色的變化"（頁 175-176）；〈燙衣〉中既有現實與技術性描寫，"盈掌的輕舟／反反覆覆／在領子、衣襟、袖子上／輕快地巡迴／所過之處／水氣氤氳"，又有哲理和人生感慨，"總是這樣開始／先燙衣領／一燙就燙走／層層皺褶／再燙就燙出／一身光鮮和筆挺／無可奈何的是／歲月鐫刻的紋路／怎樣也燙不平"（頁 178-179）。

2. 本土認同。新華性中間必然有本土認同。這未必是淡瑩的書寫重點，但也是重要議題之一。比如〈控訴〉則是對新加坡作為花園城市的捍衛，當發現當局為了拓寬馬路，砍掉亞逸拉惹路（Ayer Rajah Expressway）兩邊的高大青龍木後，詩人寫了此事，她以青龍木的口吻書寫，首先寫了自己的綠化和美化環境的功能，而後就寫出了悲慘命運，"來自晴天的霹靂／忽然強轟魂魄出竅／環境發展部的會議上／一紙薄薄的命令／立刻要我讓路／讓路給喧囂霸道的／車龍：'你喪'、'頭又大'、'罵死他'[1]／利用鋒銳的電鋸／你們，一小截一小截／鋸我的手，斷我的臂／馬路旁的怡人風景／紛紛傾圮／成終生的遺憾"（頁 38-39），深扎大地的樹木與鏟泥機之間的搏鬥，最後失敗。

有時可以從部分比較中看到本土關懷，〈再見，台北〉中的末節"相知又

---

1 這裏分別是汽車品牌尼桑、豐田和馬自達的諧音。

相交，從此 / 是天涯和海角 / 從此是一箋遙念 / 待春臨大地 / 我必以雪崩的聲音 / 叩響你們每一道心房 / 並張開黝黑的雙臂 / 如獅子島的陽光 / 不分四季，時時刻刻 / 等著，等著將遠方的 / 旅人，擁抱成千山中 / 一流清溪，潺潺淌過 / 烏節路、牛車水、花蕊山"（頁110-111），以島為家鄉為主人來歡迎旅人和好友們。〈白咖啡〉則是寫人在台灣的詩人突然喝到馬來西亞怡保產的白咖啡的感受，"品牌何其多 / 冠上白字的咖啡 / 尚未舉杯 / 鄉愁已被熱水沖開了 // 鄉愁，順著喉腔 / 緩緩流入體內 / 馥郁、醇厚、香甜 / 旋即將我深深淹沒 // 每天啜飲一大杯 / 故人啊！你可知道 / 揮手出了陽關 / 穿越風沙是什麼滋味嗎？"（《也是人間事》，頁58-59）。從食物上來說，新馬從未分家，淡瑩這裏的思念家鄉其實也包含了獅城。

淡瑩也寫到了新加坡本土階層的人物，比如仿客（punk，朋克），詩人以相當開放的心態描述他們，"從理髮院出來 / 他們的頭上 / 忽有鷹隼展翅 / 自千里迢迢的西方起飛 / 終於在遠東覓得棲息之所"（《髮上歲月》，頁203），對其外形和出處的勾勒非常具有想像力。其特徵"奇裝異服的口袋 / 裝滿青春與熱力 / 一晚上可以踢死狗很多次 / 當然亦可以踢走寂寞煩惱 / 踢倒文化傳統 // 仿客，是這些註冊商標的總稱 / 他們無邪稚嫩的臉孔 / 經常感到徬徨惘然 / 尤其是面對肯德基、漢堡包 / 可口可樂、百事可樂，眾多選擇時"（頁204-205）大多是對文化的表層接受。當然詩人也有疑惑，"脖子上鼓翼振翅的怪鳥 / 是國境的候鳥嗎？ / 牠們何時從遠東再出發？往夕陽墜落的方向 / 飛去，而永不回頭"（頁205），顯而易見，詩人不希望這些膚淺的文化再度光臨。〈你認識他嗎？〉則關注本地走失的癡呆老人，"別動別動，有人 / 將他稀疏的華髮 / 呆滯的目光 / 零落的牙齒 / 茫然的身世 / 翻印在明日報上 / 一方小小的角落 / 讓他用一整天時間 / 以無比專注的眼神 / 瞪視著芸芸眾生 / 看看親情、友情、溫情 / 會不會如天降佳音 / 自電話彼端　溫馨的 / 傳至青筋鼓暴的 / 手背，牽引他 / 走完人生最後一段 / 渾噩混沌的旅程"（頁207-208）。不必多說，這是新加坡老人社會化的重重問題之一，福利制度配套不完善，年輕人自顧不暇或缺乏孝心。

（三）哲理／詩化現實

特別值得關注的是，淡瑩還有一類對於現實、人生、自然等議題相對哲理並詩化的創作。這類創作更可以彰顯出其超越性，無論是從地域，還是政治認同限定，還是相對具體的自我。茲舉例加以說明。

〈晨起‧星期一〉"朦朧中／枕上那對大肚金魚／施施然向我游過來／小圓嘴巴喋喋不休／呷含著的正是一串／我尋找了整個夜晚／依舊無蹤無跡的／溫馨美夢／／我大聲地打呵欠／將兩三朵娉婷紅蓮／吹得東歪西倒／水面上的漣漪／從我的劉海，一圈一圈／直蕩到床前的／鬧鐘：七點差一刻／開始有許多暖暖的小手／穿過橘紅色的窗簾／撥弄我惺忪的睡眼／冷不防我一伸懶腰／舉起他們，如舉起／星期一的序幕"（《太極詩譜》，頁 103-104），此詩中意象紛繁而又彼此連綴，詩化了各種意象，從枕上的金魚圖案到個體起床再到陽光，再到人類設定的第一天工作日等等，可謂詩趣盎然。〈聽蟬〉自然描述了夏日蟬擾人午休清夢的問題，但詩人顯然有更多思緒，"真正叫人迷惘的是／何以聽蟬的人／一過了少年／就有一種被揉碎／甚至冰浸過的細細感覺"（《髮上歲月》，頁 62），換言之，蟬聲已不是重心，聽蟬的人的中年心境才讓人關注。類似的〈舞女花〉（《髮上歲月》，頁 153-155）卻能夠巧妙地把一種花的生長開放風格、名稱和人格結合起來，頗有一種昇華感。〈夜讀好詩〉（《髮上歲月》，頁 156-158）則具有很強的戲劇性，把讀詩的心境、姿態和雨夜關聯，自然、人與知識演化的心境巧妙結合。〈四種自殺的方式〉（1997）本來是寫神奇壯麗的尼加拉瓜大瀑布，但詩人卻別出心裁，把它分成四段，可謂與美共死、思維奇特（《也是人間事》，頁 121-125）。毫無疑問，這當然也是一種刻意求工之後的效果，如淡瑩自己所言："因為我覺得一首詩，要寫一首成功的詩呢，淡淡地道來，沒有什麼起伏，並不算一首好詩。我要製造一種懸念，就是說，寫到後來的時候，我要給讀者一種陡然一轉的感覺，要把讀者帶入 '啊——原來是這樣子的啊' 的境界，要製造這樣一種審美效果。"（可參趙秀敏《淡如自在之水，瑩如溫潤之玉——新加坡最高榮譽之文化獎獲得者淡瑩訪談錄》）

〈與風有關〉（2010）"一群風／聚集在樹林間開會／討論方向問題／有建議去東北／有主張往西南／／會議結束／議程交給了氣象專家／出門是否需帶雨具／何時適合郊遊曬衣／專家一一準確報導／／當中有一陣風／哪兒也不想去

/ 偷偷鑽進渠道 / 忽見一妙齡女郎 / 穿著寬邊短裙走來 / 為了一窺裙底風光 / 它從溝蓋竄出 // 經典畫面，從此 / 烙印在許多人腦海中"（《也是人間事》，頁40-41），從把對自然的擬人化到關聯人類，再繼續結合風的特徵重現了瑪麗蓮·夢露（Marilyn Monroe, 1926–1962）當年的被風吹起裙裾而又捂住欲遮還羞的經典畫面，這樣自然、人事和經典就結合起來了。〈說話的對象〉繼續書寫風的威力，它最喜歡的談話對象是樹葉，秋天到了，樹葉太累就落地了，於是它又去找白雲，但白雲逃竄了，"再度失去了說話的對象 / 風頓感茫然失措 / 一夜之間 / 將我三千髮絲 / 吹白了"（《也是人間事》，頁 85）把人生的衰老歸結於風的淘氣既有情趣又有想像力，當然也有一定的哲思。如廖冰凌所言，"不論是直觀時事或詠景詠物，又或是'遊'的書寫模式，都在在顯示了淡瑩於古稀之年對生命的最新體悟。這種坦然入世，直視生死的存在觀，猶如不再眷戀蝴蝶曾經何等斑斕，反而津津於咀嚼蟬的樸實，享受'聽蟬的年齡'"。[1]

　　結語：某種意義上說，淡瑩相當成功地以詩作詮釋了何謂新華性。她出生於馬來亞，與新加坡社會共享類似的多元文化結構，她早年留學台灣，其詩作具有台灣型現代主義的風格，營構了一個有情的世界，這種氣質與移民性吻合；而她留學美國後返回新加坡，又強化了其身上的文化中國性，因此她既涵化古典，又遊刃太極。而步入中年以後，她對現實人生有著更為通達、圓潤以及更為詩化的認知，比如她關注大千世界，也積極與自我對話，彰顯本土情懷，同時她也具有超越性，並以哲理詩化不少議題和現實人生。從此角度看，淡瑩的多元文化主義也屬新華性的一種。也唯其如此，她的創作也更值得同行繼續探勘。

1　廖冰凌：〈存在之思 —— 新加坡女作家淡瑩作品中的哲理意蘊〉，《外國文學研究》第 36 卷第 6 期，頁 164。

第二章

原鄉東馬

第一節 （後）殖民／解殖民的原鄉（朝聖）
——《大河盡頭》論

　　提要：《大河盡頭》作為李永平最氣勢磅礡、結構井然、首尾呼應的長篇力作，呈現出李長於結構、精於佈局、善於把握大敘事的獨特優勢。如果結合"殖民主義"詞根展開思考，他既再現出大歷史視野下的殖民主義亂象，又立足於個體，呈現出個體成長／自我教育，自我清洗之後的重生，這其中自然也包含了解殖民或去殖民。當然，在這部長篇中，一貫書寫"旅行本土"的李永平更加重了台灣元素的砝碼，而顯示出其可能落地生根的傾向。

　　關鍵詞：李永平；後殖民；《大河盡頭》；原鄉；馬華

　　作為從婆羅洲走出的知名華語作家，李永平無疑是最鄭重其事修煉文字且卓有成效、獨成一家的小說家，不管是建構或消解原鄉，抑或是讓本土在旅行[1]，還是在自我放逐中立足台灣、建築其精美博大的文字中國／文化中國，李永平的創作一直風格獨具又引人注目。長期以來，李永平長於經營長篇，而尤其以《吉陵春秋》蔚為大觀，馳名華文學界，時至今日，經已成為馬華文學史上的經典。此後的《海東青》《雨雪霏霏》一出，亦是令人矚目，但似乎總讓人有意猶未盡之感，待到《大河盡頭》（上卷《溯流》，下卷《山》，上海人民出版社，2012。如下引用，只標明上或下，及頁碼）面世，讓人熟悉的大氣磅礡、精雕細琢和略覺陌生的樸素敘事實踐迎面撲來，李永平王者歸來。

　　相較而言，有關李永平的研究相對充沛，如王德威等人早就不遺餘力推介與鼓吹，而是次在大陸出版的《大河盡頭》也是由王先生作序。但作為後出的長篇，研究相對較少，而尤其值得關注的是，作為一部內容厚重、語言稠密、形式樸素、想像恢宏的長篇力作，其本身甚至充滿了悖論與張力。如不喜歡被

1　可參拙文〈旅行本土：遊移的"惡"托邦——以李永平《吉陵春秋》為中心〉，《華僑大學學報》2007 年第 3 期，頁 99-106。

稱為 "馬華作家" 的李永平卻集中火力主攻婆羅洲大河 —— 卡布雅斯河？不想被視為回憶錄的創製中虛虛實實不乏作者自身的經歷？[1]同時，小說中的台灣元素卻日益彰顯，這是否意味著 "旅行本土" 持有者的李永平還是將落腳點植根於台灣？

王德威在《溯流》序論中相當精闢地指出，"熟悉殖民、後殖民論述，外加離散寫作的讀者很可以按圖索驥，為這本小說做出制式結論。東方和西方，異國情調和地方色彩，殖民者的霸權和被殖民者的嘲仿，情慾啟蒙和 '原初的激情'（primitive passions）"（上，頁 5）。我們不妨以 "殖民" 為詞根，仔細探究一下李永平操弄 "殖民" 的複雜性與悖論性，而其間既有大歷史視野下的殖民主義亂象，同時又有個體角度生發的解殖民敘事或複雜原鄉，的確值得我們仔細揣摩。除此之外，值得讚嘆的還有李永平對聖山峇都帝阪腳下供往生者棲居靈魂的五大湖細描，"溯河空舟" 奇景狀摹，婆羅洲雨林擬聲，以及對於澳洲峇爸魔術表演的精彩想像與再現。

一、大歷史中的殖民主義亂象

某種意義上說，李永平選擇 1962 年農曆六月底至七月十五月圓之時作為其小說發生的確切時間段可謂別有深意存焉。從年代來講，這是殖民地國家，尤其是東南亞地區脫離殖民統治不久或將要脫離的歷史關鍵時期，舊的歷史刻痕記憶猶新，而新的國族主體尚未真正得以確立，因此 "後殖民"[2]的反思和清算魅影重重、弔詭處處。同時，選擇中華傳統文化中的鬼月，似乎又可深入挖掘鬼魅的殖民記憶傷痕，使之放浪形骸、窮形盡相，如此才有可能進行更精彩的呈現，更深層的反省與 "除魅"。當然，李永平敘述此類大歷史的方式並非

1　具體可參朱國珍：〈李永平——邁向大河盡頭的重生之旅〉，《聯合文學》2010 年 12 月號（314 期），專輯（右翻），頁 8-11。

2　此處後殖民的使用更是寬泛意義上的，後殖民往往產生於殖民內部，並非單純時間意義上的之後。正如有論者指出的，當被殖民者開始反省和表述由帝國語言與本土經驗競爭所帶來的緊張時，後殖民理論就形成了。具體可參 Bill Ashcroft, Gareth Griffiths, Helen Tiffin, *The Post-Colonial Studies Reader* (London: Routledge, 1995), p. 1。

都是正面進攻的方式，他也巧妙藉助了背景襯托、提示的策略。

（一）殖民策略及後果

雖然李永平書寫《大河盡頭》的主要目的不是為了揭示殖民主義及其餘緒，但耐人尋味的是，他的書寫由於涵蓋豐富，卻於無心插柳之處將有關內容和反思囊括其中。

1. 經濟掠奪。毋庸諱言，這是殖民者最主要的殖民方式與目的。小說中的主人公克莉絲汀娜‧房龍小姐其實也是房龍家族在當時的荷屬殖民地印尼坤甸繼承了四代的八百畝橡膠園的女主人。為了防止爪哇工人偷懶，她一大早就要辛苦地起床巡視，"克絲婷抱著膀子跂著涼鞋，漫步行走在膠林小徑上，時不時挑起眉梢，睜一睜眼，監看她手下的割膠工人做活，隨即又低頭望著自己的腳尖，踢躂踢躂，邊走邊舉手遮住嘴巴悄悄打個哈欠。"（上，頁 37）同時她也讓華人工頭輔助管理。

而隨著小說的發展，我們可以發現此中商品的流通渠道，"山口洋號 ——我前來坤甸時搭乘的客貨兩用輪 —— 早就離港，運載西婆羅洲的土產（包括房龍農莊生產的橡膠）和一群背著藤簍子嚼著檳榔，呆呆蹲在甲板上，準備前往古晉以貨易貨的達雅克人，駛返新加坡母港去了。"（上，頁 64）當然，相當複雜的是，克絲婷雖然是園主，卻因為是充滿慾望的發育良好的白人女體，而又成為工人們的仰視兼意淫對象。

2. 宗教／文化愚弄。作為東方主義非常重要的表現方式之一，傳教士憑藉傳教深入偏僻乃至不毛之地進行宗教、文化宣揚，同時也進行文化殖民[1]，這其實是和經濟殖民相輔相成的"軟實力"。《大河盡頭》下卷《山》中，重回新唐歷史現場備受打擊的克絲婷和少年永連夜逃出此城，而到了個近乎《桃花源記》般的美麗秘境 —— 浪‧阿爾卡迪亞。而正如村中長老彭古魯‧伊波‧安打嗨所言，這座與世隔絕的村莊，"外人中只有西班牙老神父，峇爸‧皮德羅，曾經進入的村莊。他給我們肯雅族帶來天主的福音。"（頁 83）而在談話中卻也再

1　有關傳教士東方主義的論述，可參王輝〈理雅各《中庸》譯本與傳教士東方主義〉，《孔子研究》2008 年第 5 期。

次確認，"峇爸·皮德羅，終身保持貞潔，一生奉獻婆羅洲，備受我們肯雅人尊敬和信賴的神父，你們白人的先知'納比·伊薩'的使者。"（頁92）這當然是一種有關殖民者宗教成功侵入被殖民地土著的歷史文化記憶呈現，而更進一步，即使在現實中，這個所謂將自我獻給天父的皮德羅神父在佔有12歲本土處女馬利亞·安娘並讓她懷孕後，卻同樣以宗教的理由讓當事人及大人們認同馬利亞將是耶穌在新世紀婆羅洲再生的母腹，雖然同齡的孩子們老是詛咒和鄙夷她。

與此同時，李永平還藉少年永的口指出殖民者英國如何藉文化教育灌輸統治階層的意識形態思想，比如把英國文化學者寫進當時本土子民的教材中，"（我至今記得初中畢業聯考英文科考題：以五百字簡述安德魯·辛蒲森的生平事跡。）我讀初二那年，華僑學校在英殖民當局勒令下新設一門課，採用牛津編撰的《婆羅洲鄉土教材》，以物種演化和基督教創世雙重觀點（如今省思，這是很詭譎的一種結合，西方人永遠解不開的矛盾，卻拿來哄誑我們殖民地小孩）講授婆羅洲歷史、民族和風土習俗"（上，頁70-71）。毋庸諱言，學校和課程授予特殊群體（尤其是統治階層）的知識以文化的合法性。更進一步，某群體把自己的知識變成"所有人的知識"的能力與該群體在更廣泛政治經濟領域內的權力有密切關係，[1] 可以讓他們的即得利益長治久安。

3. 武力佔有。為了更長遠和便利地加以掠奪，殖民者們也會採取武力方式進行強行佔有並宣示主權。比如坤甸近代歷史上有一位華人統治者，是名作羅芳伯的客家人，據克絲婷描述，"兩百年前他被蘇丹封為西婆羅洲王，他自稱唐人大統領，在坤甸建立一個國家叫蘭芳共和國，非常強盛，但他死後就被荷蘭人——我的祖先，嘻嘻對不起——消滅了。"（上，頁19）當然，武力佔有也會招致反抗，如當地的獵頭族土著，相當有血性的男兒們也會駕長舟進行反擊，紅毛城戰役中，朱雀·彭布海曾經獵殺十個荷蘭士兵，而且是"一綹一綹拔光了頭髮，他才舉起獵頭刀"（上，頁149）。

而了解東南亞史，尤其是印尼歷史的人們會知曉，日本人在二戰期間同樣武力攻佔過千島之國。小說中，提及彭古魯把自己的一把日本短刀贈予永，

1　具體可參 Apple, Michael W., *Ideology and Curriculum* (London: Routledge, 2004, third edition).

並說，"這把古刀是二戰結束時，我在一位日本軍官身上取得之物。"（下，頁95）旁敲側擊中，我們可以感知日本侵略的真相。同時從克絲婷很慘痛的被日軍徵作慰安婦的體驗中也可看出日本人對印尼新唐鎮的武力佔有／征服，面對一座普通的兵營，一排三十幾間黑瓦矮簷日本樓，少年永問道，"克絲婷，那兒就是你住過兩年，被一萬四千六百匹野獸凌辱的地方？——嗯。"（上，頁337）

（二）後殖民的悖論

殖民者的離去，並不意味著殖民主義銷聲匿跡。而更可能的是，它借屍還魂，一方面深植於後繼的本土執政者腦海中，另一方面卻又結合現代化、全球化等時髦字眼捲土重來，更具欺騙性和殺傷力。

1. 經濟共謀。後殖民（或新殖民）時期，武力佔有可以使用，但基本被棄用，而往往經濟開道的模式被高度重視。如加納獨立運動領袖恩克魯瑪（Nkrumah Kwame, 1909–1972）所言，"在更多的情況下，新殖民主義的控制是通過經濟或貨幣的手段來進行的。"[1] 當年未曾真正實現長期武力佔有的日本卻在戰後（1962 年）相當成功地以經濟開發的方式捲土重來，他們企圖建成一座 "牢牢鎮守婆羅洲雨林心臟的現代超級木材集散中心"，為此新銀色鋁殼快艇成群結隊溯河而上，而包括 "新叢林之神" 的科馬子小松五七五型世界最大推土機也置身其中，勞動力和破壞力都極為驚人，"河堤下，正在興建亞洲最大木材集散場的遼闊工地上，紅土飛揚，嘩喇嘩喇颳起了清早的沙塵暴，驚醒那一群垂著血漬漬的鋼爪，闔上白森森的鋼牙，熄燈滅火，正在駒駒沉睡中的幾百匹黃色鐵殼怪獸。"（上，頁338）

而克絲婷心目中最美好的初戀淨土，少女時代的 "夢幻莊園" ——魯馬平澎長屋也被破壞殆盡，可以從永觀察到的她的反應得到證明，"我驀然看見她臉上的表情起了劇烈的變化：最初是迷惑悵惘，繼而是錯愕，然後是驚恐不解，最終竟是泫然欲淚差點就哭出聲來，像個被出賣的孩子。"（上，頁281）

1　〔加納〕克瓦米·恩克魯瑪著，北京編譯社譯，《新殖民主義：帝國主義的最後階段》（北京：世界知識出版社，1966），頁1。

　　　　　　　　　　　　　　　　　　　　　　　　　　第二章　原鄉東馬

這是新殖民主義過於強調經濟而罔顧環境與和諧發展的粗暴表現，而無疑是對曾經遭受過日軍凌辱的克絲婷的再次精神凌辱。

2. 政治共謀。令人感傷的是，有些殖民時期的破壞性操作（比如白種男人對土著女人的性殺伐旅，sex safari）到了新時期卻又以另外的方式，往往是更具欺騙性的方式存在。同時，這種慾求和殖民者變身過程中的某些優勢或新角色定位又成為本土新政客們的政治資源藉助，因為他們需要既有的外來資源和統治慣性來支持和充實依舊孱弱的本土自我。

其中相當經典的就是峇爸澳西，他經常坐官船和本土官員們一起前來，"船上兩排交椅中，端坐一群頭戴黑色宋谷帽、身穿雪紡白襯衫的共和國官員，鼻樑上架著墨鏡，顧盼生姿，清早奔馳大河上下，巡防沿岸各處甘榜和長屋，體察民瘼風塵僕僕……"（上，頁 132）澳西擅長通過魔術來安撫和糖塊等小禮物來討好所有的孩子，並從中物色嬌美的土著幼處女獵色，比如他對伊班九歲小美女的伊曼的誘姦，"今晚澳西叔叔棒子一揮，伊曼流一滴血，明天早晨伊曼就會從一個小美人變成一個大美人嘍。這是全世界最精彩、最羅曼蒂克、最好看、最偉大的魔術喔。"（上，頁 198）然後連哄帶騙、不顧伊曼叫著"達拉，薩唧。血，痛。"而強行破處。

但同時澳西又具有西加里曼丹政府司法事務顧問的頭銜，既善變魔術，又為人民排憂解難，有"司法聖誕公公的美譽"，但同時又有"多少伊班小美人、陸達雅克小美人、普南小美人和肯雅小美人穿著一襲小小花紗籠，披著一肩漆黑長髮絲，睜著一雙烏亮眼瞳子，守候在卡江流域各個部落和長屋，鎮日倚門而盼，望穿秋水，癡癡地等待偉大的慈父般的白人魔法師'峇爸澳西'的臨倖。"（上，頁 207）如趙稀方所言，殖民主義"不但是一種政治、經濟、軍事行為，同時也是一種慾望的生產。"[1] 而這裏的慾望既有殖民者身體的慾望對本土的投射，同時又有文化和商品生產對本土的誘惑和麻痹。

讓人震驚的是，後（新）殖民主義時期，殖民主義的罪惡以另外的方式存在，原本它應該成為新的本土印尼政府去殖民化的對象，最後卻反過來成為新的統治力量可資藉助的重要資源，藉此身份，舊有的殖民者又更隱蔽而堂而皇

1　趙稀方：《後殖民理論》（北京：北京大學出版社，2009），頁 135。

之地兼行身體殖民／文化玩弄之實。

　　除此以外，《大河盡頭》也涉及其他重大歷史題材，如沙撈越共產黨、土著、左翼分子和白人外來者之間的複雜糾纏，有些是因為文化衝突，有些則是利益糾葛，有些是理念對抗。這些大歷史議題當然並非殖民系列可以涵蓋的。

二、個體的解殖或原鄉

　　如果考察李永平此部長篇的主題，它更和個體的成長、反省、追溯與精神滌蕩密切相關。而小說主人公永、克絲婷在探索大河盡頭和攀登聖山的過程中其實又代表了兩類個體的昇華。當然如果從作者主體視角來看的話，可能又和自我的尋找有關，如人所論，"如果暫不從'離散'來理解李永平和其小說，這趟溯流之旅，也許正是他從異質文化的語境中，找到自我認同的置錐之地——婆羅洲，李永平真正的中國母親。"[1]

（一）永的成長／自我教育：原鄉

　　李永平把少年永發生故事的年紀定為 15 歲，而且是在初中畢業後的暑假受父親之託來到其情人處度假，其成長時間顯得準確、充足而又微妙。在不到一個月的時間裏，他歷經多種身心衝擊和自我教育，最終實現了某種意義上的脫胎換骨。

　　1. 殖民主義陰魂不散。作為大英帝國殖民時期的子民，無論是永，還是歷史、現實中的李永平都曾經深切感受來自殖民文化的熏染或強制性體驗，而現實中的小說作者最終選擇了中文書寫自我，"出身南洋殖民地，在大英帝國語言霸權下長大的支那少年，終究捨棄了英文，桀驁地，選擇以中文記錄他的成長歷程，書寫他的十五歲時，混沌初開之年，發生在婆羅洲內陸，促使他一個月期間變成大人的奇特經驗。"（下卷序，頁 18）而小說中，少年永的教育卻是貨真價實的殖民主義趣味。

1　伍燕翎：〈溯流窮源，若斯之難——溯探李永平的《大河盡頭》〉，馬來西亞《普門》雜誌第 106　期"書寫婆羅洲"，2008 年 11 月，頁 75。

但令人尷尬的是，殖民者似乎也陷入了某種難以超脫的怪圈，光榮與恥辱並存、陽春白雪與下里巴人糾纏不清。一方面，辛蒲森博士是沙撈越邦的傳奇人物，而其夫人安妮，是著名考古人類學家，助夫建立沙撈越博物館，"展示婆羅洲土著器物、骷髏、雕刻品、'葩梛'以及各種蟲魚鳥獸標本，館藏之豐與搜羅之齊全，舉世聞名"（上，頁70）。而另一方面，辛蒲森卻也有自己的私密行宮，傳言無法生育（"天閹"），而其夫人卻也有其問題，"八月溽暑天，半夜十二點，辛蒲森夫人安妮博士，赤身露體，與一群精壯的達雅克族青年共處，參印度禪，以各種古怪交纏的姿勢，試驗各款伊班葩梛的功能和效用……"（下，頁295）在科學研究、田野考察的面紗下卻又是實實在在的背叛和淫亂。這一場景無疑相當傳神又弔詭地呈現出文化殖民的貌似神聖與內在悖謬。

同樣值得一提的還有永在"二本松別館"裏的迷亂。因暴雨無法出行的永在日本旅館中把玩彭古魯贈送的戰利品"秘刀信國"短刀時卻被無頭日本軍國主義將領魂魄附體，不僅對旅館"女將"——四十餘歲的媽媽桑產生淫慾，而且還要逼其自裁。而後突然警醒，卻又對洋姑媽克絲婷產生慾望，同時又以"斬人平次郎"口吻要求克絲婷自殺，而他最終看見她的裸體腹部上方的"一道刀切疤痕"後徹底清醒，放下屠刀，"深深地，把自己的臉龐埋藏在她的肚腹裏，放悲聲，嘩啦嘩啦哭起來了。少年永迷亂的一天 —— 感謝觀音菩薩 —— 就在克絲婷寬大如慈母的包容下，圓滿地、不沾一滴血地，落幕了。"（下，頁207）這一場景其實刻畫了姑侄二人對相似殖民主義陰魂不散的共同精神體驗與清洗，既粘合了二人的精神，又讓彼此坦誠相對有所救贖。

2. 異族共生者的魅惑。令人大開眼界的是，李永平在小說中對婆羅洲不少土著民族進行了形神俱備的描繪。無論是令人訝異、熱血賁張的風土人情，還是五花八門、撼人耳目的本土生物細描，都令人讚嘆連連。如人所論，"《大河盡頭》無疑提供了完整的鬼斧神工，將赤道雨林的無涯荒境與神秘癲狂書寫到極致，那畫面與氣味彷彿隨著一頁頁翻閱而越來越立體，越來越鮮明，魑魅魍魎無所不在，婆羅洲如是，台灣亦如是。也因此，李永平說，朱鴒、台灣與婆羅洲，是他創作的永恆主題。"[1]回到文本中來，對於雨林之子永來說，這些東西吸引力相對較弱，而在我看來，情竇初開的異族美少女則是更大的魅惑，又是一種成長考驗。

這種魅惑大致可分成兩個層面，一是來自精神的主動示好。如永對某擦肩而過的普南少女的自然愛慕，盯著其背影，"我一徑楞楞伸出脖子，呆呆豎起一隻耳朵，試圖捕捉樹叢深處窸窸窣窣不斷綻響起的腳步聲，恍惚間，只覺得自己那顆心悠悠蕩蕩，夢遊似的，只管追隨她那條飄零的細小身影，沿著叢林中的河流，進入婆羅洲的心臟……"（上，頁16）甚至到了新唐時，擔心她被賣入妓院而為她發羊癲瘋（上，頁307）。

而另一種魅惑則是來自於世外桃源 —— 浪·阿爾卡迪亞村的肯雅美少女馬利亞·安娘的執著糾纏。她被皮德羅神父誘姦懷孕，同村的同齡孩子們不僅不和她玩耍，還詛咒她，於是她喜歡和來自古晉的永聊天，並告訴他誰讓自己懷孕的秘密，以及"神父的嘴巴很臭。"（下，頁71）實際上，說出秘密後，她就投水自盡了，但其鬼魂卻始終糾纏著永，包括在長屋時，離開長屋到大河上游的普勞·普勞村過程中，村裏的棧橋上，碼頭上等等，她都希望和永交流，告訴他秘密或說說話等。直到最後，"哥哥，永，我走了。祝你和你姑媽一路平安。"（下，頁160）毋庸諱言，來自同齡人的吸引、相知、溫暖與純粹情感（以及所處所謂"世外桃源"同齡人的唾棄和世態炎涼）會讓馬利亞迷上永，但反過來，也因此讓永可以感知到馬利亞韌性的魅惑，甚至直到爬上聖山時，登由·拉鹿湖邊時還有一難 —— 馬利亞本來想引誘永赴死，然後二人相聚共度餘生。

3. 性慾向文化母體的轉換。《大河盡頭》實際上是成年的永對著他心中的繆思朱鴒說故事，有論者指出，"這種特別的說故事型態，類似古典章回小說中的說書人角色。說書人自由貫穿現在與從前，輕易拉扯著'永'的一生，讓記憶中的愛戀與真實經歷的色慾，在虛實之間撞擊出千回百轉的史詩，也撩撥

1　具體可參朱國珍〈李永平──邁向大河盡頭的重生之旅〉，《聯合文學》2010年12月號（314期），
　　專輯（右翻），頁8-11。

著讀者欲罷不能的沉醉。"[1] 15 歲少年永自然有其日漸覺醒的性慾,而他在溯流而上之前後及過程中的確有不少機會被刺激起逐漸騰漲的本能慾望。而克絲婷則是其慾望的核心,在愛、母愛、性愛雜織的多重張力作用下,倍覺煎熬。

毫無疑問,38 歲的莊園主克絲婷是個美麗的熟女,也是有正常慾望的女人。其身上誘人的濃稠體味,在自己閨房中的手淫都讓永覺得沉醉。而在桑高鎮紅毛城下的木瓜園裏,永又親見白人探險團隊的亂交,而克絲婷亦身居其中,"芳草如茵露水萋萋,三十個男女光裸著身子,一窩兒纏綣交疊在草地上,汗漕漕喘吁吁。那大河波浪般洶湧起伏的白肉堆裏,只見一把髮絲,紅亮亮,一蓬野火似的,不住飛蕩竄動在血灩灩的婆羅洲朝霞中。"(上,頁 98)這無疑又會勾起永對克絲婷的慾望、嫉妒與些許恨意。

而在魯馬加央長屋中,酒精刺激又加上斟酒的少婦凸凹玲瓏的胴體吸引,永對他的洋姑媽也深切意淫,"姑媽,你的兩隻乳房只顧擂擊我的臉孔,摩搓我的鼻尖,咚咚咚打鼓般,不住敲打我的腦袋瓜,宛如醍醐灌頂,我只覺得心中一片清涼,渾身充血將射未射,酥麻麻說不出的受用……我十五歲,我是個快速發育的少年……"(上,頁 190-191)而在新唐鎮克絲婷再度精神受挫時,永果斷帶著她連夜離開夢魘之地,這無疑讓他們相依為命的感覺加深。而在二本松別館,永的迷亂成為姑侄倆不得不面對慾望／非理性的最佳場合,但克絲婷坦誠／坦裎勇敢,將永的狂亂化險為夷。

在藉長舟穿行通往聖山的途中,永和克絲婷日益理解,心神相通,且彼此牽掛相依為命,母子的偉大情懷日益凸顯,永把臉投入到其髮窩裏,"像個回歸母體子宮的小娃兒,我蜷曲起身子,合上眼皮,讓自己整個人沉浸在克絲婷胸口那一汪羊水般,刺鼻、蝕骨,充滿生命初生時的血腥氣,卻又奇妙地,如同陳年奶酪,讓我感到十分溫馨實在的母乳香和汗酸味中。那一瞬,我心裏知道:我和她的關係已經邁入一個嶄新、美妙、奇詭,充滿危險但無論如何都無法扭轉的階段。"(下,頁 310)等到最後,他們在七月十五月圓之夜廝守在聖山之巔時已是血濃於水,"剎那間,一股血流熱烘烘,撲撲跳動,從克絲婷腰

1　具體可參朱國珍〈李永平——邁向大河盡頭的重生之旅〉,《聯合文學》2010 年 12 月號(314 期),專輯(右翻),頁 8-11。

間那宛如一顆花苞般圓潤、豐沃的肚臍孔中，汩汩流淌出來，滲入我的臉頰，穿透我的咽喉，沿著我的呼吸道直注入我的胸腔，充盈我整個身體。"（下，頁 390）自此，相對物質化的慾望投射已經昇華為文化母體的臍帶相連。

（二）克絲婷的迷狂／清洗：再生

王德威已經相當銳利地指出克絲婷的複雜性，"她是個殖民者的女兒，也是被殖民者的情婦；是風情萬種的尤物，也是生不出孩子的母親；是被侮辱和損害的女性，也是'觀音菩薩、媽祖娘娘或聖母瑪麗亞'。是在和這樣一個女人的周旋過程裏，永從一個少年變成一個男子——更重要的，一個作家。"（下，〈序論〉頁 3）其間亦有可申論之處，某種意義上說，這也反映出克絲婷的身份認同危機（identity crisis）。[1]

1. 殖民主義的身體印記與創傷。毋庸諱言，如果沒有二戰，日本人攻佔荷屬印尼，克絲婷完全可以過著優越的上等殖民者的愜意生活。但歷史的殘酷卻往往難以假設和迴避，她卻被日軍當作慰安婦折磨了兩年，陰道被一萬四千六百人狂插後，子宮被捅破，而不得不做摘除手術，"這輩子不能結婚，不能生自己的孩子"（上，頁 335）。

而最令人尷尬的是，當年的日本侵略者和施暴者搖身一變為投資者，故地重遊變為座上賓，而熟知克絲婷過去的他們和她不懷好意的招呼自然又對她進行了再次的精神強姦。如果不是永的父親及時出手相救，她將繼續慘遭蹂躪，而弔詭的是，她也成為他的情人。

2. 後殖民的失落與認同危機。如人所論，"縱觀李永平表現鄉愁的作品，漂泊多年的海外生涯使他不斷地追尋和反思鄉土，甚至尋找原鄉根土。他在追尋原鄉的過程中引發了強烈的鄉愁和認同危機，在長久的漂泊中逐漸形成了一種獨特的心理機制，從而使他的文本引發了身份認同和鄉土情結的總體關係。"[2] 這自然或多或少也會投射到其小說主人公身上。

1　有關分析可參 Dunn, Robert G., *Identity Crisis: A Social Critique of Postmodernity* (Minneapolis: University of Minnesota Press, 1998).

2　胡月霞：〈李永平的原鄉想像與文字修行〉，《浙江大學學報》2005 年第 1 期，頁 112。

作為八百畝橡膠園的女主人，克絲婷本身又是殖民主義之後的既得利益者，但歷史記憶與創傷的撕裂卻又使得她出現了認同危機，一方面，她無法返回荷蘭故土，鄉愁濃郁、倍增無奈感，另一方面，她又無法讓自己真正本土化，她本身又躋身於上等精英階層。

永的到來既讓她感受到自身的孤苦，同時又讓她企圖擔起應付的責任，讓永在這一個月內長大成人。在溯河旅行的初段，寂寞的她選擇和一群白人旅伴們同行，甚至和他們徹夜狂歡顛鸞倒鳳。但這並未真正驅除她認同危機感，而在魯馬加央長屋中，她被死去的阿伊曼（被五個美國嬉痞玩弄懷孕）附體，本該表演的〈荷蘭低低的地〉變成了〈民答那峨春米歌〉，這隱喻了本土對殖民者的精神逆襲，而同時又是克絲婷認同危機或內在錯亂的表徵。而新唐事件對她的刺激又反映出新殖民形態和實踐對她的打擊和挫傷。

3. 徬徨與再生。大河之旅其實既是永的成長／成熟之旅，同時又是克絲婷療傷、朝聖和自我救贖之旅。正是因為逐步明晰了自己的角色和責任，她和永相依為命，心神相通，一次次挫敗了不同的誘惑、迷狂，包括來自不同層次魂魄的勾引、騎劫（hijack）與魅惑。而他們對彼此堅持不離不棄後，終於修成正果，克絲婷獲得再生，決定用她子宮殘破的身體重新把永生出來，"從此你不再是少年了。你必須以一個從卡布雅斯河出生入死歸來，脫胎換骨的嶄新的'永'，開始你往後一生漫長的人生之旅……"（下，頁394）這既是永的再生，又是克絲婷的再生，從此以後，她也是一個神聖偉大的母親，可以死而無憾了。

毋庸諱言，通過永和克絲婷的遊歷過程，李永平實現了他對殖民主義的複雜處置，去殖民化或解殖民化。正是在此基礎上，他也讓小說中的主人公們在朝聖過程中昇華了自我，真正實現了精神原鄉，而在複雜的多元認同並置／危機中也確認了自我，真正實現了靈魂的救贖與清潔。

值得一提的是，李永平在小說中對達雅克族男子，又是婆羅洲革命志士納爾遜‧畢嗨的精彩處理，他是本土精英，能夠與外在世界流利對話，但同時又捍衛婆羅洲本土利益。在面對殖民者，尤其是男性白人時，他多次懲治他們，比如甘榜伊丹渡口營地對所有男白人隊員的生殖器都留下了慘痛烙印，懲罰過於血腥和殘忍（把懷孕母狗活生生踢死）的羅伯多，讓他發狂揮刀亂砍自

113

己的白人旅伴。通過這樣的方式，李永平其實也描述了後殖民時期本土覺醒人士主動懲惡揚善的實踐，某種意義上，已經不是單純的後殖民"逆寫"（write back），而是建立在平等基礎上的告誡式對話。

三、台灣元素：敘事與意蘊

有論者指出在台的馬華作家們文化身份建構的一種流向，"文化身份建構由追求純粹到無法純粹、無意純粹或刻意不純顯示了愈趨複雜化的傾向，這正可代表性地反映出邊緣群體因應人文歷史環境的變遷其文化身份避無可避的多向性、權宜性和未（不可）完成性的特徵。"[1] 而李永平似乎顯得相當複雜。

值得注意的是，《大河盡頭》中的台灣元素日益凸顯，可以反問的是，昔日的南洋浪子在攜帶本土或純粹中國性[2]羈旅的形象深入人心，如今台灣元素的增強是否預示著新的趨勢和傾向 —— 李永平要落地生根了？簡單而言，這部長篇中的台灣元素可以分成兩個層面：朱鴒敘事和台灣對話。

（一）朱鴒敘事

正如李永平在序言中所論及，朱鴒是他的小繆斯，丫頭，"這回就讓她充當領路鳥，陪伴讀者，進入《大河盡頭》的小說世界，趁著陰曆七月鬼門大開，從事一趟婆羅洲大河之旅吧。我有信心，等到這趟為期一個月的航程結束時，你們就會認識，了解，甚至喜愛上這個來自台北，八歲，冰雪聰明，喜歡四處迤邐遊蕩，名字叫‘朱鴒’的永遠的小姑娘。"（上，簡體版序，頁21）實際上，從小說綫性敘事的視角考察，朱鴒絕對算得上整部小說的穿針引綫者。

1. 結構情節、帶動節奏。毫無疑問，李永平以永的視角為中心加以敘事，

1　趙詠冰：〈在台灣的馬華文學 —— 以李永平、張貴興、黃錦樹為例〉，《華文文學》2011年第1期，頁75。

2　有關新馬文學與中國性的論述可參黃錦樹著《馬華文學與中國性》（台北：元尊文化，1998）和拙著《本土性的糾葛 —— 邊緣放逐 · "南洋"虛構 · 本土迷思》（台北：唐山出版社，2004）、《考古文學"南洋" —— 新馬華文文學與本土性》（上海：上海三聯書店，2008）等。

但永在敘事過程中其無所不在的對話者就是被昵稱為"丫頭"的朱鴒。在每一章裏，有關她的問詢、點評或傾訴總是存在，哪怕是克絲婷和"我"長篇對話時，忠實聽眾與引領回憶的繆斯也是朱鴒。

有時，朱鴒甚至也成為李永平後設敘事（meta-fiction）的陪襯。"朱鴒，你問，為什麼旅程剛開始，我就花那麼多筆墨講述一個英國人的生平？跟我們的故事有關係嗎？肯定有的，丫頭。"然後就開始點評辛蒲森的複雜作用。而在描述自己現在的寫作時，他如此點評自己的感覺，"不知怎的，感覺上就像用一個破嗓子吟唱一首椎心泣血的挽歌。譬如，寫到七月初三日啟航這一章，我就想到……"（上，頁71）有時，朱鴒成為李永平點評歷史事件發生的傾訴者和見證人，"丫頭，我生生世世都忘不了，就在克絲婷重返她少女時代的夢幻莊園，只須一舉腳，跨過門坎，就可以踏入那扇私密的門，走進她一生最美好、最清潔的記憶中，早不早晚不晚，偏偏就在這一瞬間，我驀然看見她臉上的表情起了劇烈的變化"（上，頁281）而有時朱鴒成為具體事務確認的推手，如魯馬加央長屋中被新近獵下的頭顱之一屬沙共女首領葉月明，等於藉朱鴒的口複述講過的故事，"丫頭記性真好。我確實有跟你講過這樁陳年老案。"（上，頁129）

平心而論，《大河盡頭》整個敘事結構的大框架是按照時間順序步步推進，這就是其形式樸素之處，但偶爾李永平亦會設置延宕抑或插曲，而背後的推手往往就是朱鴒，比如"辛蒲森插曲"的結局提前處理，恰恰是為了因應朱鴒，"我早就領教過你的急性子，朱鴒，所以，儘管時機未到，我還是決定把大河之旅的'辛蒲森插曲'的結尾，預先告訴你，免得你沒心聽我繼續講往後發生的事情。"（下，頁294）

2. 提純場景與自我反省。某種意義上說，正是因為小說潛在的第一讀者是朱鴒，李永平在敘事的時候，在涉及"兒童不宜"的場景或事件時往往有所提純，這實際上同時也對少年永潛移默化，形成了某種難得的自我反省＋外在提純機制。

比如當永在面對紅樹林旁水潭中裸浴的姑姑時，內心頗有波動，"我側耳諦聽一回，心裏直盼著克絲婷喚我過去，叫我進入她那個私密的窟窿中讓我──朱鴒丫頭，聽我講到這裏，你別笑我好色喔！我只是個十五歲少年郎，那時我只想挨近她"（上，頁 57）。克絲婷當然知曉永的心事，讓他幫忙搓澡、對話，而最後的景色描寫卻是相當優美，"赤道的夜空原是那麼美，那樣的純淨無暇。克絲婷裸著身子漂浮在河中，伸手撩起她肩膀上濕漉漉的赤髮梢，一把扎在頭頂上。"（上，頁 59）

而值得一提的是，永也是有高度自省精神的少年，身居一隊白人探險團中，他相對冷靜地保持著自我認知，有一顆惻隱之心，如羅伯多發癲一大早踹死懷孕的母狗時他上前攔阻，無效後他企圖和他們在船上保持距離，"她有個美麗的意大利名字，卡特琳娜 —— 無緣無故活生生被人弄死，這會兒我只覺得厭煩和噁心，腸胃一陣陣翻攪，恨不得把昨晚吃下的潮州藥膳和廣東蛇羹一古腦兒嘔出來，噴到那夥紅毛男女（包括克絲婷）臉上。"（上，頁 117）而實際上，這段心思亦和"領路鳥"（朱鴿的象徵物）心神相通。

同樣引人注目的還有中年永對澳西叔叔誘姦九歲土著少女伊曼時作為當時見證人的"我"的嚴格審查與省思，因為他們面對的是朱鴿"那雙銳利如刀的眼睛"，"那晚，我的確是個小孬種，身不由己，半推半就成為澳西叔叔的幫兇，甚且，至少在伊曼喊血、喊痛的那一刻，我內心中竟也偷偷享受這種淫邪、甜美、身為共犯的滋味……"（上，頁 209）其中也不乏自我批判。

整體而言，朱鴿是所有內敘事（內心活動）和外敘事（現實、歷史、幻設的多種靈境）的見證者、推助者，恰恰是藉助於她，李永平巧妙地粘合了婆羅洲、大歷史、個體歷史、土著、奇幻等諸多貌似風馬牛不相及的風物與人事。如人所論，"'追憶式'、'追尋式'敘述已逐漸成為李永平的主調，這樣的敘述方式或許可以讓他不斷地'流浪'，順應他的浪子性格，也展現了後現代無疆界的生活情狀。與此同時，藉著追憶與追尋、真實體驗與文學想像，他能夠毫無止盡地挖掘本土的美學資源，創作出融合（台灣化的）中華視角、本土探奇與現代技法的美學風格。"[1]

---

1 許文榮：〈混合的肉身在文學史中的遊走——論馬華文學混血及其他〉，《中國比較文學》2009 年第 3 期，頁 101。

（二）對話台灣

作為立足台灣的追憶式小說，《大河盡頭》其實不乏對話台灣的實踐操作。

1. 故鄉與原鄉的比照。從李永平自身的視角來看，這是他立足台灣，清理大故鄉婆羅洲歷史記憶與自我身份的一次系統工程，因為在之前的書寫中，李永平更多是漂移的、離散的，如人所論，"中國原鄉、中國母親、中國文字形成了李永平世界裏的三位一體。三者之間的互為代換指涉，既標明了李永平的文學意識形態，也顯現出無限空虛迷惘。原因無他，只因為他的書寫位置本身就是漂流的、邊緣的"。[1]

首先，其預設讀者和敘述引領者都是台灣人，自然他預設的觀看或閱讀立場也和台灣息息相關。如小說中提及 "銀河"，突然將場景切換到台北陽明山的 "天河" 書寫，並點評道，"台灣的天河！原也是這般奔騰璀璨，活蹦亂跳的"（下，頁 12），但同時更強調婆羅洲的優勝之處。還有婆羅洲內陸森林野溪中的原生魚比台北街頭水族館的人工熱帶魚 "有元氣多啦"（下，頁 50）。當然，也有台灣作為現代化發達地區的優勢，如台灣的 "明星花露水" 跑到長屋村中長老太太的梳妝枱上，顯然是作為潮流的引領者。

其次，台灣甚至成為小說發生的場地，直接和婆羅洲對話。如永一直念茲在茲的普南少女似乎在台北西門町出現，"我" 尾隨她，卻發現她消失在紅燈區 "寶鬥里"。而 "那是我十五歲大河之旅結束後三年，在台灣發生的事。"（下，頁 76）人生的偶然性可見一斑。

除此以外，也呈現出台灣與婆羅洲的並置設計。如永在讚美美麗神聖的姑媽克絲婷時就指出，"三位一體的母神：聖母、觀音、媽祖。"（下，頁 308）分別對應永就讀的聖保祿小學的聖母馬利亞塑像，古晉觀音堂的白衣菩薩和台北街頭的媽祖娘娘。

2. 台灣砝碼。毋庸諱言，李永平小說中的台灣砝碼日益沉重，面對對岸日新月異而回不去的大陸，台灣日益成為李永平營造純粹文字中國的藉助，比如《大河盡頭》大陸版本中對台灣閩南語的盡力保留，而此長篇的書寫卻又功能繁複：於己，是對自我記憶和身份認同的梳理、確認與安妥；於讀者，他是以

1　胡月霞：〈李永平的原鄉想像與文字修行〉，《浙江大學學報》2005 年第 1 期，頁 118。

身居東台灣某新興大學（實指台灣東華大學）的教員身份介紹自己的故鄉，換言之，這個故鄉已經蒙上了台灣觀察者的鏡片。

認真閱讀《大河盡頭》這部力作，讓人不由得想起了李永平的同鄉張貴興的婆羅洲書寫。在文字功力上，張汪洋恣肆，洋洋灑灑一發不可收，李則精雕細琢、氣勢奪人，但同樣具有穿透人心的衝擊力。而在書寫雨林時由於側重點不同。李更擅長於正面主攻異族敘事，但在動植物細描和鋪陳上，無人可出張貴興其右。[1] 而在本土傳說、歷史的挖掘上，李頗擅長整合現實、歷史、幻設多重世界，錯落有致，令人信服，而張擅長鋪陳誇張雨林世界（沙共等），令人目瞪口呆。但在以台灣視角觀看故鄉的姿態上，張因為過於誇張而或多或少有獵奇的凝視眼光，相較而言，李永平對台灣與婆羅洲之間的安置與比照則相對平視。

結語：《大河盡頭》作為李永平最氣勢磅礴、結構井然、首尾呼應的長篇力作，呈現出李長於結構、精於佈局、善於把握大敘事的獨特優勢。如果結合殖民主義詞根展開思考，他既呈現出大歷史視野下的殖民主義亂象，又立足於個體，呈現出個體成長／自我教育，自我清洗之後的重生，這其中自然也包含了解殖民或去殖民。當然，在這部長篇中，一貫書寫"旅行本土"的李永平更加重了台灣元素的砝碼，而顯示出其可能落地生根的傾向。

當然，如果仔細反思此部小說敘事的動力和韻味，掩卷沉思，表面千姿百態、天女散花，令人驚艷，但一旦謝幕仍然有種繁華落盡的寂寞感和不滿足感，即使書寫的技藝已經臻至完美，如人所論，"這本小說弔詭地用長篇巨製的物理形式（驚人的頁數、字數……）去寫一種不可寫。它強調的每一個細節都在提醒我們，除了這些細節以外一無所有，還有更多的早就散逸流失了，而畢嗨的威脅言猶在耳。推動這本小說的與其說是敘事的慾望，倒不如說是敘事的焦慮——在小說大河的下一個彎道，萬一領路

1　具體可參拙文〈雨林美學與南洋虛構：從本土話語看張貴興的雨林書寫〉，《亞洲文化》（新加坡）第 30 期，頁 134-152。

鳥沒有等在那裏怎麼辦？這本書最深沉的哀傷便自此而來：回憶不可為，但仍需勉力為之，就像乘長舟逆大河而上。但這一次，再沒有強壯的伊班、雅達克、馬當族……的雙腳能抵住時間激流，將小說的長舟推逆回去了。"[1] 這或許也是一種弔詭，藉助長篇虛構實現非常繁複的認同與無法安放的文化慾望的堅實解脫本身就是一件難事。

1　朱宥勳：〈記憶的豐饒或艱難──讀李永平《大河盡頭》上下卷〉，台灣文化藝術基金會 "藝評台" 網站，可參 http://artcriticism.ncafroc.org.tw/article.php?ItemType=browse&no=2301。

第二節　台灣經驗與張貴興的南洋再現
── 兼及陳河《沙撈越戰事》

提要： 從台灣經驗角度重讀張貴興的馬華與南洋書寫，我們可以更清晰地看到諸多主要議題書寫的洞見或盲點，無論是對於馬共／砂共題材的情慾化、誇大化處理，還是對相關文化中國性的清算，還是對雨林和土著事務的狀摹。同樣，不同的台灣經驗分層也影響到了張貴興對南洋的更深邃理解，從而也讓我們看到了張貴興文化身份的遊移、尷尬和可能的悖論性。

關鍵詞： 台灣經驗；張貴興；南洋再現；去中國化

作為馬來西亞留台生中相當富於張力和才情的一員，張貴興無疑已經成為馬華書寫的一面大纛。其文字的汪洋恣肆，想像的瑰奇富麗，對南洋意象挖掘的窮形盡相，對大馬華人審視的個性獨具和不留情面，往往引人注目，抑或偶爾的側目。

張貴興，祖籍廣東龍川，生於馬來西亞沙勞越（Sarawak，或砂拉越等，下同），1976 年中學畢業後去台灣攻讀，台灣師大英語系畢業後於中學任教，1982 年入籍台灣，2016 年退休。著述大多數在台灣出版（近些年開始在中國大陸嶄露頭角），代表作有《伏虎》（時報文化，1980）、《柯珊的女兒》（遠流，1988）、《賽蓮之歌》（遠流，1992；四川人民出版社，2021）、《薛理陽大夫》（麥田，1994）、《頑皮家族》（聯合文學，1996）、《群象》（時報文化，1998）、《猴杯》（聯合文學，2000；四川人民出版社，2020）、《我所思念的長眠中的南國公主》（麥田，2001。以下簡稱《南國公主》）、《野豬渡河》（聯經，2018；四川人民出版社，2021）、《鱷眼晨曦》（時報文化，2023）等。

在既有的相關研究中，論者或關注張貴興的文字功力[1]，或結合其雨林意象幻化出的美學創造加以評述[2]，或者鎖定其對馬華故事的精彩講述[3]，或者是剖析其搖曳多姿的文化身份認同[4]，等等，但在我看來，這些論述在帶給我們洞見的同時，也更應該助益我們探尋更多進路，比如，張的台灣經驗對馬華書寫的影響就不容小覷。簡單說來，台灣對新馬的影響主要可分為兩大類，一類是書籍讀物的間接影響，另一類則是直接浸濡的影響，張貴興則屬第二類。毋庸諱言，在 20 世紀 50 到 80 年代，台灣對新馬有著深遠的影響，"這個影響在歷史的長河中也許只是一個偶然或宿命，可在星馬華文文學史的發展上卻發生了"，留台生們"居風氣之先，不斷給大馬文壇注入新生命與刺激，並且擴大讀者與作者的感性思維，把大馬的華文文學從僵硬刻板的現實主義的框梏中提升。"[5] 同樣，此時段的台灣文學對新馬文學也會產生思潮和整體書寫手法方面的影響並帶來明顯的差異，比如旅台生深受台灣現代文學思潮的影響，並在新、馬等地逐步擴散；旅台生對台灣現代文學轉型的接受有異於在新馬本土的間接接受（如陳瑞獻等）；發現"南洋性"[6] 等等。無疑，張貴興也是這種影響下的重要個案。

毋庸諱言，張貴興的南洋再現自有其豐富多彩之處，引人注目的則是狀寫熱帶雨林的奇詭繁複，其中既包含了異族的奇特風情，又囊括了雨林奇珍異獸的一再重點突出。在此以外，張亦不乏對大馬華族的歷史敘寫，既有華人移民

1　黃錦樹：〈詞的流亡 —— 張貴興和他的寫作道路〉，可參戴小華、尤綽韜主編《扎根本土・面向世界：第一屆馬華文學國際學術研討會論文集》（吉隆坡：馬來西亞華文作家協會、馬來亞大學中文系畢業生協會，1998），頁 202-217。

2　具體可參拙文〈雨林美學與南洋虛構：從本土話語看張貴興的雨林書寫〉，《亞洲文化》（新加坡）第 30 期，頁 134-152。其他有關雨林的禽獸書寫還可參林運鴻〈邦國珍瘁以後：雨林裏還有什麼？—— 試論張貴興的禽獸大觀園〉，台灣《中外文學》第 32 卷第 8 期，2004 年 1 月，頁 5-33。

3　王德威：〈在群象與猴黨的故鄉 —— 張貴興的馬華故事〉，見《我所思念的長眠中的南國公主》，頁 9-38。

4　金進：〈從出走台灣到回歸雨林的婆羅洲之子 —— 馬華旅台作家張貴興小說精神流變的分析〉，《華文文學》2009 年第 6 期，頁 91-97。

5　陳鵬翔：〈獨立後馬華文學史概述〉，黃萬華主編《多元文化語境中的華文文學》（濟南：山東文藝出版社，2004），頁 488。

6　劉登翰、劉小新：〈論五六十年代的台灣文學及其對海外華文文學的影響〉，《台灣研究集刊》2003 年第 3 期，頁 51。

史凸顯的《頑皮家族》，日本人侵佔南洋的《野豬渡河》，亦有在南洋與土著對話從而彰顯華人複雜歷史脈絡的《猴杯》《群象》，同樣亦不乏對大馬多元文化及種族社會的獨特思考與觀察，如《賽蓮之歌》，而同樣不容忽略的還有台北與南洋對話的《南國公主》《猴杯》等。上述種種，論者或多或少已經加以述及，有的更不乏深入的精彩，但結合本文關注的焦點，考慮到台灣經驗對張貴興南洋再現的影響關係，本文則顯然不應也不想面面俱到，為此，本文的焦點主要有三：1. 張如何處理馬來亞共產黨（含砂勞越共產黨）題材；2. 如何看待中華以及華族文化；3. 對於異族內容的呈現。

一、仇共慣性與馬共虛構

對於 1976 年入讀台灣師範大學，1982 年入籍台灣的張貴興而言，四十餘年的台灣現實體驗與意識形態宣揚會對他造成相當明顯的影響。在台灣"解嚴"以前，有關鄉土文學的論爭、反共（反攻大陸）的不遺餘力的宣傳、西化等主要社會思潮、事件以及政治存在或多或少會進入張貴興的視野以及成長記憶中。更具體地說，相當長一段時期內海峽兩岸政治話語的緊張乃至仇視會給張貴興帶來一種可能的仇共慣性，這就意味著他在書寫共產黨時會難免帶上一層貶義的色彩。

需要說明的是，張貴興小說中的共產黨書寫更多是指向砂共的，如果根據嚴格意義上的歷史行政區分，它和馬共是有區別的，畢竟，沙撈越在 1963 年 9 月 16 日馬來西亞成立時成為其中的一個州，而之前自有其五彩斑斕的歷史和輝煌。[1] 同時，在馬共和砂共的發展過程中也是有差異的，田農指出，在游擊隊最強盛時期，這裏曾經有千名左右的武裝分子出沒。當時，英殖民政府還耗費了大量的軍費，圍剿武裝分子。[2] 而巔峰時期的馬共勢力大約在四千至五千人之間。

1　具體可參丘立基（吳岸）著《砂勞越史話》（馬來西亞古晉：黃文彬報業機構，2003）。
2　具體可參田農著《森林裏的鬥爭》（香港：東西方文化事業出版社，1990）。有關回憶錄還可參前砂拉越北加人民軍總部司令員溫賢定著《回憶──砂拉越革命鬥爭的一段歷史》（砂拉越：余清祿，2021）等。

但在馬共和砂共的實踐操作上，卻有著很多相似之處；加之對於一般人而言，沙撈越已經成為馬來西亞組成部分的印象根深蒂固，為此本文在此不做具體區分，而是往往以馬共一併論之。同時，有關馬共的歷史本文基本參照陳平等著的《我方的歷史》（新加坡：Media Masters，2004，如下引用，只標註陳平和頁碼）。該書資料翔實，而且由主要當事人現身說法，具有較高的可信度，這也可以成為張貴興虛構歷史與可能真實對話的重要基礎，當然，本文同時亦會結合陳河著的《沙撈越戰事》（作家出版社，2010）進行比較研究。

（一）情慾化

從某種意義上說，"革命＋戀愛"已經成為 20 世紀中外文學書寫風起雲湧的重大題材之一，在中國現代文學史上，它自然是一種引人注目的創作模式。[1]問題在於，"革命"與戀愛的比例如何分配？其內在關係如何？相當長一段時期內，中國大陸"革命＋戀愛"文學生產中二者的關係這樣演變：革命陪伴戀愛→革命決定戀愛→革命生產戀愛。而反觀張貴興，他對馬共的情慾化書寫其實可以理解為一個強勢反撥乃至反撲。

1. 情慾化書寫及其限制。需要說明的是，張的情慾化書寫策略並不單純指向馬共虛構，同時又是張貴興再現南洋的利器。藉情慾化，張一再不無誇張地鋪敘各色奇異的南洋生物，包括植物、動物和人類相當蓬勃而不斷綿延的擴張性，而相當具有代表性的就是《頑皮家族》中頑龍夫婦在海上劫後餘生後瘋狂做愛的敘寫，"一種遺失子嗣的恐慌使他們在樹根上瘋狂的做愛，或者是一種情慾的需要，他們在海上已經克制了將近一個月。他們舔著對方臉上的熱淚和全身上下的熱汗，他們赤裸身子上面吸飽了血的蚊蚋也被他們舔了進去，他們傷口上面的藥草和污血也被舔了進去，他們被曬脫的脆皮也被舔了進去……他們在血腥、藥味和汗臭味中融入彼此的身體，喘息和呼喊淹熄了四周吸飽了血的蚊蚋聲。"（頁 24，如無特別標明，所引版本皆為台灣版）

1　有關論述可參 LIU Jianmei, *Revolution Plus Love: Literary History, Women's Bodies, and Thematic Repetition in Twentieth-Century Chinese Fiction*(Honolulu: University of Hawaii Press, 2003)。中文論述可參林華瑜著《"革命與愛情"的現代性敘事圖景——中國現代小說的題材敘事研究》（武漢：湖北人民出版社，2008）等。

當然，在狀寫南洋時空中成長的少男少女時張貴興自然也不會放棄可以藉情慾（力比多）張揚個體生命力和蠢動情結的機會，如《賽蓮之歌》中的凱瑟琳有著南國女人的味道和早熟，她"有南國姑娘早熟的和粗獷和壯大，有北歐姑娘從磨房和主日學課程裏陶冶出來的好勞性和教養，而沒有華僑的土味和富家子弟的故作姿態"（頁 137），"她那南國姑娘的早熟身材……我無需在這方面浪費筆墨，所有成熟女人必備的視覺條件都明顯而豐富地顯示在她年輕的身上。"（頁 149）

　　毋庸諱言，藉用情慾化運作和南洋的高熱度情緒自然有其相吻合的一面，而無疑本能又是彰顯個體生命力的重要指標之一。但張貴興顯然不會就此打住，在將筆觸轉到其已經塗抹異樣色彩的馬共歷史時，他同樣不遺餘力地加以鋪張，這尤其體現在其《群象》中的余家同身上，穴外政府軍槍聲隆隆，"二人在穴內汗流成河，如泡在爛泥地。家同在宜莉身邊細聲說不要動不要叫，否則我們一起坐牢。說完撫她身體，吻她嘴唇。政府軍向空中開槍示警，用擴音器籲他們儘早投誠。不遠處傳來格鬥聲，揚子江隊員開始還擊。家同撕開宜莉的黑衣衫，褪下她的黑長褲。當家同射出精液時，兩位揚子江隊員正鼠竄向絲棉樹，在絲棉樹下被機關槍和手榴彈轟得不成人形，血液像雨降旱地漫入泥土，染紅樹根和家同宜莉繾綣的整個穴，滲著宜莉的處女血"（頁 170-171）。但令人生疑的是，馬共首領和隊員們的革命居然如此香艷？

　　2. 陳平視角：萊特及其他。如果我們將視角轉向陳平在《我方的歷史》立足於堅實史料基礎的有關自身和馬共的敘述，事情似乎遠比一般人認為和想像的複雜。其中特別重要而且引人關注的莫過於具有越南血統時任馬共總書記較長時間的人物 —— 萊特。這個人物長袖善舞，既和共產國際關係密切，又善於在黨內玩弄權術，為自己的地位和私利謀劃，同時他又令人驚詫的扮演多重間諜角色，比如同時為英國和日本效力。

　　客觀地說，萊特在發動群眾遊行、罷工等事務方面自有其專擅之處，但同時如果我們顧及到其缺乏監督的大權在握以及雜亂私生活，或許部分恰恰坐實了張貴興對馬共的虛構與想像，比如萊特的私捲黨費 —— 根據相對精確計算，他侵吞的基金"新數字是接近 200 萬元，而進一步的調查發現萊特不僅把馬共的錢用在自己的投資，也花在多個女人的身上。"（陳平，頁 163）在私生活方面，萊特也可謂足夠靡亂，居然有四個太太，第一任太太是越南人，"她是政府承包商的女兒"；"萊特另有一名漂亮的情婦"，"她住在新加坡禧街的一個組屋單位，並由萊特支付。我們的總書記也提供資金，讓她在禧街經營酒吧與餐館"；第三個女人是廣東人，也是住在萊特支付租金的房子，而日軍投降後，他和黨內的檳城客家女子江小姐結婚（陳平，頁 159）。

可以想見，如果張貴興就萊特來虛構余家同，這種虛構似乎亦可謂針鋒相對，但無疑，如果將此等同於馬共的革命真相，則似乎過於以偏概全。畢竟，一方面，萊特也是馬共先是懷疑後來是努力剿滅的對象，這部分可以說明這個組織機體的自我修復和糾錯功能，另一方面，我們也要看到，即使回到馬共內部的男女關係，也因為組織和革命需要更多呈現出嚴謹有序的特徵，比如，陳平的結婚需要黨組織批准，而女性交通員和戰士等的身份往往需要保持單綫的嚴密性，盡量不要一人身兼數職從而確保隊伍的安全性。

同樣需要說明的是，馬共在叢林中堅持鬥爭的生活是非常艱苦的，在英殖民政府緊急法令時期，尤其是利用"新村"[1]策略堅壁清野對付他們更是雪上加霜，這一切都意味著馬共隊伍生存的艱難，物質的窘迫和精神上的昂揚堅守相當悖論而又和諧的並存，這無疑絕非相對單一的情慾化成為主流或浪漫虛構可以一言以蔽之的。從此角度看，馬共隊員金枝芒（陳樹英，1912–1988）的《飢餓》（1961。馬來西亞：21 世紀出版社，2008 再版）堪稱是來自馬共內部的上乘長篇書寫，恰恰彰顯了張貴興們無力觸及的另類真實。

（二）殘暴化與政治擴大化

張貴興的小說《群象》《南國公主》裏面也不乏對馬共描寫的殘暴化傾向以及某種政治擴大化原則，甚至在整體上呈現出更複雜的價值取向與判斷，如黃錦樹所言，"這部小說表面上是關於馬共的史詩讚歌，實際上卻是透過類型的操作，而揚棄了馬共的浪漫傳奇。"[2]

1　具體可參林廷輝、宋婉瑩著《馬來西亞華人新村五十年》（吉隆坡：馬來西亞華社研究中心，2000）。

2　黃錦樹：〈從個人的體驗到黑暗之心 —— 論張貴興的雨林三部曲及大馬華人的自我理解〉，見陳大為等編《赤道回聲》（台北：萬卷樓，2004），頁 483。

1. 殘暴化的反省。《群象》和《南國公主》裏對馬共殘暴化的描寫中，既包含了對個體本性的描寫，如余家同在大家生活困窘的情況下依然以活雞等動物養鱷，這隱喻了他對叢林法則殘忍性的推崇，同時又包含了馬共內部的自相殘殺。除此以外，也包含了馬共隊伍對於當地華人的勒索和異己的鏟除。

比如《南國公主》就寫到了馬共的暗殺實踐，"共黨有如夜行動物晝伏夜出顛覆破壞，恫嚇暗殺，軍方分發武器給人民自保和抗暴。"（頁 52-53）而同樣在《南國公主》中，蘇其的父親就是被馬共盯上的富豪，爾後成為他們拉經濟贊助的對象，"父親是共產黨看中的其中一條肥羊，被共黨派遣和父親接洽索錢的是那位白衣女子"，"事後還有一定數目的英軍駐紮我家以免父親再度受到騷擾恐嚇——或許不是保護而是監視父親，因為政府一度懷疑父親暗中資助共黨"（頁 57-58）。

或許如下的描寫更能反映出張貴興對馬共殘忍性的某種理解，在他的筆下，余家同如此評價跟他發生關係的不同女隊員的叫聲，"凌巧……她是我揚子江部隊最後一個愛人……乳房闊厚，屁股密實……興奮的呼叫……像……多奇怪……就像象叫……有時深沉遙遠，有時震耳欲聾……有時溫柔，有時粗暴……讓我全身奮昂，想對著她腦袋扣下扳機……"（頁 190）哪怕是發生性愛的時候，他依舊希望是雙槍迸發，藉此可以看出，在張貴興那裏，馬共的蓬勃情慾與殘暴本能合二為一。

毫無疑問，馬共自有其處理敵人和叛徒的紀律，畢竟對於敵人和叛徒的婦人之仁式的心慈手軟只能讓自我和集體受損更大，但同時需要警醒的是，在張貴興描述的殘暴背後，其實可能包含更複雜和深邃的運作邏輯。其中的可能性之一就是，這種殘暴口實來自於不同敵人的嫁禍。首先是日本，在日據馬來亞時期，馬來民族主義者和日本人合作，造成華巫之間的種族仇恨與衝突（陳平，頁 110-111）。

其次是英國。比如 1948 年的峇冬加里（Batang Kali）事件，26 名手無寸鐵的華族工人（主要是膠工、礦工）被蘇格蘭近衛軍開槍屠殺。種種證據表明，這種殘酷和血腥更是敵人嫁禍的方式，"峇冬加里是敵人所幹下的屠殺事件。在世界另一邊的政治領袖同時決定把我們描繪為恐怖分子，這對他們的殖民主義事業更為有利。"（陳平，頁 217）

有關殘暴的另一種可能性則是華人軍隊自身的問題：其中的作祟者之一是華人土匪，如陳平所言，"在這時候所發生的許多其他的種族衝突事件，華人土匪才是背後的真正主謀。馬共卻也因為這些事件而背上黑鍋。"（陳平，頁112）而另外的問題則發生在馬共隊員身上，在和敵人鬥爭的過程中可能情緒失控，而違背了上司的命令，個別人手法相對粗暴。但無論如何，相對簡單化的殘暴化書寫和論斷卻是另一種粗暴。

2. 政治擴大化。在張貴興的小說中，我們屢屢可見他把馬共與中共緊密相連的描寫，"約一百公尺山腰上有一片廣大坪林，長滿熱帶雨林，從河畔仰視，或從鳥瞰，坪林浩不顯眼奇特，但在叢林華蓋下，隱藏著聞名全國的揚子江指揮中心——坪林——聳著兩根主旗杆，杆上吹著中華人民共和國五星旗和揚子江部隊紅底黑龍大纛"（頁101-102）。

作為生長於沙撈越羅東（Lutong）20年的孩子，張貴興對砂共的歷史肯定並不陌生，甚至或者或多或少受其波及，但他對馬共與中共的關係的處理似乎同樣顯得簡單了些。具體而言，他並未深切感受到馬共歷史發展中的本土視野以及與中共聯繫的複雜張力。

首先需要注意的是，馬共在1946年時漸漸改變了其政治認同和哲學立場，"我們從此以後不以自己是海外華僑自居。相反地，我們應把自己當作是本地的馬來亞華人。我們是馬來亞的其中一個族群。我們效忠的國家是馬來亞，而不是中國。"（陳平，頁146）而有心人士不難發現，此時亦是"馬華文藝獨特性"論爭如火如荼的時期，馬華人的本土性認知日益抬頭。[1]

其次，馬共與中共的關係也是相當複雜的。毫無疑問，在1940年代馬共轉入叢林開展游擊戰時，其指導性思想和毛澤東為首的中共軍事思想有相通之處，但彼時他們並未真正接受來自中共的物質支援，正如陳平的反問，"如果馬來亞共產黨自1948年以來就直接得到莫斯科以及北京在武器、配備、經費以及政治方向方面的援助，為何其武裝鬥爭竟在10年後仍處於如此混亂不堪

---

1 具體可參拙文〈本土蛻變：載道的艱難與自我的張力——析論1920、30、40年代馬華文學本土變遷軌跡〉，《晉陽學刊》2006年第2期；或可參拙著《考古文學"南洋"——新馬華文文學與本土性》（上海：上海三聯書店，2008）相關論述。

的境地？"（陳平，頁 366）事實上，直到 1961 年，陳平到達北京後，在中共的逐步幫助下才開設廣播電台以及接受金錢援助。

同時，在 1974 年馬共內部發生分裂時，"馬列派""革命派"其實和陳平領導的馬共在意識形態認知上有較大差異，而陳平的隊伍則明顯和中共保持了一定的距離（陳平，頁 422-428）。砂共中的中國籍領導者在被殖民政府驅除出境後，其實也同樣面臨本土化的實踐問題，而 1973 年大部分人員的向政府投誠其實也隱喻了其革命本土化的失敗。但無論如何，其間的張力、衝突是繁複的，不可一概而論。

二、去中國化與文化弒父的悖謬

日本人對台灣 50 年的殖民統治（1895–1945）以及國民黨赴台後一段時期內的相對高壓統治舉措使得台灣在解嚴後有關 "去中國化" 的思想日益凸顯，而經歷了這樣一個從戒嚴到解嚴過程的張貴興想必對相關思想與概念有了切身的體會，而或多或少呈現到小說中去似乎顯得水到渠成，甚至有些用力過猛。歷史學家許倬雲（1930– ）曾從 "我—他" 的角度精闢闡述了台灣本土論的合理性與可能問題，"從中國文化的角度看，本土論的立論根據十分薄弱，台灣居民的文化根源，依舊是中國文化；族群血統，也絕大多數是閩粵移民的子孫；南島原居民，只佔少數而已。但從歷史記憶方面言，台灣居民已有五十年隔離於中國大陸之外，其所經歷已與中國大陸居民的記憶，完全不同。因此，台灣本土論者，也有其堅持的立場。"[1]

（一）反省他者與自我的確立

從主體形塑和身份建構的視角來看，適當的對影響力強大的文化載體（他者）加以反省乃至在自我形塑過程中為了彰顯自我而竭力擺脫強勢的陰影完全是可以理解和行之有效的一種實踐操作和思想。

---

[1]　許倬雲：《我者與他者：中國歷史上的內外分際》（北京：生活・讀書・新知三聯書店，2010），頁 150。

朱雙一（1952- ）在考察留台生的創作後指出，"儘管不同的作家在具體的藝術表現上有不同的側重點和程度上的差別，但中華情懷和南洋色彩卻是馬華文學創作中無法抹去的兩種相異而又相關的重要文化因素。這一點，赴台馬來西亞僑生的文學創作再一次作了證明。"[1] 但實際上似乎和作家們真正的"中國性"認識相去甚遠：由於張貴興自身身份和經歷的複雜性，比如在多元種族社會長大，在思想相對活躍的台灣完成大學教育而且長期生活其間，他對文化他者的反省也自有其特徵與複雜進路。

1. 去中國化：從政治到文化。某種意義上說，張貴興有關中共或中國政治的書寫，尤其是將其與馬共的捆綁式書寫，毋寧更體現出其去中國化的情結。在張看來，政治上的赤化，甚至是文化上的中國畫／化似乎更是與本土對立的尷尬和干擾，"《風雨山水》在煤氣燈照耀下顯出另一份嬌媚，擬態成酷熱潮濕的熱帶山水，如男孩在拉讓江兩岸看到的風景，長臂猿和大蜥蜴攀爬山壁上，榴槤和紅毛丹點綴汀渚河岸上，長屋和高腳屋取代了瓊宇繡閣，遊山玩水的文人書僅換成了戲水的伊班半裸少女，整幅南宋山水畫變成了以渲染南洋風情為主的蠟染畫。"（頁 149-150）

但同時，《群象》中張貴興通過主人公施仕才所呈現出的對於馬共的態度又是曖昧的，如果從個體上理解可能更是如此 —— 小說一方面在批判馬共對當地老百姓的傷害，同時在小說中卻又對是馬共頭目的舅舅余家同感情極其複雜：對於他可能的暴虐很不滿，但在可能酒後誤殺了他後卻拒絕領取賞金，甚至是面對土著對舅舅遺骨的褻瀆，男孩卻又公開露面言稱，"誰敢再作踐我舅舅，我發誓剁了他的手腳。男孩修墳時對記者和圍觀人群說"。這可以說部分投射了出張貴興對於中國性的政治層面、文化層面以及私人情感層面的複雜態度。

除此以外，張貴興對於文化中國性也加以抵制和消解，其中一個重要的角色就是《猴杯》中的羅老師，作為當地國中語文老師的他"夜夜換宿一個女子，昨夜竟同時宿淫了亞妮妮不滿十一歲的雙胞胎姐妹"。張貴興還別出心裁地寫

---

1 朱雙一：〈赴台馬來西亞僑生文學的中華情結與南洋色澤〉，《台灣研究集刊》1995 年第 1 期，頁 68。

道，羅老師嫖宿本土女子自然有其藉虛張聲勢來掩飾淫聲浪語的細緻設計，"羅老師的國樂有時激昂壯觀，有時平靜妖妄，亂彈神經，麻痺五官，佛禪起舞，一派正經，讓人難以察覺寄生逍遙其中的靡靡淫蕩。長夜漫漫弦絲迢迢，羅老師掩人耳目不是屏聲息氣而是大張旗鼓，一個咳嗽、一個翻身即可貫穿數間臥房的動靜觀瞻在羅老師卻轉化成仙女散花如魚得水"（頁 243）。羅老師這個符號其實部分隱喻了中華文化，他對土著女子的誘姦和嫖宿恰恰也灌注了張貴興對文化中國性的部分反感。[1]

而值得注意的是，除此以外，張貴興也有其"逆寫"中國的野心，如以鱷魚圖騰替代了一貫象徵中國的龍，並將其翻轉。張指出，出土文物"雄辯"的證明，山西石樓出土的"一商代大石磬之龍飾圖案，實際是一鱷。"（頁 20）如果這些屬實，那麼熱帶雨林其實變成了華人的起源地，來到南洋則更等於回歸故土，所以有學者指出，"應當被指稱的國家情懷，讓位給四肢著地的篡位者，鄉愁沒有歸向正確的場所，卻成了動物圖騰的多餘負載。或者反過來說，中國想像，還有與中國同義的龍圖騰，被劣等品帶走了"。[2]這種大膽狂想和書寫實踐不能不說同樣出現了張貴興的去中國化理念的堅定、獨特與深刻性。

2. 批判台北。屢屢給人帶來驚喜的張貴興其實亦有其"去中國化"的多元思維，類似地，台灣之於南洋其實也可能包含了權力的流動，張反過來也對台北加以批判，這尤其體現在《南國公主》裏。

來自台灣的母親本想苦心經營好自己的人工雨林，不停地燒芭就是希望製造一塊淨土，但這卻變成了林元和父親尋歡作樂的溫床，"我獨自一人回到鬥狗地點，目視黑暗花叢中一對裸體男女對我恬不知恥地微笑，我事後才知道父親和林元以鬥狗為幌子找來一群年輕土妓並且關閉我家所有燈火在黑暗花園中尋歡作樂。我從來沒有想到那花園子宮般的神聖黑暗是他們淫亂污穢的另一個迷宮陰道。"（頁 97）

父親和林元的"性殺伐旅"（sex safari）在實質上更是一種台北對熱帶雨林

---

1 具體可參拙文〈想像中國的弔詭：暴力再現與身份認同〉，《揚子江評論》2008 年第 2 期。

2 林運鴻：〈邦國殄瘁以後：雨林裏還有什麼？——試論張貴興的禽獸大觀園〉，《中外文學》2004 年 1 月第 32 卷第 8 期。

南洋的慾望投射與實踐，藉此張貴興既批判了都市的醜惡、墮落，同時又隱喻了台灣對南洋的染指。如果我們借鑒母親苦心經營的人工雨林與原始雨林進行差異比較就會更一目了然：原始雨林博大神秘，具有吞噬性，因此，男人們藉助母親設計的人工雨林狂歡、墮落，行苟且之事，這樣既可利用了類似原始雨林的豐富、地道，同時又保證了足夠的安全性和可控度，但最終結果表明，無論是人類，還是人工雨林，他們都必須為自己的原罪和現行罪惡負責，最終都為原始雨林所吞沒，這可視為張貴興對台灣的某種批判。比如，小說中寫道，父親也希望改邪歸正，在一段時期的癲狂淫亂後卻似乎回心向善，他堅信在愛情滋潤和教化下，土著少女可以恢復十歲前因為食物中毒發高燒前的智商，而一個月後的確效果顯著。但"十多天後少女從前男友突然出現，用吹矢槍向正在教導少女吟唱拿坡里民謠的父親射出兩支毒箭，父親負痛開槍還擊，二人激鬥許久，青年終於被父親擊斃，但父親掙扎呻吟兩天後也毒發身亡。"（頁176）

同樣的問題也發生在母親身上，得不到父親真愛的母親最後居然身懷野種（作為共產黨員的父親之所以和母親結婚並帶林元一起來到婆羅洲，是因為懷揣巨資而又喜歡母親的林元可以成為共產黨拉贊助的對象）：傳說中企圖獵取父親人頭的達雅克青年翻牆進入時震懾於母親的美貌，強拉著正在哺乳的主角母親的手進入雨林。因為青年壯碩俊美，母親也失魂落魄，二人繾綣於瞭望台上。他們在雨林中共度七天七夜，食野果，吮雨水，赤身裸體。據說母親和達雅克青年分手時跪著苦苦哀求，但青年不為所動，他一腳踹開母親對他下肢的擁吻摟抱，消失雨林中。這樣的書寫既寫出了張貴興對南洋雨林的情慾化認知，同時卻也將矛頭指向台灣惡習的蔓延和本土的報復性後果。

（二）弒父情結與自我迷失

對於"去中國化"的堅守一旦過度，其實亦會產生所謂的弒父情結，而對中華文化知之甚少的話，其實亦會導致作為華族群體的身份／精神迷失。而張貴興在小說中亦表現出類似的傾向。

1. 為華人移民史立言。張貴興選擇了以自己的方式來為南洋華人移民史立言，其中既有對華人飄洋過海、驚濤駭浪劫後餘生的驚心動魄式的書寫，如

《頑皮家族》中尤其側重強調夔頑龍一家堅忍不拔的性格，同時也兼顧他們和本土人物、事件同呼吸、共患難的品格，如艱苦卓絕的抗日等[1]，華人的優異品格終於和南洋土地相對和諧的共存。這當然是張貴興著力經營的結果，他認為離開家鄉愈久，有一段距離之後反而更能清楚地回過頭去看它。他說："我剛來台灣時從未想過書寫馬來西亞的東西，不知道為何？也許是剛從那個落後的地方出來，有種逃出來的感覺，在那個落後的小鎮好像沒有什麼出息，所以一開始我有逃避的心態，不願意再去回想那個地方。我是在過了大約十年後，才又重新回頭過來想這個地方、寫這個地方。對我來說最鮮明的記憶還是童年、少年的時候，雖然我沒有辦法再回到那個地方，但我知道很多作家花一輩子都是在寫他童年、少年時的記憶。如今年紀增長，反倒覺得那分記憶是最真實、最寶貴的。在那其中，有很多東西值得我去思考，而那也是我最了解、能比較深入的地方。"[2]

同樣，張貴興也擅長書寫南洋華人逐漸本土化的過程，如《群象》中施仕才一家歷經風雨後艱難的落地生根，當然其中貫穿了太多的艱辛，甚至家仇國難的混雜、屈辱與驚詫等等。當然，張貴興也會涉獵到本土化華裔女子的豐富活力，既有熱帶風情，同時又和華族文化息息相關，如《賽蓮之歌》中的安娜和凱瑟琳。當然，也會包括《頑皮家族》中被龍捲風捲走後復歸的頑鳳，她的氣質當然是本土化的，"比起年輕時候的母親，女兒顯得成熟黝黑，眉間深藏著某種屬亞熱帶的氣質，或者是慵懶，或者是憂鬱，或者是浪漫，或者是享樂，或者是暴風雨的莫測和破壞。她不屬母親的攝人的美使頑龍幾乎不敢相認。"（頁 90）整體而言，這類書寫呈現出了張貴興對華族的肯定以及對本土傾向的尊重，但毋庸諱言，其間亦有其相對遊移的一面，畢竟華人與本土文化的理想融合狀態尚未出現。

2. 反思華人劣根性。難能可貴的而又不乏悖論的是，張貴興已將其批判的長矛指向了當時南洋華人的某些敗類，如人所論，在南洋同樣的歷史時空下，

1　具體可參張雅芳〈讀張貴興小說隨感（四）：作為意識形態鬥爭的雨林〉，馬來西亞《星座》文藝副刊 2009 年 8 月 9 日。

2　潘弘輝：〈雨林之歌 —— 專訪張貴興〉，《自由時報·自由副報》2001 年 2 月 21 日第 39 版。

張貴興呈現了兩種不同類型的中國移民。《猴杯》中的曾祖父與《頑皮家族》中的夔頑龍同是中國移民，雖然南遷的目的相同，但他們擴展家族的手段完全不一樣。[1]而張貴興具有弒父情結的操作也的確令"為尊者諱、為賢者諱"的華人讀者部分感到難堪。

比如《猴杯》中的曾祖父自然就體現出其狡詐、冷酷、罪惡的一面。比如在他抵達婆羅洲之後，如何在當地累積原始資本和創業，"據說曾祖和總督簽約前，順手在總督辦公室放下一張用猴皮包紮的疙瘩物，裏面是大小十數坨加里曼丹三發金礦區出產的金塊——那是曾祖從礦區偷竊到的贓物——曾祖串通工頭和一群苦力挖掘金脈時偷雞摸狗，最後窩裏反，出賣難友獨吞金塊。最能表現曾祖智慧和余家作風的，就是曾祖煽動苦力造反，短暫佔領了礦區三天，篡位雖然失敗，卻沒有完全吐出他在礦區搜刮到的財富"（頁180）。當然，除此以外，嫖宿本地女子，以近乎冷酷的手段對付底層工人等更是他的家常便飯。

我們當然更進一步看到華人的劣根性更集中地被呈現，比如，作為統治者的上層奸詐多端，以妓女（性本能宣泄）、賭博（可能希望的陷阱）和鴉片（上癮和療治痛苦的虛幻性）等不良娛樂牢牢拴住苦力，讓他們成為可以終身榨取的長工；而作為被統治者的賤民（subaltern），卻也懦弱、猥瑣、缺乏自制力。從後殖民（post-colonialism）的視角看，這些華人恰恰呈現出繼承了白人殖民者的醜惡性而繼續殖民曾經被殖民的貧苦階層的同類表徵，張貴興對這些醜陋與罪惡的揭露表現出其文化弒父的目的，但同時從另一個角度思考，同時也是華人身份自我迷失的一種探尋實踐和尋找過程，具有別樣的含義。

換言之，這或許更體現了張貴興本人自我身份的遊移特徵——入籍台灣讓他找到了對台灣文化的部分認同感，但他流淌在血液裏的南洋婆羅洲文化基因卻屢屢跳出來互相衝撞、喋喋不休，而或許更耐人尋味的是，他從這兩種文化中都難以找到真正可以安身立命的文化精華，也即，他很平和地享受了政治認同的穩定性，但他的文化認同仍然在旅行中，如人所論，"飄散留台尋根處，既非台來亦非馬，張貴興在身份、種族、現實等壓抑與掙扎中選擇了夢回

1　張雅芳：〈讀張貴興小說隨感：雨林與華人移民〉，馬來西亞《星座》文藝副刊 2009 年 3 月 8 日。

婆羅洲作為自己的情感表達方式。"[1]

三、本土意識與再東方化思維

和"去中國化"緊密相連的就是台灣本土意識的崛起,其後它和政治(如民進黨)的翩翩起舞結合更是推動諸多本土議題的拓展。當然,所謂物極必反:張貴興在利用本土意識觀照馬華時卻更有其獨特風采,同時又因為其坐鎮台灣,想像南洋,也自有其偏執性。

(一)奇異化番邦:虛構的悖謬

張貴興的本土意識幻化到其創作中時,其中的表現之一就是對馬來西亞婆羅洲的本土的狀摹,不僅是書寫在地的華人,而且更是將視野轉到土著居民及其風俗人情以及相關事務。其中特別值得一提的就是對達雅克族的書寫,尤其是《猴杯》《群象》《野豬渡河》。這其中既有對種族的生活特徵加以書寫,也會書寫他們的生長環境與習慣,比如長屋、獵人頭等,同時又有對華人與達雅克人慘烈戰役(也包含抗日)的繪聲繪色描寫。如人所論,"無可否認,張貴興的小說的確大量著手於砂拉越華人與土著之間的族群關係。在砂拉越的各個歷史時期,曾經發生了各種各樣的族群交往,其中既有平等互利的貿易、互相關懷、互相學習,亦有因為經濟關係而引起血腥慘烈的侵略與屠殺。"[2]

當然,張貴興小說中也不乏對奇異動物的描寫,比如有關美麗人魚的刻畫,"海怪頗像傳說中的人魚,獼猴臉,蝙蝠翅膀,魚尾,胸有兩乳,腹部有四隻手腳,體長如三歲嬰兒",遇水後,"轉換成一張粉紅水嫩吹彈欲破的小女生臉蛋。它非但美容了臉蛋,連原來瘦瘠皺乾的身體也變得苗條剔透,豐滿誘人。"(頁27)但整體而言,張貴興對番邦的書寫往往極盡渲染之能事,所以,有本土論者對此加以批評,如田思(1948–)就指出,"小說家張貴興也寫

1　金進:〈從出走台灣到回歸雨林的婆羅洲之子 —— 馬華旅台作家張貴興小說精神流變的分析〉,《華文文學》2009 年 06 期,頁 93。

2　張雅芳:〈讀張貴興小說隨感三:作為族群接觸場域的婆羅洲雨林〉,馬來西亞《星座》文藝副刊2009 年 6 月 14 日。

了《群象》這部小說，在台灣得了獎，但是我覺得在裏面所寫的婆羅洲景觀，在我們本地人來看，是有點荒謬的。所以，我們所提倡的書寫婆羅洲，我們也允許想像跟藝術加工，但是我們是認為應該建立在真實的基礎上，要尊重我們的其它民族、要尊重我們本土的各種文化。不要故意去扭曲它，來爭取讀者，或者是迎合人們的好奇心理，我認為是不應該的，所以我認為書寫婆羅洲還是‘生於斯、長於斯’，然後對鄉土充滿感情的人來寫，會比較有感人的力量。”[1]

　　而張貴興本人對此也有他獨特的說明，“我到十二歲以前都住在浮腳樓，而我的很多同學都是達亞克人，年輕的時候露營都由他們帶我去，他們對雨林很熟，而我則不敢隨意冒然進入。我有一個最要好的朋友就是達亞克人，所以寫來寫去都還是跟自身有關，雖然情節並非真實的，就像《群象》裏所見的，大歷史的部分是真實的，但其中的故事則是我捏造的。故事的本身不重要，重要的在於你所要表現的東西是什麼？情節本身與之相較，就不是那麼地重要了！”[2] 無疑，張貴興更是追求虛構的藝術真實性，而不是單純對歷史進行所謂客觀的摹寫。

　　而頗有意味的是，曾經在中國大陸當過兵而後移居加拿大的陳河（1958–）對於沙撈越的書寫似乎頗能吻合田思的口味。在《沙撈越戰事》中有關沙撈越異族風情的書寫明顯就規規矩矩，比如對伊班人的書寫（第九章〈觸犯禁忌〉）明顯是參考了相關史料然後加以小說化處理的結果，而第十二章對伊班人獵頭後的相關處理以及信仰儀式等都是有據可查的，也有一定的趣味。但坦白說，其相關書寫和張貴興的汪洋恣肆、衝擊力強相比，過於四平八穩，不能真正引起讀者的興味和重讀慾望；易言之，小說精彩的虛構技藝和史料的小說化處理還是有距離的。

（二）雨林美學及其限制

　　我在拙文〈雨林美學與南洋虛構：從本土話語看張貴興的雨林書寫〉中已

1　該觀點可見馬來西亞古晉電台“文學星座”節目記錄稿，於 2007 年 8 月 17 日及 23 日的“Red FM 頻道”播出。網絡出處：http://www.worldchinesewriters.com/forum/index.php?topic=358.0。

2　潘弘輝：〈雨林之歌——專訪張貴興〉，《自由時報·自由副報》2001 年 2 月 21 日第 39 版。

經對張貴興的雨林美學進行了詳細的分層，如生態雨林、人文雨林等，亦對張貴興的意林／語林書寫的美學特徵加以處理。同時，張貴興在雨林書寫亦有其本身的問題和限制，也即，他對雨林有種近乎窮形盡相般的挖掘和展示，很可能在此方面的書寫走向江郎才盡的結局。

在我看來，對於地域文化的書寫應該抱著更開放的心態，實際上張貴興的雨林書寫迄今為止都是一個令人尊敬的高度。不僅如此，我們甚至可以說，張貴興更加側重對藝術技巧的極端性追求，如其所言，"我始終認為小說是一種純粹的藝術，小說本身所負載的道德和使命，必須建築在其本身的美學架構上。一個故事，可以寫了又寫，雕塑了又雕塑，就因為它們應用了不同的技巧，我想這大概是藝術的奧妙之一。我是喜歡求變求新的人"。[1]

問題的關鍵在於，張貴興對南洋熱帶雨林的處理的東方主義思維，他表面的本土意識其實更多是台灣的本土視角，因此，作為以台灣讀者作為預設讀者的南洋書寫反倒慢慢變成了一種奇異化考察和東方主義式的想像，這顯然阻礙了張貴興可能的歷史深度與穿透力。

與之相比，陳河的某些書寫姿態顯得相對成熟些：他從加拿大華裔特種兵——周天化的視角出發，而往往和自己對加拿大社區的歷史、現實疊合，所以如此視角看來，無論是對於土著伊班人、華人紅色游擊隊、英軍 136 部隊，還是對於中國人難以控制情緒的日軍侵略都有著相對理性的情感，周天化的思路更多是立足於個體的情感體驗和實踐生活，為此往往算得上是符合實際的；易言之，陳河更多呈現出歷史的現實性，雖然在寫實方面偶爾會顯得古板。

結語：從台灣經驗角度重讀張貴興的馬華與南洋書寫，我們可以更清晰地看到諸多主要議題書寫的洞見或盲點，無論是對於馬共／砂共題材的情慾化、誇大化處理，抑或是對相關文化中國性的清算，還是對雨林和土著事務的狀摹。不難看出，不同的經驗分層也影響到了張貴興對南洋的理解，從而也讓我們看到了張貴興的遊移、尷尬和可能的悖論性。當然，張

1　張貴興：〈趕快把序寫完〉，《伏虎》（台北：麥田出版公司，2003），頁 6-7。

貴興的書寫也有其限制，比如坐鎮台灣想像南洋的可能的東方主義思維。
但整體而言，張貴興毫無疑問是華語文學圈優秀的小說家，值得我們繼續
期待。

第三節　台砂[1]並置：原鄉／異鄉的技藝與迷思
──以李永平、張貴興的小說書寫為中心

提要：身心的位移讓李永平、張貴興的原鄉書寫呈現出相對獨特的軌跡和特點，比如李永平在台砂並置上的圓形本土，張貴興則有從小清新到重口的嬗變。毫無疑問，他們都是此類書寫的集大成者。但同時需要指出的是，他們亦有其迷思，在我看來，一方面他們要再歷史化，無論是持續台灣化還是要再婆羅洲化，藉此豐富自我認知、開拓書寫資源，而另一方面，他們也要選擇合適的敘事技藝，將台砂並置書寫提升一個新境界。

關鍵詞：原鄉；李永平；張貴興；婆羅洲；台灣

在處理區域華文文學時，我們往往習慣用某些既有的術語加以剖析，如離散（diaspora）、本土性、中國性等等。毋庸諱言，這些字眼和術語既有其豐富內涵和犀利涵容性，但同時卻也不乏陷阱。比如以離散處理 "在台馬華文學"[2]，其中就弔詭重重，一方面，離散意味著潛在中心或精神家園的預設，難免有 "XX 中心主義" 之嫌，而另一方面，藉此反倒可能遮蔽了不同世代和個體華人作家之間的差異性：一般而言，第一代離散者往往可能時不時指向祖國現實與文化，離騷滿腹，但後世／後裔的落地生根卻往往親近本土，甚至變成了 "暖風吹得遊子醉，卻把杭州作汴州"，他們甚至具有多元身份認同（文化、公民身份、政治派別等），相對自由穿梭其間，尤其是在跨國主義（transnationalism）和全球化／本土全球化（globalization/glocalization）盛行時代，反倒更呈現出他們如魚得水的一面，遠非離散所能真正涵蓋。

同樣值得反思的還有本土性或中國性概念。身居本土的在地意識強烈的人

1　嚴格說來，沙撈越（馬來語 Sarawak，2004 年中文譯名統一為砂拉越）和婆羅洲是有差別的，前者位於後者北部，但對於多數華人來說，兩者的差異並不大，在本文中文學砂拉越和婆羅洲也指同一事物。

2　張錦忠：〈《離散》在台馬華文學與原鄉想像〉，台灣《中山人文學報》2006 年夏第 22 期，頁 93-105。

士或身份曖昧的遊子往往對本土性有著異曲同工的封閉式借重：前者往往具有排外性，以本土性（中國性）的純正性或數量多少來捍衛自己不證自明的合法性；而後者卻有鑒於自己的本土性不充分並以在地人本土性的封閉為理由企圖解構本土性。其實，現實人生書寫和實踐已經超越了上述封閉閉性的本土迷思，區域華文文學的本土中國性（native Chineseness）[1]正是其安身立命和區隔他者的處所和聯繫，同時，流動的本土性（比如李永平、高行健、劉再復等）卻又可以豐富在地（故鄉）和居留地的雙重文化生態。

易言之，面對複雜多變的在台馬華文學，作為讀者／研究者的我們必須既嚴謹又靈活地面對相關書寫。耐人尋味的是，從整體視野（totality）看來相對弱勢的婆羅洲／砂拉越書寫和評論在台灣（在台馬華文學中）卻是蔚為大觀，尤其是熱帶雨林書寫，已然成為一種醒目的文學地標。[2]而其中的集大成者就是李永平和張貴興。有論者指出，"我們可以發現，有著相似生命路徑 —— 生於婆羅洲，以中國（文化圖騰）為夢土，卻在台灣度過大半輩子甚至入籍"中華民國"—— 的兩個人，儘管文本意識認定的'故鄉'有異，說到底，是同一種精神結構衍生的變體。當複數的'多鄉'僅被承認其一，排除即是一種壓抑、或一種離棄。壓抑衍生出自體的不能滿足，而與離棄並存的是罪惡、是虧欠。張貴興思慕雨林，對中國的原初慾望被壓抑至潛意識層，然其對中國的強烈想望仍如鬼魅般，在意識無法控制的黑暗領域蠢蠢欲動。與之相對，李永平則是擁抱中國，南洋性被拋棄在遙遠的南洋"。[3]但同時砂拉越本土的創作人卻又不無怨言（如田思等），認為他們是被代表的犧牲品。在這種近乎文學隔空喊話的張力中，其實也可能蘊含著台砂並置之後的不同認知、話語／權力，甚至是書寫的迷思，值得我們仔細探勘。

這裏的"台砂並置"指的是書寫者有意識將台灣與砂拉越安放在小說書寫的內容中，最集中的做法是形成一種明顯的對話關係，無論是小說內容，還是

1　具體可參拙著《"南洋"糾葛和本土中國性》（廣州：廣東人民出版社，2014）。
2　陳大為：《最年輕的麒麟 —— 馬華文學在台灣（1963–2012）》（台南：國立台灣文學館，2012），頁 42。
3　陳允元：〈棄、背叛與回家之路：李永平《雨雪霏霏》中的雙鄉追認〉，台灣《台灣文學研究學報》2011 年 10 月第 13 期，頁 44-45。

讀者解讀；其次，也可以是一種人物關係之間的纏繞，而不可捉摸卻又不容忽略的還有作者在處理一個關鍵向度時呈現出對另一個向度的潛在凝視。本文的處理標準將按照上述界定，從嚴到寬展開，但以嚴為中心。在本文的結構安排上，分別論述李永平和張貴興小說對台砂並置操作的得失，然後也會討論在台砂並置視野下砂拉越本土的努力及其限制。

黃錦樹在接受留台的後輩大馬學子訪問談及如何處理台灣經驗時指出，"要寫可以，其實技術上不是那麼困難的，在台灣已經那麼多年了，這根本不是重點……這個其實沒有什麼大不了，愛寫不寫其實是作者自己的自由，我最痛恨別人問我這個問題"。[1] 實際上，黃的表面不耐和故作輕鬆下面卻可能遮蔽了台砂並置的複雜性，也部分簡單化了此中的糾葛。李永平、張貴興的某些書寫已經成為馬華文學史上的經典實踐，但其薄弱，乃至失敗之處卻同樣有可以挖掘的空間以及值得總結的教訓。

一、李永平："在地－離去－歸來"的圓形本土

對於有情有義的李永平來說，台灣與婆羅洲都是他無法繞過去的家園，他自己提及 1982 年交稿《吉陵春秋》後，"那年暑假便拎起背包浪遊台灣，將婆羅洲童年拋諸腦後，打算開學後好好收心回學校教書，暫時不再寫那惱人的小說了，可那次旅行，看到闊別六年的第二故鄉 —— 唔，是第二故鄉嗎？台灣和婆羅洲在我心中的分量，放在手心掂一掂，實在無分軒輊啊，難怪在我作品中這兩座島嶼一在南海一在東海，卻總是糾結到一起，難分難解"。[2] 在實際創作中，這兩處 "故鄉" 都成為他念茲在茲的借重和魂牽夢縈的倚賴。

（一）圓形敘事和迷戀

魯迅先生在他著名的〈在酒樓上〉有一段頗富意味的對話，"我在少年時，

---

1 〈馬華文學 "醞釀期" 的終結者 —— 黃錦樹的學思歷程〉，《大馬青年：千面英雄 —— 華裔大馬旅台人立足在台灣》（台北：唐山出版社，2005），頁 44。

2 李永平：《迢迢：李永平自選集 1968–2002》（台北：麥田出版公司，2003），頁 36。

看見蜂子或蠅子停在一個地方，給什麼來一嚇，即刻飛去了，但是飛了一個小圈子，便又回來停在原地點，便以為這實在很可笑，也可憐。可不料現在我自己也飛回來了，不過繞了一點小圈子。"這其實涉及一種人生哲理和無奈際遇，當然也可以引申出魯迅小說中的一種環形敘事實踐。[1] 此處借用此典故其實更想說明，截至目前為止，李永平的台砂並置其實是以婆羅洲開始，之後又以婆羅洲暫時告一段落並收尾的。當然，毋庸諱言，台灣體驗和元素從未缺席。大致而言，李的台砂並置書寫可分為三個階段：

1. 返觀與提純：從《拉子婦》（1976）到《吉陵春秋》（1986）[2]。毋庸諱言，異域體驗給了李永平以獨特的眼光返觀自我，找尋身份，同時也在此基礎上反哺出相當精彩的文學再現，雖然李永平一早就顯示出他對故鄉的感知和書寫能力，如《婆羅洲之子》（1968）。在早期的台砂並置中，李永平的書寫（含出版）其實又可細分為二：留台生時期和留美時期。

作為留台生的李永平，其步入文學殿堂和台灣息息相關，先是王文興教授（1939–）的啟蒙與激勵，催生了《拉子婦》，後有顏元叔教授（1933–2012）的馬上一鞭，幫助醍醐灌頂。如果從此時期文學創作的質量來看，李永平擁有不錯的起點。短篇《拉子婦》其實一開始就具有震撼人心的自省性，當然也不乏強烈的"孺慕"抒情；但若從華巫族群對立的角度思考，李無疑是具有超越華族文化限制的人性關懷。〈圍城的母親〉中彰顯出更耐人尋味的寓言，母親對已經化為賴以生存故鄉的本土有著"圍城"式眷戀——隨大流離開又忍不住返回，殖民地中土著蠢動、超越種族的底層關懷等。〈黑鴉與太陽〉則關涉了緊急法令時期官方軍隊對抗砂共游擊隊的歷史，小說從當地討生活的華人角度著眼，能幹的母親務實地企圖在兩種勢力間均衡，小心翼翼賺錢，卻被官兵強姦，最終發瘋，甚至失手打死投奔自己的夥計，這一結局可以部分看出李永平對有關歷史的立場。但李永平對母親和女性的高度關注其實也和他的原鄉想像幽微呼應"**母親**——母國，故土，母語——是生命意義的源頭，但換了時

---

1 具體可參拙文〈魯迅小說中的環形營構〉，拙著《魯迅小說中的話語形構："實人生"的梟鳴》（北京：人民出版社，2011）第五章第一節。

2 如無特別說明，作品後面的標誌年代都是首次正式出版年，而非創作年。

空場景，她卻隨時有被異族化，甚至異類化，的危險。"（黑體字強調，原文如此）[1]

　　留美時期的李永平在轉換位置後似乎有了更深邃遼遠的追求。如果說《拉子婦》初步彰顯出其書寫功力和潛力、不落俗套的話，那麼後起的《吉陵春秋》則讓人對南洋浪子刮目相看。之前的有關論述對"吉陵"的原型爭議近乎喋喋不休，或者是李之家鄉古晉，或說是某中國小鎮，或有人關聯台灣，也有人將之抽象化，同時，也不忘在其語言追求上稱讚其對"純粹中文"[2]修煉的難能可貴，可謂好不熱鬧。

　　在我看來，《吉陵春秋》找中的吉陵書寫更凸顯了李永平的"四不像"哲學，也即，既有是，又不全是，裏面既有中國大陸（文化），又有婆羅洲和台灣，我們當然可以從其小說書寫中加以考察和辯證。[3]特別需要提醒的是，李永平的這種追求也和他留學美國帶來的衝擊密切相關，相對單一的英語環境更加推助他提煉中文，而作為華人身份的凸顯和再確認卻讓他更傾向於盛大而豐腴的文化中國，[4]而非坐實台灣或婆羅洲，但李永平 2014 年 11 月以前並未去過中國大陸，他的創作只能通過已知經驗來想像和豐富未知。從此視角看，這是李貌似最遠離台砂的書寫和時期，但正是因為這樣的位置，反倒可以讓李高瞻遠矚、大刀闊斧而又言簡意賅地剖析華人"惡"托邦，而獲得一致好評。

　　2. 台灣存在：從寓言到狀摹。毫無疑問，作為李永平生活時間最長的台灣之於他具有不可替代的意義。而彼時富麗繁華的台北對於剛從婆羅洲來的浪子衝擊頗大，甚至令他記憶猶新，"長到二十歲了，幾時看過這樣繁華的燈火……我喜歡讓自己迷失在台灣的燈火中，遊魂似地躑躅行走，獨自個，賞玩那一盞盞閃爍在夕陽炊煙中的霓虹，滿心惶惑、喜悅，捉摸招牌上那一蕊蕊血花般綻放在蓬萊仙島的龍蛇圖騰，邊看，邊想，悄悄追憶我的婆羅洲童年，思

1　王德威：〈原鄉想像，浪子文學〉，《李永平自選集 1968–2002》（台北：麥田出版公司，2003），頁 14。
2　具體可參黃錦樹著《馬華文學與中國性》（增訂版）（台北：麥田出版公司，2012），頁 201-234。
3　具體可參拙文〈旅行本土：遊移的"惡"托邦——以李永平《吉陵春秋》為中心〉，《華僑大學學報》2007 年第 3 期。
4　類似的個案還有王潤華的書寫，在美國跟隨周策縱教授攻讀博士學位專研古典詩學的同時，他也有很有意思的《象外象》詩作，真正對照中國傳統文化得出一己的體認和有趣關懷。

考台灣的現實，探索支那的未來……"[1]

從目前來看，《海東青——台北的一則寓言》（1992）是李永平台灣性最強的小說文本，其中對台灣的狀摹可謂苦心孤詣，從地理歷史連綴到現實繁華勾勒，從各色慾望鋪張到世代更替中成長和發展的諸多問題，從陰魂不散的日本意象到意興闌珊的蔣公理念（包括類比成出埃及神話），從象牙塔無聊扯淡到政治民主開放初期的混亂，近乎無所不包，這部磚頭樣的皇皇巨著並未一如辭去大學副教授專職寫作投注巨大心血的李期待的那樣成功。

被視為《海東青》下部的《朱鴒漫遊仙境》（1998）深得作者喜愛，[2] 相較而言，此書在主題上變化不大，甚至不乏重複之處，台灣依舊是不折不扣的中心，和《海東青》的過於龐雜和宏大不同，其脈絡相對清晰可辨，朱鴒視角的被借用讓李對慾望台北的書寫更有看頭，雖然可以考察的場景和主題減少了。從此意義上說，靳五和朱鴒成為以腳丈量、以眼拼貼台北的重要憑藉。

某種意義上說，李永平對台北的"寓言"或"仙境"的預設從內容包含上看的確有其獨特成效，而從文字來看，尤其是《海東青》的刻意濃郁考究、精心鋪陳也比較繁複地呈現出台北的美麗、繁華與包容（當然也魚龍混雜）。但同時也需要指出的是，對這兩部長篇讀者和不少論者似乎並不特別買賬，為何？以下述及，此處暫時按下。

3. 從對視到回鄉。從台砂並置的脈絡來看，《雨雪霏霏：婆羅洲童年記事》（2002）是一個承上啟下的文本。承上，是它以相當精彩的手法結構故事，以台北某國小二年級姑娘朱鴒作為實際或潛在的對話者繼續書寫，題材方面涵容台砂，往往從微觀個體入手，不再過於凸顯磅礴氣勢，但讀者卻首先是台灣，以台灣的方式返觀婆羅洲，如齊邦媛所言，"本書主題更為強烈，素材脈絡更加精簡，凝聚了個人生命中對罪與罰的認知，而不似《海東青》那般因為野心勃勃，一再令台北和婆羅洲的景象重疊而引申龐雜，令讀者難於聚焦。"[3]

1　李永平：〈文學因緣〉，《迌迌：李永平自選集 1968–2002》（台北：麥田出版公司，2003），頁 42。

2　李永平寫道，"出版後有評者認為寫得太'白'，矯枉過正，也許吧，但這部小說卻是個人最鍾愛的一本書，因為小丫頭朱鴒是唯一的主角。"參見註 2，頁 44。

3　齊邦媛：〈《雨雪霏霏》與馬華文學圖像〉，李永平著《雨雪霏霏：婆羅洲童年記事》（台北：天下遠見出版股份有限公司，2002），頁 VI。

相較而言，《雨雪霏霏》可讀性強，主題突出，從蔣公（三民主義）到南洋妓女書寫，再到中國圖像、馬共主題、少年愛戀等，若非朱鴒穿針引綫，題目上的確有些風馬牛不相及，但同時卻指向總標題"婆羅洲童年記事"，從書寫主題看，是台砂並置相對平均和風格上最清新可人的文本。

《雨雪霏霏》下啟的是李永平婆羅洲書寫的強勢回歸，其代表作就是巨著《大河盡頭》（2008–2010）。為了讓此書敘述得更有條理，朱鴒依舊是一個敘事綫索和對話人，但該書的主體部分毫無疑問指向了婆羅洲，李永平幾乎調動了他所有的資源處理這部長篇：神話、現實、歷史、（後）殖民、性、大河、石頭、土著民族、白人、戰爭等等，但毋庸諱言，由於讀者更多面向華人（首先是台灣），李永平書寫得相對乾淨而好讀。《大河盡頭》作為李永平迄今為止最氣勢磅礴、結構井然、首尾呼應的長篇力作，呈現出李長於結構、精於佈局、善於把握大敘事的獨特優勢。如果結合殖民主義詞根展開思考，他既呈現出大歷史視野下的殖民主義亂象，又立足於個體，呈現出個體成長／自我教育，自我清洗之後的重生，這其中自然也包含了解殖民或去殖民。當然，在這部長篇中，一貫書寫"旅行本土"的李永平更加重了台灣元素的砝碼，而顯示出其可能落地生根的傾向。[1]

（二）台灣情結：再現與迷思

毫無疑問，李永平對台灣的刻寫自有其獨特之處，但同時亦有其迷思和缺陷值得認真探研。

1. 台灣意象：再現與迷思。如前所述，李永平對台灣（尤其是台北）自有其隆情厚意，《海東青》《朱鴒漫遊仙境》等直接以台北為中心，乃至標題就是一種證明。平心而論，李永平書寫台灣的成績和表現的確頗有爭議，甚至某些方面出力不討好，但都有值得深思之處。

其中特別需要注意的是他對台灣繁盛與墮落並存的高度警醒，比如將經濟發達後的台北書寫為慾望都市，無論是不同行業（尤其是商人們）誇張鬥富，

1　具體可參拙文〈（後）殖民／解殖民的原鄉（朝聖）：《大河盡頭》論〉，《南洋問題研究》2014年第1期。

還是性慾氾濫，嫖宿中學女生，當然也包括物質化對全體人的操控和異化，政治紛爭對族群和個體認同的撕裂。而特別引人注目的則是對日本的反思——二戰結束前的政治殖民統治與台灣繁盛時期的後殖民經濟入侵以及身體買春等等都發人省思。學者郭強生認為，"在李永平的'移民經驗'裏，台北自然具備某種神話性格，一個於民有民治民享信仰下的多元大熔爐。然熔爐則必有試煉，循李永平的台北地圖，總會讓我想到但丁的《神曲》。"[1]

另外，即使是略顯土氣和固執的對蔣介石和三民主義的認同和強調其實也提醒台灣讀者要學會去蕪存菁，保留政治偏執之外的合理理想與追求。難能可貴的是，李永平也挖掘台灣繁盛前的殖民創傷，比如《望鄉》（《雨雪霏霏》9）中就有對台籍慰安婦被迫留在婆羅洲孤寂賣淫為生的事件，既溫情脈脈，又令人傷痛，刻畫精彩。其中或許有"逆寫"（日本人殖民台灣和南洋的對話與同病相憐，但更多是婆羅洲向台灣取經）的弔詭，但勇氣可嘉，也引人思考，提醒人們關注慘痛的歷史創傷和可惡的殖民邏輯，如人所論，"非常弔詭地，敘事者的'台灣性'竟因他的'南洋身分'而確立。對敘事者而言，在某種意義上，南洋性也是台灣性——至少，與他的台灣性之間有相當緊密的連動關係。在日本帝國擴張的過程中，日本對台灣的殖民統治、以及向南洋發動的戰爭，將兩地命運的跡綫串連起來。"[2]

但李永平的台灣書寫亦有其迷思，學者王德威、黃錦樹往往將《海東青》的不待人喜歡歸結為其政治意識形態的生不逢時——宣揚老蔣卻是在解嚴後本土化轟轟烈烈的時期。[3]但個人覺得，這似乎只是一個側面。如果結合上述圓形本土軌跡中台砂並置第二階段的所有文本，我們發現，李永平的台灣書寫在敘事技藝和有關認知上皆有其迷思。

首先，台灣再現不同於《吉陵春秋》式的高度提純，《大河盡頭》的神話

1　郭強生：〈雙重的鄉愁〉，李永平著《朱鴒漫遊仙境》（經典版）（台北：聯合文學，2010），頁 424。

2　陳允元：〈棄、背叛與回家之路：李永平《雨雪霏霏》中的雙鄉追認〉，《台灣文學研究學報》2011年，頁 50。

3　隨手拈來，可參王德威〈原鄉想像，浪子文學〉，《迢迢：李永平自選集 1968–2002》（台北：麥田出版公司，2003）；黃錦樹著《馬華文學與中國性》（增訂版）（台北：麥田出版公司，2012），頁 235-262。

魔幻雜糅式處理，而後兩者恰恰是評論家最看好的李氏代表作。在集中處理台灣時，尤其是《海東青》和《朱鴒漫遊仙境》，李永平依舊採用"寓言""仙境"等"陌生化"手法，問題在於他的野心過於龐大，而焦慮感強烈，"台灣是華族文化具體而微的投影，也是回返故國的起點。台灣是李永平雖不滿意，但能接受的第二故鄉。然而台灣已經墮落，劫毀的倒數計時已經開始。在一片繁華靡麗的描寫中，一種歷史宿命的焦慮瀰漫字裏行間。"[1] 而他也因此對台灣的處理相對片面化，尤其是過分慾望化。《朱鴒漫遊仙境》中藉助憲兵掃黃推進敘事並力圖有所扭轉《海東青》中的過於濃烈糾葛，但掃黃其實變成了無疾而終的鬧劇，而且，讓七個國小的小姑娘放學後不歸家卻能夠輕易進入風月場所，看到有錢人的荒淫、炫富和無恥似乎也有點與現實邏輯有偏差；《海東青》之〈一爐春火〉中對大學教授們的集中刻畫和辛辣諷刺卻又呈現出繁複中的刻板與單一，雖然齊邦媛教授認為"他所經營的不是連貫的故事，而是情境"[2]，這些都令人難免懷疑。

同時，李永平的虛構技藝亦有刻意追求之下的弔詭之處。比如他精心設置的文字在讓讀者跟隨他漫遊台北時一方面具有對台灣的讚美感和自豪感，但同時又往往因為文字過於華麗和繁瑣而焦點模糊，而且由於詰屈聱牙，時不時讓人生出不堪卒讀之感。而且，有關漫遊台北的角色書寫往往回返式重複，毫無疑問，重複手法自有其循環往復強化的效果，但過猶不及，亦有其貧乏缺陷。比如《朱鴒漫遊仙境》中的安樂新角色，李永平對其重複多次（超過 10 次）的刻畫就是三個動作：（1）將手爪放進胳肢窩使勁搔，然後拿出來嗅；（2）猛搔褲襠；（3）吐出血紅的檳榔殘渣。另外，常見的描寫還有日本老人來台灣集體嫖娼和獵艷的書寫，往往就是數個花白頭顱，面如死灰，沿妓院牆根撒尿，一直同樣的猥瑣。"八個日本老觀光客蝦起小腰桿一臉汗珠魚貫鑽出賓館，咻咻哮喘著，整整西裝搔搔褲襠，捉對兒打起四枝小花傘邁出尖頭皮鞋，臉青

1　王德威：〈原鄉想像，浪子文學〉，《迌迌：李永平自選集 1968–2002》（台北：麥田出版公司，2003），頁 17。
2　齊邦媛：〈《雨雪霏霏》與馬華文學圖像〉，李永平著《雨雪霏霏：婆羅洲童年記事》（台北：天下遠見出版股份有限公司，2002），頁 IV。

青，死人樣，哆嗦進海東夜雨漫京水霓虹裏。"[1] 而且，這種意象在《雨雪霏霏》（頁 67）中也有出現。讀罷之後，讓人難以相信這種文字出自刻意經營純粹中文的李永平。

2. 朱鴒象徵。毋庸諱言，聰明、固執、正直、可愛的朱鴒成為李永平《海東青》以後揮之不去的人物角色，甚至在《朱鴒漫遊仙境》中成為主角，而在《雨雪霏霏》中又以之為時常出現的對話者，甚至到了《大河盡頭》中還或隱或顯出現，她是所有內敘事（內心活動）和外敘事（現實、歷史、幻設的多種靈境）的見證者、推助者，恰恰是藉助於她，李永平巧妙地粘合了婆羅洲、大歷史、個體歷史、土著、奇幻等諸多貌似風馬牛不相及的風物與人事。[2] 有時我們會難免發問，朱鴒是誰？她為何頻頻佔據如此重要的位置？或許我們可以從兩個層面思考。

相對簡單的層面，就是作為敘事綫索或推進主綫的主角朱鴒，從此角度看，朱鴒的角色自有其獨特之處：她是一個獨特的漫遊者，聰明、好奇、善於思考、明了利害，因此她總是可以拓寬讀者的視野，"對成人世界的知識提供她們理解商品經濟與慾望城市的基礎，而她們未失去的純真不但是墮落的對照，更提供了讀者一個反思的距離與批判的視角"。[3] 另外，她是敘述人（也是讀者）的對話者，李永平往往在敘述者卡殼或許要繼續推進對話時向她乞靈，以她為預設讀者和對話者。從此意義上說，她就是我們的代表。當然，她同時也是小說書寫的對象。

相對繁複的是朱鴒作為價值判斷和內容層面的象徵。首先，她是一個敘述人和李永平都喜歡的同道，他們都是漫遊者、浪子，這些遠不是某些人所猜忌的李的可能戀童癖（pedophilia），或洛麗塔情結（Lolita complex）所能夠概括的，但同時作為漫遊者的靳五和朱鴒亦有差別，"《海東青》中的靳五是典型的'男性漫遊者'，自我疏離成為尾隨群眾的觀察者與批評家，也因此在《海東青》

1　李永平：《海東青：台北的一則寓言》（台北：聯合文學，2006），頁 194。

2　具體可參拙文〈（後）殖民／解殖民的原鄉（朝聖）：《大河盡頭》論〉，《南洋問題研究》2014 年第 1 期。

3　謝世宗：〈慾望城市：李永平、漫遊與看（不）見的鬼魂〉，台灣《文化研究》2008 年秋第 7 期，頁 52。

中常常如同隱形人或隱藏式攝影機，僅僅呈現出社會亂象而不參與，也就藉此掩蓋了其內心騷動的男性慾望。靳五的自我疏離是最單純的自我防衛形式，將她者極度妖魔化，並劃下不可跨越的界限，以確立自己的道德主體、否認男性慾望並保護脆弱的男性自我。《朱鴒漫遊仙境》中的小女孩作為被慾望的角色出現，巧妙地置換了李永平的男性慾望。"[1]

其次，作為一個聰穎、正直、美麗的國小姑娘，朱鴒不只是一個對話者、小知己，她同時又是一個審判者，讓李／敘述者認清自我。《雨雪霏霏》中的李永平頗有一種懺悔情結，但朱鴒卻是目光如炬的審判者，比如在〈桑妮亞〉一章中，她對於"我"說不清到底有沒有進入寶門里的妓女戶之後的反應，"——你騙我！還說你在尋找你的桑妮亞呢。你是個壞蛋！和別的男人一樣壞。我恨你！"（頁69）同樣，在〈支那〉一章中，她對於孩童時期看有辱華人尊嚴的電影的"我"的曖昧不作為和無反應一聲不吭表示不滿，"我"表示無辜和難以應對，朱鴒的回答是，"——那天我若是在場，電影演完時，我打死都會跳起來大叫三聲：支那萬歲！"（頁143）很清楚的彰顯自己的民族主義情緒和愛國情懷。同樣在《海東青》裏面也有朱鴒指責年輕的洋人羅伯特"不要臉"地"下毒手毆打"87歲的少林俗家弟子于佔海師父。

第三，她又是李永平及小說中人物慾望書寫的昇華者和救贖者。有論者指出，"一方面，小說藉由朱鴒的漫遊，不只表現出對城市空間或興奮、或恐懼的主觀經驗，而是進一步勾勒出色情行業與城市經濟的連鎖關係；但另一方面，在漫遊者眼中，妓女與嫖客始終缺乏與漫遊者的深度互動，而只是在安全距離之外，以刻板印象出現，而此一再現他／她者的方式不能不說是漫遊者的局限"。[2]這種觀點自然有其道理，但需要說明的是，朱鴒藉由她自己家庭的道德淪落，尤其是母親和姐姐都被日本老男人（侵華老兵）包養和玩弄的切實經歷和傷害也已經感受到墮落的危害，而且是朱鴒自身也受到前去她家的日本老男人的身體虐待（他們不能玷污她的處子身，卻經常用手擰掐等），無論是作

1　謝世宗：〈慾望城市：李永平、漫遊與看（不）見的鬼魂〉，台灣《文化研究》2008年秋第7期，頁68。

2　謝世宗：〈慾望城市：李永平、漫遊與看（不）見的鬼魂〉，台灣《文化研究》2008年秋第7期，頁55。

者李永平還是朱鴒本身都有警惕之心，同時也有自我保護和昇華的能力，儘管未必太強。

第四，或許相當切題的是，朱鴒還是李永平心中台灣理想家園的建構者和一部分，從此意義上說，朱鴒就是台灣。而李永平對她的保護也就呈現了他內心深處的焦慮和珍愛。

當然，如果從整體而言，李永平自有其從文體到語言到內容層面的原鄉路徑，如人所論，"文化原鄉，從圍城的母親出發，經過《吉陵春秋》（神話）的文字修煉與《海東青》（寓言）大規模的文字圍城實驗，顯示出自我與原鄉透過文字（中華文字不僅是李永平所說的 '中國語文的高潔傳統'，也是華人的精神與民族靈魂象徵）及不同文體的操練建構他的主體性（歷經神話－寓言－懺悔錄的文類之旅），進行一場 '自我與靈魂的對話'。到了《雨雪霏霏》（懺悔錄），作者正視他的原鄉慾望，終於回到故鄉去尋找自我認同，回到他（父－母－我）的 '伊底帕思' 情境，流動的身體與靈魂對話的意旨就更明顯了。"[1]

二、張貴興：從清新到重口的本土破／綻

相較而言，張貴興的台砂並置書寫路徑與李永平不同，李的高潮是在中部或創作中期，張似乎更強調兩頭，尤其是相對後期（2000 年前後）的文本。而實際上，張貴興的文學書寫、情節架構、主題疊加等等都經歷了一個演變，即從清新到相對重口的轉換，對本土的發現有一個開放的綫性前進過程，一度綻放，但同時卻又不乏破綻。如人所論，張貴興 "從留台生文學的青澀模仿，到不同經驗的書寫實踐，再到自成一脈的雨林書寫，他用自己的筆墨展現出自己創作生涯中的不同的藝術實踐過程，後期的南洋雨林魔幻世界的書寫，集合象徵、寓言和歷史再現於一體，展現出一位旅台馬華作家對原鄉書寫的不懈追求。"[2]

1　張錦忠：〈（離散）在台馬華文學與原鄉想像〉，台灣《中山人文學報》2006 年夏第 22 期，頁 102。

2　金進：〈從出走台灣到回歸雨林的婆羅洲之子——馬華旅台作家張貴興小說精神流變的分析〉，《華文文學》2009 年第 6 期。

（一）台灣背影或隔岸觀火

張貴興的早期小說創作中，真正涉及台砂並置的只有一篇〈彎刀・蘭花・左輪槍〉，其他更多是如有若無的台灣背影，換言之，台灣立場和根據地是他所有書寫的宏大背景和映襯。從一開始的相對沉寂到他縱橫江湖的雨林書寫，中間有一段少人關注的清新實驗。這一段作品主要有《伏虎》（1980）、《柯珊的兒女》（1988）、《賽蓮之歌》（1992）、《薛理陽大夫》（1994）、《頑皮家族》（1996）、《沙龍祖母》（2013）[1]。

1. 清新台灣或技藝操練。整體而言，《伏虎》算是張貴興的少作，題材雜陳（台灣、大馬主題交錯，但對話性不多），有實驗性，但亦有失敗之作，但無論如何都可以部分看出其稚嫩之中的偶然頭角崢嶸。同名代表作《伏虎》據作者云寫得辛苦，但的確自有其鋒芒，無論是情節還是寓意都頗有虎氣；〈武林餘事〉一開始貌不驚人，但隨著小說進行，到了後面則豁然開朗，甚至層巒疊嶂。當然也有平庸乃至失敗之作，如〈怒梅〉爛俗的情節設計大概只能算中學生作文，〈雄辯的魂〉有思辨性，但過於抽象，略顯雜亂，文體性徵匱乏。

〈柯珊的兒女〉則主要著眼於台灣語境，以台灣學界為背景書寫風雲人物柯珊的複雜。個中人物環環相扣，柯珊兒女遍天下，卻都包圍著真正繼承了柯珊財產的主人公"湯"（實為"柯"）哲維，而他始終很反感柯珊，也不知道自己是他的兒子，最後謎底揭開，一網打盡。這種情節結構能力為他後來善於操控長篇節奏、綫索多元並進卻指向核心的敘述策略優勢打下了堅實基礎。

張貴興從創作伊始就高度重視小說的藝術性和結構，"我始終認為小說是一種純粹的藝術，小說本身所負載的道德和使命，必須建築在其本身的美學架構上……我是個喜歡求新求變的人"。[2]〈薛理陽大夫〉時空移到古代，無涉台灣和婆羅洲，雖然整體水平一般[3]，更像練筆之作，但亦可部分呈現出張較好的結構能力。

毋庸諱言，考察此一時段的張貴興書寫，出彩之處算不上眾星璀璨，但卻

1　此書 2013 年由台灣麥田出版公司出版，但所收作品的發表介乎 1981–1991 年間，所以也納入此類。
2　張貴興：〈趕快把序寫完〉（舊版序），張貴興著《伏虎》（台北：麥田出版公司，2003），頁 6。
3　可參王德威的書評〈與魔鬼打交道的醫生〉，台灣《中時晚報》副刊，1994 年 7 月 3 日。

可以看出其各種實驗和努力，尤其是對台灣的關注其實是早期重點之一，包括他的教書生涯、大學場景和台北以外的宜蘭等地書寫，可惜置之於更加成熟、博大、繁盛的台灣在地（作家）書寫中，初出茅廬的僑生張貴興並不出眾，但於他自己卻有獨特意義，"於是我們強調張貴興小說的早期風格，旨在勾勒在台的馬華寫作者，從留台到長期移居過程中，難免有一個特殊的階段在面對故鄉和異鄉之際，對自身寫作立場和生活經驗的遊移和反思。那不同層面的台灣在地經驗的轉化，其實見證了一個離散寫作者的嘗試和局限。"[1]

2. 台灣立場與隔岸觀火。在《賽蓮之歌》新版序言中，張貴興寫道，"這小書是我少年時期'假面的告白'。那麼蒼白的少年時代，找不到太多值得書寫的事件，只有大量付諸幻想，假設自己已抵達那座永遠無法抵達的慾望島嶼。"[2] 在我看來，此書具有雙重的轉型性，從書寫主題來看，儘管有點青春型回憶小說的強說愁或淺層呻吟，但場景卻置換成了婆羅洲；二，從書寫語言和敘述風格來說，張開始向"雨林美學"轉型。[3]

在處理完青春糾結事務之後，張貴興將其眼光投向了自我、家族身份的探尋，那就是《頑皮家族》，在序文中他呈現出對婆羅洲故土的強烈認同，"忽然就開始懷疑故鄉在哪裏？那個素未謀面的廣東自然不是我的故鄉，我住了超過十九年的台灣也不是，當然就只有是那個赤道下的熱帶島嶼了。"（頁4）而無獨有偶，他藉主人公夔頑龍的口在回答頑麟的要不要回中國的問題時說，"回去幹什麼？聽說日本人走了以後，祖國正在內戰，回去當炮灰？來，顧顧眼前吧"（頁168）。[4] 相較而言，《頑皮家族》的情節主幹相對清晰，順勢遞進，而在價值判斷上，張貴興以俏皮風趣的口吻進行書寫，更多是呈現了華人的勤勞勇敢與當地風物的富饒，偶爾提及英殖民者和日本侵略者，但更多是成為華人移民堅實奮鬥史的襯托，算是張貴興比較罕見的"主旋律"（褒揚居多）作品。

野心勃勃的張貴興自然不會輕易放過婆羅洲熱帶雨林這個寶藏，他又繼續

1　高嘉謙：〈台灣經驗與早期風格〉，張貴興著《沙龍祖母》（台北：麥田出版公司，2013），頁6-7。

2　張貴興：〈假面的告白〉，張貴興著《賽蓮之歌》（台北：麥田出版公司，2002），頁5。

3　具體可參拙文〈雨林美學與南洋虛構：從本土話語看張貴興的雨林書寫〉，新加坡《亞洲文化》2006年6月第30期，頁134-152。

4　上述引文皆出自張貴興著《頑皮家族》（台北：聯合文學，1996）。

交出亮麗的答卷。和他本人以及諸多論者視其《猴杯》（2000）為代表作的觀點不同，我更認為《群象》（1998）最具代表性：它生機勃勃，從意義的解構和顛覆來看，如鱷、象、龍的圖騰轉換和潛在更替（野心），中國性與南洋本土之間的反轉等等皆出人意料；從情節形塑來看，他把馬共、日本侵略、家族歷史、土著風俗、雨林特色（尤其是動物）巧妙融進施仕才的譜系和脈絡中，同時他又不過於繁複和設障（和《猴杯》比）。坐鎮台灣，想像南洋，《群象》中的台灣視角清晰可辨，張貴興對中國性的殺戮毫不容情，同時對馬共的歷史又加以情緒化渲染，這的確是一把雙刃劍，既令人感覺痛快淋漓，但又不乏偏見。

（二）台砂並置：奇觀與迷思

如前所述，張貴興在 1980 年代開始涉及台砂並置，〈彎刀‧蘭花‧左輪槍〉以一個留台大馬華人近乎荒誕的經歷並置了華族與土著遭遇的悲慘結局，他在路況糟糕卻又著急趕路的情況下前去砂拉越文萊市辦事，也順便為侄子購買玩具槍，因為砂拉越情況特殊（要用護照辦理簽證，即使本國公民）氣候路況惡劣，所以他的返程挫折不斷。最大的弔詭在於語言隔閡的政治隱喻，他請求某土著馬來人順路搭他去某地，雖然熱情交流卻被誤讀為打劫，最後悲慘的他選擇將錯就錯而變得歇斯底裏，最終被警察和狙擊手擊斃。耐人尋味的是，這篇小說呈現出對婆羅洲本土的雙重否定，無論是作為主矛的馬來人，還是同行的華人都是他批判對象。易言之，具有台灣經驗的張貴興一開始就曾經呈現出對婆羅洲的否定和敵意。

這篇小說自有其犀利批判性，如高嘉謙所言，"這恰恰對應了作者留台和入籍過程中，對國族、語言和身分轉換的深切反思。其實那也是一種台灣經驗，留台生的背景，相對的時空距離和華語華人相互融合的台灣氛圍，暴露了華人與馬來語之間的糾葛，以及背後複雜的華巫種族矛盾。"[1] 但同時它也有其缺陷和迷思。首先是語言隔閡被作者擴大化了，小說中所言的可能性微乎其微：如在大馬居住 19 年的主人公不可能完全不諳馬來文，另外，本地馬來人

---

1 高嘉謙：〈台灣經驗與早期風格〉，張貴興著《沙龍祖母》（台北：麥田出版公司，2013），頁 6。

的英文可能不流利但絕不至於連簡單的交流都無法實現；其次，張貴興從一開始就造成了華巫的人為衝突，這似乎和他被逼留台的經歷有關，但似乎慢慢成為一種刻板印象（stereotype），傾瀉和投注了華人對政治不公的負氣式文字對抗乃至報復。

毋庸諱言，張貴興台砂並置的代表性書寫是《猴杯》和《我思念的長眠中的南國公主》（2001，如下簡稱《南國公主》）。《猴杯》中呈現出張貴興反噬台灣的勇氣和表演性。張把華人殘酷而罪惡的發家史、殖民史、土著風俗和雨林奇觀（如貓蝎大戰、總督犀牛傳奇等）和各色神奇的自我經歷匯成一爐，調配出令人目瞪口呆 —— 令人刮目也令人側目的熱帶大餐，而台灣是其佐料之一。

某種意義上說，這部長篇是對華人劣根性的雙向清算。一方面是對婆羅洲祖父主綫。曾祖父的發家原本劣跡斑斑、非常可疑，成功後更陰險毒辣，遠勝英殖民者，對土著毫不容情，所謂黑白通殺，他把欠債人周復的女兒小花印抵押逼良為娼，還棒打鴛鴦拆散了祖父和小花印的愛情，強調功利（生存）優先；另一方面，則指向主人公雉。作為台灣中學教師的他不務正業和同事老蕭炒股賺錢，在風月場上不知不覺嫖宿了自己的學生王小麒。雉作為往返台砂的主綫，要返回婆羅洲幫助麗妹（小花印和土著的後代）治病，而麗妹卻又是祖父的愛戀和性伴侶，年青的麗妹同時又是土著勾引祖父企圖探查黃金寶藏地點的棋子。同時綫索繁複的是，雉當年的中學華文教師羅老師（象徵中華文化）卻也利用小恩小惠和真假飾品等誘姦達雅克少女，雉的弟弟鴒亦成為土著拉攏和利用對象，亞妮妮作為土著世界和雉的連接，既嬌媚可人，又暗藏殺機。

《南國公主》則同樣呈現出張貴興的匠心和機杼，其中的台砂並置變成了身在婆羅洲的父親、母親、林元、我／可怡的並存。張在這部長篇中強化了馬共元素，又把《猴杯》（頁244-245）中一則有關白種人性殺伐旅（sex safari）的報道發揚光大，變成了本土版本（華、巫、白人等群魔亂舞）。通篇小說的連接點其實是慾望。在婆羅洲雨林，母親曾被達雅克青年擄走數日並懷孕，父親（迷戀白衣馬共聯絡員）、林元（迷戀母親）各懷鬼胎其實想藉此為馬共籌措革命經費，搞各種狂歡派對推動拉攏更多富商、官員，其他人則是為了獵奇和宣泄。在台灣，母親原本就是父親、林元青年時代無間合作共同獵艷的犧牲品（林元追求母親失敗，對母親毫無愛意的父親總結教訓成功復仇贏得芳心娶了母親），父母之間並無真愛，而"我"和餐廳駐唱的女大學生可怡之愛戀也按部就班，而可怡的周圍卻是女同（lesbians）環伺。往返於台砂之間的"我"其實更愛春喜的雙胞胎妹妹春天，而文萊王子喜歡摔下瞭望台而已經沉睡的春喜。但企圖改過自新追求真愛的父親終究被土著獵殺，而母親也終於設計成功焚毀了自己精心設置的熱帶園林，一切灰飛煙滅。

但張貴興的台砂並置自有其迷思[1]，簡單而言，主要如下：1. 情慾化雨林。毋庸諱言，張貴興的熱帶雨林之於外人本來就有著可以奇幻化的豐富資源，而善於誇張的張貴興自然順水推舟、發揚光大，以豐富而雄渾的想像力把雨林渲染得美侖美奐、精彩絕倫，但同時卻也腥臊雜亂、慾望賁張，某種意義上說，張貴興有意或無意迎合了外人對於熱帶雨林的東方主義想像。2. 簡單化馬共（含砂共）。在他的小說中，馬共似乎更多糾纏於情慾的釋放和為權力展開的血腥勾心鬥角、互相利用和指責，這在《群象》《猴杯》都有所呈現。同樣，在《南國公主》中他也把馬共的經費籌措情慾化為一個情場浪子在慾望引誘之下的責任踐行，毫無疑問，這對馬共的嚴密組織性和責任感是種誤讀和兒戲化。3. 惡化華土關係。雖然張貴興也不乏華土愛戀和婚姻關係的正面描寫，包括《猴杯》中雉和亞妮妮的複雜戀愛，但大多數華人和土著的婚戀關係往往都是負面的，或者是獵艷，或者是種族沙文主義，或者是基於蔑視和誤讀之中的對抗等等。

三、誰的異鄉／抑鄉／臆想？

相較而言，東馬之於外人，甚至之於其他地方的大馬國民都是一塊神秘、遼闊而又富饒的土地，但也因此，不管是內人還是外人，對婆羅洲（砂拉越）依舊是誤讀連連，有些甚至在商業利益驅動之下來自官方的有意誤讀和自我東方化，"在國家統一推動的觀光事業裏邊，砂拉越的風土民情依然是這樣充滿獵奇和蠻荒。國家給我們砂拉越的賣點，充滿異國情調及情色慾望。砂拉越依

1　部分批評可參拙文〈台灣經驗與張貴興的南洋再現〉，《中山大學學報》2012 年第 5 期，頁 46-55。

然是被標榜成獵頭一族之地……而原住民族群女子的形象更引人遐思。"[1]而同樣，李永平、張貴興的婆羅洲書寫也有爭議，"在早期的中文文獻裏，很難看到深刻的原住民研究，在創作領域中，原住民的文化刻畫也是片面的（主要是李永平等人的小說）。"[2]讓人難免生發出一種思考，這到底是誰的異鄉，抑鄉或是一種臆想？

（一）"書寫婆羅洲"：本土的聲音和實踐

毋庸諱言，婆羅洲很多時候都是一種有意或無意忽略的存在，之於一般讀者，她更可謂"在場的缺席"。但實際上，砂華文學創作、文學史書寫、砂華歷史等等，自有其敘述和實踐的脈絡。簡單說來，如"拉讓盆地叢書""犀鳥叢書""星座叢書""漳泉之聲叢書""留台人叢書""美裏筆會叢書""華苑叢書""《國際時報》叢書"等就頗具連續性和毅力堅守[3]，田思、田農、吳岸、梁放、沈慶旺等等皆有相對豐碩的文字著述。田農的《砂華文學史初稿》（1995）；房漢佳的《砂拉越拉讓江流域發展史》（1996）和《砂拉越巴南河流域發展史》（2001）；黃妃的《反殖時期的砂華文學》（2002）。除此以外，還有一些記者或作家也在書寫婆羅洲，如詩巫黃孟禮的《24甲——尋訪拉讓江、伊干江福州人村落》（2001）和《情繫拉讓江》（2002），古晉李振源《後巷投影》（1994）等等。但遺憾的是，上述出版品地點往往都是在馬來西亞，或更小範圍的砂拉越，流通相對不暢，也往往容易成為無聲的存在。值得關注的還有西馬作家對婆羅洲的關注，主要是潘雨桐（"大河系列"小說，即《河水鯊魚》《河岸傳說》《旱魃》及《山鬼》）和冰谷（詩集《沙巴傳奇》，1998；散文集《走進風下之鄉》，2007）等。[4]

1990年代以來，李永平、張貴興作為砂華遊子的原鄉書寫在華語文學圈

1　沈慶旺：《蛻變的山林》（吉隆坡：大將出版社，2007），頁198-199。

2　陳大為：〈消失中的婆羅洲——砂華散文場所精神之建構〉，台灣《台北大學中文學報》2008年9月第5期，頁277。

3　有關1998年前的砂華文學概況可參田思著《沙貝的迴響》（吉隆坡：南大教育與研究基金會，2003），頁57-68。

4　關於潘雨桐書寫，可參拙文〈後殖民時代的身份焦慮與本土形構——台灣經驗與潘雨桐的南洋敘述〉，《華僑華人歷史研究》2014年第2期，此處暫時以冰谷為中心進行簡單論述。

內漸成氣候，熱帶雨林書寫甚至可謂蔚為大觀，這同樣也刺激了馬華本土的書寫衝動，而楊藝雄的《獵釣婆羅洲》（2003）、沈慶旺《蛻變的山林》（2007）在新世紀以後由西馬的大將出版社推出明顯帶有一種自我表述的意味。當然，犀鳥天地網站（http://hornbill.cdc.net.my/）於1999年的開通也意味著有意藉助新媒體的自我推廣。

比較說來，楊藝雄的書寫更是從獵人的角度揭開獵釣婆羅洲的苦與樂、新奇與去魅，其基調更是本土經驗主義的科學性、客觀性，更強調的是熱帶雨林動物世界的運行法則，同時他又鋪上了人性色彩與溫情面紗，自有其獨特之處。作為資深獵人和釣者，他關注獵槍的神話及其禁忌，集中渲染了從獵人角度更具可操作性的野豬、野牛、鱷魚的習性與捕獵經歷，可謂波瀾壯闊但又寵辱不驚；同樣，他也介紹捕捉經驗、獵釣心得，而同時在其中又呈現出生態雨林、敬畏自然的和諧心態，"建構出異於台灣、屬砂華的自然寫作美學 —— 混合環保、旅遊、原鄉／在地書寫以及專業知識，經由真正的生活經驗而呈現的'感覺解構'。"[1]令人嘆服。

沈慶旺是砂華詩人，《哭鄉的圖騰》（1994）作為以詩歌樣式呈現砂拉越原住民的書寫，可以呈現出常居於斯的詩人的有意實踐，尤其是關注轉型期原住民們的困境都展現出詩人的仁慈之心和敏銳觸角。《蛻變的山林》則採用散文的樣式圖文並茂縷述原住民文化，他所追求的毋寧更是相當客觀和精準，給讀者展現出婆羅洲各種土著民族的風情、語言、文化等整體面貌，從而達到自我闡述、減少誤讀的目的。除此以外，他也特別解釋原住民文化中容易被獵奇和誤讀的部分，比如獵人頭、相親、祭典等等。對於獵人頭風俗，他總結道，"原始社會獵人頭的習俗表面上是為了求愛、求地位、求豐收，但對整個族群而言，意義乃在於求生存。獵人頭除可抑制敵人的勢力，拓展自己族群的耕地和生活範圍，也減少自己族群所面對的威脅，這是原始生活中求生存的一種方式。雖然獵人頭是原始落後、殘忍野蠻的行為，但這已是歷史名詞，反觀現代人文明化的高科技戰爭所造成的破壞和殘酷，我們不免要自問，到底誰比誰較原始、殘忍？"（頁134-135）

1　鍾怡雯：《馬華文學史與浪漫傳統》（台北：萬卷樓，2009），頁238。

難能可貴的是，沈慶旺沒有砂拉越土著文化封存到歷史的鐵匣中，他同樣更關注他們在現代化語境中的沒落、被拋棄和被動破壞等困窘，頗有一種感傷情結，比如〈變調的慶典〉中就寫道，"而慶典仿如殘舊的電影膠片，歷史的聲音黯啞。老巫師帶領著殘弱，像過氣歌手吟哦失調的音符；傳承的祝禱詞語，只能依循歲月的記憶在荒野撿拾一些破碎，拼湊成一場讓遊子回鄉的慶典。"（頁167）當然，也還會涉及部落的變與不變。

　　相較而言，西馬作家冰谷的《走進風下之鄉》（有人出版社，2007）對婆羅洲的書寫更有耐人尋味之處，他既是本土（同屬馬來西亞），卻又外來（東馬和西馬差異明顯）。冰谷的書寫因此也具有雙重性，他是一個種植園經理，曾經在沙巴管理可可、油棕園長達五年（1990–1995），又是一個敏感而多情的作家，所以他的書寫往往情理並存、文筆活潑、處處"有我之境"，帶有引領外來者慢慢進入婆羅洲漸入佳境的娓娓道來感，其中既有外來人的新奇體驗和逐步適應，又有本土化之後的婆羅洲視野。

　　他當然也繪聲繪色描述各類熱帶雨林動物，狗熊、蜥蜴、大象、蟒蛇、猴子、刺蝟、蝙蝠貓頭鷹、鼠鹿、猴蟲、山蛭等等，當然也不乏如何無意之中品嚐了山珍野味（如象鼻、熊膽、龍蝦等）。同樣是描寫大象，他和張貴興則差別好遠，正是因為要保護種植園，他們才和屢屢前來破壞的野象發生衝突，也有獵象的驚險經歷（頁34-38），但卻顯得真實可信，不像張貴興筆下的象如此繁複而險象環生。跟專業有關，他對婆羅洲植物的書寫可謂別具一格，從原生種榴槤與山竹到指天椒、酪梨，從野莧蒿到空心菜似乎都如數家珍。當然，因為是居住於莽林中的文化人，他也常常關注人文化的自然和生活區，從驅逐天花板老鼠到養能言鳥，從用靈犬對付猴患到擁槍打飛鴿，從縷述山神上身的傳奇到置身度假村和大農莊的獨特體驗，再到對自己居住五年的"小香港"山打根的悲情感喟等等，冰谷呈現出對富饒婆羅洲的立體呈現。

　　整體而言，這種來自馬來西亞本土的自我闡述與相對理性冷靜的呈現有益於後人、讀者對婆羅洲有更清晰的了解，至少是淡化既存的刻板印象和偏見，畢竟誤讀的減少有賴於堅實而充分的交流，而交流的基礎首先是發出各自的聲音。

（二）在歷史真實與文學真實之間

現實或許有其弔詭之處，影響最大的婆羅洲書寫居然是由入籍台灣的砂華之子李永平和張貴興造就的，如前所述，其書寫各有其迷思，為此本土作家田思面對張貴興的書寫，尤其是《群象》對馬共的書寫時指出，"由外國人來書寫婆羅洲，讀起來總有一種 '隔了一層' 的感覺（李永平與張貴興出身砂州，但早已放棄馬來西亞公民權，長期定居台灣）。真正的婆羅洲書寫，恐怕還是要靠我們這些 '生於斯、長於斯、居於斯'，願意把這裏當作我們的家鄉，對這塊土地傾注了無限熱愛，對她的將來滿懷希望和憧憬的婆羅洲子民進行。文學允許想像和虛構，但太離譜的編造與扭曲，或穿鑿附會，肯定不會產生愉快而永久的閱讀效果。我們要求的是在真實基礎上的藝術加工。"[1] 這其實涉及歷史真實與文學真實的張力問題。

1. 尊重歷史真實。毫無疑問，李、張二人都是馬華文學史上的優秀小說家，自有其獨特風格，無論是豐富想像力，還是卓越的駕馭情節能力，還有語言修煉等等都可稱得上自成一家，但同時他們二位也有自己的短板，也表現在對台砂並置中歷史和現實的處理上。

於李永平而言，善於宏大巨製、史詩敘事既是他的優勢，但同時又是他可能的軟肋，因為無論是台灣還是砂拉越，其實歷史與實際都過於複雜。耐人尋味的是，當李永平以神話的方式縱橫開合處理有關題材時往往可以運籌帷幄，如《大河盡頭》，在我看來，這是目前李永平最成功的鴻篇巨製，高嘉謙指出，"有別於張貴興在雨林敘事裏經營詩意、飽滿的動植物意象，李永平的雨林奇幻世界所調動的部件，更趨向神話、傳奇，以及異域風土的書寫特色，其竭盡奇觀、異域情調之可能的書寫，替婆羅洲龐大的地表架起了另一種敘事的可能，開啟特殊的雨林時空體，展開一個文字慾望和經驗世界交錯的溯源之旅。"[2]

但在處理現實時，尤其是雖然打著 "寓言" "仙境" 的旗號書寫台灣讀者

---

1 田思：〈書寫婆羅洲〉，田思著《沙貝的迴響》（吉隆坡：南大教育與研究基金會，2003），頁176。

2 高嘉謙：〈性、啟蒙與歷史債務：李永平《大河盡頭》的創傷與敘事〉，《台灣文學研究集刊》2012年2月第11期，頁45。

生活其間的現實時，往往不那麼成功，這更多時候不是李永平的能力問題，而是現實太真切，又太複雜，他必須採取更複雜的對症下藥式的書寫策略。《吉陵春秋》從敘事上看，其成功之處在於它首先是被提純和不過分坐實的歷史時空，李永平可以和神話書寫一樣有充分閃跳騰挪的巨大空間。但《海東青》《朱鴒漫遊仙境》等則不然。

於張貴興來說，他的短板在於歷史厚度。毫無疑問，他有很好的結構能力，問題在於，他的情節性往往過於離奇、匠氣較重，而對歷史的尊重程度不夠，無論是對砂拉越土著還是對雨林生態，他更多是採用誇張化手法，而且往往是窮形盡相，甚至是過度索取，某種意義上說，他的婆羅洲熱帶雨林書寫甚至到了苦口婆心、重複自我的地步。另外，對於婆羅洲場域上的很多重大題材，他過分強調鬥爭性、派系色彩和人的慾望決定論，無論是對種族交往還是馬共書寫，皆是如此。

從種族融合來看，除了《猴杯》中留下光明的尾巴，其他長篇多數顯示出融合的艱難性。有論者指出，"文本中重建馬華居民與土著間新的依存關係的重要關鍵，尤在多情的土著女子。《群象》中伊班女子法蒂亞雖作為慾望的對象，意義卻被交叉替換為母性，一如夢象，是仕才迷醉時的撫慰與解救者。在華夷雜處之地藉由華土通婚，形成一種融合中國文化與異文化特徵的國族想像，已然排除中國性的血緣迷思，這也正是構想華族可能的前景。"[1] 但實際上，《群象》中的種族融合併未真正得以實現，馬共更多是藉此打好群眾關係，內心深處不願玷污自己的中華血統，比如余家同告誡外甥施仕才的真誠話語，而法蒂亞家族和部落更多只是出於自己文化的一廂情願，比如"收編"仕才，而實際上後者根本沒有察覺和主動意識。

實際上，馬共書寫[2] 還有很豐富和開闊的空間與內容。比如，其中的多元種族，華人為主、馬來人、印度人、泰國人為輔，甚至在二戰結束後也添加了不願意投降的部分日本人；除了馬共跟中共的關係之外，更要開掘和印尼共產黨的直接關聯；相當豐富的資料還有馬共女隊員的小歷史借鑒，她們作為母

1　陳惠齡：〈論張貴興《群象》中雨林空間的展演〉，《高雄師大學報》2004 年第 16 期，頁 291。
2　比較精彩的研究可參鍾怡雯著《馬華文學史與浪漫傳統》（台北：萬卷樓，2009），頁 3-60。

親、妻子、女人的革命體驗和認知還是會有細微差異。[1] 同樣，作為個體人的行事風格、複雜人性，還有共產黨理念中的引人之處和烏托邦色彩，完全可以書寫出更立體的文學形象。

如果從李永平、張貴興的出生地與相關文化和其台砂並置書寫關係進行考量的話，出生於古晉的李永平更加側重中華文化和砂拉越本土文化的交融以及對兩種文化近乎本質主義追根究底的追求和提煉更顯而易見，而出生於羅東的張貴興由於所居相對偏僻，而且歷史上的砂盟——砂共和他的出生地關係密切，或者曾經是共產黨等活動的歷史現場之一，從父輩和自身來說，都有切膚之痛，而在台灣接受大學教育的張因為處於戒嚴期，他對共產黨的負面看法居多亦可理解。

2. 豐富文學真實。如前所述，沈慶旺等本土作家對婆羅洲已經進行了有益的自我書寫和實踐，其心可鑒亦功不可沒，但若從文學真實的角度來看，其短板恰恰在於手法的過於樸素和主體性乾癟（冰谷的文學性略高些）。文學敘述不能等同於歷史材料的簡單修飾化，它必須同時以自己的特色感染和撞擊人心，張、李的成功之處完全值得砂拉越本土作家借鑒，他們的成功不只是源於他們居於台灣——中華文化的中心之一，而是從文學技藝推進和創新實驗上都技高一籌，並形成了自己的風格。如王德威所言，"李永平雕琢方塊文字，遐想神州符號，已經接近圖騰崇拜；張貴興則堆砌繁複詭譎的意象，直搗象形會意形聲的底綫，形成另類奇觀。兩人都不按牌理出牌，下筆行文充滿實驗性，因此在擁抱或反思中國性的同時也解構了中國性。"[2] 從此角度看，書寫婆羅洲更該是開放的書寫。既要學習外人精華，又要揚長避短、強大自我，何況李張還是婆羅洲出走的優秀分子呢？國籍的改變並不等同於文學疆界的同時設限，本土必須開放也才會更加強大和豐富，從而建設更有世界性和地方性的本土。

原鄉書寫中故鄉和異鄉是完全有可能對流的，有些時候，異鄉可能變成第

1　具體可參邱依虹著，黎紹珍等譯《生命如河流——新、馬、泰十六位女性的生命故事》（吉隆坡：策略資訊研究中心，2004）。

2　王德威：〈文學地理與國族想像：台灣的魯迅，南洋的張愛玲〉，台灣《中國現代文學》2012 年 12 月第 22 期，頁 34。

二故鄉，但故鄉反倒可能變成了異鄉。無論作者如何看待故鄉，本土人必須開放，既要走出去，也要請進來，哪怕是出口轉內銷，這樣故鄉才不會那麼容易變成異鄉，書寫故鄉不會變成壓抑故鄉而變成抑鄉，更有甚者，把原鄉書寫變成了信馬由繮、信口開河的臆想。

令人感動的是，和前些年過度強調本土不同，今天的台灣文學研究界已經接納了李永平、張貴興。比如陳芳明教授在他的《台灣新文學史》中就給在台馬華文學以 12 頁碼的篇幅，並且指出，"在台馬華作家所建立的文學藝術和文學論述，是不容忽視的重要聲音。這牽涉到馬華作家本身的文化認同，以及在台灣所據有的文化位置。"[1] 而李瑞騰教授也把陳大為有關在台的馬華文學論著《最年輕的麒麟 —— 馬華文學在台灣（1963–2012）》納入 "台灣新文學史長編"，這都是主流學界直接和間接接納李永平、張貴興的證明。我始終認為，對和場域有關的文學史書寫要包容大氣，李永平、張貴興完全可納入馬華文學史，雖然他們如今已經是台灣籍的作家，馬華研究者和文學史家必須有這樣的包容度。好比張愛玲，既可以納入中國大陸的現代文學史，同樣她又是很多區域華文作家的 "祖師奶奶"，她已經是台灣文學史的一部分，在實際影響力上，她更屬華語語系文學圈。

結語：身心的位移讓李永平、張貴興的原鄉書寫呈現出相對獨特的軌跡和特點，比如李永平在台砂並置上的圓形本土，張貴興則有從小清新到重口的嬗變。毫無疑問，他們都是此類書寫的集大成者，如人所論，"雨林書寫因此在台灣文學，以及更大的華文書寫譜系，描述了一個景觀與身份、民族想像結合的迥異和鮮明個案。它產生於寫作者的遷徙，台灣環境提供的文學認同和養分，雨林地景因此扎根於台灣的文學地表，凸顯了台灣文學在 1949 年外省作家移入後，另一個以僑生脈絡移入的文學生產，強勢且盛大地以長篇小說格局建立了有生命力的熱帶風景。"[2]

1　陳芳明：《台灣新文學史》（台北：聯經出版事業股份有限公司，2011），頁 708。

2　高嘉謙：〈性、啟蒙與歷史債務：李永平《大河盡頭》的創傷與敘事〉《台灣文學研究集刊》2012 年 2 月第 11 期，頁 50。

但同時需要指出的是，他們亦有其迷思，在我看來，一方面他們要"再歷史化"，無論是持續台灣化還是要"再婆羅洲化"，包括對婆羅洲森林自然和文化生態開拓出更多的"説法"[1]，藉此豐富自我認知、開拓書寫資源，而另一方面，他們也要選擇合適的敘事技藝，將台砂並置書寫提升一個新境界。

如果更進一步，李永平是台灣作家，又不是台灣作家的弔詭書寫身份其實還可以引發更多思考，他的中間性（in-between-ness，周蕾語）對於雙鄉的本土更有借鑒意義，如人所論，"李永平作品所引發論述層次的可能性，就不只是馬華學者以往環繞的馬華性與中國性的問題，而可以擴大思考的是離散敘事（diasporic discourse）；除了自身為棄子身分上下求索的認同爬梳，對於其現居住地，離散者對居住地的主體建構能夠給出如何的饋贈？"[2]

1　林建國：〈有關婆羅洲的兩種說法〉，《中外文學》1998 年 11 月第 27 卷第 6 期，頁 107-133。
2　詹閔旭：〈罪／罪城 —— 論李永平的《海東青》〉，王鈺婷等《2006 青年文學會議論文集：台灣作家的地理書寫與文學體驗》（台南：國家台灣文學館籌備處，2007），頁 409。

第四節　台灣經驗與潘雨桐的南洋敘述

提要：台灣經驗之於潘雨桐自然有其重要性，某種意義上說，它既是其世界華人背景的底色，又是中國性的文化落腳點之一，同時又反襯出南洋敘述層次的呈現。潘雨桐的南洋敘述中，身份焦慮一直如影相隨，或通過與他者的遭遇加以比照，或通過歸返來加以確認，都值得反思。而在別具一格的東馬再現中，潘雨桐藉助現實、自然、傳說和神話的渾融呈現出一個相對震撼的雨林／大河敘事圖景，同時他也對後殖民本土進行了深入反省。

關鍵詞：潘雨桐；南洋敘述；台灣經驗；身份焦慮；後殖民本土

作為最早一批留台的馬華作家之一，潘雨桐的經歷和其書寫之間有一種饒有趣味的張力：他原名潘貴昌，祖籍廣東梅縣，1937 年出生於馬來西亞森美蘭文丁。1954 年畢業於大馬芙蓉中華中學初中，1954–1957 年新加坡中正中學高中畢業。1958 年入台，1962 年考獲台灣中興大學農學士，後到美國奧克拉荷瑪州立大學攻讀遺傳育種學博士。1972-1974 年間曾擔任台灣中興大學園藝系暨研究所副教授，1975 年返回大馬後就投身於農業界，曾在龜咯（Kukup）與小笨珍中間的柏馬思（Permas）擔任園丘經理。從 1980 年代開始，潘雨桐接連斬獲各地多項大獎：多次獲得台灣《聯合報》小說獎、二度獲得大馬花蹤文學獎、新加坡金獅獎等等。

潘雨桐的創作結集作品主要有：《因風飛過薔薇》（台北：聯合文學，1987）、《昨夜星辰》（台北：聯合文學，1989）、《靜水大雪》（馬來西亞：彩虹出版社，1996）、《野店》（馬來西亞：彩虹出版社，1998）、《河岸傳說》（台北：麥田出版公司，2002）等。平心而論，以其出道時間來算，產出不算繁茂。在第一本小說集《因風飛過薔薇》後記中他寫道，"在寫作的路上，我的起步不算遲，不過，不算遲的起步，卻因為我的疏懶，停的時候多，寫的時候少；又不專注於一種文體，因此，並沒有結出甜美的果實。有人認為寫作是一條坎坷寂寞的路，總是一個人孤單的走。不過，在燈火輝煌之後，能走一段寂寥的行程，不也提供了一個省思的機緣？"[1]

綜覽有關潘雨桐的研究，主要可分為如下幾個層面：1. 整體性總論，如黃錦樹〈新／後移民：漂泊經驗、族群關係與閨閣美感 —— 論潘雨桐的小說〉（台北《中外文學》24 卷 1 期）、金進〈論馬華作家潘雨桐的小說創作〉（《世界華文文學論壇》2011 年第 2 期）等，而其中黃錦樹的論述不僅時間較早，亦不乏創見；2. 專題性論述，如陳賢茂〈潘雨桐小說與古典詩詞意境〉（《華文文學》1998 年第 1 期）、陳大為〈寂靜的浮雕 —— 論潘雨桐的自然寫作〉（《華文文學》2002 年第 1 期）、林春美〈男性注視下的女性幻象 —— 從靜水到野店說潘雨桐〉（陳大為等主編《馬華文學讀本 II：赤道回聲》，台北：萬卷樓，2004）等；由於潘長期從事園藝工作，其書寫中的環保意識也為論者所關注。[2]除此以外，蘇燕婷的〈論潘雨桐小說集 ——《河岸傳說》的空間理論〉（祝家華主編《南方學院學報》第三期，2007 年 11 月）亦是就單本集子展開的有力論述。而有關潘雨桐的研究中，碩士論文自不必說，亦有博士論文展開詳細而深刻的研究，如陳韋賰著《書寫雨林 —— 潘雨桐的小說中的南洋圖像》（新加坡國立大學中文系，2011）。

毋庸諱言，上述論述開拓了我們對潘雨桐的認知，但同樣有關論述中，也不乏可持續開拓之處，如田思指出，"身為受過生物科學訓練的遺傳育種學博士且任職於園丘公司的潘雨桐，他對於自然生態在經濟發展下所遭受的破壞感到惋惜與無奈。這種無奈使他把個人的環保意識通過較有魔幻色彩的方式去刻畫。大自然在他筆下除了充滿神秘之外，也帶著一股乖戾的復仇性格。"[3]論述有其獨特角度，但顯然也因為強調自然環保層面而對潘雨桐書寫的人文、歷史等生態層面關注和反思不夠。同樣，黃錦樹很機智地把潘雨桐居住過的地方 —— 龜咯演化成一種書寫中的"閨閣"抒情趣味，並指出，"潘雨桐之所以在那樣的美學中陷溺，還有一個重要的原因：妾位原是他安居的家。它除了和大馬華人的政治處境互為隱喻之外，還有一個指涉的方向：內在中國。它像是

1　潘雨桐：《因風飛過薔薇·後記》（台北：聯合文學，1987），頁 313。

2　如田思著《馬華文學中的環保意識（1989–1999）》（馬來西亞：大將出版社，2006），頁 31-45。

3　田思：《馬華文學中的環保意識（1989–1999）》（馬來西亞：大將出版社，2006），頁 32。

原初的慾望那樣，一直深入他書寫的骨髓之中。"[1] 但實際上，此後的潘雨桐有不少不同風格和主題的作品推出，某些當時論述上的洞見如今也可能化成了不見。

本文的問題意識在於，台灣經驗之於留學外國後成為馬華文壇的歸返者——潘雨桐到底意味著什麼？在小說中有怎樣的層次和軌跡？而在小說實踐中，台灣元素和南洋敘述有何關聯？長期生活、工作於大馬的潘雨桐對東馬的書寫又有何獨特性和穿透力？

一、軌跡與層次：南洋和其他

如人所論，"'追憶' 成為潘雨桐小說最重要的創作精神理路，而這種中年氣質式的追憶情結也成為他創作道路的基本特徵。"[2] 或許是所學專業（遺傳育種學）和文學創作之間的巨大張力，或許是醉心學術、課業繁忙，又或許是冥冥之中需要更多時間和身心位移（如旅遊等）去反省和構思，等到潘雨桐真正執筆創作或結集出版作品時，他的筆下總是對自己的現實人生經歷有一種回望情結，尤其是在書寫大馬本土以外的題材時更加明顯。毋庸諱言，他似乎也因此形成了相對繁複／獨特的書寫範疇和本土關懷。

（一）書寫範疇

作為一個從大馬（西馬）到台灣留學，又轉戰美國攻博，後又回台灣母校教書，最後又回到大馬擔任園丘經理，也長期在東馬工作的多重身份的歸返者，潘雨桐的人生經歷相對豐富，也具有開闊而繁複的書寫範疇和觀察視野：比如其中的中國性、世界性和本土性觀照等等。

1. 中國性。這裏的中國性首先包含了文化中國性的意味，也即，選擇了用華文創作，根本就是對文化中國性的有意無意借用和實踐。1954 年，潘雨桐用

---

1 黃錦樹：《馬華文學與中國性》（增訂版）（台北：麥田出版公司，2012），頁 197。

2 金進：〈論馬華作家潘雨桐的小說創作〉，《世界華文文學論壇》2011 年第 2 期，頁 21。

凌紫做筆名投稿，1979 年開始以潘雨桐發表作品，一直沿用至今。[1] 但不管哪個筆名，內在的文化中國性顯而易見。

　　某種意義上說，到美國留學以後的潘雨桐其身份更多首先是華人，其次才是大馬華人，因為他面對的更是操持英語、多元種族卻以白人為主的社會語境，他作為華人的文化身份在創作中很容易被喚醒和強調。而這又分為不同的層次，如中華文化傳統中的古典詩詞意境，比如〈天涼好個秋〉中的女主人公留美學生束慶怡的結婚遭遇，她和年長自己 20 歲的餐館老闆並無真正的愛情基礎，卻因為生存環境所迫，如幫父親治病、三弟留學開支、包括自己的居留身份等最終下嫁，其中的愁緒不言而喻，"而今識盡愁滋味，欲說還休，欲說還休。卻道天涼好個秋。"（辛棄疾〈醜奴兒·書博山道中壁〉）〈紐約春寒〉中的女主人公沈芩對春寒的體味自然也不只是自然環境的，還有心境的寒徹，因為她無法嫁給相愛的人，卻得奉命嫁給門當戶對但年長的男人。毋庸諱言，無論是營造唯美、悽婉的氛圍，還是化用抒情性意象，還是結合古典意境隱喻主人公的心境[2] 都可以看出潘雨桐對中國性的文化借用／實踐。

　　有意味的是，潘雨桐也往往結合現實中國繼續深化／強化中國性元素。值得注意的還有台灣元素在潘雨桐小說中的弘揚。黃錦樹指出，"作為一個曾經留學台灣的馬來西亞華人，差別在於，他帶著大馬和台灣的雙重記憶去美國；小說中的人物時時不忘他的馬來西亞國民身份，他的政治屬性，並且不斷的和其他第三世界漂流到美國的 '新移民' 做處境上的比較，從而把大馬華人的政治處境延伸為一個世界性問題的局部。而個中的台灣經驗無非是一樁 '丈母娘嫌貧愛富' 的敗北愛情故事。"[3] 黃錦樹在犀利之餘也簡單化了台灣的角色。〈一水天涯〉中嫁到大馬的女主人公思念台灣的家鄉，其中的茶壺、明月等意象書寫令人印象深刻，某種意義上說，潘雨桐以此作為文化中國的構成藉以抵抗大馬政治中的不合理元素。〈煙鎖重樓〉中備受來自大馬的公公凌叔同讚譽和欣賞的大媳婦楊可璐也是來自台灣，相較於洋人身份的二媳婦，近乎完勝。某種

1　馬崙編著《新馬華文作者風采 1875–2000》（馬來西亞：彩虹出版社，2000），頁 248-249。

2　具體可參陳賢茂〈潘雨桐小說與古典詩詞意境〉，《華文文學》1998 年第 1 期。

3　黃錦樹：《馬華文學與中國性》（增訂版）（台北：麥田出版公司，2012），頁 172-173。

意義上說，在潘雨桐看來，台灣已經成為大馬華人的文化認同載體之一。

2. 世界性。毋庸諱言，潘雨桐的小說中不乏世界性元素，如美國本土人書寫、多元種族異質性文化、人物書寫等等都打上了華人的過濾鏡眼光／視角，既有審視的意義，同時也難免一些文化抵抗意味。如《煙鎖重樓》中的二兒子媳婦施維亞（白種人）在華人公婆眼中自然有其問題，但更多反映出文化衝突中的單方偏見，"他們對洋兒媳的偏見正是為了維護民族文化的心理，在自身民族文化面對官方的文化霸權宰制的處境下，他們不希望在自己的家裏也受到外來文化的侵蝕，進一步弱化自身民族文化的內涵以及作為抗爭的文化資本。"[1] 當然，他們之間亦有文化差異，比如美國女子的好享受、沒有儲蓄觀念、不讓孩子接受爺爺的母語華文教育等，而且她也有出軌行為。

潘雨桐也寫到了美國場域，儘管這不是作者的書寫重點，但作為作者早期小說發生的重要時空，在超越簡單的異域色彩觀照之外，當然也會或多或少部分觸及美國精神／性格。比如美國人的勤奮、包容和自立精神等就值得尊敬和宣揚。〈月落澤西城〉中藉酒店主管"我"的視角書寫了有關酒店運營的狀況，提及了老闆金奴的善於用人（當然也有其八面玲瓏和風流韻事），同時其子邁克想在酒店實習（勤工儉學），金奴卻特地打招呼不需要安排事務的"我"特別照顧，而是希望其子可以在真正的艱苦中體驗現實人生，這都可以反襯出美國強大的理由背後令人敬佩的美國精神，不搞特殊化、自力更生等等。〈昨夜星辰〉則書寫"我"在美國工作時碰到的同屋租戶——流亡的波蘭人布拉薛斯的故事，小說中觸及了美國的包容性，但同樣亦提及這樣一個國家對外來移民的艱難性，"一個波蘭人，一個曾經將敵人的喉嚨用刀割斷的波蘭人，一個在家破國亡時自我流放的波蘭人，一個因自愧懼怕而常年遭受心靈挫折的波蘭人，當他毅然決定要回返家園時，卻死在拉古納灘。這是為什麼？為什麼？上蒼這樣對待布拉薛斯何豈殘忍！何豈冷酷！"（《昨夜星辰》，頁 75）

毫無疑問，潘雨桐亦觸及美國社會的諸多缺憾。比如，眾所周知的治安問題，紐約州的打劫、暴力事件等。〈冬夜〉中就描寫積極向上、辛勤工作準備

1　許文榮：《南方喧嘩：馬華文學的政治抵抗詩學》（馬來西亞：南方學院出版社、新加坡：八方文化創作室，2004），頁 54。

買房接妻兒來美國的小儲的悲慘經歷：他沒有被傳說中的老黑打劫，卻不幸死於地鐵上兩個嬉皮的劫殺，他們在動手前還確認他是否會武功，"報上說，有一個月分，在地下火車居然發生超過一千宗案件⋯⋯想不起是哪一個作家說的，乘地下火車似乎更接近地獄，而現在不就是走在地獄的隧道裏嗎？"（頁16）誰成想一語成讖。〈鄉關〉裏不僅僅書寫魯漢雲的愛情挫折，而且還寫到了外國移民，如越南人阿仙們的生存悲劇，之前逃出政治壓迫的故國的生天需要靠賣身湊齊偷渡需要的黃金，到了美國以為可以改變命運，結果為了謀生和救自己的情人卻同樣還得繼續操皮肉生意，借其同鄉玉茹的話說，"坐在聯合國會議廳裏的人，離開越南是那麼的遙遠，誰有妻有子有家在西貢？叫他們在聯合國大樓前站一站，看一看那些在風裏呼呼飄揚的國旗，是不是沾有從南中國海吹來的血腥？有沒有聽見千古沉冤鬼魂的哭號？我是一個女人，一個卑微的被國家拋棄的難民，一個也曾和阿仙一樣的娼婦，就算我到聯合國大樓前跪地仰天哭訴，人們也不過說：'多幸運啊，你逃出了越南！'"（頁110-111）。

黃錦樹指出，"作為失敗的熔爐的美國，對於小說家潘雨桐而言，它的價值也許正在於它充斥著世界性的難民；這種經驗上的交流不止有助於反省自身的處境，也使得他後期在書寫大馬時也十分關注境內的少數民族、新的外來移民和當地居民之間的互動和彼此的處境。"[1] 美國不是天堂，亦有其缺陷，但不能籠統或偷懶地簡單化稱之為"失敗的熔爐"。除此以外，潘雨桐也還書寫立足於真人真事基礎之上的越南華人如何逃離政治迫害的故事 ——〈天涯路〉。丘彥明指出，"〈天涯路〉，更是一篇真人真事的作品，主角李光宇目前在台灣國中教書。"（頁312）更令人感慨的是其中近乎世界性的逃難路綫，越南到中國香港／馬來西亞，然後到中國台灣、法國或其他地方。

（二）南洋書寫的軌跡及技藝

毋庸諱言，南洋書寫是潘雨桐念茲在茲的核心題材，而台灣經驗似乎亦是一種時隱時現的襯托，但隨著時間的推移和潘雨桐回歸大馬，終究南洋還是不折不扣的重心。

1　黃錦樹：《馬華文學與中國性》（增訂版）（台北：麥田出版公司，2012），頁173。

潘雨桐南洋書寫的軌跡大概可分為三個階段。第一個階段主要是圍繞留美題材的書寫，反映到創作上，就是《因風飛過薔薇》和《昨夜星辰》的大半。在此時段，南洋題材也更多是一種背景式呈現，畢竟，世界性元素才是書寫題材的中心。但饒有意味的是，此時段中的台灣意象卻不時出現，似乎和大馬形成一種錯綜複雜的對話關係。

　　《煙鎖重樓》中台灣和大馬的對話關係可謂耐人尋味。凌叔同父子是大馬華人，兩個兒媳婦，一為美國人，一為台灣人，最終長兒媳楊可璐勝出一籌。從此角度看，在潘雨桐心中，台灣居於上風。大馬已婚男人凌浩天和太太的友人——台灣小姐葉若蘭私通，並讓後者懷孕，最後的處理結果是，讓小情人葉若蘭嫁給了同樣是來自台灣的外省人印大豪（老家青海），他正在凌的大學實驗室攻讀碩士。此種關係卻可以視為潛意識裏面相對邊緣的大馬華人潘雨桐對台灣中心的某種"逆寫"情結。

　　從《昨夜星辰》的後半部分開始，潘雨桐書寫大馬題材的比重加大，而此時期對於大馬華人的身份探討、中國性元素介入等等往往成為相當核心的議題。如〈一水天涯〉中就不乏對大馬華人身份政治的質疑，但同樣亦有中國性／台灣性敘述。如前所述，〈紫月亮〉中不乏對文化／現實中國的敘寫，《靜水大雪》中也有對離散身份的關切。某種意義上說，到了第三階段，也即《河岸傳說》時期，更是潘雨桐的東馬集中書寫時段，而此時期他有更獨特而豐富的書寫，東馬的雨林再現在李永平張貴興那裏已經成為一種招牌[1]，但潘的書寫卻更因其現場工作和專業認知而有不同側重和差異性風格。

　　類似地，如果考察這三個階段潘雨桐的書寫方式，也有蠻有趣的表現。在第一個階段裏，他的小說中（尤其是《因風飛過薔薇》）流行性元素和情節性較強，好讀，但實驗性不強，那是因為潘留台時大量接觸台灣當代文學，貪婪地閱讀過《皇冠》《聯合報》等報紙期刊等。此後，他嘗試過不同的風格，甚至是後現代手法中的後設敘事，如〈君臨天下〉（收入《野店》）就提及作者之前的〈何日君再來〉獲獎，小說中的人物卻跳出來要求分獎金並要求重審他們

1　具體可參拙文〈台砂並置：原鄉／異鄉的技藝與迷思——以李永平、張貴興的小說書寫為中心〉，《中山大學學報》2015 年第 4 期。

的重要性，"潘雨桐只是一個資訊的收集者，融合資訊而作另一形態的呈現。如果這也是一種藝術，並且因此得獎，在接受了有形或無形的獎品的同時，對於提供資訊者卻置諸腦後，這是否公平。"（頁 2）〈純屬虛構〉甚至還通過"劇評"的方式對作者創作的缺陷進行點評和反諷，"演員性格不明朗，尤其是潘雨桐的塑造更是敗筆，好像除了會喝酒，也沒什麼好幹的，成了劇中的龍套。聽說他已文思枯竭，寫不出小說了。"（《野店》，頁 173）到了第三階段，除了〈熔爐鑄雪〉一文更具實驗性、雜拌拼貼風格明顯以外，潘雨桐的本土書寫基本上採用了介乎現實和現代主義之間的小說再現手法。

二、身份焦慮：疑惑與確認

不知道是幸還是不幸，潘雨桐幾乎經歷過大馬立國前後所有的重大事件：英殖民、日軍南侵、馬共、大馬立國、"五·一三"事件等等，同時他又曾留學未解嚴時的台灣、強大而富有活力的美國，這種經歷毫無疑問會讓他無論是對個體還是大馬華人的身份認同都有著更豐富的感受、焦慮和反思，而實際上反映到其作品中，這的確也是其感同身受的關鍵詞。

（一）比照的疑惑

正是因為經歷了不同歷史時空對身份的限定和放開，潘雨桐在其書寫中呈現出比照的疑惑，而這比照的對象和目的又可分階段性和準確度。

1. 華人身份：離散之痛。作為經歷過空間轉換、歷史跨越所帶來的衝擊和震撼的作家，潘雨桐身處美國這一更大的"時空體"時，他所關注的其實首先是華人的身份和命運。〈天涯路〉作為一篇近乎報道文學般寫實的作品，潘雨桐甚至連書寫的目的都和盤托出，"有人已經給難民的流離失散下過判詞：越南難民的流離，是大馬華人的殷鑒。我細讀判詞，讀那判詞中一個一個委頓死去的生命。遽然，我彷彿看到案頭的‘沉思者’石雕扭曲變形，雙目迸裂，盈盈流下的不是淚，而是殷紅的鮮血，順著地球儀的經緯脈絡，涓涓滴滴……。"（《因風飛過薔薇》，頁 48）面對越南華人的顛沛流離、出生入死，大馬華人難免兔死狐悲，但逃出政治虐殺的華人到了異國他鄉出路又如何呢？

〈鄉關〉中書寫了魯漢雲自己的離散和漂泊經歷，看到／聽到諸多華人的悽慘經歷，包括印尼排華慘劇，他和上海佬準備跑遠洋，然後到紐約後跳船，這一切都輾轉成功了，但人在紐約，他們的生活雖然相對自由但謀生艱難。而另一條綫，作為魯漢雲的情人——從越南逃出來的阿仙卻也是歷盡艱辛，無論是在越南，還是美國，都要不得不賣淫為生，其中，也不乏細描難民們令人淚奔的苦難人生，越南難民玉茹回憶說，"我們在比農島上見到了從暹羅灣克拉島漂流過來的難民，他們遭遇海盜之悲慘，我們不忍再說一次。我永遠都忘不了那個母親懷中抱著的八歲女童，她只會瞪著眼，她被強姦了一百次——魯漢雲，你相信有上帝嗎？上帝到底在哪裏？"（《昨夜星辰》，頁109-110）〈那個從西雙版納來的女人叫蒂奴〉將妓女發生的悲劇時空移到嫖客的尋歡地——泰國，而在這篇小說中，華人妓女"張小燕"被重新命名為"蒂奴"，不管是身體還是身份都被徹底商品化和無名化／污名化。如人所論，"女性，不見得是尤物，卻可以是性慾的替身。（女性的）異國風情與（男性的）主體想像，斷定了'她們'屬'他們'，主體與客體的性質被確立，是屬'他們的'性質，而因此被物化、性化。"[1]

《昨夜星辰》中書寫的波蘭流亡人士布拉薛斯的落魄流亡經歷，作為一個蘇聯入侵波蘭後的自我流亡者，他曾經為了反抗侵略，手刃入侵的蘇聯傷兵，"你已用刀割斷了入侵你家園的敵人的喉嚨，不管當時你是多麼的害怕，多麼的瘋狂，你已盡了你的力，你比那些只會窮嚷嚷的人勇敢一百倍，一千倍。"（頁71）而"我"則勸說老人家回國看看，"你不能再遲疑了，你雖然沒有了家，但那是你的國。你該知道那些沒有國度的人的浪蕩，你不該永遠的自我流放。時日無多，你已經沒有黑髮可以再等待，乘著你還能走動的時候，你得趕快回去。"（頁72）但最終結果卻是他死在加州拉古納海灘（Laguna Beach）。通過這個書寫永遠離散的愛國者的故事，潘雨桐其實也隱喻了大馬華人的位置與漂泊的命定性與悲劇性。

2. 大馬華人：身份之殤。某種意義上說，自從"五‧一三"事件後，華人

---

1 簡文志：〈她性，無以名狀？——論潘雨桐小說的"女性文本"〉，台灣《中國現代文學》季刊第九期，2006年6月，頁142。

的政治地位更顯尷尬，備受歧視，除了自己的權益很難得到保障，如華人子弟升學在固打制（Quota System）語境中的艱難，甚至是連自己的外籍配偶（尤其是華人女性）取得公民權亦困難重重。

〈綠森林〉中呈現出對華裔的雙重傷害，一方面是蘇祿（Sulu）非法移民（很多時候也是強盜）對少女楊美心的輪姦和殺害，楊之男友李堅在事後曾和某移民有一段對話，"那你為什麼不回去？" "你以為我是非法移民嗎？我是合法的。" "合法？誰讓你合法？" "你們的政府，是你們的政府發給我藍色身份證。" 這讓李堅異常悲憤，"你是合法的？你在這裏住了多久？憑什麼你可以拿到藍色身份證？我們有些人住了十多年，拿的還是紅色身份證，不能享有公民的權利。你憑什麼？"（頁259）這其實就是不合理的種族政策對華人的第二重傷害，為保證馬來人的主流統治，大選投票佔據優勢，他們情願讓非法移民（尤其是會說馬來語的穆斯林）更易變成大馬公民，並比世居於此的華人享受更多權益。

〈一水天涯〉中則選擇了以"台灣新娘"的華人視角拷問大馬華人政治身份更換的不公與艱難，林美雲嫁到大馬十年，女兒讀小二了卻尚未取得公民權，一再申請，即使滿足了所有的苛刻條件和刁難，但卻一再被拒，她忍不住吶喊，"為什麼菲律賓人，印尼人非法進入沙巴州，卻能輕易的成為公民？難道我們不是同住在馬來西亞嗎？為什麼審查會有雙重的標準？為什麼越南的華裔難民湧入丁加奴和吉蘭丹我們能執法森嚴，把他們趕出大海或送去第三國？華人還被警告要以此為殷鑒。而印尼非法移民則任其登陸，氾濫到為非作歹，打家劫舍而無動於衷？"（頁219）這一切又坐實了馬華人的二等公民稱號。

（二）質疑中再確認

張錦忠指出，"一部馬華文學史，也就是離散史或流動史。從一個空間到另一個空間，從一個語境到另一個語境。過去如此，未來也是如此。未來總是一直來，一直來（台灣導演林正盛的書名），馬華文學也繼續離散，從現在流動到未來。"[1] 這種論調指出了馬華文學的離散性,但也過分誇大,彷彿馬華文學變成了無腳降落只能飛翔至死的悲鳥,而且似乎一談本土性就只能變成馬來性,這真是一種自我設限乃至閹割的虛妄或卑微,和大馬統治者享有類似的強迫性獨斷邏輯。其實潘雨桐個案也比張的想像堅實而直率,雖然他不乏比照的疑惑,但同樣在質疑中卻也確認本土。

1. 猶疑與回歸的糾結。〈癌〉中身在大馬的父親罹患癌症,卻被地方(芙蓉的醫務所)庸醫誤診為風濕,等到最後查出是癌症晚期卻也餘日無多了,但身在澳洲學醫後執業的弟弟唐驤卻沒有回大馬開業,也未能在老父病危後趕回,哥哥唐駿以及其他親戚對此有所抱怨。父親卻深明大義,"阿驤的事,不要勉強。有一天情況改變,你不必說一句話,他都會回來。"(頁 84-85)某種意義上說,父親的癌症也暗喻了大馬本土環境的類似症候,但不管怎樣,父親對阿驤的回歸還是相對樂觀。

〈煙鎖重樓〉中同樣是出自大馬卻已入籍美國的凌浩天對於回歸故土自然有自己的擔憂,比如制度如何接納他?是否要以馬來語授課?他的出身台灣的太太楊可璐能否申請永久居留?但他對故鄉大馬卻是倍加思念,"他卻常常想起故鄉的事:那片農地的一草一木,小河池塘,校園鐵柵外的零食小攤,下課時偷買一個從鐵柵縫隙遞過來澆上兩三種顏色水的刨冰,在大太陽下光亮奪目,還有那些熙熙攘攘的街市,娘惹糕點濃郁的椰子香,印度店裏飄出來的咖喱味,多麼熟悉啊!只要一閉上眼睛,便會翻翻滾滾而來。"(頁 248)無獨有偶,即使娶了洋人太太更西化的弟弟凌浩雲卻也同樣如此,他對哥哥浩天說,"我就常常這樣子,忽然好想念家,不是你的家,也不是我的家,而是我們以前的老家。那一片田地,瘦得連骨頭都露了出來。還記得嗎?我們就在那片裸露著胸骨似的土地上,把童年一層一層的添上去,看爸爸教書回來發脾氣,看媽媽終日操勞,我們放學回來就到魚塘去,把鯇魚吃剩的殘梗敗葉撈起來,把剛採摘的嫩葉又撒下去,而後就是看雲看天,想想鄰座女生低著頭姹紅的臉,這種日子好過嗎?"(頁 256)。

---

1 張錦忠:〈繼續離散,還是流動:跨國、跨語與馬華(華馬)文學〉,馬來西亞留台校友會總會主編《馬華文學與現代性》(台北:秀威資訊科技有限公司,2012),頁 143。

〈天涼好個秋〉中，來自大馬的女主人公束慶怡嫁給了自己並不真愛的男人伍時勳，當然因此愛戀婚姻模式中真愛的缺乏而倍覺失落，但其實在小說中，潘雨桐很明確的說明了經濟理由影響——父親生病花錢太多、母親的美容院日薄西山、三弟高中畢業因大馬固打制限制想來美留學（頁79-80）。但從反面角度思考，也恰恰是令人牽腸掛肚的本土議題讓束慶怡嫁出自己，易言之，這倒弔詭地成為一種本土強化和確認。〈靜水大雪〉也描寫大馬留美學生在異地對祖國的思念：李薔勸男友吳怡南疲倦了就回大馬故鄉一趟，雖然最終決定繼續漂泊，但吳怡南也開始反省漂泊、思念祖國。整體而言，回歸大馬本土成為一種糾結的向度，在離散向心力和現實追求便利的拉鋸震盪中引人注目。

2. 本土歸返。史書美指出，"離散會有結束的一天。一旦移民（包括移進和移出的人）定居並變得本地化，第二或第三代都會選擇結束離散的狀態⋯⋯因此，強調離散會有終結的一天便是堅持認為文化和政治實踐始終是以在地為主（place-based）。每個人都應該有成為當地人的機會。"[1] 某種意義上說，潘雨桐作者以外的現實身份最終歸返大馬似乎是一種示範，在他的創作中，潘雨桐有一種更加堅定而濃烈的本土書寫傾向與風格。從書寫自然來看，雨林成為其書寫的關鍵詞之一，豐饒的各類資源，瘋狂的各色開發，經濟挖掘與自然保護之間就這樣張力十足，但潘雨桐處置得相對淡定而坦然，但言辭間更呈現出一種深切的本土關懷，亦採取了貌似平淡實則濃郁的情感揚抑法，作者試圖將大自然生態所面臨的危機和困境坦誠推出，"這個 '職責所在' 的敘事視角，若無其事地陳述著一般環保文章大力鞭撻的現象，這種語氣平緩的敘述策略，在文中產生了 '舉重若輕' 的效果；在這反向操作的思維當中，清楚有效地表達了作者對環境生態的保育觀察。'抑制情緒，陳述事實'——可視為潘雨桐自然寫作的重要策略。"[2]

當然，潘雨桐亦有其有關大河的魔幻式書寫，如 "京那巴登岸大河的水

1　史書美著，楊華慶譯、蔡建鑫校《視覺與認同：跨太平洋華語語系表述・呈現》（台北：聯經出版事業股份有限公司，2013），頁268。

2　陳大為：〈寂靜的浮雕——論潘雨桐的自然寫作〉，《華文文學》2002年第1期，頁75。

天天高漲，兩岸的雨林在季候風中不安的騷動。黃昏一到，就開始張牙舞爪的吞噬夕陽，一葉一葉的捲蓆過去，最後留下的只是殘缺不全枝丫枯乾，全都掉入河裏，隨著河水滾翻沖了下來。而滾翻的枯乾在夜色裏變幻莫測，終成水妖，綣綣纏纏的爬上岸來，見人就纏就咬。蘿伊絲說的，就好像真的一樣"（頁63）。毫無疑問，對有關自然的熟稔、對人文風景的添置以及獨特的本土灌注，讓其書寫呈現出明顯而又深刻的本土歸返。

三、東馬再現：傳說與寫實

身為自身園丘經理的潘雨桐，對於東馬、雨林、大河等等有著一般作家難以掌握的豐富又獨特的人生閱歷和複雜糾葛：他的公司開發森林、燒芭、墾殖等等，自然不可避免地破壞生態環境，而他卻是對熱帶雨林、大河、東馬有著深切感情的在地人。而落實到文本上，也就是他以精彩紛呈的《河岸傳說》為中心，他對雨林的思考和一般人的確不同，"如是的場景置換可以隨心所欲。而我，攀越板根聳突的山路，或是涉水走過陰暗的溪谷，仰望長天，總是給大樹的華冠相互遮掩。偶有陽光投入，猶是天機泄漏。在人與熱帶雨林之間，竟是如此的不相容 —— 熱帶雨林每年正以二千萬公頃的速度消失。"（後記，頁326）相較而言，潘雨桐的雨林書寫比不上張貴興的誇張繁複[1]，但也因此更清新而具有可信度；和李永平的《大河盡頭》比較，潘雨桐顯得樸素、拘謹，但也因此似乎更言之鑿鑿而又娓娓道來。

（一）剛柔並濟：雨林／大河敘事

黃錦樹在1994年曾經撰文批評潘雨桐的"妾位"意識和"閨閣"風格，並視之為一種創作瓶頸，"在藝術上習於欠缺反省的潘雨桐，在這紫色的古老池塘邊遇到了所有的問題；他踩了下去，卻不知道爛泥有多深，也不知道還有多少呼吸的空間。內在中國業已無可避免地成為他的負擔，那不只是美學上

1　具體可參拙著《考古文學"南洋"——新馬華文文學與本土性》（上海：上海三聯書店，2008），頁248-278。

的負擔，同時也是潛在的政治負擔。潘雨桐的小說寫作在這裏遇到了所有的問題，他陷入了瓶頸，那幽怨哀傷而華麗的‘閨閣’就象徵了這一點。”[1] 在我看來，實際上到了《河岸傳說》時，潘雨桐早就對此加以超克，並形成了剛柔並濟的敘事風格。

一方面，雨林成為人類發展經濟、慾壑難填、向天討伐的對象，“一輛一輛的重型機械就像變了形的螃蟹，不管是大光天還是黑夜裏，全都毫無忌憚的爬上了河岸，對著雨林的邊緣直衝過去，把雨林一口一口的侵吞下肚，採山藤的原住民隨著被吞蝕的雨林往內陸推進，直逼到聳立的山麓，卻瘋了似的退了出來，揮舞著彎刀，衝到河邊，整個人就往水裏跳了下去，拚命的洗拚命的刷。‘血呵，血呵，血呵 ——’”（《河岸傳說》，頁 13）這是剛烈風格書寫。同樣不容忽略的還有相對嫵媚的書寫，女性實體及其隱喻，土著女子的嬌美、柔韌卻又相對貧窮，“阿楚閉上眼睛，這個臭婆娘，莫非 —— 真的癲了嗎？月上弦的時候，月圓的時候，月下弦的時候，不都說異常在月色下更鮮活顯彰嗎？這個臭婆娘，扭展著圓渾的身子，一下子就跳上了一座仰八叉的樹椿上，忽而伸展雙臂，忽而匍匐身子，忽而靜止不動，忽而奔騰跳躍，也不知道她哪來的那一股精力。晚餐的時候啃過的那一條蠟黃的魚乾難道還了魂？都附到她身上去了？她要掙脫的是一身的刀痕一身的網絡，通的一躍就回到京那巴登岸大河裏去。”（頁 64）而另一方面，雨林卻又深不可測，變化多端，“莫明的死亡、神秘的禁忌、幽深不可測的雨林，相互交織成一幅詭異圖景。就像台灣原住民的山海神話，把大自然不可測的力量加以神化，這些抽象的禁忌或形象化的神秘，往往成為散文中最迷人的元素。”[2]

潘雨桐很奇妙地結合當地傳說、神話等呈現出雨林 / 大河中的“自然神”書寫，某種意義上說，他也是藉此實現對自我內疚感的洗滌和昇華，更認真地保護日漸減少的熱帶原始雨林。如論者指出，“原始人類的知識未開，對於自然界的變化運行，莫知所以，自覺非常渺小，而自然界的力量卻是偉大莫測。由此力量的崇拜，便產生了種種擬人的自然神：近山的視山之巍巍而出山神，

1　黃錦樹：《馬華文學與中國性》（增訂版）（台北：麥田出版公司，2012），頁 199。
2　陳大為：〈寂靜的浮雕 —— 論潘雨桐的自然寫作〉，《華文文學》2002 年第 1 期，頁 77。

近海的視水之浩瀚而出水神；無山無水處出地神，多風之處出風神。"[1] 為此小說中，各種山精、水妖等等層出不窮，雨林裏除了河精和山鬼，還有會吸河水的旱魃、幻化成鹿的山魈、許多人供奉膜拜的山神等等。當然也有不少相關的禁忌，"阿露說山鬼天濛濛就到河邊喝水，走的時候還會留下一朵血紅的山花，不可以砍樹，不可以殺人猿，不可以捕大頭鳥，不可以捉河裏的鯊魚"（《河岸傳說》，頁 105）杜維拉曾對山精李九說過，"你命大，在雨林遇見山鬼，還能從旱溪活著回來。而河精可兇多了，我阿爸一碰上就沒命 —— 人家都說那是河精，從芒西島游過來的，幾十年甚至上百年才浮上河面一次。"（頁179）

相當暴烈的是，小說中幾乎所有的雨林入侵者、瘋狂索取者和不信鬼邪神妖者皆遭報應，這似乎形成了一種命定。〈河水鯊魚〉中，山精李九雖然一時之間在雨林中七天七夜不死成為傳奇，但其脫險卻像鬼打牆，而同事阿賴卻跌斷了腿，最終因為山雨驟降河水倒灌雨林而被淹死；杜維拉捉到了一尾活河水鯊魚，要艾瑪幫他殺了煮來吃，最後杜維拉就遭到雨林的報復而身亡了。〈河岸傳說〉中，因為獵殺山鹿並食其肉，阿楚在瞭望台倒掉之前下水逃命，卻終被溺死；〈旱魃〉中男人因為斫殺伯公樹卻被凌空墜落的枝丫砸死；〈沼澤地帶〉中老闆李奧一傷，木匠阿里一死；〈山鬼〉中雖然推倒山林者向山鬼祭典，但還是怪事不斷，鐵頭看到了幻象，"他有點納悶，正想從推土機上跳下來到木寮去，卻瞥見卡車上載的不是山泥而是一車人，男人女人和小孩，全都向他打著同一的手勢，他突然背脊發冷，趕緊把推土機開出去，朝著平地的山道直衝，卡車上的人歡呼著，他的背脊更冷，漸行漸近，卡車已不是卡車，而是一棵千年大樹，枝枝幹幹上，掛滿了血肉模糊的人獸肢體，血水流淌在山道上成了一道浮動的緞帶。他的推土機開在緞帶上，不住的上下飄動，左右搖擺 —— 遽爾翻覆。"（頁 161）最終還是受傷，並可能難逃死亡的宿命。

如人所論，"雨林不僅是作為故事的'背景'來寫的，它本身就是小說要著力描述的重點和中心，它和故事出現在同一個層面，而不是'附屬'或'陪襯'在故事的後面。作家甚至將雨林提升到富含象徵意味的核心意象之高度，

1　釋聖嚴：《比較宗教學》（台灣：台灣中華書局），1995，頁 9。

因而他的雨林小說可被視為現代文明的寓言，雨林的傳說和禁忌不是迷信色彩的故事，卻是人類文明悲劇的警言。"[1]潘雨桐處置雨林的手法絕對不是所謂的"妾位""閨閣"敘事，他既有溫柔也有暴烈，既有包容又有排斥，雨林、大河在他筆下也是多姿多彩，人文、自然、神話、傳說、禁忌、地氣等等雜糅並舉，形成了多元的交響。

（二）後殖民本土

　　黃錦樹指出，"目前東南亞各國的地域 —— 國界劃分直接受到 17-19 世紀之間更迭的西方殖民瓜分影響，被分割的土地分別屬不同的殖民主，在他們各自的強迫現代化開化和文化、政治影響之下，地域之間的差異才逐漸被深化；而獨立為現代國家，在策略上正是為了擺脫殖民主（義）的一種不得不然的舉措，代價卻是把殖民地域劃分予以合理化、結構化。這種來不及深思熟慮的匆促分割產生於政治妥協，而無暇顧及前殖民的文化、歷史因素"，甚至"即使在獨立之後，許多小島上的居民和他們的時間也仍停留在前現代，他們的地域觀念亦然"。[2]在潘雨桐的筆下，後殖民亂象可謂轟轟烈烈地在大馬本土上展開。〈雨樹下虛擬的一場春雨〉是以現實中田野考察的執行員身份的"我"去重新復活一場殖民地語境下的愛恨情仇，當年的酒娘和殖民者政務員的戀愛關係日益變成了被殖民者和殖民者的悲歌，最後不過是（特產、性愛）資源的挖掘和利用，重新調查卷宗似乎也是更為了給殖民招魂。如人所論，"潘雨桐以抒情的筆調，刻畫了這個小鎮所受的後殖民創傷。"[3]作者寫道，"火車緩緩的開出月台，那橫伸過來的雨樹枝丫在揮別。那年的政務員是以如何的一種坐姿從車窗揮別酒娘呢？她曾否對著離別的火車追趕過一陣？她也如剛才那樣遽爾迸發漣漣淚水嗎？也許，什麼都不曾有過，爭奪孩子的撫養權已如同水火。"（頁

1　駱世俊：《傳承、扎根與開拓 —— 論商晚筠、潘雨桐和黃錦樹小說的中心意象》（馬來西亞：拉曼大學中華研究院碩士論文，2012），頁 53。

2　黃錦樹：〈新／後移民：漂泊經驗、族群關係與閨閣美感 —— 論潘雨桐的小說〉，台北《中外文學》24 卷 1 期總 277 期（1996 年 6 月），頁 162。

3　蘇燕婷：〈論潘雨桐小說集 ——《河岸傳說》的空間理論〉，祝家華主編《南方學院學報》2007 年11 月第三期，頁 97。

302-303）

　　首先是經濟層面的後殖民剝削。雨林成為人類索取經濟收入的慾望宣泄地，如“當日從福克友誼機場所見的莽莽叢林正在消失。東谷，二十五萬英畝的林地已開發完成，那是全國最大的聯邦土地發展芭，多麼驕人，把崇山峻嶺變作良田。但是，誰曾為百年巨樹的傾倒而控訴？誰曾為覆蓋大地不足六巴仙的熱帶雨林遭受如此創傷而抗議？這擁有大地半數動植物競技的場地，有多少稀有的動植物從此在大地上消失？如今竟裸露了開來，而他卻幫著父親，把傷口越鋸越深，越扯越大”。[1]

　　〈何日君再來〉中的書寫也一再涉及此論題，二戰時期，日本人以槍炮來奴役和榨取利益，如今卻是以經濟介入、效果更佳，老孫顯然對日本人的“大東亞共榮圈”變異體心存警惕，“何日君再來？早就來了，以前是來武的，用飛機大炮，殺得我們哭爹叫娘；現在是來文的了，像水蛭一樣，吸飽了血，我們還嘻嘻笑。”（頁162）的確是，其中打著全球化、現代化的內外合謀的後殖民剝削結構值得警醒。

　　其次是身體（買賣）層面。〈何日君再來〉中的華人女子阿桃和玉嬌為了爭取日本恩客──投資商岡田貞本夫而爭風吃醋，乃至反目成仇。而更複雜的身體買賣同樣反映到華人對雨林土著婦女的承包──契約式買賣。〈雪嘉瑪渡頭〉杜順族女人和華人工人之間簽訂租賃身體合同，後者要負責前者生活費和家用，期滿後，還可以轉租和續租。弔詭的是，這種邏輯也滲透到某些當地婦女心中，批發比零售好，而有時為了兜售自己，還要主動些，“娜芙珊望過去，那個男人也賊賊的望過來，微笑著，一口黃牙，矮矮胖胖的，那裏像王漢？她猶疑了一下，走過他面前，故意把紗籠再提高些，回過頭來，嘻嘻的笑著。”（《昨夜星辰》，頁250）

　　弔詭的是，華人經理往往會僱傭當地人、印尼人、菲律賓人等工作，華人男性使用當地土著女人身體，但同時非法移民或勞工反過來卻又成為一種潛在

1　潘雨桐：〈熱帶雨林〉，潘雨桐著《靜水大雪》（馬來西亞：彩虹出版社，1996），頁275。

威脅，形成了很弔詭的"身體政治"。[1]〈綠森林〉中，工地上的少女廚娘楊美心對其男友李堅說，她怕人，她對男友的說法"這裏的人？杜順人？印尼人？菲律賓人？他們也是離鄉背井，和你我都一樣"（頁256）不置可否，悲劇的是，她的確也是被一幫非法（或合法？）移民輪姦後殺死。毋庸諱言，在後殖民時代，現代化發展、全球化共謀、種族並存、政治衝突、刻板印象預設、舊有的殖民慣性等等，合奏出一首過於複雜而又難以共鳴的樂曲，其中的噪音也不少。

從早期的頗有言情小說的流行風格，到中國風的濃郁呈現，再到本土議題的實驗性雜耍，包括後現代手法的使用，然後再到介乎寫實主義和現代主義之間的雨林／東馬再現，潘雨桐的小說技藝雖然並不特別具有創造性，但亦有自己的風格，立足於堅實實踐基礎之上的清新再現，不做作，不誇張，不寒磣，一如荷花香遠益清，同時他在兩極分化的砂拉越書寫中亦有自己的位置，不同於李永平、張貴興的特色鮮明，又不同於東馬本土書寫的相對樸素與枯燥。《河岸傳說》中的末篇〈雪鑄爐熔〉含蘊了潘雨桐相對豐富而含混的時空體驗、政治認知、生活勾勒和文化關切，這個雜拌兒書寫既是一個總結，似乎又是一個開始，如人所論，它是一篇"很有症候性的小說"，寫出了"面對世界的政治風雲、人格的淪落、道德的喪失，作者顯然很無助"。[2]

結語：台灣經驗之於潘雨桐自然有其重要性，某種意義上說，它既是其世界華人背景的底色，又是中國性的文化落腳點之一，同時又反襯出南洋層次的呈現。潘雨桐的南洋敘述中，身份焦慮一直如影相隨，或通過與他者的遭遇加以比照，或通過歸返來加以確認，都值得反思。而在別具一格的東馬再現中，潘雨桐藉助現實、自然、傳說和神話的渾融呈現出一個相對震撼的雨林／大河敘事圖景，同時他也對後殖民本土進行了深入反省，而大馬華人的身份尷尬和處境改良似乎在長期內依舊是無法迴避的重要議題。

1　具體可參拙文〈身體政治：用與被用——以《一個人的聖經》為中心〉，美國《中外論壇》2006年9月第5期，頁53-58。
2　金進：〈論馬華作家潘雨桐的小說創作〉，《世界華文文學論壇》2011年第2期，頁25。

第三章

眾聲喧嘩

第一節　黃錦樹 "南洋" 論述的弔詭

提要：考察台灣體驗與 "黃錦樹現象" 的複雜關係，我們不難發現，台灣既是在台學者黃錦樹的資源支撐的反攻利器，同時又是一種傷害和背叛。對馬華本土的大力批判毋寧更反映出黃對大馬這塊陣地的高度重視和迷戀，而對台灣的背叛既是一種對傷害的回應，又是一種豐富。同樣需要注意的是，黃錦樹對中國性和本土性都呈現出相當複雜的弔詭情結，其中也有需要清理的霸權邏輯，甚至也部分限制了他的自我提升。

關鍵詞：台灣；黃錦樹；弔詭；"南洋" 論述

毋庸諱言，黃錦樹之於馬華文學已經可謂一種 "黃錦樹現象"，而且對於馬華當代文學思潮亦有著相當的影響力。[1] 同樣不容否認的是，台灣體驗之於黃錦樹更是他見佛殺佛、見鬼打鬼、偏執深刻、敏銳又過敏的根據地：從留台時期的坐鎮台灣中心凌厲地 "反攻" 大馬本土文壇、招招見血拳拳到肉，到如今入籍台灣、漸入主流，從邊緣處跨入中心、恬然自得，台灣都是黃不折不扣的憑藉與資源。當然，反過來，黃對台灣文壇也是一種反哺。

王德威教授對 "壞孩子有理取鬧" 的內容已經進行了頗有意味的分析與縷述，"黃錦樹對馬華文壇的固步自封，有不能已於言者的義憤，這一姿態引來他對馬華文學 / 政治主體的思考，及對留台馬華作者何去何從的關注。除此，他也有意檢討台、馬中文及中國文學教育的盲點，重理當代台灣文學創作的譜系。"[2] 王以相當的高度、包容心以及欣賞的眼光 "收編" 了 "壞孩子" 黃錦樹，但同時卻也可能遮蔽了台灣體驗帶給黃的更弔詭糾纏。本人曾經在 2002 年時

1　具體可參劉小新〈"黃錦樹現象" 與當代馬華思潮的嬗變〉，《華僑大學學報》2000 年第 4 期。

2　王德威：〈序論：壞孩子黃錦樹 —— 黃錦樹的馬華論述與敘述〉，黃錦樹著《由島至島》（台北：麥田出版公司，2001），頁 12。

有篇小文〈台灣經驗與黃錦樹的馬華文學批評〉[1] 對讓黃揚名立萬的文壇"燒芭"功能加以論述，時過境遷，如今希望更進一步。

瀏覽黃錦樹的學術之路，出版的著述（含文論集）主要如下（按時間順序），主要有：《馬華文學：內在中國、語言與文學史》（吉隆坡：華社資料研究中心，1996）。耐人尋味的是，黃對在大馬本地出版的第一本書頗多不滿，在台灣功成名就後似乎更甚）、《馬華文學與中國性》（台北：元尊文化，1998）；《謊言或真理的技藝》（台北：麥田出版公司，2003）；《文與魂與體》（台北：麥田出版公司，2006）；《馬華文學與中國性》（增訂版）（台北：麥田出版公司，2012）；《註釋南方》（馬來西亞：有人出版社，2015）；《華文小文學的馬來西亞個案》（台北：麥田出版公司，2015）；《論嘗試文》（台北：麥田出版公司，2016）；《幽靈的文字》（高雄：中山大學人文研究中心，2019）；《時差的贈禮》（台北：麥田出版公司，2019）；《現實與詩意》（台北：麥田出版公司，2022），加學位論文和散作若干。若從學術出版數量上講，黃錦樹比不上努力不輟且更高產的陳大為、鍾怡雯教授夫婦，但後者的實際影響力比黃略遜，平心而論，黃的關注視野、開闊性、殺傷力以及論述的深度都有可觀之處。在馬華留台同輩的論者中，林建國博士的理論水平最高，但產量太少。前輩中，張錦忠的銳利度和勤奮度都難比得上黃；後輩中，弟子輩的高嘉謙勢頭不錯，但尚在成長。凡此種種，更讓很多時候看起來殺氣騰騰、招招致命的黃錦樹鶴立雞群或睥睨群雄。

考察台灣體驗／經驗與黃錦樹馬華文學論述成長的關係，似乎只能用"弔詭"一詞概括。從作為外部的台灣經驗來說，它既是黃錦樹攻城拔寨的資源、利器和依賴，同時又是一種難以避免的精神傷害、背叛和審視對象。若從內部來看，台灣體驗中的習氣部分地強化了原本敏感尖刻的黃，讓其自由地偏執深刻，同時卻又成為好鬥、敏感、自負的黃深切反省乃至自省的載體。從動態的視角來看，台灣成就了黃，也壓抑了黃；黃藉助了台灣，卻又豐富了她，同時

---

1 原本是第一屆"新世紀文學文化研究的新動向研討會"會議論文，收入龔鵬程、楊松年、林水檺主編《21世紀台灣、東南亞的文化與文學》（台灣：南洋學社，2002），頁219-242；後收入拙著《本土性的糾葛——邊緣放逐·"南洋"虛構·本土迷思》（台北：唐山出版社，2004）。

又反戈一擊。毋庸諱言，這裏的台灣體驗／經驗都不是本質主義（essentialism）的面面俱到考察，而是通過論述文本呈現出來的個體記憶，自然難以切割，但好在它本身也是建構著的產物，不必過於執著。

一、利器／資源：以台灣清算 "中國性"

陳大為曾經在總結旅台馬華作家們的成績時不無得意地指出，"旅台作家一向以台灣文壇為根據地，發展出另類的馬華文學面貌，他們至少創立了：歷史反思、雨林傳奇、南洋敘述、邊陲書寫等突出的文學地景。"[1] 無獨有偶，馬華本土學者張光達亦言，"它在地理位置的雙重邊緣／弱勢化可以衍生為特殊的發言位置與論述實踐，豐富了馬華文學的多元化面貌和聲音，也為本土學者提供並拓展馬華文學／文化研究的範圍。"[2] 從此視角來看，旅台馬華學者們的馬華論述具有較高的地位，甚至佔據了半壁江山。毋庸諱言，台灣經驗是一個不容忽略的憑藉資源，黃錦樹也是受益者之一。

（一）在現場清算馬華文學傳統

無論黃承不承認，就讀於台灣 "慘綠" 中文系的複雜體驗至少讓努力且聰穎的黃錦樹有一種返觀馬華的資本，在台灣所受的學習壓抑與對馬華本土陳舊傳統與馬來特權（及其政策）的夾擊讓黃錦樹必須找到宣泄口：一方面黃錦樹藉助小說創作戲弄、調侃冷嘲熱諷馬華本土[3]，同時另一方面，他又以凌厲的文學批評攻勢放火 "燒芭"，質疑馬華文學的種種，比如稱謂命名、破中文等等。或者是撻伐 "經典缺席"，倡導斷奶論等等，似乎每一個議題都是熱點[4]，讓沉寂太久的馬華文壇驚濤駭浪不斷，甚至天翻地覆。但整體看來，黃的清算主要

1　陳大為：《最年輕的麒麟 —— 馬華文學在台灣（1963–2012）》（台南：國立台灣文學館，2012），頁 42。

2　張光達：〈馬華旅台文學的意義〉，《南洋商報・南洋文藝》2002 年 11 月 2 日。

3　有關論述可參拙文〈爭奪魯迅與黃錦樹 "南洋" 虛構的弔詭〉，《暨南學報》2015 年第 10 期。

4　有關梳理可參張永修、張光達、林春美編《辣味馬華文學：90 年代馬華文學爭論性課題文選》（吉隆坡：雪蘭莪中華大會堂，2002）。

184　　　　　　　　　　　　　　　　　　　　　　　　第三章　眾聲喧嘩

有兩大方面：

1. 理論範式更新（paradigm shift）。簡單而言，通過其學術品位判斷，黃錦樹算是一個現代主義者（雖然他未必完全認同），只是偶爾在涉及語言轉換／再造中文等議題時引用一些後現代理論。恰恰是立足於現代主義，他開始對馬華本土傳統進行了毫不容情的攻擊和清算，而首當其衝的就是馬華現實主義（黃所謂的"本土老現"）。這其中又包括兩方面，一方面是對馬華現實主義作家們（含評論家）進行批評，比如特別顯而易見而且殺傷力巨大的就是按照其"擒賊先擒王"策略處理方北方（1918–2007）個案（其他還有鐵抗等）。[1] 而另一方面，卻又是對相關文學史觀／文學創作理論的批判，比如"典型環境中的典型人物"論，如何選本、大系、經典認定與對應策略等等。例如，在編選馬華文學選本時，他就察覺到馬華本土的弊端並加以清理，"大馬本土的馬華文學選集，也很難避免一些既成的意識形態立場或人際關係，文選或人選的'代表性'也很難覓得一較為可以信服的客觀判準。此外，以題材的地域性和文字的質樸透明為考量的'馬華文藝的獨特性'是其言明或無需言明的雙面利刃，文學的文學性的追求也總被某些聲音很大的教條現實主義者們視為是和'社會性'相衝突的。"[2]

不必多言，黃錦樹在上述層面實現了理論範式的更新，收穫滿滿，近乎大獲全勝，也讓他著實出足了風頭，甚至成為某些初入相關學界和文壇後輩們的偶像。

需要提醒的是，黃錦樹對現實主義的認知相對膚淺和過於簡單粗暴，而他的文學界定也過度強調審美因此看低了馬華本土文學的文化研究價值和現實情懷。簡單而言，其實馬華現實主義更是複雜而深奧的"無邊的現實主義"[3] 傳統下的一個弱小支流，暫時拋開它對卡夫卡（1883–1924）等劃入現實主義流派的過於寬泛，其實單純討論豐厚的俄羅斯傳統和強大的中國實踐就足以反襯馬華現實主義的營養不良。近代俄羅斯自是文化傳統豐盈，19–20 世紀的現實

1　這集中體現在他 2012 年出版的《馬華文學與中國性》增訂版裏。長文和短文都有涉及方北方。

2　黃錦樹：〈小說・我們的年代（代序）〉，黃錦樹主編《一水天涯：馬華當代小說選》（台北：九歌出版社有限公司，1998），頁 8。

3　〔法〕羅傑・加洛蒂著，吳岳添譯《論無邊的現實主義》（上海：上海文藝出版社，1986）。

主義文學足以令世人矚目，甚至傲視群雄。隨手拈來，從果戈理（1809–1852）到陀思妥耶夫斯基（1821–1881），從托爾斯泰（1828–1910）到高爾基（1868–1936），哪一個作家的成就都令世人仰視。而回到中國語境，簡單而言，曾經操練過現實主義的著名作家可謂比比皆是，從魯迅到老舍，從茅盾到巴金，甚至2012年獲得諾貝爾文學獎的莫言的魔幻現實主義操練等等，在在自有其可取之處，也都反證了中國現實主義書寫的強大傳統和當代活力。

同樣需要說明的是，現實主義對現實的廣泛和獨特關注同樣是對（後）現代主義的有益補充，從理論大師們關涉和側重的角度來看，如巴赫金（1895–1975）、盧卡奇（1885–1971）等同樣不乏對形式主義的糾偏。黃錦樹如果因為馬華現實主義的孱弱而拋棄了現實主義的偉大傳統，無異於五十步笑百步的閉門造車。如後來和黃錦樹"絕交"的林建國所指出的，"如果過度強調作者才具，任由作者論復辟，不是出於無知，便是出於得了便宜之後的勢利與世故。這種讀書人太多了，他們不過是文化資產階級意志力的延伸，最不希望你知道的就是他們的社會關係。這時研究馬華文學，社會關係的把握就變得極為關鍵。只要能夠逼迫作者的概念退位，文學便不會被人拿來膜拜，用來造神，以為文學只研究這個，讓我們誤以為馬華文學真的經典缺席。"[1]此論可能具有針對性，相當銳利，但強調馬華文學的更多研究功能無疑也是另一面向的糾偏，至少是對黃錦樹論述的有效匡謬方略。

2. 書寫範式的轉換。值得讚揚的還有黃錦樹（們）對馬華文學論述書寫範式的轉換，客觀地說，1990年代以前充斥文壇的馬華文學批評範式更多是印象式、讀後感式的文學批評，而非嚴格意義上的學術專論，而毋庸諱言，馬華文學史上也不乏是文字罵架式的現實主義批評而缺乏問題意識的建構。[2]正是因為臆斷性和幫派性較強，進入門檻較低，黃錦樹恰恰是利用自己在台灣的理論資源和嚴格學術訓練對此加以攻擊和批判，既強調在地知識（local knowledge），又要強調學術水準達到台灣研究中文文學的標準，並希望得以扭轉馬華批評的

1　林建國：〈從電影研究到文學研究〉，馬來西亞《南方學院學報》2006年11月第2期，頁138。

2　如果粗略考察方修主編的《馬華新文學大系》理論批評卷（1–2卷，1919–1942）（新加坡：世界書局，1972）和李廷輝主編《新馬華文文學大系》（1945至1965年）（新加坡教育出版社，1971）的有關文章，理論水準和體系性確實不高。

頹勢，他說，"當然借重的是學院的優勢，我們畢竟受過學院的專業訓練，也藉台灣這裏整體的學術的支援……其中確立了一個很重要的指向是，所有討論馬華文學的研究者必須擁有充分的在地知識。"[1]

在此基礎上，黃也主張強調增強理論深度、"激情"與"豪氣"。為此，他批評方修馬華文學史書寫和選本中現實主義立場的可能褊狹，"在理論立場上明顯的傾向社會寫實主義，也以那樣的政治正確做衡斷的基礎，究竟多少可貴的資料在他的大系中被'處理'掉仍然是個謎"。同時他也委婉指責楊松年教授，"在理論的層面上是過於樸素的，和當代文學理論也沒有什麼對話。這就讓他的文學研究局限於文學的實證史學研究（和方修類似）及文學的社會學研究（陷入反映論，以為文學事實是社會事實的反映）"。[2]

為此，他不僅僅是質疑，而且也示範。在他相對精彩的論文〈境外中文，另類租借，現代性〉中，雖然論題略顯駁雜鬆散，但他的觀點頗有可觀之處，比如堅持流動的建構的文學史觀，而且以多位作家為例反對並更正本質主義者的起源說，在論述郁達夫個案時，他總結道，"郁達夫流亡與失蹤的個案質疑了起源的綫性時間觀（前—後），更讓馬華文學史的起源處於流動的狀態，使其曖昧不明 —— 伸向地理上的外在，跨出民族國家與民族史學的界綫，指向一種無限 —— 失蹤（無法入土為安、無以辨識、失去方位）—— 現代性暴力所造成的無限的感傷行旅"，[3]頗有強大的解構精神。從整體的意義上說，張錦忠對他的讚揚並不為過，"過去馬華文學論述少而論戰多，往往重複前人舊調過於開發新見解，陳腔濫調的結果，造成理論的累積極少，甚至沒有理論可言，黃錦樹能獨排眾議，提出異見，可謂功德無量。"[4]

但需要提醒的是，這恰恰也反映出黃錦樹批評的弔詭：對於外來的馬華文學研究者，比如中國大陸學者等，他強調要必須具備馬華的在地知識；對於新

1　黃錦樹：〈外省流亡文學與馬華文學在台灣 —— 駱以軍對談黃錦樹〉，《大馬青年：千面英雄 —— 華裔大馬旅台人立足在台灣》（台北：唐山出版社，2005），頁107。

2　上述兩處引文可參黃錦樹〈反思"南洋論述"〉，張錦忠著《南洋論述 —— 馬華文學與文化屬性》（台北：麥田出版公司，2003），頁14-15。

3　黃錦樹：《文與魂與體》（台北：麥田出版公司，2006），頁104。

4　張錦忠：《南洋論述 —— 馬華文學與文化屬性》（台北：麥田出版公司，2003），頁42。

馬本土的學者，他卻強調理論優勢。表面上看這非常英明，必須內外兼具、左右逢源，但實際上這同時恰恰反映出黃的蝙蝠式的潛在狡猾與無奈遊移。而在我看來，任何新馬華文文學研究者都必須具備有關新馬的在地／本土知識／意識，而方修、楊松年的精深史料功夫和數十年如一日的篳路藍縷之功功不可沒，也必須得到充分尊重，文學史研究必須要堅持論從史出。易言之，如果要重寫馬華文學史（尤其是新馬立國之前），像他們一樣孜孜不倦地檢索和爬梳資料是一種必然，畢竟絕大部分戰前文學都必須檢索繁多的報紙副刊和認真考證辨誤才能完成（此時的單行本文學創作和論述太少），否則，空有再先進的理論也不過是紙上談兵（實際上真正卓有成效的馬華文學史理論依然屈指可數）。同樣必須警惕的是，在黃錦樹的某些文學批評中，同樣不乏暴戾之氣，這和某些“本土老現”的人身攻擊做法以及台灣經驗中的不良習氣並無本質的差異——武斷、偏執，雖然也深刻／尖刻。

（二）爬梳中國性的弔詭

這裏的弔詭主要有兩重含義：一是黃錦樹善於挖掘中國性其間的複雜弔詭[1]，二是他的爬梳和反省中也不乏弔詭。

1. 如何中國性：深挖或解構？對於馬華文學中國性的處理，黃錦樹採取了相當繁複的策略，但大致可分兩種：一是深挖——（再）中國化；二是解構，“去中國性”。

（1）（再）中國化。某種意義上說，黃本身就是集中探討馬華文學中國性的成功人士，其中一個比較有意味的手法就是為馬華文學的中國性找尋更深刻的支撐，“國學”自然也是，如其所言，“表面上看起來最遠的兩端，一是馬華文學，一是國學起源，在我來看，卻是緊密相關的。二者都肇因於中國的強迫現代所導致的裂變。”[2]除此以外，他還從馬華文學語言修煉及其中國認同命運的視角考察，李永平無疑是他屢屢借重的個案剖析與訴求，所有有關馬華文學的論文集都繞不過去。更進一步，其論文集《謊言或真理的技藝》大多論述台

1　具體可參拙文〈弔詭中國性——以黃錦樹個案為中心〉，《海南師範學院學報》2003 年第 2 期。

2　黃錦樹：《文與魂與體》（台北：麥田出版公司），頁 6。

灣及中國大陸作家，似乎從某一角度來看也可視為黃對當代中文文學中國性的積極探勘。

與此相關的另一個面向是，黃又毫不留情地批判馬華本土文學／文化的浮躁與膚淺，所謂表演性與商業性，毋庸諱言，這自然又是黃（再）中國化追求之下的恨鐵不成鋼或挾“台”自重。

（2）“去中國性”。王德威曾經指出黃錦樹與馬華文學中國性論述的差異之處，“黃的立論打著紅旗反紅旗，也要再一次讓我們重思他與他批判前輩間的爭議。如果馬華父老切切要以模擬方式，千里之外再現他們與華夏正統的複製關係，黃則採取‘否定的否定’策略，間接說明兩者相互參差之處。如果前輩著重華夏正統音容宛在，黃則要強調陰魂不散。”[1] 毋庸諱言，黃錦樹的南洋敘述中不乏“去中國性”意味，儘管他有時弔詭地加以否認。

實際上，無論是他對馬華現實主義的撻伐與清算，還是對中國性深度闕如的不滿與痛批，骨子裏都是對政治化的中國大陸的拒斥，因為“本土老現”們的理論傳承就是中國大陸，對“國學”的強調又是對當年新文化運動激烈貶斥傳統與古典的潛意識反撥，在此基礎上，黃錦樹才可能凸顯馬華文學的主體性，而尤其強調他們台灣影響下的旅台文學核心，乃至新文學的起源地位。這不能不說是一種既深刻又偏執的迷思。[2]

2. 複數中國性：涵容的弔詭。如果我們認同中國性的複數性，那麼馬華文學中國性的呈現本身更有其複雜之處。如果馬華文學裏的中國性是一個與本土現實協商（negotiate）的產物，是一種文化建構，那麼它至少包含了：（1）對內的精神、文化、身份認同賡續與深刻建構的功能；同時又涵蓋了：（2）對外宣揚或對話的推廣提升策略，從此視角看，表演性和商業性恰恰又是一種不得不的合理因應，畢竟主流馬來公民和其他異族國民對中華民族／文化的理解首先必須建立在能夠彼此吸引的興趣之上；同時，對於華人年幼後代的培養同樣也得講求策略，比如最好可能是耳濡目染、循序漸進。

1　王德威：〈序論：壞孩子黃錦樹——黃錦樹的馬華論述與敘述〉，黃錦樹著《由島至島》，頁 18。

2　具體可參拙文〈“去中國性”：警醒、迷思與其他〉，香港《二十一世紀》（網絡版，網址為 http://www.cuhk.edu.hk/ics/21c/supplem/essay/0302029g.htm），總第 17 期（2003 年 8 月）。

除此以外，藉助台灣資源中的“去中國性”方法去批評馬華文壇並力圖建構馬華文學的可能主體性，其中也富含了弔詭。從更宏闊的文化視角考察，彼時強調在地／本土的主流台灣價值觀其實也就是大中華繁複中國性的區域性表徵之一，和中國大陸、香港等地各自的中國性焦點不同[1]卻又彼此交叉，同樣，馬華文學裏的中國性亦然，它更像是中國大陸、台灣、香港之外的第四種中國性。為此，所謂的“去中國性”無非更是“醉翁之意不在酒”的價值宣揚口號，真正落實起來卻是鬼魅重重的。

二、傷害／背叛：反本土／在地的弔詭

　　2004 年 12 月 25 日，在接受留台生刊物《大馬青年》的同學採訪時，黃錦樹面對居台時間長於大馬的前提下是否入籍或可否算半個台灣人的提問顯得不以為然，“我不是台灣人，更不是半個台灣人。我只是在台灣的外國人。”又說，“你不知道我痛恨本土意識這種錯誤意識？雖然我拒絕中國化，但不等同於同意去中國化或本土化。”[2]在晚輩同胞面前顯得正義凜然、慷慨激昂。

　　而在其 2006 年發表的散文〈我輩的青春〉一文中，黃錦樹寫道，（大馬的）“獨立建國不過是換了主子而已，上升之路只有更窄而不是更寬。所幸在這個年代，傳宗接代的純生物責任輕多了。我想許多同樣背景的華裔青年的高中時代都隱然有一番如此的體悟——離開才有機會。”[3]作為華裔出身的他對本土體制不公的感慨不言而喻。

　　然而黃錦樹終於選擇入籍台灣，饒有意味的是，他的好友陳大為教授信誓旦旦幫他辯護，“雖然黃錦樹入籍台灣，但他對馬來西亞文化與政治的關懷，絕對不輸給在地的馬華文人。打從他的少作開始，一路寫來，馬來西亞始終是他的創作焦點，他非但從未離開那塊土地，反而把根扎得更深了。只要是馬華

1　具體可參朱耀偉〈誰的中國性：九十年代兩岸三地的後殖民研究〉，《香港社會科學學報》（香港：香港城市大學出版社）第 19 期（2001 年春／夏），頁 135-158。

2　〈馬華文學“醞釀期”的終結者——黃錦樹的學思歷程〉，《大馬青年：千面英雄——華裔大馬旅台人立足在台灣》（台北：唐山出版社，2005），頁 39-40。

3　鍾怡雯、陳大為編《馬華散文史讀本（1957–2007）（卷三）》（台北：萬卷樓，2007），頁 259。

文學的事，就是他的事。國籍的改變只是很表面的變更，黃錦樹從皮到骨都是馬來西亞人，是馬華旅台作家的一員。"[1]

毫無疑問，上述不乏自相矛盾之處的引文、事實、觀點恰恰表徵出黃錦樹不同時間節點對本土／在地的複雜認知、判斷與糾結，這實在不能不說是一種弔詭。某種意義上說，黃錦樹對本土的態度恰恰可以反映出他是一個"本土迷思"的超級病號，值得仔細探勘。畢竟同時，他又是一個自覺的批判者，在其《馬華文學與中國性》（增訂版）序言中他寫道，"既面對'大馬'本土的華文文學傳統，也試圖清理旅台的文學傳統——我們的當代。"（頁9）

（一）劍指馬華：洞見與偏執

如前所述，黃錦樹在強大的台灣資源支撐下開始了對馬華文壇的大肆屠戮，他左手操持現代主義利器，右手秉持小說創作披掛上陣，對馬華老現們進行摧枯拉朽般的嘲弄、戲耍和批判。於他而言，正是力圖要鏟除現實主義的遺老與餘孽，他甚至不惜矯枉過正，正是因為刀刀見血、招招致命，打得本土評論界落花流水，甚至讓某些人惱羞成怒、口出髒話、失態也失魂落魄，如張光達所言，"九〇年代這些馬華旅台的文學評論生力軍，挾帶台灣學院的文學資源回饋馬華文學，深化了馬華文學論述的具體成果，也突破了以往馬華文學評論的匱乏困境和理論僵局，甚至藉論述來改變國內外讀者和研究者對馬華文學作品的傳統認知和刻板印象。"[2]

問題的弔詭之處在於，黃錦樹一方面在對馬華本土劣根性的犀利批判中洞見迭出，而另一方面卻又難免簡單化和狹隘化傾向。比如，在《馬華文學與中國性》（2012）中他指出，"'馬華文藝獨特性'的提出，一方面是對同時及之前的'僑民意識'的清算，一方面卻也確立了此後馬華文學的'正規'的、'現實主義'的道路：a. 書寫'此時此地'；b. 以馬來亞人民的立場以文學進行戰鬥，馬來亞事務優先於中國事務。"（頁76）弔詭的是，他一方面批評方修們

1 陳大為：《最年輕的麒麟——馬華文學在台灣（1963–2012）》（台南：國立台灣文學館，2012），頁228。

2 張光達：《馬華現代詩論：時代性質與文化屬性》（台北：秀威資訊科技有限公司，2009），頁 ii。

可能窄化了馬華文學，另一方面卻又認可其梳理結論，同樣簡單化地把馬華文藝獨特性單純指向了馬華"現實主義"，而在〈馬華文學的悲哀〉一文中，他卻又如此看重馬華文學獨特性，"我一直堅持這樣的看法：'馬華觀點'如果要在理論上成立，其先決條件是——具馬華獨特性的文學作品要先產生出來，而且，要有相當的數量。文學是專業之藝事，技術上的成熟是考量它是否能成立的一個重要判準。"[1]且不說他卑職無甚高論的觀點（郁達夫在 1939 年就如此堅持了），仔細解讀上述論述，不能發現他本身對馬華獨特性的認知使用了雙重標準。

同時，他更堅持和梳理自己所信奉的馬華文學現代主義的流變，指出本土刊物《蕉風》（1955– ）等陣地造就的"馬華文學延遲的現代主義"，也認同把活躍在新馬文壇上的新加坡籍作家陳瑞獻（1943– ）作為"馬華現代主義文學的經典"，[2]可見一向嚴格的他在面對同道時標準之寬泛。由上可見，黃錦樹的弔詭讓我們忍不住發問，我們到底該如何處置馬華文學的本土傳統？是否可以狂妄而蠻橫地斬斷"僑民文學"、漠視 1920–1940 年代的本地意識的逐步騰漲？[3]而在考察馬華文學的起源時，是否把 1990 後的留台生文學作為起點？

不必多說，上述矛盾之處恰恰可以反證出黃錦樹離開大馬本土後對本土相關認知的合法性不充分的恐懼，當這種恐懼感成為潛在的思考元素時，他往往會選擇趨利避害的方式展開論述，於不自覺中自相矛盾。

（二）解剖台灣：僑生的原罪與反擊

毋庸諱言，對於作為是資源 / 利器的台灣，黃錦樹是愛恨交加的，愛的層面成為他批判馬華文壇的得意以及屹立於台灣學界的成功，恨的層面成為他剖析台灣的尖刻 / 銳利。問題的複雜之處在於，解嚴[4]後的台灣，本土主義迅速崛

---

1 黃錦樹：《馬華文學與中國性》（增訂版）（台北：麥田出版公司，2012），頁 362。

2 黃錦樹：〈反思"南洋論述"〉，張錦忠著《南洋論述——馬華文學與文化屬性》，頁 20。

3 具體論述可參楊松年著《戰前新馬文學本地意識的形成與發展》（新加坡：國立大學中文系、八方文化創作室，2001）。

4 具體可參思想編輯委員會編《解嚴以來：二十年目睹之台灣》（思想 7）（台北：聯經出版事業股份有限公司，2007）。

起，甚至日益甚囂塵上，而作為被國民政府"收編"的僑生之一 —— 旅台的黃錦樹們此時反倒弔詭地成為和外省人一樣原罪的存在 —— 他們是"去中國性"／反中國化的犧牲品，至少也日漸被邊緣化。

之前的學術論述很少會觸及黃錦樹本人的性格缺陷，其實黃好鬥、過敏、自負又自卑。比如，他洋洋得意於自己馬華文學的所謂權威地位（其實全世界關注馬華文學的學者才真的是鳳毛麟角），2004 年底，在批評完第一代大陸華文文學研究者後，"第二代他們學聰明了，派留學生到新加坡去，可是有一部分人還是很小心謹慎地研究戰前，避開我們這個當代的戰場。最近有一到兩個不知死活的，敢來挑戰我們，因未成氣候就先不去管他了。剛剛提到說這是一個戰場，台灣一個戰場，大陸一個戰場，馬來西亞本土當然也是一個戰場 —— 殘存的左翼教條主義的勢力，那也是一個戰場，某種程度上還是一個主戰場。"[1] 這段話集中反映出黃錦樹作為好戰的超級精神病號的近乎所有症候 —— 1. 過度敏感，以為別人主動選擇去新加坡留學就是為了和他戰鬥並搶他的位次；2. 好戰：全部文壇都是戰場，別人會精心組織好來對付他們，他是以怎樣的敵意面對可能正常的學術論爭啊；3. 自負又自卑：對手們不堪一擊，只有他高瞻遠矚、運籌帷幄，的確是堂吉訶德、阿 Q 和狂人的受迫害狂性格的變異產物。

實際上，黃錦樹今天的成績除了自己的努力外，在很大程度上得益於台灣的豐厚滋養與百般包容，當然也可能助長了他的暴戾與囂張。在《馬華文學與中國性》中，他不斷撻伐台灣，相對中性或客觀的，比如"本島主義的短淺"（頁 12），而在藉助李永平個案的分析中，在剖析《海東青》（上）他也借同情李永平的生不逢時批判狹隘的本土意識和地方主義（頁 238），都有其合理之處。或許更耐人尋味的是他在〈國外評審與本地評審〉一文中的觀點，一方面他批評大馬本地評審過分強調本土意識，太本土化，反過來，另一方面，他又指責來自台灣、香港的鄭明俐、劉紹銘和龍應台們不夠（馬華）本土，不了解馬華本土情況，也因此不客觀（頁 400-401）。言外之意，似乎只有按照他自

---

1   黃錦樹：〈外省流亡文學與馬華文學在台灣 —— 駱以軍對談黃錦樹〉，《大馬青年：千面英雄 ——
     華裔大馬旅台人立足在台灣》（台北：唐山出版社，2005），頁 107。

己的模子打造的評審才最客觀，既本土又外來。

　　黃錦樹對台灣本土的惡感當然有其現實因素，有時候首先是群體問題，如他自己所言的"大體而言，留台大學生的愛國情緒往往雜糅著對前途的不確定感，甚至惶惑。因為除了極少數（繼續升學、外聘、結婚）外，大部分留台生畢業後就必須返馬面對實際的就業問題，文憑的被承認與否，以及與大馬本地大學生及留英美澳日生的嚴酷競爭。"[1]

　　同樣從他個體而言，相似的困境自己也必須面對：他讀書壓力較大，大馬已經成為一個工作上很難歸返的遠觀，作為外來者，無根的感覺讓他會比一般台灣人更糾結於自己的成功與否，因為他別無退路；而在台灣，2002 年時他還抱怨道，"多年來在許多公開和非公開場合，從論文答辯、研討會到論文被匿名審查，我的論文表述方式總被質疑，有時甚至是非常粗暴的'騷擾'"。[2] 甚至即使做到了台灣暨南大學的副教授，卻也還受到過不公正的待遇。據新聞媒體報道，於 2004 年 1 月執行的"外籍專業人員聘僱許可規定"要求在台灣的大專以上外籍教師以往僅需一般體檢證明（包括人艾滋病檢查、梅毒血清檢查等健檢項目），其間隱含的歧視讓一群大學外籍老師忍不住"跳腳"，而黃錦樹更是發起的連署人。[3]

　　這種刺激讓我們不難理解一貫敏感的黃錦樹的反本土／在地化傾向，實際上，他非常需要本土的支撐，但同時他又過敏於本土帶給他連續的傷害。易言之，他更是擔心自己被雙重邊緣化（double-marginalized），因為無論是馬華本土，還是台灣本土他都不具備充分和長久的合法性。往往是從此種潛意識出發，他痛恨大馬華文文學的本土性說法，而把它變成與己命運和身份類似的永遠的離散文學（頗具刻板印象風格）。但實際上，馬華文學的本土色彩、意識和思維的流變其來有自，甚至可以部分追述到"南洋第一詩人"丘菽園（1874–1941）那裏，而 1920 年代的南洋色彩萌芽，1930 年代的"馬來亞地方文學"的提倡，1940 年代"馬華文藝獨特性"的凸顯，1950 年代甚至反黃文

1　黃錦樹：〈Negaraku：旅台、馬共與盆栽境遇〉，台灣《文化研究》2008 年秋第 7 期，頁 87。

2　黃錦樹：《謊言或真理的技藝》之〈引言〉（台北：麥田出版公司，2003），頁 15。

3　具體可參〈繳驗愛滋證明外籍教師不滿〉，台灣《蘋果日報》2004 年 4 月 29 日，網絡版可參 http://www.appledaily.com.tw/appledaily/article/headline/20040429/895271/。

學中都有本土的鋪陳，1960 年代馬華現代主義的成長等等，馬華文學本土性不同時空的形態和內容嬗變[1]何曾因為一個人的拒絕而不存在呢？

（三）馬華本土性＝馬來性？

相當弔詭的是，黃錦樹如此看待馬華文學的本土性，當馬來西亞的一小批華人批評他不夠本土時他回應道，"在馬來西亞用華文寫作，本土是不可能的，你要本土拜託你用馬來文寫，而且你用馬來文寫，恐怕你要用非常地道精煉的馬來文來寫"。[2]而〈在兩地本土論的夾縫裏〉中又持類似的稍作修訂的觀點，"就大馬的現實而言，大馬華文文學沒有立場談本土，那是華裔馬來文學的特權。大馬政治現實下的本土蘊含了對華文的否定"。[3]他對馬華文學的本土化中的政治化過分強調偏見顯而易見。

作為馬華社會被逼／主動出走／放逐的華人作家，黃錦樹不該會忘記馬華人為了爭得自己的合法權益所做的艱苦卓絕的奮鬥，有多少人為此坐牢、被吊銷公民權並被驅逐出境（如林連玉、沈慕羽、林晃升等）。即使單純是羅列教育層面，也令人觸目驚心、唏噓不已。[4]但黃錦樹在返觀馬華的時候，卻相當弔詭地共享了他自己並不喜歡甚至受過其害的極端馬來統治者的霸權邏輯，馬來西亞是馬來人的馬來西亞，馬來人優先，而非外來者（包括華人）的。黃錦樹的如此立場令人不解：難道是因為他旅台後的本土性不充分讓他如此極端，把馬華本土人的本土性也一筆勾銷，雙手奉還給馬來人（尤其是一幫政客）？

需要說明的是，馬華人和馬來（西）亞的本土語境不斷協商、磨合、衝突、融匯，同樣也衍生出馬華的本土中國性（local Chineseness），它既和中國大陸、台灣、香港的中國性有交叉，同時又有自己的特色，從此視角看，這就

1 　具體可參拙著《考古文學 "南洋" —— 新馬華文文學與本土性》（上海：上海三聯書店，2008）。

2 　黃錦樹：〈外省流亡文學與馬華文學在台灣 —— 駱以軍對談黃錦樹〉，《大馬青年：千面英雄 —— 華裔大馬旅台人立足在台灣》，頁 127。

3 　黃錦樹：〈在兩地本土論的夾縫裏〉，黃錦樹著《焚燒》（台北：麥田出版公司，2007），頁 134。

4 　有關馬來西亞的教育史可參莫順生著《馬來西亞教育史 1400–1999》（馬來西亞：馬來西亞華校教師會總會、林連玉基金，2000）。

是在地的華人建構出來的文化認同及文學書寫再現[1]，何以非得把本土性純化為馬來性呢？

　　某種意義上說，正是馬華"本土老現"和台灣本土論者傷害了黃錦樹，才讓敏感易怒、偏執尖刻的他選擇強烈的批判和煽風點火式攻擊，這種批判既是學術的，又有文學油滑實踐（經常佔據大馬華文報刊副刊版面的黃在短篇文論中常常陰陽怪氣），同時不易察覺的是，其論述風格背後更是人格和個人的抒發。而其中的泄私憤弊端和暴戾習氣在他的批評和創作中都有體現，這同時卻又成為制約他難以繼續提升的瓶頸和限制，也給年輕人帶來不好的示範效應，延續了馬華本土文壇上常見的意氣之爭和文人相輕習氣。或許這又是一個弔詭中的弔詭。

　　結語：考察台灣經驗與"黃錦樹現象"的複雜關係，我們不難發現，台灣既是旅台學者黃錦樹的資源支撐的反攻利器，同時又是一種傷害和背叛。入籍台灣後，黃錦樹的這種立場和姿態更顯複雜：對馬華本土的大力批判毋寧更反映出黃對大馬這塊陣地的高度重視和迷戀，而對台灣的背叛既是一種對傷害的回應，又是一種豐富。同樣需要注意的是，黃錦樹對中國性和本土性都呈現出相當複雜的弔詭情結，其中也有需要清理的霸權邏輯，甚至也部分限制了他的自我提升。

1　某些觀點可參拙著《本土性的糾葛──邊緣放逐・"南洋"虛構・本土迷思》（台北：唐山出版社，2004）或拙著《"南洋"糾葛與本土中國性》（廣州：廣東人民出版社，2014）、《馬華文學 12 家》（北京：生活・讀書・新知三聯書店，2019）。

第二節　論鍾怡雯散文中的南洋書寫及其限制

提要：鍾怡雯的散文書寫已經是同輩人中的佼佼者，這無論是在台灣文壇，還是大馬文化界皆如此。其南洋書寫頗具功力，她善於刻寫自我、家族的人生體驗，亦能夠結合、時空、地方感加以豐富，層次井然。另外，她善於經營情感結構、文字書寫和想像力中有狐貓合體的風格，同時又因為她善於台、馬互看的對視策略，更讓其散文具有兩方面的帶入感而備受歡迎。但鍾怡雯在南洋歷史的挖掘深度、思想哲理的厚度上尚有欠缺，而其書寫套路及文字修煉方面亦略顯單薄，並未真正反映出樸素簡單節制之後的美感和直抵人心的殺傷力，亦有提升空間。

關鍵詞：鍾怡雯；散文；南洋；節制

毋庸諱言，如果縷述在台馬華文學發展史，鍾怡雯的散文創作可謂獨樹一幟，即使放到當代馬華文學史上，她也是其中的佼佼者。而同樣值得一提的是，她既是繆斯的女兒，擅長創作散文，同時又是頭腦冷靜的學者——台灣元智大學教授。甚至在黃錦樹的研究序列中，她被歸到"美學化（浪漫化）"範疇中，罕見的兼具馬來西亞、台灣經驗。[1]

鍾怡雯左手為文，右手學術，筆耕不輟、著述等身。創作方面，散文集有《河宴》（台北：三民書局，1995）[2]；《垂釣睡眠》（台北：九歌，1998）；《聽說》（台北：九歌，2000）；《我和我豢養的宇宙》（台北：聯合文學，2002）；《飄浮書房》（台北：九歌，2005）；《野半島》（台北：聯合文學，2007）；《陽光如此明媚》（台北：九歌，2008）；《麻雀樹》（台北：九歌，2014）。論述方面，《莫言小說：歷史的重構》（台北：文史哲，1997）；《亞洲華文散文的中國圖像（1949–1999）》（台北：萬卷樓，2001）；《無盡的追尋：當代散文詮釋與批評》

1　黃錦樹：〈無國籍華文文學：在台馬華文學的史前史，或台灣文學史上的非台灣文學——一個文學史的比較綱領〉，台灣《文化研究》第 2 期，2006 年 3 月，頁 243。

2　該書 2012 年再版，本文使用 2012 版，下引只註頁碼，不另外註明版本。

（台北：聯合文學，2004）；《內斂的抒情：華文文學論評》（台北：聯合文學，2008）；《馬華文學史與浪漫傳統》（台北：萬卷樓，2009）；《經典的誤讀與定位：華文文學專題研究》（台北：萬卷樓，2009）；《雄辯風景：當代散文論 I》（台北：聯經，2016）；《後土繪測：當代散文論 II》（台北：聯經，2016）；《永夏之雨：馬華散文史研究》（吉隆坡：馬大中文系，2017）；《馬華文學批評大系：鍾怡雯》（桃園：元智大學中國語文學系，2019）；《剪影之秘：當代中國散文研究》（吉隆坡：馬大中文系，2022）。不必多說，這種文學／研究的相對融洽與兼擅又可以強化她的創作更新與提高被研究的可能性。

　　鍾怡雯拿獎無數，如聯合報文學獎、中國時報文學獎、新加坡金獅獎、梁實秋文學獎等等，可謂拿獎專業戶，但同時她又相當勤奮、量／質雙管齊下，所以其有關研究亦是豐厚茂盛。其中既有學術名家和前輩們的大力褒揚，如余光中、陳慧樺、焦桐、陳義芝等人的積極賜序和提攜，又有多層次的學術研究：比如常見的整體性研究，黃萬華〈山水兼得情思雙棲 —— 馬華新生代作家鍾怡雯散文論〉（《煙台大學學報》2007 年第 1 期）、徐學〈鍾怡雯散文的感性與知性〉（《台灣研究集刊》2004 年第 4 期）、金進〈生命體驗與學院知識的協奏曲 —— 馬華旅台作家鍾怡雯的散文世界〉（《華文文學》2011 年第 5 期）；亦有專題研究，比如陳慶函〈我離開，我回望：鍾怡雯散文中的出走與回歸〉（台灣《東華中國文學研究》第 11 期）、辛金順〈烏托邦的祭典 ——解讀鍾怡雯《河宴》中的童年書寫〉（《華文文學》2000 年第 3 期）、陳伯軒〈別有天地 —— 論鍾怡雯散文原鄉風景的構成與演出〉（台灣《中國現代文學》第 9 期）、吳道順撰寫的碩士學位論文《鍾怡雯散文的神秘敘事》就指出：首先，神秘敘事豐富了當代作家觀照世界和人生苦難的審美視角；其次，詭異的美學風格和神秘的意象體系創造；最後，它為文學作品建構起一種象徵的詩性力量[1] 等；同時亦不乏對單本集子的文本細讀，如徐國能〈野語英華 —— 評鍾怡雯《野半島》〉（台灣《聯合文學》第 275 期）、林強〈坐在想像與現實的交界 —— 讀鍾怡雯散文精選集《驚情》〉（《世界華文文學論壇》2008 年第 4 期）、王列耀〈借“無我”之翅，放飛“唯我”去野遊〉（《名作欣賞》2008 年

1　吳道順：《鍾怡雯散文的神秘敘事》（台灣東華大學碩士論文，2010），頁 89。

第 5 期）等。上述研究大多豐富和推進了我們對鍾怡雯散文書寫的認知，但就其南洋書寫來說，其實還有探索空間。

　　周芬伶曾經對鍾怡雯的散文書寫進行過時期劃分，“她的作品可分為兩期，一是‘小女生’時期，小女生是她的愛貓的名字，活了十年，也陪伴她來台的第一個十年。二〇〇二年小女生過世，祖父過世幾乎同時發生，意味著她心中的小女生走了，大女生正在長大，以貓紀年，對於‘無處不貓’的她想必不反對；二〇〇二年之後進入‘野半島’時期，也即是把關愛回顧於她所來自的島，她與島的分離已近二十年，隔著時空與緯度看更顯永恆意義”。[1] 這樣的劃分有其合理之處，但同樣還可細化。若從南洋書寫角度思考，《野半島》的確是高峰，無論從語言造詣，還是主題涉獵，但其實自《河宴》開始其實已經是不容忽略的面向，《漂浮書房》又有鋪墊和轉型，而《野半島》則是集中處理。某種意義上說，散文是相對坦誠的文體，既要追求文學真實，又有寬闊的閃跳騰挪空間，頗具張力，但對作者亦是考驗，我們可以追問的是，鍾怡雯如何再現南洋的層次和內容？怎樣以獨特策略呈現？又有怎樣的書寫局限，即使從南洋書寫角度窺探？

一、如何原鄉：南洋再現

　　在 2007 年出版的《野半島》中，38 歲的鍾怡雯如此評價和珍視她的第一個 19 年，“十九年的半島生活，正好是我現在年齡的前半生……我深信前十九年的重量無法衡量，即使把第三個第四個十九年加起來，天秤仍然會斜斜傾向那前三分之一，或四分之一段。”（頁 171-172）儘管散文凸顯的理論深度因文體或多或少會有所限制，但在原鄉書寫的寬度方面，鍾怡雯卻不遑多讓，藉助飄逸飛揚的文字，她給我們呈現出一個多姿多彩的南洋世界。如人所論，“在島際漂流的鍾怡雯，雖然在台灣都市中找到自己的位置，但對大馬原鄉的思念與日俱增，那故鄉的清新的空氣、自由的身心、溫馨的情感、純樸的道德，這

1　周芬伶：〈鬼氣與仙筆 —— 鍾怡雯散文的混雜風貌〉，鍾怡雯著《鍾怡雯精選集》（台北：九歌出版社有限公司，2011），頁 21。

些內涵或化為詩意的寫作、或成了與先人的精神對話、或追憶著童年的故事，在這些散文中，哪怕是父輩（特別是父親）那略帶殘酷的愛，回憶它們時，鍾怡雯的臉上總蕩漾著一抹懷念和憧憬。"[1] 簡單而言，我們可以從如下幾個層面加以梳理。

（一）家族敘事

毋庸諱言，家族書寫既是身在台灣的鍾怡雯紓解鄉愁的有效憑藉，又是她探尋個體譜系成長的家庭性格重構，同時更可能蘊含了有關華人種族身份認同的變遷。

1. 家族譜系。鍾怡雯在散文中營構了看似眼花繚亂卻又井然有序的家族譜系 —— 祖父、奶奶、小祖母；外公一家；父親、母親、妹妹等，她對長輩的書寫特別呈現出她的長於刻畫其內在性格，屢有點睛之筆。

毫無疑問，她以〈外公〉作為題目直接表達她對外祖父的喜愛，"老人家大字不識一個，但是曲折多舛的人生，卻煉就了他生活的智慧和開朗樂觀的性格"（頁 130）。他不僅僅是她身體從瘦弱轉向健康的形塑者，讓她接近自然，而且同時她也可以自由自在的成長，"外公不像姨姨每晚要我讀書認字，他教我的，是大自然這冊天書，教材隨取隨得。姨姨要把我塑成小知識分子，外公卻希望我長成健康的大地孩子。"（《河宴》，頁 135）而在書寫奶奶的時候，鍾怡雯卻採用了人／物合一的寫法，〈天井〉表面上看是在書寫產出獨特而清冽的井水的天井，其實更藉此彰顯奶奶的賢淑、能幹，如釀好酒、講故事等，同樣也涉及奶奶的逐漸老邁、獨自滑倒以及被逼搬離老屋過程，其中又不乏懷舊意味，"簽下賣屋契約時，奶奶與我同時淚光閃爍。自此，永別那裏的一景一物，也割斷了繫聯著我與天井的臍帶，那條血脈相連的臍帶啊！天井從此成了夢土，一個水湧夢始，哺我育我滋養我的一塊沃土"（頁 82）；〈灶〉卻是書寫目盲的奶奶和灶的同命相連、勞作不輟，從年輕一直步入老邁，"冷清久了，奶奶也會過意不去，對灶口與我抱歉似的，不聲不響的焗鹽雞。紅豆般粗的砂

1　金進：〈生命體驗與學院知識的協奏曲 —— 馬華旅台作家鍾怡雯的散文世界〉，《華文文學》2011 年第 5 期，頁 54。

鹽炒得燙熱，埋入去毛包油紙的雞塊。熟透時的熱香，飄越十幾年的時空，來到我的筆尖。"（《河宴》，頁 239）

〈人間〉處理的主人公卻是小祖母，爺爺的第二任太太，寫她面對閒言碎語和現實坎坷時貌似柔弱，實則緊扎土地的強韌生存哲學，"目光不經意落在她那雙日日與青草雨露為伍的腳上。不著鞋時平放地上更顯得特別有力、帶勁。她就如同這裏的草木一般，在這片熟悉的土地上開花、結果，延續喜怒哀樂。"（頁 10）〈島嶼紀事〉裏鍾怡雯書寫爸爸的勤奮和家庭溫暖，〈晨想〉中卻書寫她和妹妹富於張力的姐妹情誼，從一開始的不習慣到逐步相親相愛，"稍長，我們竟可以分享生活裏大人不以為然的小秘密，偷偷的把媽媽準備好的麵包早點當宵夜，昔日的怨懟煙消雲散。這份手足情讓生命更完美，卻也相對的增加它的重量。終於有一天欲遠走他鄉，方發現它們如鉛壓背，令人難捨難分，舉步艱辛。"（頁 147-148）

當然，鍾怡雯對這個家庭也有自己的不滿，她在《野半島》中自敘，"高中時離家半年，因為受不了家的管束，受不了油棕園把我當犯人一樣囚禁在無邊無際的綠海，受不了溺斃和窒息之感，遂成為逃家的人。"（頁 9）〈北緯五度〉裏面提到他們的家族遺傳病——頭瘋，"有時我只看到時間的折痕，在折痕裏看見難以改變的宿命，來自遺傳和血緣。譬如頭瘋，看見了也無濟於事"，多個親戚都有（頁 14），也會批評熱愛自由的父親的並存的懦弱；〈我們的問題〉提及和父親共享的"神經質且不易沉睡"的毛病。而到了《陽光如此明媚》一書時，也有文章繼續批評，如〈今晨有雨〉對祖父的一生的深情回顧，當然也批評他的大家長作風和"無理取鬧"。

其實，《垂釣睡眠》中也有剖析式的書寫，在〈漸漸死去的房間〉中，鍾怡雯書寫年近百歲的曾祖母用安眠藥了結了自己，因為晚年的她一直因病大小便失禁導致大宅氣味污濁怪異、眾人厭惡，連"我"都恐懼時，但其養女滿姑婆卻不離不棄，"滿姑婆的低姿態按捺了大家的猜疑，視她為服侍曾祖母的'專業看護'，忽視了她堅忍、沉默的性格，其實是女人捍衛自己的最佳利器。當曾祖母典藏的古董和首飾被發現一件一件穩當的躺入滿姑婆的抽屜，沒有人曾經反省，那些閃亮的飾物，是從他們掩鼻的穢物提升出來的人性光輝。"（頁 201）但整體而言，恨、批評其實往往也是愛和懷舊的另面證明，如徐國能論及《野半島》時提到了，"《野半島》是鍾怡雯回首的凝視，一個在台灣漂泊了十幾年的靈魂重新翻檢陳年往事，並且一一為那些過往的點點滴滴加注，闡發一種氣味、一道光影、一個詞彙……乍讀此書彷彿是對故鄉的喔詆，對命運的怨懟以及對自己能及早離開的嘉許，但其實全書的情感卻是那種'歷盡劫波兄弟在，相逢一笑泯恩仇'的天寬地闊"。[1] 鍾怡雯的相關散文的確都有如此的功能和態度。

2. 身份認同。作為散文研究者，鍾怡雯對馬華散文的中國書寫功能有著深切的認知，"馬華散文對中國的書寫，亦是一種文化認同，本來尋找認同和故鄉，是人類的境況（human condition）本然的部分。然而現實中國已赤化，只有透過象徵符號與歷史鏈接才能發揮其中國想像，於是創作者以文學的磚瓦所建構的中國藍圖，必得避開真實／現實，或至少把真實／現實涵蓋到想像中，才能再造抽象／個人的中國"。[2] 毋庸諱言，對家族譜系的梳理也暗含了對身份認同的考問。作為創作者，鍾怡雯對此亦有豐富而有趣的思考。

〈我的神州〉裏一方面刻畫身在大馬卻被稱作"老唐山"的爺爺，他的神州就是"廣東梅縣"，而奶奶和建叔卻反對這一點，"唐山有什麼好？吃飯難哪！"（頁64）爺爺反對輪迴，也和孫子關係不好，因為第三代傳人的出現意味著他落葉歸根的可能性變小了。但孫子的感受的確不同，"我終於明白，金寶小鎮，就是我的神州。爺爺在世時，他的神州，是家人的夢魘。""弔詭的是，爺爺一再要離棄的金寶，最終卻成了我的神州。"（頁61）而這一切都指向了不同的"神州"定位。無獨有偶，在自己的論述中，鍾怡雯對馬來西亞散文的中國圖像曾作出這樣的批評，"這些第二、第三代的華人，在生活習慣上已深深本土化，其實已具備多重認同的身分，他們所認同的中國，純粹是以文化中國的形式而存在，尤其是在馬來西亞開放探親之後，它的神秘性早已解除，超越國家界綫和政治規範之後，附身在海外華人身上的，只是越來越老、越來越相似的中國幽靈。"[3]

1　徐國能：〈野語英華 ── 評鍾怡雯《野半島》〉，台灣《聯合文學》第 275 期，2007 年 9 月，頁 129。

2　鍾怡雯：《靈魂的經緯度：馬華散文的雨林和心靈圖景》（吉隆坡：大將出版社，2006），頁 17。

3　鍾怡雯：《無盡的追尋：當代散文詮釋與批評》（台北：聯合文學，2004），頁 235。

而實際上，在其第二本散文集《垂釣睡眠》裏，鍾怡雯其實已經強化這種本土認同，〈可能的地圖〉中年邁的祖父派遣他的長孫找尋他過去的記憶，祖父嗜吃鹹茶，在長孫看來，"鹹茶的製作，是一種對故鄉的追悼儀式。費時費事的做工，是對原鄉的無法割捨。"（頁 185）但結果，幾經努力和打探，存活者都不能確認祖父的歷史痕跡，"屬祖父的，應當存在另一個不同的時空。那是我無法落足的所在。它可能存在，也許已經消失。"（頁 192）這個故事中其實也存在著一種身份確認的弔詭，祖父的追尋大馬時空裏自己過去的記憶已經不能確認，在孫子看來，那是一種可能不存在的歷史，但弔詭的是，這其實本身就是來自中國的華人逐步被本土化的必經階段 —— 從自認中國人變身為大馬華人，無論是情感還是政治身份，惟其如此，後面的子孫才可能清晰認同馬來西亞。

（二）自我 / 成長

　　對家族譜系的梳理必然指向自我和成長。儘管很少涉及自己的私隱感情，鍾怡雯還是有所涉及。〈亂葬的記憶〉寫一段別致而清新的感情萌芽，喜歡她的男生並不直接表白，卻騎腳踏車帶她去亂葬崗看長眠於彼的妹妹，最後因為其父親辭世而不得分開，"我抬起頭，僅僅一瞥，四目相接，卻從彼此的眼神讀出心裏的秘密和年少的執拗，以及掙扎。兩人都沉默，該說的，都交給十五顆乾淨的圓可石。"（《河宴》，頁 128）在《垂釣睡眠》一書中，依舊延續此話題，〈驚情〉其實書寫少女的她收到情書的複雜感受。第一封匿名情書時的激動和微妙感受，尤其是打算把它放到什麼課本裏的幽微心理，讀來妙趣橫生。第二封顯示名姓之後的對照性失落，因為那個男生是個長相略顯癡呆和猥瑣的書呆子，"好像隨時要流口水的那種"，"我寧願他隱姓埋名，就當是做善事，塑造一種假相的幸福給我寄居。"（頁 95-96）兩篇散文鍾怡雯都寫出了少女的萌動、早熟、情感纏繞。

　　除此以外，鍾怡雯還寫到自己童年時候的記憶，比如〈來時路〉提及童年的愉快成長，周邊的自然環境宜人，大自然是 "無字書簡"，"上學和空氣與水同樣重要。當然也期待放假，然而總不如長大之後迫切。那時考試和分數尚不猙獰。上學和快樂有一大片交集區域，甚而是兩個重疊的圓。"（《河宴》，頁

104）當然，也會有記憶美好但現實殘酷或已經扭曲變形的對照，〈童年花園〉一開始多數是無比美好的熱帶花園再現，動植物皆融洽和諧，文章結尾寫道，"如今歸來，卻寧可保有當初的回憶，房子早已成為牽牛花爬牆虎的骨骸，像我空虛脆弱的身軀。當回憶也被連根拔起，這副行走人間、盛飯接水的皮囊也不在乎繁華耀目的風景了。只希望玫瑰的甜香引領我回到永恆的國度。也許，爸媽和小弟正在開滿鮮花的園地，微笑迎我。"（頁 211）收入《陽光如此明媚》裏面的〈位置〉可謂別出新意，書寫自己的喜愛爬樹的經歷，從小一直到高中畢業，但爬樹其實也有一種隱喻的含義在：樹，既是少年時作者的難得的自由保存空間，又是年長後家庭樹（family tree）的隱喻，她其實無法離開家族之樹。辛金順曾如此評鍾怡雯的童年書寫，"涵具了：樂園→失樂園→樂園重建的模式。當童年步向成長，即表徵著樂園的失落。故只有通往回憶才能去重構那一片樂園，可是以回憶重建的樂園與過去真實的童年，實際上已有本質的差異，且無法再現，所以也就變得更加溫馨和美好。"[1]

　　同樣不容忽略的還有自己的生病及療治主題。〈靈媒〉卻是對有關騙人巫婆的嘲諷，但又不得不礙於信奉的母親的顏面無奈借重，當然最終還是遵循己願，拒絕乃至捨棄其法力，"你問我那張符的下落嗎？哦！它和二十幾個同伴一起躺在抽屜的餅乾盒裏。"（《河宴》，頁 52）〈破繭〉則更是由生病所引發出的方方面面的對生命本質的慨嘆和追問（頁 175）。同樣，圍繞自己的生活、學業，她還寫到了自己的老師，在〈我沒有喊過她老師〉一文裏，作者顯然推崇獨特的教育方法——平等對話、回歸自然、因材施教，年長的"她"對"我"平等一如友人，偶爾提出建議，而"我"推己及人或物，"我"對偷食果葉的羊也如此。這樣師生之間的情分是如此自然，"我們之間，應該也是這樣具師生名分，卻不必稱呼的情緣，空氣般自由、亙遠。"（頁 20）〈陰錯陽差〉書寫自己為何讀了中文系，其中也提及有關馬來文和英文教師的回憶，尤其是華裔的馬來文老師，認真、有想法、斤斤計較卻不可愛，他說，"我們要證明華校生也能得優等。"最終作者沒有唸馬來文系，也沒有做女部長，卻讀了中

---

[1]　辛金順：〈烏托邦的祭典——解讀鍾怡雯《河宴》中的童年書寫〉，《華文文學》2000 年第 3 期，頁 24。

文系，可謂陰差陽錯（《漂浮書房》，頁 147）。〈回音谷〉中書寫少女友人的養父，常居深山的他粗糙、年老，但有韌性和博大的父愛胸懷，"山色詳靜，似老人的慈顏。風和樹葉嬉戲，白雲懶臥青天。有鷹盤旋，在遼闊而空寂的蒼穹。無論它飛得再高再遠，總有一個溫暖的巢，等待著翱翔的翅膀，在美麗的山林間。"（頁 29）和大山融為一體的父親堅韌博愛，如山。

（三）環境／他者

在〈島嶼紀事〉一文中，作者寫道，"我已經失去了那座島嶼。再回去的人臉上都寫滿失樂園的悵惘與迷思。據說文明的浪潮淘盡了原始的記憶，綠林山川早已成為歷史的古跡。時光鄉愁的患者啊！只好捧著破碎的碧琉璃，無奈而失望地回到現實的世界裏。"（《河宴》，頁 109）毋庸諱言，鍾怡雯更致力於對大馬環境（尤其是跟她有關）的再現，這其中包括大馬特色的自然環境、熱帶風物，同時又有獨特的人文環境，如多元種族並存等等，同時亦有對她居住過的金寶、怡保等展開的地方性書寫。

1. 人的環境。鍾怡雯曾說過，"散文一直是跟讀者距離最近，也最貼近生活的文類，惟其如此，生活經驗成為散文的先決條件，豐富的生活是散文的沃土……"。[1] 她善於刻畫周邊環境和人事，如〈村長〉中就書寫村長這個熱愛良田、喜歡收藏各種動物標本而又失眠的奇特而有趣的村中人物，〈鳳凰花的故事〉則從人道主義觀點書寫婦女的苦難和隱隱約約的某種命定性，如難產死亡等。自然，這些都還是華人同胞。不容忽略的是，鍾怡雯也有對華人傳統歷史和文化的再現，比如〈茶樓〉中書寫老人們人情濃郁的公共空間，美食和人聲鼎沸的交際滿足了華人喜愛熱鬧的自得感，但其實同時也間接顯示了現代化對傳統的蠶食與侵略。更耐人尋味的是鍾怡雯對"吉隆坡王"葉亞來（1837–1885）歷史的重寫，〈葉亞來〉中她去除過多的神話性光圈而更注意被人遮蔽和壓抑的頗具人性意味的個體史、偶然性因素和邊緣介入，書寫葉如何從底層慢慢成長為甲必丹（Captain）的轉變，比如因為賭輸了無法回唐山才要留下來，"葉亞來應該感謝那位慫恿他去賭博的朋友，更應該感謝那些讓他回不了家的

1　鍾怡雯編《天下散文選 3・序》（台北：天下遠見出版股份有限公司，2004），頁 2。

'損'友，再加上他自己稍微愛面子的個性。這些因緣一起扭轉了葉亞來的一生，讓他從一個默默無聞的淘金小卒變成教科書裏人人皆知的英雄。"（《垂釣睡眠》，頁 159）此種操作有點福柯（Michel Foucault, 1926–1984）在《知識考古學》中所探討的總體歷史展開的空間是彌散的空間的意味，當然鍾怡雯的操作顯得相對感性和表面化。而福柯認為，知識考古學作為關於話語的話語，力圖 "展開一種永遠不能被歸結到差別的唯一系統中去的擴散，一種與參照系的絕對軸心無關的分散；要進行一種不給任何中心留下特權的離心術"。[1]

值得關注的是鍾怡雯對大馬社會中多元種族的敘寫。比如印度人。在〈蝨〉中，鍾怡雯寫了不同的印度人形象，比如住在鐵軌旁邊的捉頭蝨的印度裔母女，"我們從來不打招呼，在那個以華人為主的村子，印度人成了少數的邊緣人。在我眼裏，華人和印度人可以簡單的分為不長頭蝨和長頭蝨。"（《我和我豢養的宇宙》，頁 52）她也寫到喜歡喝椰花酒的印度男人喝醉了以後打老婆的家庭暴力，當然作者也由衷感慨同時 "他們是善於利用美感征服貧乏的民族"，同樣作者也提及有身份的來自北方的高級印度人，無論如何，人事都已成為紛擾的回憶，剩下的大約還是衣著和風俗的鮮明特徵。而在《漂浮書房》中，鍾怡雯繼續描寫或拓展印度題材，〈老師的跳蚤〉寫 18 歲的印度裔英語家教老師巫瑪，但因為對印度人長頭蝨的刻板印象和她身上的印度味，終於找藉口換掉了她，結果繼任的是四十多歲的印度先生，"那一刻，我突然非常想念巫瑪的歌聲，她說的，Never on Sunday。"（頁 142）〈濕婆神之鄉〉書寫怡保的印度人及其文化，雖然更多是驚鴻一瞥，但也令人印象鮮明。在〈這地方〉裏，鍾怡雯一針見血透露了印度人長期貧窮的命運，"印度人確信拉滋米的賜福，雖然它賜予的物質如此微薄，一代又一代的子民在這裏出生，和他們的祖先過著一樣困苦的生活。神顯然沒有改變什麼，可是他們並不懷疑。"（《陽光如此明媚》，頁 107-108）

當然值得關注的還有對馬來半島原住民的書寫，〈蟒林·文明的爬行〉一文中，書寫和耶昆族同胞阿曼在部落交往的經歷，先是在巴東火車站偶遇吃蟒

---

1 〔法〕米歇爾·福柯著，謝強、馬月譯《知識考古學》（北京：生活·讀書·新知三聯書店，1999），頁 264。

蛇肉，然後進入部落感受不同的原始文化體驗：驚險、熱烈和激情四射，如大雨、吃蜥蜴肉、打赤腳等等，但文明人無法融入，"我好像回到了茹毛飲血、以體力和血汗換取食物的時代。前幾天那些蛇肉已經成了我身體的一部分⋯⋯從這座森林出去之後，我的舉止是否更生猛、思想更原始一些？也許我將以蛇的姿勢滑行，或如蜥蜴匍匐疾走於都市叢林。"（《垂釣睡眠》，頁139）

2. 地方／空間。對南洋的再現也必須落實到空間和地方上來，在《漂浮書房》中，鍾怡雯不乏對大馬城市怡保（Ipoh）呈現出集中的刻畫。〈不老城〉是一種整體性描述，撒播的也有對這座城市的熱愛；〈糖水涼茶舖〉書寫其熱帶地區很重要的涼茶、糖水售賣，既是必需，又是習慣和情感注入；〈飽死〉則刻畫怡保美食，"在怡保住那麼久，還未試過讓剛蘇醒的胃吃冷麵包或硬餅乾。總是熟食，童年時最常吃一種叫'老鼠粉'的米食，瑩白滑溜，可湯可乾，外加兩顆爽口的魚丸。'老鼠粉'跟老鼠一點關係都沒有，長得似台灣的米苔目，只能用湯匙舀食⋯⋯非常怡保的另一代表是豬腸粉⋯⋯最單純的吃法是澆點紅草酥，勾上紅色醬汁，白裹透紅好吃又好看。我愛吃帶餡的，裏面裹著蝦米、紅葱、頭和蕪菁，只蘸醬油⋯⋯奢侈點的吃肉骨茶⋯⋯"（頁21-22）。而在〈狗日子〉裏，書寫怡保怡人的生活節奏和趣味性，結尾甚至說，"我考慮在怡保養老。"（頁26）不必多說，這些對地方物質性的描繪也凝結了公共記憶和身份確認，如人所論，"地方的物質性，意味了記憶並非聽任心理過程反覆無常，而是銘記於地景中，成為公共記憶。"[1]

除此以外，作者也著意建構南洋的空間寬度——擴大至東南亞更多國家和地區。〈長衫流動〉書寫越南的胡志明市，"她陰柔、妖媚、耽溺，散發出全然的陰性氣質。鬱熱慵懶的城，混亂多塵，回顧起來那滋味卻似酥軟的糖，甜膩粘牙，纏綿得很。"（頁31）〈淤塞的河口〉卻是在批評吉隆坡；〈黑洞的幽光〉呈現出對新加坡的複雜情感和狀摹；〈廢人之谷〉則書寫自己在曼谷的經驗，體驗泰式按摩疏鬆筋骨，同時卻也有抱小老虎的奇特經歷（頁43）；〈文具書局〉則一瞥大馬居鑾（Kluang）的書店。毋庸諱言，上述書寫或限於篇幅多為

---

1 〔英〕蒂姆·克雷斯韋爾著，徐苔玲、王志弘譯《地方：記憶、想像與認同》（台北：群學出版有限公司，2006），頁138。

一閃而過、浮光掠影式的再現，特別值得注意的是在《聽說》一書中的〈熱島嶼〉一文，她書寫的是泰國的烏龜島（Ko Tao）經歷，其中自然不乏異域色彩，如民居屋主曼格萊養了一隻會上樹採摘椰子的猴子，而主人也把猴子當成是同類。而更發人反省的是鍾怡雯對當地人在石灰岩洞穴內非常危險的採摘燕窩描述，矛頭指向了對華人饕餮劣根性的不滿 —— 曼格萊令人難堪的發問，"你們華人為什麼喜歡吃燕子的口水？" 因為結果往往是，"最後的巢穴被取走，燕子會哀啼著撞到岩壁，濺血而死。"（頁 94）

鍾怡雯曾經在論述華人作家們返鄉旅遊散文時指出，"從對童年記憶的追尋，對土地的情感以及對親朋好友的追憶懷念，其實不只是個人的回憶，那更是如同阿伯瓦克所說的集體記憶，是那個流離的時代，理想遊子所共同擁有的鄉愁"[1]，某種意義上說，這也是她的夫子自道，她也通過上述甚至更多議題呈現出她心目中的南洋圖像。

二、書寫策略：怎樣南洋及其限制

鍾怡雯自有其獨特之處，某種意義上說，這是她才氣外加苦心經營之結晶，當然亦有其別具一格的散文書寫策略。也恰恰是在此基礎上，她給我們呈現出鮮活、有趣、立體而又多元的南洋圖像。整體而言，鍾怡雯書寫南洋的散文自有其獨特性和高度，再加上她書寫台灣甚至是超越地域、書寫個體共通經歷的篇章，如〈垂釣睡眠〉關於失眠書寫的別出心裁、〈芝麻開門〉中對丟失鑰匙的平凡瑣事中反彈琵琶、新意迭出，毫無疑問，鍾怡雯已頗具散文大家風範。但如果就其南洋書寫來看，其實她也有其缺陷，或可以提升的空間。

1　鍾怡雯：《亞洲華文散文的中國圖象（1949–1999）》（台北：萬卷樓，2001），頁 209。

（一）情感結構（Structures of Feeling）[1]

有論者指出，"鍾怡雯不斷藉由書寫重整、建構自我的生命形象，透露出的則是一種由實際地理空間的出走逐漸走向精神層面的回歸，而這之中所承載的是親情的羈絆、對故鄉的感知以及對來時路與自我生命的安頓。"[2] 在我看來，鍾怡雯毋寧更看重她的情感結構建制。

從書寫的功能上看，鍾怡雯書寫南洋的首要功能，該是自我撫慰，坐鎮台北很少返馬時的煮字療飢，所以，以此回望時，近乎一景一事一物一人總關情。〈人間〉中的主角是小祖母，偶爾提及祖父，不吝寫他關愛自己，"可是我明白他是疼我的。逢年過節時總把姐姐們的雞腿夾到我碗裏。玩野了回家時，偶有一碗放涼的綠豆湯擱在碗櫥等著我。和小祖母搬到小屋後，另外一隻雞腿就順理成章夾到她碗裏。"（《河宴》，頁6）在她的作品裏，偶爾加注議論時，有時會點評自己這種細密輕微的小鄉愁，在〈晨想〉中，作者寫道，"異鄉月圓時，那在山巔水涯的家園會用美麗的顫音呼喚你，斷斷續續、若即若離。沒有時代的苦難，也沒有因生活的壓迫加諸而成的無奈。鄉愁緣於環境的陌生；對某些食物的懷念；宿舍的單調和私人空間的狹小顯出家的舒適寬敞；生活起居的親力親為襯出母親的重要；被流言中傷時不若在家可以肆無忌憚把對方罵得淋漓盡致，委屈處還可夾帶暴雨梨花牽動弟妹的憐憫之情，把對方也狠狠數落一番。這些，就是我們這時代的，被老一輩笑稱'小意思'的羽量級鄉愁。"（頁149）

而從更大的人文角度看，在書寫殖民地舊跡時，她亦呈現出一種曖昧的懷舊，〈雙層的晚年〉中的老管理員對英國殖民者有種難以言說的忠誠，"他們那輩人重情義，不同國籍的主僕二人似生死之交，他的每一瓷回憶都上過釉彩，美得令人懷疑。"（頁231）當然這種懷疑有時會直接面對，當不堪歷史日益

1　此概念英國文化理論家雷蒙德‧威廉斯（Raymond Williams）的"文化唯物主義"（cultural materialism）理論中使用的一個專門術語，意指一代人的思想與感受的形成，有其可塑性和再造性，有關分析可參 John Higgins, *Raymond Williams: Literature, Marxism and Cultural Materialism* (London & New York: Routledge, 1999).

2　陳慶函：〈我離開，我回望：鍾怡雯散文中的出走與回歸〉，台灣《東華中國文學研究》，第11期，2012年12月，頁197。

出土重見天日後，作者更傾向於對親情的寄託和某種顯而易見的比照，"老實說，若非小妹在倫敦，我非常不願意讓這個殖民過馬來西亞的帝國再賺進我的一分一毫。自從讀了馬共頭子陳平《我方的歷史》，以及這幾年大量浮出地表的馬共資料，對這些榨血鬼佬我可是恨得咬牙切齒，連帶抗拒這個國家。殖民的那些年英國佬也搜刮夠了吧，我還需要巴巴的去光榮他們的旅遊業嗎？"[1]

　　同時需要提醒的是，鍾怡雯散文的情感結構塑造還有一種動態的浪漫情懷，可以理解的常見層面是她的時空位移。從金寶到離島，從居鑾到怡保，類似的從熱帶雨林、膠園到島嶼，再到都市小鎮，這樣的位移也充實並開闊了其情感結構的空間。同樣，另一面的浪漫主義動態書寫卻在於同一事件／時空的精神遊走，比如〈凝視〉中書寫祖父母的遺照，"我"凝視它們時，不乏思緒的流動，他們眼神嚴峻，有責怪的意味；而且從空間來看，"這間近百坪的老屋，我認定它一定住著先人的魂。"（頁109）廚房、兩老的睡房、天井及其內部的澡房，都可能隱藏不少"我捏造的鬼神"。空間的轉換中其實也暗含了精神想像的雙重移動／檢視。過年大掃除時，"我"被分配打掃祖先的供台和茶杯，"我實在沒有勇氣把雞毛撣子拂到照片上，愈靠近照片，他們的表情愈嚴肅，五官咄咄逼人，好像在告誡我什麼……抱著烈士的心情面對他們。我先在我心裏說明我的行動和用意，然後在快樂不起來的賀歲歌中，開始小心的清理。那大概是一種叫戒慎恐懼的心態吧！把雞毛撣子刷到他們臉上時，我還微微的發抖，心裏不停的盤算，如果雞毛逗出了他們的噴嚏，我該往哪兒躲。"（頁114）以幽默拉近敬畏，同時也顯出動態的浪漫精神，如人所論，"就像鍾怡雯強調馬華文學的浪漫精神，屬她的浪漫是在不斷逾越與出走中，有種回不去的焦慮與掙扎，所以總在奔逃，進行中，動態的描寫特別出色，時而喃喃自語，大多是自問自答，獨特的鍾氏出品，像馬克白的獨白，像是懺悔，其實是上下求索的天問"。[2]

1　鍾怡雯：〈伊斯坦堡的呼愁〉，香港《香港文學》第298期，2009年10月，頁34。
2　周芬伶：〈鬼氣與仙筆——鍾怡雯散文的混雜風貌〉，鍾怡雯著《鍾怡雯精選集》，頁16-17。

（二）貓狐合體

余光中指出，鍾怡雯的作品有"狸奴情結"，讚揚她嗅覺靈敏、文風似貓爪軟中帶硬、獨白呢喃，亦有"腹語"味道，能夠寫實，樂於探虛，對滄桑魂夢糾纏（《聽說》，頁 15-17）。焦桐也指出，《垂釣睡眠》"裏面多數篇章心思細膩，構思奇妙，通過神秘的想像，常超越現實邏輯，表現詭奇的設境，和一種驚悚之美，敘述往來於想像和現實之間，變化多端，如狐如鬼。"[1] 毋庸諱言，兩位論者的觀察相當犀利，還有結合代表性文本加以說明，一目了然。

1. 以虛構切入整合。實際上鍾怡雯對散文的某些局限性相當清楚，在散文書寫的策略上，"以文體觀之，相較於詩的'壓縮語言'、小說的'虛擬語言'，散文是唯一被允許能直接表達意見、能直接訴諸情感的'真實語言'，這種'相對真實性'使得以散文處理像政治或性別等具有禁忌性、私密性的議題時缺乏隱晦的空間，也容易影響議題被討論的焦點。"[2] 可以理解，涉及私隱和某些不便袒露的內容自然可以虛虛實實，甚至可以幻化，拓展想像空間並藉此阻止某些偷窺者。

有些時候，在尊重文學真實的基礎上，以虛構切入散文，加以合理整合，可能會收到良好效果；當然，過分虛假或有意製造浮誇也會收到反效果。〈我的神州〉一文中，作者寫道，"我的誕生之地，就在老九重葛斜對面的板屋。異於父親，爺爺對我的出世，始終沒有愉悅之辭。兒子出世，標誌他歸鄉的希望之火有人傳遞。孫子問世，無疑宣判他已扎根異鄉，老人家的神州，果真成了不可企及的夢。我於是成了出氣筒。"（《河宴》，頁 62）把現實中的孫女身份虛構成孫子身份才可更具男權社會思維框架中身份認同代際的轉換差異凸顯，這樣的手法不是唯一。但不必多說，此類手法卻強化了主題呈現的效果。

2. 狐媚的表述。讀過鍾怡雯散文的人，莫不感嘆其才氣。其中相當醒目的一點就是其文字營構中的狐媚一面：富有想像力、聰慧敏銳。早期的書寫更是既有小女生的嫵媚婉約，又具有才女的清秀與衝勁。比如《髮誅》中的書寫，

1　焦桐：〈想像之狐，擬貓之筆〉，鍾怡雯著《垂釣睡眠》，頁 5。
2　黃雅歆：〈《天涯海角》與《母系銀河》的"父系""母系"追〉，台灣《彰化師大國文學志》第 22期，2011 年 6 月，頁 290。

"頭髮是那樣的脆弱纖細，容不得大聲的獅子吼，或馴獸般的狠狠搓洗。它崇尚徹底的自由主義，堅持散髮，討厭我以方便為由把它束成馬尾，'馬尾是趕蒼蠅用的，我要求唯美的浪漫，優雅的古典，要像少女漫畫中的主角那樣自然飄逸，我討厭你一切以方便和效率為考量的現實主義'。它如此振振有辭的辯駁，並藉機諷刺我。"（《垂釣睡眠》，頁 49-50）書寫風景時也有類似的擬人、詩意和機趣。甚至在少女情懷中偶爾也有文字暴力宣泄，如〈驚情〉中面對第二封情書的作者──有點猥瑣的書呆子的腦海屠戮，"很長一段日子，我忍住把他的頭扭下來的衝動。憑我殺球練就的腕力，兩下，我相信，只要兩下，就可以輕易把他填滿課文和考試的頭顱扭下來……我在腦海裏演練了各種不同的場景，想像他適得其所的死法。那種死亡的力量是青春的暴力，來自少女強烈的自尊，以及被愚弄的憤怒，或許在某種程度上，認定他亦謀殺了我青春的夢幻吧！"（頁 96）甚至鍾怡雯也呈現出極其細膩而敏銳的觀察力，如〈路燈老了〉中對路燈下事物的細描（頁 143）。

除了文字，還需要關注的是她的非常活躍而出人意料的思維。如〈門〉一文中的反思，在他處正常的門到了熱帶雨林故鄉卻是一種尷尬而怪異的存在，大家紛紛敲門來看，但卻只是好奇，"門違反了他們坦蕩蕩的生活習性。如此一來，倒反而挑起了人類與生俱來的偷窺慾與好奇心。"（《垂釣睡眠》，頁 170）但鍾怡雯繼續開拓思維，中國社會歷史中的封閉和捱打，門是自以為保險的隔離。個體的心門也可以關閉，但她最終有自己的選擇和判斷，"門，還是得有技巧和限度的開放。緬甸和明末那樣的關閉終究只有走向停滯。完全開放亦只有徒增困擾和迷失，五四即是一例……我依然堅持門的必要。"（頁 176）

（三）台馬互看

鍾怡雯寫道，"每次穿上那件上衣，在台北匆忙行走辦事，彷彿就真的變成了異鄉人。艷黃的蠟染布，七分袖和下擺各縫接著寸餘長的金蔥，再加上一件下擺也繡著亮彩圖案的八分褲，從路人好奇的目光，我知道這身裝扮太過招搖，即使在馬來西亞，我也不敢穿這身衣服出門。可是穿著它在台北遊蕩，卻有生活在他方的愉悅，還有，一種隱約的鄉愁。"（《我和我豢養的宇宙》，頁

50）這段文字顯然書寫的不只是著裝，還包括來自於台馬互看造成的品味和陌生化效果。

一般意義上說，一個功成名就的人難免衣錦還鄉的慣性，而作家鍾怡雯卻是通過她的文字原鄉。簡而言之，早期，尤其是以《河宴》為中心時候的南洋書寫，立足台灣的鍾怡雯還是小女生，以故鄉為書寫對象至少具有雙重功能：一、紓解鄉愁，二作為獲獎和創作的擅長題材，給廣大讀者，尤其是台灣讀者一個清新奇特的異域感受，但她的眼睛也難免帶上了台灣眼光。而到了《我和我豢養的宇宙》書寫台灣生活時，其實也打上了大馬潛在讀者的觀照，經由鍾怡雯，新馬讀者也可以打量台灣，尤其是和鍾密切關聯的台灣。

《漂浮書房》中有關馬來西亞和更大南洋的短文書寫其實更凸顯一種身份素描，也是一種強化的基礎，"發現'故鄉'對個人潛在的影響力。成長環境和教育，把我教養成'混血'的人，無論在精神或文化，乃至食品口味。我再而三的在散文中坦稱自己是'南蠻'。我喜歡混血的東西，血統不純是我最大的資產和驕傲。"（頁8）而《野半島》才是鍾怡雯認真集中清理自己雙鄉追認中原鄉的方方面面，她自認，"時間和空間拉開距離。因為離開，才得以看清自身的位置，在另一個島，凝視我的半島，凝視家人在我生命的位置。"（《野半島》，頁14）而陳大為將《野半島》一書歸入"自傳體散文"的範疇，並且指出，"從馬來半島到台灣寶島，再回首過去，才看清全部的事實……她的語言技藝在《野半島》得到最淋漓、最渾然的發揮，層層剖開再層層建構其內心世界，毫不遮掩地還原了故人、舊事，和思緒。"[1]而在〈陽光如此明媚〉一文中，她同樣把陽光情感化、象徵化，也不乏對看或對照的操作，"可是濕冷的冬天裏，我還真是想念南方的陽光。陽光底下那些會說故事，以及說著故事的，層層疊疊的，光影。"這裏的冬天是指台北的冬天，而南方則是指赤道的南洋。

但無論如何，鍾怡雯是善用雙鄉資源的人，她書寫台灣時亦有自己的獨特視角和立場，如人所論，"鍾怡雯用主觀與客觀的視角描寫眼中的台灣之景，她以主觀之筆描寫居住地台北，而出生地怡保則因為環境清幽，居民充滿生

---

[1] 陳大為：《馬華散文史縱論（1957–2007）》（台北：萬卷樓，2009），頁175。

命力的生活方式與台北人的快節奏，以及藏的很好乃至沉鬱的表情兩者相較之下，讓她對台北產生無法接納的觀感，隨著生活重心的轉移，屬台灣的記憶也慢慢累積，這種情感的催化也讓她對台灣漸漸認同"。[1]

在雙鄉天平的擺動中，台北的分量日益被強調和側重。早期作品《山野的呼喚》中批判台北的過快轉換，"在這新陳代謝迅速得令人措手不及，甚而壓迫窒息的後現代城市，以打敗時間為勝利者的方式不斷更新市容。不過一個星期未經那條拍賣現代人自詡奢侈的虛浮街道，那間瑟縮的書店竟然已變為青春族蜂湧的撞球中心；一間傳統的便利商店早已人去樓空，地面零碎的磚塊只怕來不及嘆息便已為新工程進展的速度所震懾。"（《河宴》，頁153）而自我撫慰的往往是故鄉、小表妹、爺爺奶奶等等。發表於1997年的〈回蕩，在兩個維度之間〉書寫台北、吉隆坡，不喜歡它們的堵車，卻又有各自的喜歡之處，"對吉隆坡來說，我也是一名遊客，在數年一次探親訪友的時候，偶爾投影在它繁華的街道上。台北，卻是我生活了九年的地方，一個已經不再能用喜歡或討厭的感覺輕易打發的城市。"（《垂釣睡眠》，頁240-241）

慢慢地，故鄉似乎變得有距離感，比如〈候鳥〉書寫對記憶中原鄉的珍視，對故鄉的新變有些不適應，甚至會迷路，也感慨自己的身份，聽著父親對新家的構想訴說，"我哦哦哦哦的答應著，努力勾勒新家的模樣，可是，它實在太遙遠，沒有任何交通工具可以帶我穿越心理的距離靠近它。下次回來之前，一定得武裝成旅人。最好當一隻快樂的候鳥，年年南飛，年年北回，翅膀上除了輕快的雲，再也沒有其他的重量。"（《聽說》，頁137）從自己對家鄉混雜語言的操控角度來看，〈流失的詞〉中，早期返鄉時發現自己的家鄉話近乎原汁原味，越到後來便失守了，"後來便江河日下了，跟台灣的土石流一樣無可挽回。這裏缺一角那裏崩一塊，我把國語拿去填補流失的客家話。聽得出來父親皺眉了。這頭握著電話的我，對著看不見的十八年，不由得失神起來。"（《野半島》，頁90-91）〈以前的胃〉中書寫自己的偏執個性、易走極端，尤其是在食品的品味上，原本很喜歡榴槤，2006年的一次返馬，"舉家歡樂大啖榴槤，我被榴槤味熏得奪門而出，閉氣衝到院子時幾乎昏厥。"（《陽光如此明

1　王葦婷：〈鍾怡雯散文中的台灣圖像〉，台灣《彰化師大國文經緯第七屆》2011年11月，頁116。

媚》，頁 132）在父母嘲笑的"唐山婆"詞彙中，其實也可以看到作者的台灣化，至少是台灣、原鄉之間的尷尬擺蕩。

（四）散的局限：平面南洋

鍾怡雯書寫南洋自有其成績：相當綿密的家族親情刻畫、文字的靈動與童趣化；主題上涉及相對開闊，這都能夠再現出其迷人的魅力，但鍾的南洋書寫有其整體性缺陷，就是思想的枯瘦、節制美的薄弱。

1. 思想的枯瘦。明顯的缺陷之一，就是她對南洋大歷史的平面化乃至忽略。不必多說，南洋的歷史、傳說、神話、土著文化、風俗有其博大深邃之處，鍾怡雯並未呈現出其應有殺傷力，而更多是情感化的一面，學者林強對鍾怡雯的散文作出了如此評價："或許，鍾怡雯只著重於情感的開掘，而對想像空間所應有的思想深度有所忽視？"[1]

相應地，鍾怡雯的散文還缺乏有深度的論述。某種意義上說，她的散文部分克服了小女人散文的弊端，即使書寫瑣碎的題材往往也相對精緻和獨到，甚至有一絲霸氣，但她的散文從氣度上看更多算是中性的，其論述的哲理性層面有所欠缺，張春榮點出了鍾散文想像力書寫中哲理性不足的缺點，"《垂釣睡眠》奏出作者敘述的獨特風格，並將擬人動態的感性推展至極，成就其鮮明的路數。至於如何溶鹽於水，將議論自然融入抒情敘述中，當是作者另一挑戰的新高。"[2] 易言之，散文書寫的論述化深度，南洋題材的立體化、多元化挖掘都該是鍾未來可以繼續努力的方向，她如今的書寫更多都是環繞自己和家族的生活、悲歡，格局上略嫌狹隘了些。

2. 節制之美。才華橫溢的人往往恃才傲物，苦心經營文字使其精巧的人往往可能輕視樸素之美，而情感的過度介入卻往往可能忽略了節制的感染力，從此視角看，鍾怡雯的散文強調和發揮了繁華的一面，而忽略了另一面可以雙軌並行、如虎添翼的可能性。

1　林強：〈坐在想像與現實的交界 —— 讀鍾怡雯散文精選集《驚情》〉，《世界華文文學論壇》2008 年第 4 期，頁 42。

2　張春榮：《現代散文廣角鏡》（台北：爾雅出版社，2001），頁 53。

鍾怡雯早期的散文文字往往頗有機巧、濃郁，而為其作序的楊昌年教授對此大力褒揚，並評價五四文學的風格時說，"雖然以它的優點糾正了上一文風的缺失，但先天的不全性仍然存在，自由語體化的另一面即是空泛平凡的藝術深度不夠。時至今日，五四文風業已逐漸老化，代興的精緻文學始兆已現，即將以其優美精緻的藝術特性，風行現代，成為文學上新的主流。"[1] 余光中在為鍾怡雯《聽說》作序時亦持類似觀點，但毋庸多言，這樣的風格一久，也有其重複性，林青在〈所羅門的指環〉一文中就談到，"鍾怡雯的散文創作確實有了一個好的開端，但是讀多了她的散文，便會產生一種不滿足的感覺，纖細秀美有餘甚至不無偶有套路相近之嫌"。[2]

當然，隨著時間流逝，鍾怡雯的文風也在變化，如《陽光如此明媚》就更顯平靜和淡定，如人所論，"2008 年初便以《陽光如此明媚》與讀者見面，比起《垂釣睡眠》、《聽說》、《我和我豢養的宇宙》等，其書寫的調性更為平實而靜定哀傷，在生活剪影的細心透露中，與面對人事間生命死亡與失去的更迭，且在靈光乍現的每一瞬間，面對從前的自己，並透過現在自己的文字，細細呢喃的與從前的自己對話，其觀看世事的心性移易，對外在世界質疑抗辯的態度，經歷除飛揚人生的浮沫，遂多了人情的體會與省思。"[3] 但還是不得不指出的是，從整體來看，她有時會忽略了樸素之美。

她批評朱自清（似乎承接余光中的慣性）的〈匆匆〉，"他樂意陷溺在一種小孩式自問自答的天真想像裏，讀者可沒必要陪他玩這種無聊遊戲吧！這種抒情和究理實在有點慘不忍睹"，並批評〈背影〉"早已成為朱自清的註冊商標。"[4] 學術探討固然可以仁智互見，但對朱自清的〈背影〉，她的理解似乎略顯粗糙和粗暴，表面上看起來，此篇文字相對粗礪，情感似乎並不特別濃烈，但其中的淡淡哀愁、中年男人命途的多舛對比和父親的努力圖像形成一種複雜張力，直抵人心。同樣，五四時期稍後的 1920–1930 年代的散文大家 —— 周

1　楊昌年：〈華年錦繡〉，鍾怡雯著《河宴》（台北：九歌出版社有限公司，2012），頁 1。

2　林青：〈所羅門的指環〉，收入鍾怡雯著《河宴》（台北：九歌出版社有限公司，2012），頁 253。

3　柯品文：〈細評鍾怡雯《陽光如此明媚》中陽光底下的陰影、死亡與失去〉，台灣《全國新書資訊月刊》2008 年 5 月號，頁 49-50。

4　鍾怡雯：《內斂的抒情》（台北：聯合文學，2008），頁 11。

氏兄弟則各有千秋，魯迅的《野草》《朝花夕拾》都是經典，尤其是和鍾怡雯風格迥異的周作人（1885-1967），文字亦相對枯瘦精幹、波瀾不驚，卻另有一種不容忽略的美感和不可踵武的獨特性，值得仔細品味。[1] 而這種風格恰恰是鍾怡雯所不具備而又輕視的另一種豐碩散文傳統。

相較而言，鍾的散文善於書寫周邊人事，再加上機趣橫生的文字往往有一種吸引人眼球的魅力，隨著時間推移，鍾怡雯也在逐步成熟，"與前期散文相比，鍾怡雯不再耽於幻想。在《我和我豢養的宇宙》中，我們可以看到散文取材的現實感大大增強，一貓一梳、一車一蝨，都能成其點染對象，一經筆墨，總能熠熠生輝。"[2]

但同樣，她南洋書寫的不少散文卻由於缺乏控制而顯出一絲浮華和喧囂的味道，比如有關南洋風景的書寫，"然而此刻的紅泥路上，陽光鐵甲金戈大步邁過來，亮麗的流質灑了一地，如一片華美的生命，洋洋鋪了開去。大撮大撮金綫自油棕葉隙爆落。寄生在油棕樹幹的鳥窩蕨、鹿角蕨居高臨下先得朝陽的眷顧，而後方輪到繁茂的羊齒植物以及林間雜生的野苦瓜藤以及蔓生植物"（《河宴》，頁 145）這樣的書寫比比皆是，寫來寫去，但也成為一種難以打動人的套路和濫調。她早期的童年書寫既有特色，卻也有問題，"對於童年生長的故鄉作出美好的描繪許是在情在理，但任憑怎麼動人的敘述畢竟只是一種概念化（本質化）的書寫策略。"[3]

某種意義上說，作為同樣是學者型作家的楊絳（1911-2016）女士的散文書寫值得鍾怡雯借鑒。她的《洗澡》《我們仨》無論是書寫個體人生家庭的慘痛經歷，比如生離死別，還是國家大的政治變動席捲橫掃個體，她都呈現出一副別致而冷靜的美。對於劇痛和傷痕的再現，她總有一種痛定思痛的控制力，文字貌似平淡、情感彷彿淡漠，但真正經過大痛的人卻可以心有靈犀、驚心動魄，而即使是沒有親身經歷的閱讀者，一旦重讀，往往有一種離奇的殺傷力，

1　有關研究可參錢理群著《周作人論》（北京：十月文藝出版社，1990）、張鐵榮著《周作人平議》（天津：天津人民出版社，1998）、止庵著《周作人傳》（濟南：山東畫報出版社，2009）等。

2　戴勇：〈信"筆"由韁點石成金〉，《世界華文文學論壇》2006 年第 3 期，頁 29。

3　陳伯軒：〈別有天地──論鍾怡雯散文原鄉風景的構成與演出〉，台灣《中國現代文學》第 9 期，2006 年 6 月，頁 187。

讓人捫心大痛、憂傷不已。如人所論，楊絳的散文不僅淡雅、睿智，而且幽默詼諧，妙趣橫生，且不乏老吏斷獄般的老辣。楊絳還將魔幻小說筆法引入散文，寫夢遊，寫幻覺，虛實相生，平淡之外又現神奇。[1] 從此視角看，這些優點恰恰是鍾怡雯的短板，如何在想像力、才氣和控制力之間尋求一種平衡依然是她必須解決的問題之一。

　　結語：鍾怡雯的散文書寫已經是同輩人中的佼佼者，這無論是在台灣文壇，還是大馬文化界皆如此。她的空間上出走南洋精神上聚焦南洋似乎成績明顯，如黃萬華所言，"正是這種'出走'的強烈願望，使鍾怡雯的散文成為 1980 年代後華人新生代散文中富有代表性的創作。例如，鍾怡雯的南洋敘事使她的身份認同顯得清爽俐落。"[2] 她的南洋書寫也頗具功力，她善於刻寫自我、家族的人生體驗，亦能夠結合、時空、地方感加以豐富，層次井然。另外，她善於經營情感結構、文字書寫和想像力中有狐貓合體的風格，同時又因為她善於台馬互看的對視策略，更讓其散文具有兩方面的帶入感而備受歡迎。但鍾怡雯在南洋歷史的挖掘深度、思想哲理的厚度上尚有欠缺，而其書寫套路及文字修煉方面亦略顯單薄，並未真正反映出樸素簡單節制之後的美感和直抵人心的殺傷力，亦有提升空間。

1　牛運清：〈楊絳的散文藝術〉，《文史哲》2004 年第 4 期。
2　黃萬華：〈山水兼得情思雙樓 —— 馬華新生代作家鍾怡雯散文論〉，《煙台大學學報》2007 年第 1 期，頁 63。

第三節　劉以鬯的南洋敘事

提要：考察旅居南洋五年的劉以鬯的南洋敘事，我們不難發現他在描繪南洋風景層面的冷靜、銳利與溫情脈脈，而在敘事風格上，他堅持批判現實主義以及接地氣的現代主義，徘徊於現實主義與現代主義之間。而若將之安放在馬華文學史和香港文學史的雙重觀照之下，他則既是馬華文學本土建構的參與者，又是年輕本土作家的模仿資源，同時反過來，南洋經驗又成為劉以鬯提升自我、轉化為香港作家的有力推助力。

關鍵詞：劉以鬯；南洋；本土資源

作為一個筆耕不輟的文壇常青樹，香港作家劉以鬯先生曾經在新加坡、馬來西亞（時稱馬來亞）度過了他卓有成效而碩果纍纍的五年（1952–1957）。毫無疑問，細膩敏感、銳意創新而又勤勞多產的劉以鬯並沒有辜負這段難忘的他鄉經驗，身處異域色彩濃厚的南洋，他恍如海綿積極汲取營養卻又努力伸縮奉獻出不少甘霖。在這一時期，他創作豐富，而有關南洋的敘事，結集的主要有《星嘉坡故事》（香港：鼎足出版社，1957）、《蕉風椰雨》（同左，1961）、《熱帶風雨》（香港：獲益出版，2010）、《甘榜》（同左，2010）等。

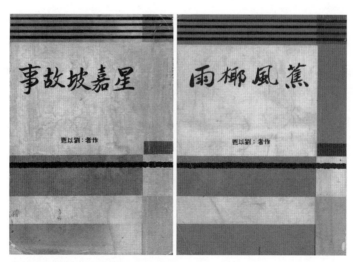

《星嘉坡故事》《蕉風椰雨》書影

粗略考察劉以鬯的南洋書寫，時間上恰恰和當時寬泛意義上的"泛黃運動"大致疊合。某種意義上說，那些被冠以黃色書刊的集子未必都算得上色情讀物，但往往都通俗易懂，且大多數將故事的發生地安放在南洋，毋庸諱言，這對當時讀者本土意識與認同的形塑反倒有種"無心插柳柳成蔭"的功能。[1] 相較而言，劉的此類書寫大多亦具有通俗性和顯而易見的馬來亞本土色彩。從此意義上說，通俗與嚴肅、精英與大眾之間並非壁壘森嚴、界限分明的。而作為中篇的《星嘉坡故事》《蕉風椰雨》作為劉氏"娛樂他人"的作品亦具有上述特徵，比如流行元素方面的三角乃至多角戀愛，情節曲折離奇，甚至也添加了劉自身的經歷，從香港南來新馬，1952 年應《益世報》之聘，到新加坡任主筆兼副刊編輯，但《益世報》辦了幾個月就倒閉了，1953 年 7 月，改赴吉隆坡任《聯邦日報》代總編輯，他先後在新加坡的《益世報》《新力報》《聯邦日報》《中興日報》《鋒報》《鐵報》《鋼報》任職。由於是親身經歷，而且對於新加坡（包括一些娛樂場所，如歌廳等）相當熟稔，所以其中的愛恨情仇往往又令人唏噓、情節張力十足，文字也十分好讀。[2]

相較而言，《熱帶風雨》作為短篇的合集，同時又大多是劉發表於 1958 年 6 月至 1959 年 7 月的作品，既具有現場感，又具有沉澱性，反倒更可以凸顯出劉以鬯更豐富的多元性和更隱蔽的實驗性過渡風格。《甘榜》亦有四篇文字和南洋有關，〈土橋頭〉則尤其精彩。概而言之，這兩個集子反倒可以涵蓋《星嘉坡故事》《蕉風椰雨》的書寫主題、通俗性，同時又可以呈現出劉以鬯作為骨子裏是現代主義者的多元性，故此本文更側重和聚焦後兩個集子。

整體而言，有關劉以鬯的研究是相對豐碩的，而若將之置於香港文學研究的平台上則更是如此。但相較而言，對劉以鬯作品著力最多的部分往往是其實驗性，尤其是大家熟知的"娛樂自己"的小說書寫，筆者也忝列其中，曾經寫

1 　具體可參拙著《考古文學"南洋"——新馬華文文學與本土性》（上海：上海三聯書店，2008），頁 54-74。

2 　此二書可見於香港中文大學香港文學館特藏，可參網站：http://hklitpub.lib.cuhk.edu.hk/news/iss111/（《星嘉坡故事》）；http://hklitpub.lib.cuhk.edu.hk/news/iss107/index.htm（《蕉風椰雨》）。

過長文論述劉以鬯的小說的敘事創新以及香港性（Hongkongness）呈現等。[1]
而對其"娛人小說"研究相對較少，究其要因，一方面，人們會想當然認為其
水平相對較低，缺乏可以細緻挖掘的空間，而另一方面，因為其數量較多，且
往往散居於各地報刊上，不易搜集和閱讀。而實際上，這類小說亦有其可觀之
處。比如劉氏此類長篇《吧女》（香港：獲益出版社，2010）對於揭露和再現
1960 年代的香港時空，因為美國水兵到訪而帶來巨大生意的底層——吧女們
的生存狀態，"工筆寫實，在描繪現實細節上顯見了它的優點"[2]，無疑這對豐富
香港文學的主題不無裨益。毋庸諱言，因為是連載作品，小說中不乏情節性用
力過猛的情況，包括多女主人公玉蘭因一己身份導致全家落難的過於離奇和巧
合都相對通俗和不乏類型化書寫，但除了主題拓寬以外，劉以鬯在敘事上亦有
妙用"文本互涉"（intertextuality）[3]的匠心——他既點評了 Richard Marson 同
類題材的作品 *The World of Suzie Wong* 的有關酒吧女的高下，同時又讓小說中的
水兵史密斯寫了一部吧女的暢銷書，而作家劉以鬯亦在寫吧女，這種策略既有
生趣，同時又呈現出劉以鬯對香港本土以及香港性的自我描繪和深重情感。

　　本文著力於研究前人涉獵較少的《熱帶風雨》《甘榜》，並非只是簡單介
紹，為劉以鬯的豐富多彩續上一筆，而是更著眼於其南洋經驗與敘事的獨到之
處。主要從如下三個層面展開論述：1. 南洋風景，作者如何狀描當地事物／事
務；2. 南洋虛構，作者以怎樣的敘事策略書寫南洋；3. 南洋安置，若將劉以鬯
放在兩地文學史聚焦角度思考，一方面，他如何幫馬華文學書寫本土，而另一
方面，經由南洋書寫，劉以鬯又如何實現了自我的轉換？

1　兩篇論文具體可參拙著《華語比較文學：問題意識及批評實踐》（上海：上海三聯書店，2012），
　　頁 153-180，頁 323-335。
2　也斯：〈《吧女》的脈絡〉，可參《吧女》（香港：獲益出版社，2010），頁 4。
3　有關理論介紹可參王瑾著《互文性》（桂林：廣西師範大學出版社，2005）和〔法〕蒂費納・薩莫
　　瓦約著，邵煒譯《互文性研究》（天津：天津人民出版社，2003）等。

一、南洋風景：旁觀與介入

　　或者是通俗化寫作謀生的需求，更或者是出於作者對底層的深切關懷，概而覽之，劉以鬯對南洋風景的呈現從主題上看，反倒是頗現實主義的（realistic）。這其中既有對底層苦難的敘述，又有對人間真情的讚許；既有對異族風情和心靈的刻畫，又有對華族內部群體／個體劣根性的撻伐，林林總總不一而足。但大致而言，有兩個主題特別顯眼，那就是底層生活與熱帶婚戀。

（一）底層艱難

　　前去新馬打拚的劉以鬯沒有閉門造車、紙上談兵，亦沒有局限於一己的悲歡中輾轉反側，更沒有一心只讀聖賢書藉此避世或自救，他將筆觸伸向了廣闊的底層和芸芸眾生，既描繪世態炎涼、審視人間冷暖，同時又感同身受，再現其溫暖與污濁。

　　1. 底層苦難。這裏的底層更多是指中下層或中等收入以下的生人民眾，而非等同於狹義上的賤民[1]，不可觸摸的卑賤人群。毫無疑問，不同性別、種族、年齡段的人們各自有各自的不幸。

　　（1）妓女、吧女、情婦的辛酸。〈惹蘭勿剎之夜〉中，身為探長的亞九在喬裝辦案時意外發現中學同學周玉嬌在底層從事賣淫，而實際上雖然二人身世迷離飄零於世，但他們在內心深處卻彼此擁有有關對方的美好回憶和好感，他想讓她從良不再賣身，她卻不同意，最後他只好讓警察帶走她，個中遭遇令人唏噓。〈半夜場〉中"我"和轉讓戲票的她同座，一番交流，才知道她是別人的情婦，甚至要通過愛的方式贏得他從大老婆手中取出更多的錢，可謂謀生不易。〈女朋友〉中，呂再發卻是讓自己的老婆水娘做吧女勾引並騙取小學同學少男和坤的錢，這種生計卻更可反襯出在欺詐中吧女的身份卑微。

　　〈勿洛之夜〉中半老徐娘的桂珠為生計不得不出賣色相。在勿洛海邊宵夜時，卻被兒子和其友人撞見，最終兒子和恩客老拳相向，互有所傷。〈絲絲〉中的女主人公其實是一個被侮辱和被傷害的女人，她年幼時即被嗜賭的父親抵

1　有關剖析和界定可參拙文〈論魯迅小說中的賤民話語〉，《中國文學研究》2011 年第 1 期。

押給別人賣身，而後她周旋於各色人種之間以身體謀生牟利，一度相信愛情卻又被騙。毋庸諱言，上述種種都呈現出作為女人的苦難與悲劇，而更令人心痛的是，她們的身上往往承載著雙重苦難，社會的和男權的兩度壓迫。

（2）底層男人的悲歌。作為南洋版《駱駝祥子》創製的〈土橋頭〉相當成功地再現了作為底層的人力車夫烏九因為生活逼迫、愛情挫敗而一任原本勤儉慎獨的自己潦倒苟活、一如行屍走肉的故事。而〈牛車水之晨〉中好賭的父親——老張家貧如洗、衣食堪憂，卻又在貧賤帶來的百事哀中硬撐著做苦力背煙花——結果吐血病危，在送院途中去世。〈鷯頭與巫七〉卻又呈現出底層社會中的幫助與互殺，巫七幾次幫助鷯頭，甚至為他挪用公款而入監，但他卻又強佔鷯頭的妻子的清白，鷯頭女人靠洗衣還清鷯頭欠巫七的款項，希望和巫七一刀兩斷，卻被拒絕且被巫七打死，巫七放火燒屋，最終事發入獄，但鷯頭卻也應邀把毒藥拌在飯中殺了牢獄中的巫七，其中的糾纏令人慨嘆。

而在〈頭家〉中，在新加坡打拚的底層青年亞憨只好靠打劫為生，卻向母親打電話謊報自己平安欲出遠門，最後剛打完電話即被繩之以法。而《咖啡店閒談》中講述一個海員想找一個女朋友，卻被追求長期快樂的玉枝拒絕了，因為他時常出海，需要的更是短期的歡愉。〈巴剎裏的風波〉卻活靈活現地展示了底層男人的騙術，以別人的同情心騙錢，卻被鄭醫生識破伎倆而被警察帶走。〈花匠〉中寫了花匠一家的悲慘經歷：種花娘子為給丈夫治病而向司機借錢卻被強姦了，更夫偶爾發現真相後卻被錘殺；司機殺山西女人，逃走時去找花娘子借花匠的衣服和一些小錢，但遭拒，於是他打昏花娘後逃跑，終被抓，他和花娘的姦情敗露，她最終自殺。而無助的花匠自己帶女兒離開此地過活，女兒卻不願離開母親待過的地方，最終被殺。毋庸諱言，此類書寫中，男人往往是有缺憾的，而且這個缺憾往往會造成一些悲劇，而這些悲劇卻又繼續發酵轉換成更大的悲劇。劉以鬯目光如炬，以各色經歷拼貼出一個讓人鬱悶不已的悲慘世界。

2. 底層溫暖。需要強調的是，底層並非只有苦難和為謀生以及人性弱點所呈現出的陰暗、悽苦和爾虞我詐等，底層民眾間亦有感人的溫暖。

首先是看淡錢財，大愛無疆。〈榴槤糕與皮鞋〉某種意義上說就是〈項鏈〉的華人版，但主人公換成了叔侄間的溫暖利他，他們都是為對方著想而獻出了自己的至愛或積蓄。〈老虎紙與兩顆心〉通過一個富豪略帶無聊的實驗卻發現了兩個底層男女的美好心靈，他們主動奉還有意被丟掉的錢。錦上添花的是，他們兩個還被撮合成眷屬，獲得了富豪的獎賞。〈新馬道上〉寫旅途中原本提防心很重的他卻發現她真誠待人、樂於助人的美好與善良。〈十萬叻幣〉同樣描述了原本是有錢的失憶病人在雨夜出走摔倒卻被底層溫暖救助的故事，因此他要拿出十萬叻幣獎賞那個好心人。〈遺產〉中打開母親最摯愛的保險箱裏存放的卻是表徵他的每次進步和成長的物品而非金銀財寶，說明母親大愛無疆超越物質。〈在公館裏〉寫表面不夠世故的春丁伯打麻將時大贏交際草們的錢，卻轉手幫助公館裏的長工金姐的兒子讀大學，皆大歡喜。

其次，就是樂觀、利他、有承擔感，催人感動乃至奮進。〈梭羅河畔〉中父親常吹的口哨曲子〈梭羅河畔〉成為艱難中搏鬥的底層家庭的溫暖維繫與號角，甚至最有才華和出息的弟弟也這麼看待。〈在膠園裏〉卻狀寫了一個平素非常怯懦的人在火災危難時急於救人，卻可以重新展示其雜技高手本色，恢復了自信。〈生日禮物〉中書寫了底層少年對受傷的弱勢動物的惻隱之心。〈機器人〉書寫了底層家庭裏，貧窮的丈夫春壽沒有放棄自己該盡的義務，努力掙錢救護孩子細僑，最終也重新獲得離婚的妻子的真愛。而〈蘇加〉中找尋自己心愛寵物的尤疏夫雖然找到了走失的狗，但他發現狗的新主人是個盲人更需要這只狗時最終裝作不是自己喜愛的蘇加獅子狗，而父母卻又好心的準備送他多一隻寵物狗，這是一個多麼美麗的人性世界。〈藍寶石〉原本向阿拉伯街的孟加拉商人購買鑽飾的他一直準備通過各種手段砍價，為了獲得心儀的寶石而用盡手段，然而在他耐心聽完了商人一個小時的"吐槽"和訴說後，那個老人卻把他喜歡的藍寶石當作禮物送給了他，作為他耐心聽取一個老人"廢話"的感謝。

（二）熱帶婚戀

毋庸諱言，婚戀是古往今來小說和文學書寫的焦點話題，而彼時風華正茂、精力過人（34–39歲）的劉以鬯自然也不會放過此精彩可能與熱點題材。大致而言，我們可以將此粗略分為華族婚戀與異族關涉婚戀兩個層面。

1. 華族婚戀。愛情婚姻中自然有其不確定性的變數、美好、浪漫，乃至可歌可泣的一面。比如〈手槍與愛情〉狀寫戲劇化的愛情中的求婚模式，嫉妒和愛的獨佔性讓人勇敢乃至霸道，但這不該強求。〈黑色的愛〉裏面敘述盲人好友亞卿找到了真愛秀珍，而她就成了他的眼睛和美好，他覺得她異常美麗而且看得見她的美麗，甚至連黑暗中前去他家的友人也感受到了。〈晚禮服〉寫喜歡某件晚禮服的蓮絲和烏瓜有誤會，但真愛卻讓他們終成眷屬。〈某種情感〉裏藉書寫男子對素不相識的美女的莫名好感與婚姻中太太的切實情感較量，最後後者腳踏實地甚至緊張到生病但終於獲勝。〈這就是愛情〉則書寫愛情的魔力，通過"我"和曾亞明的曲折愛情故事說明，不是互補或對立哪種類型更適合對方，而是心甘情願的犧牲和分不開的想念才是王道。〈山芭月夜〉則書寫亞鳳和貌似神經病的大目李的純真愛情，二人在外人的誤會中雙雙主動赴死，讓人慨嘆真愛的偉大和超越性。〈春梅〉則書寫了婚姻裏的某種美好，老夫少妻的組合中，老裕知道年輕的春梅只有一年的活期，卻主動選擇離婚，讓她和年輕的情人共享最後的他不能給予的激情。

當然婚戀中也有令人大跌眼鏡的欺詐、折磨，甚至是虐殺等等。〈出賣愛情〉中"我"和美玉同居一周，錢款用盡，準備以美人計色誘亞烏，結果美玉變成了亞烏的女友，原來她的職業就是借找男友賺錢。〈柔佛來客〉中的小老婆沈絲絲原本準備舌戰大老婆馮太太，但在知曉男人的不可靠後，最終放棄了乃大。〈秘密〉則書寫甘仁發的詭計，他槍殺了第一任太太，差點被人戳穿真相，但準備和他結婚的金娣卻最終通過對槍的認知洞察其陰險，屬婚姻內部的戰鬥。〈美娣〉則書寫女主人公被好賭的父親抵押給惡霸大鼻趙，和男友亞瓜分離，私奔不成，美娣投海而死，而亞瓜只能在夢中和她相會。〈奎籠〉卻是書寫以對底層男女的婚戀悲劇。更多是因為生理需要，大吉和面貌醜陋的蓮娟同居，但蓮娟卻以為這就是愛，當懷孕的她想和他結婚卻遭拒後只得自殺，釀成了人間慘劇。

偶爾，劉以鬯也會描寫戀愛中的奇特情愫。比如〈初戀〉中亞峇喜歡亞蝦，亞蝦的媽媽想見亞峇，結果他卻更喜歡亞蝦的媽媽，甚至衝動之下推倒強吻了她，令他倍覺害怕。

2. 異族介入。劉以鬯在小說集《甘榜》《熱帶風雨》中亦涉及有異族介入的婚戀。整體來說，劉以鬯對異族的觀照是相對客觀的、友善的，他並沒有呈現出外來者對異族的獵奇式凝視，也沒有妖魔化他們，相反，他更多是把他們當成是同一時空中的不同膚色的同胞——"己他"。[1]

耐人尋味的是，凡是涉及異族少女的書寫，劉以鬯的筆觸總是柔和的，而相關角色卻往往是美麗、忠貞的，令人遐想。比如，短篇《甘榜》其實就是狀摹馬來少女與華人少年的憂傷愛情故事。事實上，那個美麗的馬來少女其實是他妹妹，是他父親當年和馬來女子的結晶，這篇小說中濃郁的抒情色彩頗有沈從文〈邊城〉的韻味。〈巴生河邊〉寫一貧如洗的單耳朵男子鄭阿瓜是歌舞班演員，當年結識了馬來女友莎樂瑪，而後卻因為到處演出而離開，在他無所依後準備搭便車去巴生看女友，他以為她早已變心，誰成想她卻忠心耿耿等他，還帶著一個單耳朵的孩子。

而《熱帶風雨》作為較長的短篇，更是書寫了馬來少女蘇里瑪對從新加坡來的華人少年的忠貞愛戀：雖然因為債務被逼嫁給富人鴨都漢密，卻最終選擇逃婚在見了情人一面知曉無法變成眷屬後勇敢地闖入叢林，最終被老鷹們獵殺，其壯烈令人掩面慨嘆。或許最讓人感到抑鬱的是〈伊士邁〉，劉以鬯狀寫一個貧窮的馬來男子阿里為給患病的兒子籌措醫藥費而不得不向"我"推銷自己的美麗妻子法蒂瑪的悲劇故事。雖然法蒂瑪並未真正出場，而且命運悽慘，但她卻是美麗的、美好的。

二、南洋虛構：現實與現代

或許正是因了"娛樂他人"的目的，劉以鬯的南洋虛構呈現出相當有意味的的通俗性和在地色彩，其手法上大多採用現實／寫實主義策略；但同時，劉以鬯骨子裏卻又是一個現代主義者，[2] 他和新感覺派（尤其是穆時英等）、1930年代的上海都市的現代性書寫有著千絲萬縷的關聯，因此其南洋書寫又難免夾

1　此語來自莊華興的說法，可參莊華興〈他者？抑或"己他"？商晚筠的異族人物小說初探〉，收入許文榮主編《回首八十載．走向新世紀——九九馬華文學國際學術研討會論文集》（馬來西亞：南方學院出版社，2001），頁352-368。

2　劉坦承，"我在初中讀書的時候，就喜歡在課餘閱讀文學作品，特別喜愛現代派文學。我十七歲時寫的短篇小說《流亡的安娜芙洛斯基》，即使寫得很糟，也可以看出我是傾向'現代'的……我覺得寫小說應該走自己的路，儘可能與眾不同，使作品具有獨創性"。可參劉以鬯著《暢談香港文學》（香港：獲益出版社，2002），頁120。

雜了或多或少的"現代性的追求"[1]，因此，他變成了一個徘徊於現實主義和現代主義之間的遊離者，但同時又是兼具兩種主義的踐行者。

（一）批判性的寫實主義

某種意義上說，劉以鬯像是一架俯視 1950 年代南洋時空眾生的高空攝像機，記錄著人間的冷暖、悲歡離合、本土風情，但同時他亦有其超越性，他往往既對筆下人物充滿理解之同情，同時卻又不乏抽離性的批判，因此這種寫實可以稱之為"批判性的寫實主義"。

1. 再現真實。如前所述，劉以鬯先生長於書寫底層，他既相當傳神而細緻地縷述某職業行當，如吧女、妓女等的原生態苦難、欺詐伎倆，同時又相當寬容地書寫其間在扭曲關係之下的溫暖和真情。除此以外，他還相當精妙地刻畫了當時的新馬風情、本土誌、地域特色，甚至也為後來的新加坡人藉以懷舊或再確認自己身份的憑藉，如記者張曦娜所言，"有意思的是，打開這本小說集，篇名有許多是本地讀者熟悉的街名或地方名……在這一系列小說中，劉以鬯寫了不同的人物，也隨著人物的出場，寫出五十年代新加坡的城市風情與街衢景觀。"[2]

實際上，如果考察劉新加坡風情的書寫，的確有其特色，樸實準確精煉，在比較抒情的小說〈藍寶石〉裏，劉以鬯寫道："新加坡是一個非常有趣的城市。在中心區，有夜總會，有大酒店，有電影院，有跳舞廳，更有高大的建築物，具備著一切現代化城市必須具備的條件。然而 —— 當你走到橫街陋巷時，你竟然會發現自己置身在十九世紀的舊時光裏。阿拉伯街就是這樣的一條舊式街道……"（頁 130）同樣在〈紅燈碼頭〉裏，作家描繪道，"在新加坡市區吃宵夜，通常有三個地方最熱鬧：五叢樹腳、廈門街、紅燈碼頭。自從市政府在五叢樹腳闢康樂亭之後，廈門街的蝦面依舊受人歡迎；而紅燈碼頭的宵夜檔就不像從前那麼興旺了，因為生意給康樂亭搶去了。" 這自然是對當時飲食

1　此處借用李歐梵教授的說法，有關現代性的縷述可參李歐梵著《現代性的追求》（北京：人民文學出版社，2010）。

2　張曦娜：〈劉以鬯舊作首次結集〉，新加坡《聯合早報·文藝城》2011 年 4 月 1 日。

狀況的實寫，而劉以鬯筆下的紅燈碼頭的靜謐卻讓人懷舊，"這裏沒有嘈雜的人聲；也沒有亮得刺眼的日光管。這裏只有海水拍岸的聲音，以及幾盞昏黃不明的電石燈。我喜歡這裏的淳樸和寧靜。"（頁 308）某種意義上說，這樣的淡定氣息和寧靜心態如今只能存活在紙上了。

其中特別精彩而又有深度的篇章則是〈土橋頭〉。這篇南洋版《駱駝祥子》在成就上其實頗有可觀之處，比如對切合人力車夫身份的不善言辭的"幹你老母"口頭禪的精闢使用和分析，"其實烏九是個粗人，肚裏沒有墨水，像'幹你老母'這種罵人的口頭禪，對烏九而言，不僅用處大；抑且含義廣。"比如不管是喜悅、憤慨、怕羞，還是得意、佔便宜等等都是如此表述（《甘榜》，頁 22）在對烏九的悲劇性[1]遭遇處理上，劉以鬯也是不遑多讓，善良、能幹的烏九卻是因為命運（木訥不善表達）和誤會（比如如狼似虎的寡婦老闆對其色誘被蝦姑瞥見，象極了虎妞）卻讓他錯失戀人蝦姑，蝦姑後來變成了惡霸的情婦，他也日漸墮落，慢慢變成了吃喝嫖賭的傳統人力車夫，直至最後變成乞丐，冷眼看世界，而最後心痛的而又無能為力的旁觀蝦姑浮屍海中。毋庸諱言，劉以鬯對踏車一族的精妙刻畫，對其性格和職業特徵的總結，對其娛樂方式、生存狀態都有著相當真實的再現。

2. 批判現實與劣根性。劉以鬯當然為底層苦難也渲染了一絲溫情色彩和鋪陳了暖色調，但他同樣在書寫中展示了強烈的批判性。比如小說中的父親角色往往問題重重，甚至呈現出一種"弒父"傾向。他們往往衰弱無能，卻又沾染不少壞毛病，如好賭，最後往往將女兒送入抵押的火坑。某種意義上說，其自身性格的缺陷和劣根性部分導致了其命運的悲劇性。〈粿條檔〉一文表面上看是父親的炒粿條技術和貌美如花的女兒亞青風采的爭鬥，在此過程中，不服氣的父親讓女兒閉門不出，自己經營攤檔，生意一落千丈，直至關門，然後女兒再開張，雖然食客熙攘，但其實炒粿條水準比較低，藉此劉批判了世俗品位的庸俗。

1　劉以鬯和老舍《駱駝祥子》對悲劇性的處理上有不同之處，〈土橋頭〉從頭至尾都是悲劇的，不像《駱駝祥子》其中還有更複雜的"荒謬的喜劇"色彩，具體論述可參王德威〈荒謬的喜劇？——《駱駝祥子》的顛覆性〉，收入王德威著《想像中國的方法》（北京：生活·讀書·新知三聯書店，2003）。

尤其值得一提的是〈阿嬸〉。寫一對略有收入的知識分子準備請阿嬸（女傭）處理家務，結果是她步步緊逼，不斷提出條件，他們不得不一再讓步，但最後他們還是一敗塗地。底層的逼人氣勢和非凡力爭（對應的大家常言的"怒其不爭"）讓人慨嘆彪悍的殺傷力，和魯迅筆下的阿金一樣，她其實更是異形和翻版的女阿 Q，她們固有的活力如果挪移到沒有知識的彪悍和惡性競爭上去的話，恰恰是劣根性的高度弘揚。[1]

3. 驚訝收尾與獨特視角。劉以鬯還擅長美國短篇巨匠歐·亨利（O. Henry, 1862-1910）式的出人意料結局。如〈巴剎裏的風波〉對騙術的精彩揭露與解密，〈椰林搶劫〉裏偵探對侏儒兇手假扮受害人兒子的巧妙辨認（指頭因長期抽煙變黃），〈遺產〉裏保險箱被打開的一剎那更顯出在母親心中兒子的進步和成長比金銀財寶更重要。〈風波〉中對撲朔迷離的"沙特狂"（sadomasochism）患者最終得以確認，耐人尋味的是，他卻是混淆是非、血口噴人，攪起漫天風雪的謠言製造者。除此以外，溫情脈脈的〈榴槤糕與皮鞋〉結尾處才反襯出叔侄兩顆美麗的愛心，而短篇《酒徒》中嗜酒的姚亞喜因為賭馬大賺一把，卻又因醉酒而以為失去這筆財富而貧困不堪，最終卻是失而復得，友人將錢存在旅店賬房處，頗有點歐·亨利的神韻了。

耐人尋味的是，劉以鬯也特別注意視角的更新。如〈甘榜小事〉就是以黃狗的視角敘事，失去主人烏峇的黃狗班映因為受傷、躲避日本兵而到了另外一個甘榜並獲救，此時日本傘兵空降，班映狂吠示警遇害，卻又間接拯救了救牠的那對馬來母女，令人感嘆。〈頭家〉卻是以一個打電話的場景和單方面說話的敘述鋪陳情節，反映出底層青年的孝順、艱難以及善意欺騙，最終卻因為打劫而犯事被捕。毋庸諱言，上述寫實主義手法往往也會帶上抒情性場景，令大部分小說呈現出一種淡淡的憂傷與美感，劉以鬯的批判寫實主義的確有超出"娛人小說"的追求。

1　有關論述可參拙文〈女阿 Q 或錯版異形？—— 魯迅筆下阿金形象新論〉，《山東師範大學學報》2015 年第 1 期。

（二）接地氣的現代主義

某種意義上說，劉以鬯南洋虛構的批判寫實主義與接地氣的現代主義邊界相對模糊，不大好截然區分，但是如果認真做一番考察，我們依舊可以看出現代主義者劉以鬯技癢難耐之下時不時的精彩嘗試。

1. 主題的特異化。現代主義的書寫主題有相當一部分和現實主義在處理手法和側重點上有其差別，簡單而言，卡林奈斯庫（Matei Calinescu）在他著名的《現代性的五副面孔》裏面對現代主義、頹廢和先鋒等的認知顯然和傳統現實主義有著較大的差異和異質性元素。[1] 易言之，現代主義處理的題材似乎更特異，即使處理類似題材，而已有相對特異的風格。

〈採椰〉中亞獅恰恰是看了偶然借來的《神秘的催眠術》中 "精神感應" 一節，力圖理論聯繫實踐，藉此騙取添福叔的部分遺產。小試牛刀，似乎小成（其實是巧合），有一天亞獅看見添福叔親自爬高樹採椰子，他靈機一動，想用精神感應控制添福叔，"今晚九點鐘時，為了採椰子，你爬上那棵最高的椰樹，一鬆手，就跌了下來。⋯⋯ 今晚九點鐘⋯⋯"（頁 244）到了晚上九點，亞獅魂不守舍，居然最後自己被催眠 —— 背著添福叔爬上椰樹，而後跌落魚池，最後失去了發財的機會。

而〈街戲〉卻是刻畫了南洋的鬼作祟故事。"馬成功劇團" 準備在 "中元節" 上演 "目蓮救母" 時發生意外，一對素來配合默契、從未出過意外的搭檔在演出時，郭強培似乎刺死了賽昆侖，因為郭手中的鋼叉上有血，他因此以 "誤殺罪" 入獄，據說意外發生前，戲台上有一隻黑貓竄過。十年後，郭出獄，又和小昆侖演對手戲，結果被後者刺死，據說，又是演出時有黑貓經過。於是，"我" 叫停了準備上演的班主，"因為剛才我走過芭場時，發現台上有一隻黑貓。"（頁 97）

毋庸諱言，書寫特異，包括荒誕、頹廢、變異等似乎是現代主義的拿手好戲。身居於 1950 年代的馬來亞，劉以鬯神接地氣，並未脫離現實，但新馬有

1　具體可參 Matei Calinescu, *Five Faces of Modernity: Modernism, Avant-Garde, Decadence, Kitsch, Postmodernism* (Durham: Duke University Press, 2003)。中文版可參馬泰·卡林內斯庫著，周憲，許鈞譯《現代性的五副面孔：現代主義、先鋒派、頹廢、媚俗藝術、後現代主義》（北京：商務印書館，2002）。

關的傳說、下蠱、民間宗教和鬼故事似乎就成為一種很好的借鑒和素材。

2. 敘事的現代性。同樣，在敘事手法上，劉以鬯亦不乏現代性嘗試，如〈美娣〉中就有意識流閃回的個人歷史書寫，這和後來的長篇《酒徒》的核心手法有相似之處，〈咖啡店閒談〉中間亦有邀請讀者介入的開放式問詢，〈十萬叻幣〉中對賞金的懸置，對結局的開放式操作亦頗耐人尋味。

特別明顯的實驗是〈椰樹述趣〉。這個有點卡夫卡《變形記》實驗的設計是把自己在夢中變成了一棵椰樹，卻偷聽到新寡的妻子亞蓮和好友吉寧在花前"樹"下的蜜語。原來他們早有勾搭，亞蓮雖然有個帥氣、有錢的老公，卻更想拯救另一個"哀哀無告的靈魂"（頁 36）。於是"我"很生氣，放下兩粒椰子，讓二人頭破血流、相繼斷氣。同樣值得關注的還有〈皇家山上的艷遇〉，小說一開始就告誡讀者，"這是虛構的故事"（頁 68），然後講述一個山芭來的青年來新加坡的故事，晚上到了皇家山碰到寂寞的美女，他們散步、宵夜、飲酒、擁抱，煞是甜蜜，但青年接吻時才發現美女臉上的淚水是血，故事顯然是荒誕的，作者寫道，"故事到這結束，你一定會說它太荒謬，其實我在開頭時已經說過了：這不過是一個虛構的故事而已，用不著說真的。"（頁 72）這似乎既像是惡作劇，又像是敘事圈套，同時還有點像是樸素的後設手法[1] 實踐。

三、南洋安置：文學史觀照

或許更可以推進的是劉以鬯南洋書寫的意義，那需要將之安放在馬華文學史與香港文學史的雙重觀照之下。如此一來，我們既可以更好地確認劉的文學史地位，同時我們又可以看到"華語比較文學"視域下的精彩互動。

（一）作為資源的香港影響

毋庸諱言，香港文學對於馬華文學（此處包含馬來亞時空）的影響或互動是一個相當有趣而重大的話題，從二戰前，到社會主義新中國的成立，再到今

---

1 具體可參 Patricia Waugh, *Metafiction: The Theory and Practice of Self-Conscious Fiction* (London: Methuen, 1984).

日，形態不同，內在的認同素質和層次也有差別，但內在的關聯似乎可謂千絲萬縷。毫無疑問，迄今為止，二戰之後到 1960 年代這一時間段，香港對馬華文學的影響最為顯著，彼時中國大陸基本上處於冷戰思維下的準閉關狀態，同為英屬殖民地的馬來亞、香港華人社會間會因此有更多的關聯，香港也更因此成為馬華文學資源借鑒最重要的文學生產場域／文學中繼站，如"反黃運動"中提及的印刷品——流行讀物大多是香港製造，本土文學期刊《蕉風》和報紙副刊的主持人中也不乏港人的身影，學者潘碧華[1]、蘇燕婷[2]對此亦有相對詳細論述。但若以劉以鬯為個案進行觀察，則依舊有可以發揮的巨大空間。

1. 本土建構。作為一個敏感多才、銳利創新的作家，劉以鬯的五年新馬經驗成為他相當重要的人生閱歷和創作資源，而對馬華本土文學而言，劉卻又是一個不折不扣的建構者。

（1）本土風情。這是最顯而易見的層面，蕉風椰雨、本土地理、職業分佈、風情習俗、本土混雜語言等都歷歷可見。難能可貴的是，這些東西甚至也可化成靈動的主角，比如椰樹，榴槤，橡膠林等。相關的篇什包括：〈採椰〉〈椰樹述趣〉〈榴槤糕與皮鞋〉〈橡膠園裏〉，無疑，這些本土風情成為幫助本土讀者建構本土認同的重要創設。如人所論，劉此時的作品，內容大都以新加坡小市民的生活為背景，用新加坡人通俗的語言，寫活了新加坡人的心理，所以深受讀者歡迎，也成為好些寫作人在創作上模仿的榜樣。[3]

（2）本土事件。尤其可觀的是，劉以鬯對本土事件的強調和再現。〈瞬息吉隆坡〉是對吉隆坡開拓者葉亞來一生的記載，劉截取了晚年病重的葉，藉做夢回憶其一生業績，令人感動，劉的敘述不卑不亢，既有弘揚讚賞，又有悽風苦雨，此類血肉豐滿的書寫是對殖民者和本土統治者罔顧歷史的有力回應。[4]

1　潘碧華：〈香港文學對馬華文學的影響（1949–1975）〉，《海南師範學院學報》2000 年第 1 期。

2　蘇燕婷：〈1950 年代香港南來作家構築的文學面貌〉，伍燕翎主編《西方圖像：馬來（西）亞英殖民時期文史論述》（馬來西亞：新紀元學院馬來西亞與區域研究所，馬來西亞研究中心，2011），頁 61-81。

3　馬漢：《文學因緣》（雪蘭莪：興安會館，1995），頁 7-9。

4　其他有關葉亞來的研究論述可參王植原著《葉德來傳》（吉隆坡：藝華出版印刷有限公司，1958），李業霖主編《吉隆坡開拓者的足跡：甲必丹葉亞來的一生》（吉隆坡：馬來西亞華社研究中心，1997），劉崇漢編著《吉隆坡甲必丹葉亞來》（吉隆坡：馬來西亞中華大會堂總會，1998）等。

〈過番謀生記〉藉亞祥、亞嬋、番婆之間的複雜糾葛書寫前輩華人移民史及其歷史遺留問題（如婚姻難題），最後亞祥落葉生根，亞嬋等待無望死去。書寫故事合情合理，呈現出對本土華人史的縮微版或者是經典個案的有意描繪，可以看出作者是個關懷本土的有心人。

2. 香港眼光。不容忽略的是，劉以鬯還是一個香港（中國）作家，他在書寫南洋時會不時呈現出他的這一身份。在有些小說中，新馬更多化為一種參差對照或者是背景，成為一種對視的層面。〈兩男一女〉中和美女演員白江戀愛的男人有兩個：一個是香港男人馮丁，另一個則是馬來亞華僑陳亞九。後者有錢有勢、多情寬容，但最終還是因了白江的背叛而退出愛情遊戲。〈烤鴨〉中藉在吉隆坡和友人交談，講述的卻是北京和歐美人之間的文化差異——用人力車救人的洋人被警方誤認為是想辦營業執照而收錢，造成誤會，好比北京烤鴨在洋人看來只是吃皮並不美味一樣，有一種有趣的誤解。

除此以外，劉以鬯對南洋的認知亦有一種異域觀念，夾雜了些許新馬認同。比如他筆下的婦女著裝，娘惹（Nyonya）[1] 裝總是最好的事物，無論它出現在何種婦人身上，都呈現出身材的魅力，而尤其是如果挾裏在年輕馬來女子身上，似乎更是充滿魅惑。同樣，他對南洋的一些傳說，如下蠱、本土宗教、鬼神亦有較深興趣，在書寫中也呈現出這一點。似乎，這也和對南洋的異域化實踐和傳統[2] 不無關聯。

（二）作為自我的南洋轉換

我們同樣也該將劉以鬯置於香港文學史框架內加以處理，這樣可看出其成長和成熟的痕跡，有時卻也是極易為人忽略的蛛絲馬跡。

1. 現代轉換：從短篇《酒徒》到長篇《酒徒》。劉以鬯的長篇《酒徒》（1963）已經成為華文文學界的名作乃至經典，往往為世人所知而且褒揚不斷。但其實在新馬的五年，劉以鬯在更早時期也就做了些必要的準備。

1　有關研究可參 Tan Cheebeng, *Baba and Nyonya: a study of the ethnic identity of the Chinese Peranakan in Malacca* (New York: Cornell University Press, 1979)。

2　有關論述可參南治國〈"凝視"下的圖像——中國現代作家筆下的南洋〉，《暨南學報》2005 年第3 期。

短篇同名作自然比不上宏闊精緻典雅的長篇《酒徒》，但酒徒角色的身份轉換卻又和劉以鬯熟悉的知識分子書寫息息相關，換言之，在香港謀生時拚命賣文的劉以鬯有感而發創作了長篇名著，但實際上諸多元素在南洋時期已經初見端倪。比如詩化意識流，比如寡婦色誘，比如小蘿莉（美少年）情結等。

甚至連〈星嘉坡故事〉裏面也不乏對文人自況的反思性書寫，對於小說主人公張盤銘來說，每當迷茫時，他便會想起某位著名的小說家。例如當他與白玲攤牌後，厭惡了放任的生活，"讀了一本潑魯士特寫的《尋覓失去的時光》"（今天一般通譯普魯斯特《追憶似水年華》，作者按）；分手以後，他對所有女性產生了厭惡，則"閱讀許多海敏威的小說"（今譯海明威，作者按），因為"他無情地譴責了現代女性的喪失'女性天性'"。坦白說，文學成為主人公的歸宿，是劉以鬯慣常的處理手法，在南洋時期如此，長篇《酒徒》也如是。

包括之前所提及的以椰樹或動物視角進行敘述，其實也是劉以鬯對自身的重複和豐富化書寫，早在 1951 年出版的《天堂與地獄》（香港海濱書屋版），這種策略已經實施，比如蒼蠅視角觀照香港，採用了所謂"結構現實主義"（structural realism）[1] 手法，但在南洋時期卻更加豐富化，這也為他以後尤其是 1960、1970 年代現代派小說的銳意實踐打下基礎。上述種種發現，並非說劉以鬯江郎才盡，而恰恰是更反證了劉以鬯是如何繼往開來，走向成熟乃至爐火純青的。畢竟，以長篇《酒徒》為代表作的這種大範圍的現代轉換和質的提升是單純短篇難以達到的效果，而長篇《酒徒》之中所呈現出的無論是技巧、內容，還是附加的文學史判斷都別具一格。[2]

2. 對視與自我豐富。新馬五年對劉以鬯從一個中國作家到香港（中國）作家的轉換具有相當重要的意義和作用，有些效用更可能是潛移默化的。但簡而言之，作為異域空間的南洋對於劉以鬯重新確認自己的身份認同不無裨益，正是多元文化並存的環境、異域文化的衝擊，置身於中國性與現代性、混雜本土

1　戴天：〈劉以鬯六觀〉，見梁秉鈞、黃勁輝編《劉以鬯作品評論集（第一集）》（香港：香港文學評論出版社，2012），頁 119。

2　相關研究可參梁秉鈞、黃勁輝編《劉以鬯作品評論集（第一集）》，梁秉鈞、譚國根、黃勁輝、黃淑嫻編《劉以鬯與香港現代主義》（香港：香港公開大學出版社，2010）等。或參拙文〈劉以鬯的"挪用"大法：以《酒徒》為中心〉，香港《香港文學》總第 421 期，2020 年 1 月號。

性激盪的馬來亞場域，才更讓劉以鬯豐富了自己的創作手法，也更有利於他挖掘出自己作為一個現代主義者的寬闊大道和深層潛力。前面所言，劉以鬯南洋敘事的現代主義是一種接地氣的現代主義，而這種現代主義到了香港時空也是更加強調"在地性"，如人所論，"劉以鬯的種種實驗性小說，無論是意識流、故事新編，還是'反小說'、詩體小說，其實都是在探索用各種現代小說形式留攝香港的社會現實，開掘香港的文化資源。"[1] 不必說，這種堅守是一以貫之的，從香港到新馬，再從新馬到香港，都是如此。

畢竟，雅俗共賞、娛樂他人，他對比卓有成效地進行了嘗試和堅持，而且也有應有的尊敬，在提醒大家要認真審視 1950 年代的香港文學商品化（包含"綠背"文化的政治化運作）的傾向和思潮時，劉以鬯作為親歷者呈現出了解之同情態度，"文學作品商品化的傾向，明顯含有複雜的因素，如果想對五十年代香港小說獲得清晰的總體觀念，就要放棄單純審視的方法。有些特殊的文學現象，出現在'什麼都是商品的社會'，佔的比重雖小，卻不容忽視。"[2] 或許正因為如此，作為骨子裏是現代主義者的他此後卻更葆有"娛樂自己"的對立性衝動。在他那篇〈榴槤花落的時候〉中呈現出香港和廖內島之間的對比，好心的張牧師夫婦為了不讓年邁的盲人香港海員失望，張太太扮成老頭子的舊情人黃阿嬌，這個有意塑造出來的美麗人生當然令人溫暖，但無意之中似乎也是一個隱喻，目盲的香港同樣也需要南洋的善意溫暖和關愛，這對劉以鬯的成長來說，似乎更具有喻示性。

結語：考察旅居南洋五年的劉以鬯的南洋敘事，我們不難發現他在描繪南洋風景層面的冷靜、銳利與溫情脈脈，而在敘事風格上，他堅持批判現實主義以及接地氣的現代主義，徘徊於現實主義與現代主義之間。而若將之安放在馬華文學史和香港文學史的雙重觀照之下，他則既是馬華文學本土建構的參與者，又是年輕本土作家的模仿資源，同時反過來，南洋經驗又成為劉以鬯提升自我、轉化為香港作家的有力推助力，如人所論，

---

1 黃萬華：〈跨越 1949：劉以鬯與香港文學〉，《理論學刊》2010 年第 7 期，頁 117。
2 劉以鬯：《暢談香港文學》（香港：獲益出版社，2002），頁 130。

"早輩的香港小説作者，對大眾文化雖然採取強烈的批判態度，但某程度上卻又不自覺地套用了大眾文化產品常見的技法，去抗衡大眾文化，甚或接受了大眾文化所喜歡渲染的形象與意識"[1]，劉以鬯也不例外，而香港現代主義者劉以鬯和南洋時期的劉以鬯也並非截然不同的身份並列。恰恰相反，前者恰恰是立足於後者之上，既有繼承，又有突破和超越，雖然前者的創新性和實驗性遠遠比不上劉以鬯回到香港時的巔峰水平。但總而言之，劉以鬯的南洋敘事是劉氏發展史上一段不容忽略的研究財富。

1　羅貴祥：〈幾篇香港小説中表現的大眾觀念〉，見梁秉鈞、黃勁輝編《劉以鬯作品評論集（第一集）》，頁 338。

　　　　　　　　　　　　　　　　　　　　　　　　　　　第三章　眾聲喧嘩

第四節 （被）離散（詩學）與新加坡認同的困境
——《畫室》的敘事創新

提要：《畫室》是英培安 2011 年創製的一部豐富而厚重的長篇小說，無論是在離散詩學營構上，還是在結合新加坡歷史記憶與文化認同的反省上都有其獨特之處，英深刻地指出了有關認同內部的被離散乃至內部殖民等複雜結構。在其中，台灣影響日益凸顯，也顯示出英培安在潛意識裏希望藉此療治此困境的一種文化路向。

關鍵詞：英培安；《畫室》；新加坡；離散；認同

作為新加坡文壇上的多面手，英培安在多個創作領域都有閃亮表現，比如其早期的詩歌實驗，相對犀利的雜文揮灑，以及新世紀以來特別引人注目的長篇實踐〔《騷動》（2002）、《我與我自己的二三事》（2006）、《戲服》（2015）、《黃昏的顏色》（2019）〕。從書寫主題上看，英最擅長於刻畫華族男子（尤其是華校出身）在新加坡社會中的落魄悲劇，而在敘述人稱實驗上也有不俗表現。[1] 而從書寫事件發生的場域變化上，英也在逐步豐富、具化，從當初的新馬時空漸漸騰挪到中國大陸、香港等等，亦顯出其書寫的野心和霸氣，而《畫室》（台北：唐山出版社，2011，下引只註頁碼）一出，尤將這種追求發揮得淋漓盡致。

簡單而言，《畫室》的情節並不特別複雜，主要是講在新加坡畫室裏面發生的故事，以老師顏沛、學生思賢為主人公，其他人，如健雄、寧芳、素蘭、模特繼宗，以及只來過一次的葉超群等為輔，呈現出各自的學業、事業、婚戀等人生經歷，數十年後故事的結局又重回畫室，而結果自然是物非人更非了。與英培安前面的幾部長篇（《孤寂的臉》《像我這樣的一個男人》《騷動》《我和

---

1 可參拙文〈面具敘事與主體遊移：高行健、英培安小說敘事人稱比較論〉，《西南民族大學學報》2009 年第 3 期，頁 158-163。也收入拙著《華語比較文學：問題意識及批評實踐》（上海：上海三聯書店，2012），頁 136-149。

我自己的二三事》）相比，《畫室》不僅文字容量變大，而且在主題的繁複程度（如新馬社會、異域風情等）、時間跨度（1950 年代學生運動到 21 世紀）上均有擴大化傾向。

英培安曾這樣指出小說書寫的意義，"我的看法是，小說是描述人存在的困境，人處身在困境裏，自然需要反思。人是活在社會裏的，他是社會的產物。他面對的困境也是社會造成的，自然也會是對社會的反思。"（英培安、李青松：〈與新加坡作家英培安先生在他的新書《畫室》發佈會上的對談〉）這當然是對解讀此部小說的有力精神指引，但同時似乎亦有可繼續衍發之處。

此處的問題意識在於，《畫室》如何展現出英培安對自我長篇書寫的整合與超越？如果結合離散理論思考，英培安對此如何闡發與突破？同樣，如果結合英自身的經歷與生存環境，《畫室》如何呈現出他對新加坡認同的深入反省？而在離散視野下，台灣元素如何對英產生相對實在而獨特的影響？

一、虛構的技藝：離散與拼貼

"離散" 一詞，原本和猶太裔被趕出聖城有關，成為描述此族於公元 70 年以降的散居異邦和不得返鄉的狀態。[1] 以後此詞不斷被挪用，也會用到有關華人研究和 20 世紀以來的移民遷徙和越界跨國事件與心態探研中等等。[2] 隨著時間的發展，離散一詞內涵也日益擴大和豐富，似乎不單純指涉被放逐和被逼搬遷的苦痛與悲情書寫，同時還擁有更多元和開闊的視角，比如它也參與到文化的傳承、建設或者是顛覆解構等層面。這當然可以包括藉此觀照和對比不同區域文學時空中的華文文學創制與意義省思。而如果藉此視角去考察新加坡作家英培安的話，則更顯出有關理論和他的實踐互動、突破的迷人張力，尤其是新加坡是一個移民城市國家，在《畫室》中英相當精彩的展示出他對離散獨特而又

1　具體可參 Barclay, John M. G. (ed.), *Negotiating Diaspora: Jewish Strategies in the Roman Empire* (New York: Continuum International Publishing Group, 2004); Braziel, Jana Evans, *Diaspora: an Introduction* (Malden, MA: Blackwell 2008).

2　具體可參 Ma, Laurence J. C. & Cartier, Carolyn L.(ed.) , *The Chinese diaspora: space, place, mobility, and identity* (Lanham MD: Rowman & Littlefield, 2003).

豐厚的理解。

（一）空間離散

毫無疑問，空間位移是離散的重要標誌，而採用空間的離散視角探究文學書寫中的認同主題也孕育了新的可能性。[1]《畫室》的開局中，顏沛主持的這個畫室一度成為小說中所有主要人物的薈萃地，而自此以後所有人都各奔東西，不得不面對生老病死、生死離別的人生悲劇。

1. 時空並存與轉換。《畫室》中諸多人物離散的中心指向地自然是新加坡，而他們的老師顏沛人生的歷練地也是以新加坡為歸屬。這包括他和婉貞的戀愛、結婚與離婚，也包括他的教書，他的前列腺癌的被發現與治療。與此相關，其弟子素蘭的主要生存地也是新加坡，她借畫畫實現自己難得自由的渴望，她照顧罹患癌症的老師顏沛等等。新加坡同樣也是"偽國寶"葉超群發家致富、飛黃騰達和逐步江河日下的場域。

與顏沛相關的婉貞離婚後去了香港，她在那裏工作，同時又與梁生發生了一段無疾而終的感情糾葛。正因為在香港的孤獨與部分享受孤獨，新加坡才更成為婉貞心中思念的故鄉。當然也是在香港，婉貞偶遇了顏沛的弟子思賢，才得以與前夫顏沛鴻雁傳書，最後再續前緣，返回獅城陪他走完最後一段路。

中國大陸的出現與素蘭息息相關。那既是她文化旅遊、朝聖的溫暖時空，同時又因為她老公出軌找了個中國女人而成為她的傷心地。而耐人尋味的是，英培安卻安排背叛她的老公生意失敗，最終老年癡呆，悽慘死在護養院裏。

當然，還有令英培安念念不忘的馬來西亞。而健雄正是因為被政府懷疑左傾而出走到馬來西亞，新山－吉隆坡－怡保－森林（叢林），展開了十數年的顛沛流離。而健雄的女朋友在健雄離開後發現自己腦中長瘤，幾經折騰，最後選擇回到家鄉馬來西亞的吉隆坡開設素食館——"健雄素食"，積極樂觀生活。

令人驚訝的是，英培安還將筆觸伸向更遙遠的文化時空。弟子寧芳因為要學印度古曲而追隨阿難達而前去印度馬德拉斯，學藝未成，卻遇上了互相愛慕

1　錢超英：〈流散文學與身份研究——兼論海外華人華文文學闡釋空間的拓展〉，《中國比較文學》2006年第2期。

的伽內山，而和他赴法國巴黎定居組建家庭並生女英德拉妮。而後來準備前去歐洲辦畫展的思賢恰恰也和自己一直暗戀的女神 —— 寧芳在巴黎相遇，而後同遊西班牙。

需要指出的是，這些時空場域往往是並存的，因為生活在其中的人都曾在新加坡畫室中有過交集，同時又往往是流動和轉換的，因為不少主人公又在不斷位移，或者是復歸獅城。

2. 事業與感情糾纏。人物在不同的時空場域離散，原因各異。但大致而言，可以分為被離散（to be exiled）和自我放逐（self-exile）[1]，當然更常見的可能是二者結合。如果結合個體人生存的主要維度，那麼事業、愛情往往是離散的重要推手。

某種意義上說，健雄是一個被離散者，實際上他只是當時左翼風雲激蕩運動的一個消極參與者和挾裹者，卻被政府（內安部）盯上，而不得不展開其逃亡生涯。而其實他一直愛著自己的愛人美鳳，又對自己的溫馨家庭倍感掛念，但政治鬥爭的殘酷性卻讓他惶惶然如喪家之犬，正因為如此，同時他也對"馬共"又缺乏真正激情與堅守，而成為一個被"雙重邊緣化"的國族寓言（national allegory）[2]承載者。

相較而言，寧芳更是一個主動的自我放逐者，她前去印度學習古曲，而後隨伽內山轉赴巴黎，而最終在寡居後還是接受了思賢的愛而選擇回歸新加坡，這些都是她主動的選擇，悖論的是，她做出決定是堅決的，卻又是衝動的，往往難以持久，而其人生歷程似乎因此相當豐富多彩。

《畫室》中的男主人公思賢的離散更多是一場暗戀失敗後的被逼逃離，但弔詭的是，他在台灣卻實現了自我的提升與突破，事業有成，但對舊情卻念念不忘，在對老師顏沛尊敬有加外，對愛情也始終不渝，並最終贏得美人歸。

需要指出的是，小說中也存在一種內部離散（internal diaspora）。比如顏沛對理想、事業的忠貞堅守其實是非常孤獨和窘困的，因為在急功近利的社會

---

1 有關自我放逐的詮釋，可參 Ariel Segal Freilich, *Jews of the Amazon: Self-Exile in Earthly Paradise* (Philadelphia: Jewish Publication Society, 1999).

2 Fredric Jameson, "Third World Literature in the Era of Multinational Capitalism", *Social Text* 15 (Fall 1986), pp. 65-88.

中堅持理想，反倒讓自己變成了身在祖國的陌生人：妻子出軌並離去，而自己也罹患癌症並最終不治，從此意義上說，這其實也隱喻了文化理想在所謂世界一流人均收入國家 —— 新加坡難以容身。

（二）敘述拼貼

毋庸諱言，處理如此空間離散和時間跨度相對較長的歷史再現並不容易，但長篇書寫高手英培安自有其處理之道。從其書寫技巧和策略來看，《畫室》似乎更像是洗盡鉛華、樸素厚重之作，似乎有回歸現實主義之嫌。但實際上，在虛構的某些細部上，依舊可以顯出英培安創新應對、遊刃有餘的敘事慣性和某些實驗性。

1. 大框架：拼貼離散。《畫室》整部長篇分成兩個部分，無疑兩個部分的人物敘事是粘連不斷的，但大致而言，第一部分可理解為革命時代的理想、婚戀與魚龍混雜；第二部分則更多是後革命時代的發展和餘緒。有論者指出英採用了拼貼畫的敘述結構，"這個 '拼貼畫' 的概念就是《畫室》作者對於小說的整體構思，他心中有了一個完整的全景 '畫面'，將每一個人的故事都作為其中一塊 '畫板'。"[1] 的確頗有幾分道理。

在第一部分中，英培安著力刻畫了大約 1950 年代到 1980 年代的生活歷史。這其中既有對新加坡本土生活語境中人物及歷史事件的探索，又有對離散時空中另類事件的刻畫。在新加坡時空中，英狀寫了顏沛堅守的艱難，生活窘困、離婚，當然也寫了離婚後赴港的婉貞的生活。除此以外，英培安還繼續狀摹華校知識分子的"失敗"與沒落，同時也別具匠心地添加了小流氓阿貴的底層生活狀態，顯示出沒有文化的更加賤民的華族同胞的艱難掙扎。與此同時，英也描畫了混亂時代善於鑽營的葉超群的發家，他劍走偏鋒，遊走於文學與繪畫之間，利用其自我包裝的"藝術才華"和長袖善舞的"外交"藝術強勢崛起，這個書寫當然和英培安對新加坡 "廟小卻大風" 的文壇有著切膚之痛的深切體驗和犀利觀察密切相關。

引人注目的還有健雄被逼潛逃的歷史再現，英培安將之安放到 "馬共" 出

1　李青松：〈拼貼畫似的敘述 ——《畫室》評論〉，《聯合早報·文藝城》2012 年 2 月 3 日。

沒的森林中，從一個邊緣觀察者的角度，英讓健雄和大鬍子（兩邊皆不討好的馬共叛逃者）朝夕相處，書寫了一段令人唏噓的"野史"（也是荒野生存史）。當然，英也讓顏沛當年在華僑中學遊行反兵役的結果有了答覆，更年輕一代的繼宗高中畢業後不得不服兵役，這彰顯出革命理想的持續性挫敗。

簡單而言，第一部分是對革命年代的終結式交代，而第二部分卻主要描述新一代新加坡華人的生存狀態，如思賢與寧芳的愛情，繼宗的"回家"，從結果來看，英培安還是選擇相對溫暖的方式讓他們在新時代（和平年代）歸家，暫別離散。

2. 細描上，齊頭並進。整體而言，除了在大的結構上分成第一、二部分進行分工拼貼以外，英培安在內部又進行了更細緻的裝置安放。相較而言，"他和她"部分相對簡單，而更長的部分，如"回家""遠方的歌聲"則有更繁複的實踐。

"回家"共有十章，分別描寫了：（1）以"我"人稱敘述繼宗回歸新加坡的生活，包括和阿貴相遇；（2）健雄面對大鬍子死亡；（3）素蘭的生活與出國議題；（4）葉超群的生活與暴戾態度；（5）"我"繼宗與余齊飛認識並在吉隆坡吃"健雄素食"；（6）健雄想走出森林，未果；（7）顏沛死後的安排及畫界影響；（8）素蘭老公癡呆、去世；（9）葉超群事業、生活敗落；（10）繼宗參加阿貴的葬禮。不難看出，英培安通過拼貼的方式組合了小說敘事並藉此加以推動，而所謂的回家，其實更暗合了"出來混，總是要還的"的人生淺顯而有效的道理。

當然，英還有更繁複的操作，就是在一章內部的更細緻拼貼，以"遠方的歌聲"第一章為例，分節主要描寫的是：健雄、思賢＆寧芳、繼宗＆阿貴、男畫家、男畫家、畫室概況、思賢、年輕人（葉超群）、繼宗、男畫家＆繼宗、健雄。表面上看起來相當繁瑣，其實是環環相扣，而且英培安往往選擇從各個人的視角進行眾聲喧嘩敘事，頗有些不經意之間的"複調"敘事實踐。[1]

1　有關巴赫金複調和狂歡詩學的論述可參拙著《張力的狂歡》（上海：上海三聯書店，2006）上編。

二、新加坡認同：內部離散或殖民

除了從敘事角度探究離散詩學以外，英培安特別令人關注之處還在於對離散之於新加坡認同的深入思考。作為一個年輕的城市國家，新加坡特別重視經濟發展和政治認同，但更深層的文化認同卻相對薄弱，英培安通過《畫室》卻部分揭示了有關認同的困境及原因，並犀利指出了其內部離散甚至是內部殖民（internal colonialism）[1] 的弔詭。

（一）驅逐馬共：草木皆兵

在新加坡今日依舊嚴苛的話語環境中，1960 年代頒佈實施的內安法令（Internal Security Act）依舊利劍高懸，知情人士往往知道它和當年的英國殖民者對付共產黨息息相關[2]，但歷史的流逝和“馬共”自身的孱弱與挫敗讓共產黨在新馬地區大致銷聲匿跡，而失去假想敵的“軍規”卻又成為新的統治者處置政治對手自保的利器。《畫室》中沒有輕易擱置此類題材，作為和內安部有過交集、被拘留過數月的英培安對此有直接體驗。但耐人尋味的是，英培安卻從邊緣處入手，消解了禁區內的神話。

一方面，英籍健雄的眼光窺探了“馬共”的神秘性與必然滅亡的宿命。為躲避政府清算，健雄不得不投奔叢林“馬共”。但“馬共”顯然組織嚴密，他先被安排在怡保的亞答屋裏養雞三年進行考驗，過於平凡和瑣碎的日常令他意志消沉，而後終於獲准進入叢林。誰成想革命生涯遠非想像中那麼令人熱血沸騰而是無比殘酷：前來接應的同志亞峰不幸和政府軍遭遇槍戰受傷而死。陰差陽錯之下，健雄請求“馬共”叛逃者大鬍子張寶進收留他，二人相依為命。恰恰是從邊緣人、落魄者大鬍子那裏，健雄明了了“馬共”內部鬥爭的殘酷（如肅反）、戰鬥力貧弱（連軍火都裝備不齊）、生存環境惡劣。他們二人要防備來自三方的襲擊：“馬共”、政府軍和自然界猛獸，最終大鬍子因病命喪山洞，

1　比較經典的論述可參 Michael Hechter, *Internal Colonialism: The Celtic Fringe in British National Development, 1536-1966* (California: University of California Press, 1977).

2　具體可參辜瑞榮編著《回顧內安法令 40 年》（馬來西亞：朝花企業，1999）。

健雄想出走卻不能，只能最後化歸森林，被叢林吞沒。

而另一方面，憑藉對"馬共"歷史的邊緣切入，英培安其實更抒發了對有關話語的另類揭示與解讀。健雄的被逼逃竄投奔"馬共"完全是歷史時空中當時政府草木皆兵、企圖斬草除根苛政下的犧牲品，而尤其是後來的共和國政權設立又和曾經有力藉助當時如日中天的左翼勢力（如林清祥等）密切相關。因此，有關"馬共"的歷史相對較少，現有的論述要麼是不得不噤聲的禁區，要麼就是妖魔化的對象否定，缺乏真正有力的客觀描述。[1]英培安的書寫毋寧更從個體人性角度得出了自己的判斷和解讀，整體而言，他沒有（或無力？）正面主攻馬共神話和歷史真相，卻從一個側面反襯出新加坡文化認同中的僵化、刻板之處——它並不真正允許異議者或有個性的非官方言論自由發展。

（二）語言政治中的權力關係

英培安沒有放棄他一貫擅長的對華族男子在新加坡語境中相對落魄的主題刻畫[2]，而且他也相當有力的指出有關語言政治（英語至上）依舊根深蒂固且效果明顯。

我們不妨先從整體層面加以分析。繪畫老師顏沛是華校生，他的太太婉貞是英校生（新加坡大學）出身，二人結婚初期原本恩愛，但不同源流背景帶來的收入差異和生活圈子價值差異使得二人產生裂痕和隔閡，接著婉貞和記者方正豪偷情並同居，最終顏沛夫婦以離婚收場。同樣，可以前往印度遊學並定居巴黎的寧芳也是新加坡大學畢業生（英校生），反之，華校出身的思賢只有到了台灣才能找到自我，並實現個人夢想。類似的，繼宗原本出身華校，只有到了同樣是英國殖民地的香港考獲博士學位才可以脫胎換骨，繼而回新加坡教書，以知識改變命運。

而來自個體層面的說服力也可以探究。以葉超群為例，他之所以能夠揚名立萬的資源在於他善於利用人、長袖善舞，為自己沽名釣譽，但需要指出的

---

1 陳平等著的《我方的歷史》（新加坡：Media Masters，2004）可算是作為馬共書記的陳現身說法，值得一讀；其他還可參可參田農著《森林裏的鬥爭》（香港：東西方文化事業出版社，1990）。

2 有關論述可參拙著《本土性的糾葛——邊緣放逐·"南洋"虛構·本土迷思》（台北：唐山出版社，2004），頁 87-119。

是，他同樣也是操弄語言政治的高手，"因為對西方作家和經典如數家珍，葉超群給人的印象是個學貫中西的華文詩人，他也確實在談話中經常夾一兩句英文，甚至法文……他雖然自認精通雙語甚至三語，遇到真正需要用外語的時候，他那夾在華文裏的幾句英文或法文就捉襟見肘了。遇到這種尷尬的情況，他往往會以一個熱情的微笑或豪邁的哈哈大笑巧妙地敷衍過去，他絕不會有一般華校生的挫折感（這和他自認精通雙語或三語有關）。"（頁 75）他很長於把自己包裝成大師，其實不過是浮淺的文化買辦，而語言政治也是他用來見風使舵、包裝自我的把戲。

令人慨嘆的是，底層小混混阿貴，雖然厭學，華文根基其實相當不錯，同時又對粵劇（隱喻的是草根、方言和民間文化）情有獨鍾而小有所成，但就是因為出身華校，英文不好而自己退學，進入黑社會，入洪門砍人、打打殺殺、刀光劍影中討生活，最後只能落魄而死。坦白說，刨除其不熱愛讀書的成分，其實更能看出他更是語言政治的犧牲品，雖然他也努力和不公平的命運搏鬥過。

語言政治的結果不僅僅是分化階層，而且更致命的是它會讓原本是母語的華文和專擅傳統中華文化的品味在（英語）社會中變得無足輕重，而同時英語又只是作為工具性語言借用，其背後的深層文化、歷史與獨特思維被剝離、丟棄，這樣一來，就必然導致新加坡華人文化認同的危機感和"雙重邊緣化"困境。

（三）文化政治及其表象化

作為一個資源匱乏、基礎薄弱的小國，新加坡一直既有得天獨厚的地理位置的優越感，但同時又有資源匱乏、嚴重依賴進口、朝不保夕的緊迫感。尤其在 1965 年被逼獨立後，"麵包"就一直成為共和國各種敘事的核心譬喻，一直到人均收入步入世界一流水平時依舊關心麵包遠大於文化創造和輸出。當急功近利成為一個國家和執政者的思維定勢以後，那麼理想、激情與文化創造似乎就變得過於奢侈了。

1. 理想失落與激情萎縮。英培安曾提及《畫室》一書是他對 1950 年代學生運動的追憶與憑弔，"我在 89 年出版《孤寂的臉》之後，就很想寫一篇關於

50 年代學生運動的小說了，為了生活，忙著寫專欄文章與經營書店，拖了十多年，2000 年我被台北文化局邀請到台北當駐市作家，覺得自己這些年來其實沒有創作什麼文學作品，非常慚愧，所以小說找到一種自己滿意的敘述結構時就立刻動筆。一年內就完成了。"（英培安、李青松〈與新加坡作家英培安先生在他的新書《畫室》發佈會上的對談〉）

事實也是如此。顏沛所傾力追求的藝術生命創造與延續在新加坡難以真正實現，最後他罹患癌症後企圖努力突破自我卻加速了他的早日死亡，而其弟子思賢也只有到了台灣才會一展所長，為世人所承認並讚許。而顏沛學生時代所反對的服兵役制度在新加坡本土建國後卻得以堅決執行，後輩華校生繼宗就成為兵役制度執行的僵化犧牲品，無處安放獨立思考的自我。

而頗耐人尋味的是，英培安特地安排了人在台北的思賢、人在巴黎的寧芳和開餐館入籍西班牙的周先生 —— 三個新加坡人在巴塞隆納（Barcelona）相遇。或許只有在這樣的時空中，他們才可以自由暢談現實政治，從 1950 年代到 21 世紀（頁 452-453）。也才可以談論新加坡許多不為人知的塵封歷史記憶，而且因為日新月異的變化（現代化？），許多記憶中的實體已經面目全非了，甚至因此引發了他們不少鄉愁（頁 454）。

2. 功利膚淺當道。由於整體文化環境急功近利，更強調"多快好省"，因此那些善於拼湊、快速轉型和長於應景的"文化"更容易獲得相關場域和統治者的青睞。葉超群的崛起並迅速走紅就是很好的個案。

簡單而言，有執政年限的當政者更追求吸引民眾眼球、表演服務性和短期效應，而藝術卻更強調獨創性，甚至有些更需要耐心、深入打磨，把自己的特色、激情、個性融入其間才可實現傳承與突破，這明顯是兩條大不相同的價值觀和評判標準。葉超群更強調出鏡率和上報率，這和某些主流價值和意識形態不謀而合，而他又善於攀龍附鳳、鑽營投機，在一段時間內居然可以大紅大紫，甚至成為國寶級藝術家，雖然最後他身體毛病不斷：心臟要手術、禿頭、陽痿、便秘，而且報館也開始冷落他，兒子耀龍（結合新加坡領導人名字，命名別有深意）不學好，可謂禍不單行，但畢竟他卻是相當長一段時間內新加坡炙手可熱的文化風雲人物。

上述種種，不管是政治認同的嚴苛、狹隘性，還是語言政治層面的利益引導與潛存歧視，還是文化政治層面的表像化、膚淺化，都說明了新加坡認同內部的離散性。從某種意義上說，也是一種"內部殖民"，在（英國）殖民者父親離開後的國度裏面仍存有殖民思維、邏輯和法令舉措等等。無疑英培安對此議題有著相當精闢與老練的反思。

三、移民性如何對流本土性：以台灣影響為中心

毫無疑問，《畫室》調動了英培安不少私人珍藏，比如他早期的學畫經歷可以讓他至少頗具專業水準的虛構畫室場域以及對繪畫實踐、流派、風格進行精彩點評，當然也包括他曾經身患癌症，可以讓人身臨其境般感受到有關癌症的檢測、電療等專業操作和有關心境，如其所言，"這部小說的故事是從一群畫家或藝術愛好者聚在一畫室畫畫開始展開的。其實這是我的經驗，在中學時我是很喜歡畫畫的，後來喜歡上寫作，就沒畫了。2000年初，我又重新開始畫畫，斷斷續續地與一些畫家在星期日早上一起寫生，一直到2008年患上一場大病才停止。所以畫家在畫室作畫的情況我是熟悉的。我想，畫室裏有七八個畫家，他們自然都有自己的理想，自己的藝術觀，自己的生活遭遇，所以我就用一群在畫室裏畫畫的畫家展開故事。"（英培安、李青松〈與新加坡作家英培安先生在他的新書《畫室》發佈會上的對談〉）

同樣，香港作為英培安工作過的城市，其熟稔與情感寄託都可以在三言兩語中加以闡發。當然，還有如前所述的所謂左傾與內安法令體驗等等，這些實況都可以讓我們看出小說家英培安如何點石成金，再現歷史的各種姿態。

如果遍覽英培安的長篇書寫，結合其文本生產的現實空間，有一個元素日益凸顯，那就是台灣影響。如果從本文論述的離散與新加坡認同的關係視角著眼，那麼台灣影響其實可以部分彰顯英培安對本土文化認同建構的某種設想，或至少是憑依。筆者曾以九丹《烏鴉》和卡夫《我這濫男人》為中心探討本土性與移民性對流的可能性及其問題[1]，而《畫室》中文本內外的台灣影響似乎也

1　具體可參拙文〈當移民性遭遇本土性 —— 以《烏鴉》與《我這濫男人》為例論本土的流動性〉，《海南師範學院學報》2006年第2期。

隱含了某種契機。

（一）小說內部：作為文化息壤的台灣

毫無疑問，台灣在《畫室》中承載了英培安多元的情感寄託和文化角色。

1. 師傅台灣。小說中男主人公之一顏沛的老師李韻士是台灣人，曾經到過法國學畫，善於因材施教。他是一個對美術特別執著而富有激情的人，"談起藝術創作，滾圓的眼睛裏即閃爍著象年輕人一樣熾熱的目光。"（頁 55）同時對藝術的真諦頗有主見，如更強調技巧之外的畫家的 "思想感情"，強調藝術家自身的 "生活體驗"（頁 58），李老師一生淡泊名利，但對新馬風物與本土畫家卻特別關注，這可以部分看出他對新馬本土文化及青年人的某種呵護和引領扶持。實際上，結合當時中國人南來馬來亞教書的歷史事實，的確在文化上有相當一部分師資來源於台灣，而在教材的使用上，很多都是直接照搬自民國教科書。

2. 文化福地。對於因單戀受傷而不得不到台灣療傷並開啟事業之門的思賢來說，台灣就是他的文化福地。首先，到台灣後，一開始是通過做畫匠替商人畫肖像畫賺錢維生的，兩年後，開始結合心中鬱結，畫沒有臉孔的冷艷女體，並在台北開了個展，深獲好評，且收入不菲。其次，在他一直難以突破自我的時候，通過閱讀《梵谷傳》明白自己對繪畫缺乏真正的激情與狂熱，並決定從單戀中解脫自己（頁 197-199）。結果思賢冥思苦想之後，決定南下墾丁，寫生、思考，苦幹了兩年，最終突破自我，也成功辦了個展，"以全新的姿態在台北的畫壇出現……人們都很驚異，一個新加坡來的畫家居然能把他們熟悉的珊瑚礁畫得那麼奇特新鮮，他們彷彿重新發現了一個以前沒有看過的墾丁。"（頁 214）

3. 樂土台灣。如此處理台灣似乎還不過癮，英培安還讓小說第一部的主人公顏沛親自前往台灣旅遊。在台灣，顏沛有兩項收穫，第一，思賢想和他在台北聯展畫作的構想讓他 "十分興奮"（頁 225），這當然在後來也成為他明知罹患癌症依舊筆耕不輟、拚死勞作的新動力；第二，他在台灣的旅遊過程中十分開心，"這些年來他從沒這麼開心。快樂是需要花錢才能得到的，現在他體會到了，錢的確可以買到一定的快樂。"（頁 227）

不難看出，無論是自然風景，還是人文台灣，還是來自台灣的特立獨行的教師風範都成為小說中向台灣致敬並訴說其影響的多元觀照。從此視角看，英培安想借台灣文化來反襯新加坡的膚淺症候，同時也希望前者是個有益補充和新借鑒資源。

（二）文本之外：對話現實

跳出小說之外，我們亦不難發現台灣與英培安有著日益緊密的緣分關聯。

1. 知遇之恩與文本生產。相當長一段時期內，常常作為獨行俠的英培安在新加坡文壇不受關注，他既不是新加坡文藝協會會員，也不是新加坡作家協會會員，甚至頗受排擠；他著述不少，但單靠多數在新加坡出版的作品難以維生（華文讀者有限），亦很難擴大在島國獅城之外的影響。我多年前就指出，"從某種意義上講，是'台灣中心'拂去了塵垢，照亮了在新華文壇上被塵封或刻意忽略的英培安。"[1]

21 世紀以來，他的多部長篇《騷動》《我與我自己的二三事》《畫室》《戲服》（含舊作《一個像我這樣的男人》再版）等皆在台灣出版，而且反響不錯（無論是銷路還是獲獎）。除此以外，短篇集《不存在的情人》、戲劇集《愛情故事》也在台北唐山出版社出版。無論是從作品的影響力，還是從自身收益來看，台灣的文本生產體現了她對英培安的眷顧與知遇。

2. 包容與守護。從《騷動》到《畫室》，英培安涉及的本土敏感議題在擴大和增強，如果依舊在本土出版，即使能夠發表，也可能會受到審查或"善意"提醒。然而文化氛圍更寬鬆包容、很難因言獲罪的台灣似乎可以讓英培安免除部分政治層面的後顧之憂，直面自己的內心、良心與才華施展。

簡單而言，不管是從小說內部，還是現實關注層面來看，原本作為外來的、移民性的台灣卻成為作者及主人公們接受溫暖庇護的港灣，乃至聖地，從此層面說，英培安從潛意識裏想讓文化台灣內化為新加坡膚淺文化提升的樣板，從而悄悄對流成本土性。

1　可參拙著《考古文學"南洋"——新馬華文文學與本土性》（上海：上海三聯書店，2008），頁 297。

結語：《畫室》是英培安相當豐富和厚重的一部長篇，無論是在離散詩學營構上，還是在結合新加坡歷史記憶與文化認同的反省上都有其獨特之處，英犀利地指出了有關認同內部的被離散乃至內部殖民等複雜結構，從此視角上看，如果不改良此困境，新加坡的文化認同提升與整合將會長期停滯，乃至持續窘迫。當然，在其中，台灣影響日益凸顯，也顯示出英培安在潛意識裏希望藉此療治此困境的一種文化路向。

當然，如果從更嚴格的意義上省察，小說對反面人物葉超群的處理有些用力過猛，總讓人想起新加坡文壇過於雞零狗碎的人際紛爭，英對此的過濾和提煉有些隨意了；而且，在人物處理上相對類型化和平面化，其複雜性與欺騙性都略顯薄弱。如果讓葉結果非常成功，進一步飛黃騰達，似乎更符合波詭雲譎的現實語境。如小說家王安憶所言，"小説走完現實的一段，再向前去，就走進詩裏去了。所以，我們倘若要把小說做好，就必要把小說做成詩。"[1] 未必每一部長篇都必然化成詩，但詩的精神如果涵化其中，那麼對小說的提升大有裨益。

整體而言，英培安克服了諸多人生中的困難，有效整合了其更豐富而強大的生活體驗與既有敘事資源，由平淡中見真知，卻又氣場十足，為我們呈現出一本相對優秀的力作。毫無疑問，英培安屬這樣一類人 —— 總是有其超越的雄心與令人眼前一亮的扎實創製，無論世界有多少不公或延宕在他身上掠過。

1　王安憶：《故事和講故事》（上海：復旦大學出版社，2011），頁 64。

第四章

聚焦個案

第一節　告別／記錄的弔詭：論黎紫書的（長篇）小說實驗 —— 以《告別的年代》為中心

提要：黎紫書的長篇《告別的年代》是一部優秀之作，它幾乎涵容了黎紫書所擅長的所有敘事技藝和主題，以相當繁複的手法再現了杜麗安故事，也隱喻了華人世代進入後"五‧一三"時空時的務實化、世俗化，乃至墮落化的可能危機與境界，呈現出告別／記錄的弔詭。但在小説技藝繁複的同時，其後設裝置亦有攪局之嫌，並未真正擺脫台灣場域的影響的焦慮，實現自我的真正超越和經典化書寫。

關鍵詞：黎紫書；《告別的年代》；小説實驗

毫無疑問，黎紫書作為馬華文壇上的異數，有其引人注目的獨特素質。這不僅僅是因為她是個蜚聲內外的得獎專業戶（尤其是蟬聯多屆大馬花蹤文學獎和台灣《聯合報》大獎），而且還因為她在創作個性上的大氣和引起的相關廣泛批評關注上都可謂別具一格。在創作上，出道十餘年來，創作量上相對平凡，但內在素質和可辨認度卻令人刮目，從書寫主題上看，其暴力書寫[1]、前衛話題和南洋風情令論者頻頻涉及，甚至還儼然發展出本土書寫的另外一途，如王潤華教授就指出，其小說"是中華文化流落到馬來亞半島熱帶雨林，與後殖民文化雜混衍生，再與後現代文化的相遇擁抱之後，掙脫了中國文學的許多束縛，再以熱帶的雨水、黴濕陰沉的天氣、惡腥氣味瀰漫的橡膠場、白蟻、木瓜樹、騎樓、舊街場等陰暗的意象，再滲透著歷史、現實、幻想、人性、宗教，巧妙的在大馬的鄉土上建構出魔幻現實小說。"[2]而在書寫技藝上，卻又可以雜取多家、納舊吐新，不時令讀者矚目。耐人尋味的是，在相關研究上，她也引起各路好手的關注，比如王德威、黃錦樹等，並在其身上嘗試各種理論流派，

1　具體可參拙著《考古文學"南洋"——新馬華文文學與本土性》（上海：上海三聯書店，2008），頁97-114。

2　王潤華：《華文後殖民文學：本土多元文化的思考》（台北：文史哲出版社，2001），頁225。

如女性主義、後殖民、精神分析、後設裝置等等，令人眼花繚亂。如有論者就借比較流行的"女性書寫""族裔身份"及"離散經驗"這三個關鍵詞探討黎紫書短篇小說的活力以及前者的限度。[1]

尤其值得一提的是，多年來她一直未涉足長篇，但《告別的年代》（新星出版社，2012年3月，下引只註頁碼）作為其處女長篇，一出手即好評如潮，在大馬本土和台港連續斬獲獎項，一時間頗有洛陽紙貴之意。但同時弔詭的是，這又是一部缺乏深入探究和精彩評述的長篇，正是因為其間富含了黎紫書有關長篇的理想、觀念與繁複實踐，也讓一般讀者在叫好之餘卻又抓耳撓腮。平心而論，這部小說的情節並不太複雜，主要是圍繞"杜麗安"從一個普通女孩（戲院的售票員）下嫁給幫會頭目鋼波作繼室，而後一步步變為平樂居茶樓女老闆的故事，中間穿插了其母家、老公家的情況發展，其婚戀、事業等等，雖主題繁多，但步步為營，秩序井然。但令人難以理解的或許是黎紫書有意為之的小說實驗，其中既有對她以往書寫中短篇自我檢閱與巧妙整合，同時又不吝注入了新的元素，結構繁複性和障眼法的使用往往令普通讀者在貌似清晰的感覺上一頭霧水，最後乃至望而卻步。

盧卡奇曾經別有韻味地指出，"小說是一個被上帝拋棄的世界的史詩……它的內容的結構特徵是分離，是內心和冒險性之間的隔離。"[2] 毋庸諱言，隨著時間的推移，長篇小說與現實世界的對話方式和關係糾纏也往往發生了變化。黎紫書發表長篇《告別的年代》的時代可說是長篇書寫相當焦慮的年代，一方面是小說必須面對電子媒介（網絡博客、微博、網站）、電影電視等的光怪陸離的衝擊，而另一方面，有關小說虛構技藝的實踐琳琅滿目，產品汗牛充棟，後來者很難花樣翻新。令人驚訝的是，黎紫書沒有讓人失望，在"影響的焦慮"陰魂不散的語境中，她左右騰挪，大小通殺，揚長避短，交出了一份相當靚麗的答卷。但就目前相關研究看來，由於《告別的年代》相對較新，真正有分量的厚重論文還不多見，本文則企圖以此長篇為中心，剖析黎紫書小說詩學建構

1　彭程：〈海外華文文學研究關鍵字的闡釋邊界辨析──以黎紫書短篇小說創作為例〉，《暨南學報》2010年第3期，頁69-75。

2　盧卡奇著，楊衡達編譯、丘為君校訂《小說理論》（台北：唐山出版社，1997），頁61。

中摸爬滾打的得失。

　　根據王德威先生的精彩論述，歷史在紀惡的過程中往往存有一種弔詭：紀惡的目的原本是為了消除惡，但在記錄的過程中卻同時又悖論性的強化了惡。[1]黎紫書的小說書寫，尤其是長篇《告別的年代》卻也呈現出相當複雜的弔詭：告別、記錄、虛構相互啃噬勾連，令人眼花繚亂。在該長篇中，每一章都分為三小節，它們各自為政，又互相連綴：第一節書寫"杜麗安"，第二節從"你"的角度敘事，既關注和推進杜麗安故事，又書寫自我的生活，第三節則探討虛構小說的技能以及評論解讀該小說的諸多可能性。

　　在馬華社會中，文學由於和語文教育、社會脈動、歷史記憶以及意識形態變遷息息相關、對話糾葛而備受人們關注。而實際上，作為文以載道和抒情言志的載體，作為身份認同（identity）傾注的場域，作為對抗壓迫的詩學創造[2]，馬華文學和華人的生存狀態可謂如影相隨，而另一面，隨著時空的變換和時代差異，文學又以不同的形式和面貌模擬、反映、再現（represent）或再造歷史。反映到長篇創作中來，現實主義、現代主義、後現代主義的遞進和雜糅同樣適合於馬華文壇。

　　坦白說，等到黎紫書書寫並出版長篇時，其艱難讓人捏一把汗。畢竟，有關長篇的詩學模式中不乏好手與代表作。現實主義範式中，方北方的"馬來亞三部曲"可謂引人注目，其宏大的野心、史詩式畫卷的採用、中正嚴肅的主題追求，在《樹大根深·後記》中方指出，"如今，我在馬來西亞，前後住了五十七年。從青年步入中年、進入老年；由僑民歸化為公民；使我對這裏的鄉土有了感情，對建國產生熱切的寄望。

　　於是由於生活的投入和對寫作的執著，也希望通過文藝的反映，本著馬來西亞擺脫殖民地政府的統治，與國民獻身建國的善意，把華族參與國土的開闢和發展的經過，加以濃縮，以《樹大根深》《枝榮葉茂》《花飄果墮》寫下"根、幹、葉"三部曲，從政治、經濟、文化各方面的發展和演變，表現華人社會的

1　有關精彩分析可參王德威著《歷史與怪獸：歷史，暴力，敘事》（台北：麥田出版公司，2004）。
2　具體可參許文榮著《南方喧嘩：馬華文學的政治抵抗詩學》（馬來西亞：南方學出版社、新加坡：八方文化創作室，2004）。

結構以及精神面貌"[1]都令人驚嘆，如黃萬華所言，"方北方以生動的情節、鮮明的形象再現馬華民族形成的艱難進程，無論如何是有其重要的民族文學史價值的。"[2]當然，現實主義創作手法在切入到馬華語境中時也有其缺憾，比如宏大敘事、主題先行、手法過於樸素乃至粗糙等，這一點方北方也難以徹底免俗，對此黃錦樹已經相當銳利乃至尖刻的做出了批評。[3]

而現代主義實驗中，李永平無疑是集大成者，其《吉陵春秋》已經成為馬華文學的當代經典，其他如《海東青》《大河盡頭》都是體大思深之作、各有千秋。李永平對純粹中文的苦心孤詣，長篇結構的別具匠心以及對於豐盈主題的深刻挖掘都到了一個令人仰視的高度，即使單以《吉陵春秋》為例進行分析也是勁道十足。[4]同樣，後起中堅張貴興徘徊於現代和後現代之間，視野開闊、想像恢弘，同時敘事技藝紛繁蕪雜，極力演化出不可踵武的"雨林美學"[5]，雖然就某些主題書寫，如"馬共"（含砂共）不無爭議，但毫無疑問，張貴興的長篇創製已經頗具大家風範了。

一、（世）俗化：用告別來記憶

黎紫書自然有她的專擅，她對人性複雜性的犀利探尋，對小鎮華人風情的傳神狀摹，對個體心理與歷史語境互動的入木三分的解剖都令人讚嘆，在《告別的年代》中，她在此基礎上更進一步，"杜麗安"的故事相當集中地反映出黎紫書對重大歷史事件背景下個體的嬗變的整體把握與精細拿捏，在此層面上，黎很巧妙地將大歷史與小人物的浮沉合二為一。某種意義上說，小說篇名

---

1 方北方：《樹大根深·後記》（吉隆坡：鐵山泥出版有限公司，1985），頁 228-229。

2 黃萬華：《新馬百年華文小說史》（濟南：山東文藝出版社，1999），頁 130。

3 具體可參黃錦樹：〈馬華現實主義的實踐與困境 —— 從方北方的文論及馬來亞三部曲論馬華文學的獨特性〉，收入江洺輝編《馬華文學的新解讀》（吉隆坡：馬來西亞留台校友會聯合總會，1999），頁 123-133。

4 如王德威的精彩點評，可參氏著《閱讀當代小說選：台灣大陸香港海外》（台北：遠流出版事業股份有限公司，1991），頁 46-48；也可參拙著《考古文學"南洋"》，頁 229-248。

5 可參拙文〈雨林美學與南洋虛構：從本土話語看張貴興的雨林書寫〉，《亞洲文化》（新加坡）第 30 期，2006 年 6 月，頁 134-152。

《告別的年代》透出相當無奈的感傷，在其中，大歷史又恰恰是被告別的對象。

（一）理想沉淪與激情不再

　　"杜麗安"故事中，幾乎所有馬華社會最基本的大歷史都曾經閃過，但很遺憾卻往往都是告別對象與被淡化的背景。

　　1. "五·一三"事件：族群衝突與轉捩點。《告別的年代》出人意料的把起始頁碼寫為"1（513）"，個中內涵頗耐人尋味。為該書作序的黃錦樹盤桓良久，指出，"如此說來，這是個國族寓言，寓意華人經過 513 後'委身下嫁黑道'為繼室，而輾轉掌握經濟？看來也不太通，這 513 符號大概也是個假靶，誤導刻意求深的讀者而已。"（頁 4）

　　在我看來，我們如果將文學敘述與歷史敘述放到敘述的層面並置的話，小說其實在本質上和歷史算是同道。很少讀書的杜麗安，翻開《告別的年代》，開端就是第 513 頁，其實隱喻著她們這一代華人歷史的惡性開端就是"五·一三"事件[1]。自此之後，無論是從政治地位、教育權利，還是從經濟命脈掌握〔衝突使馬來西亞政府開始執行"新經濟政策"（1970–1990），其主要內容為給馬來人特權〕等層面，馬華人在整體上失去了自主自尊的可能性，這也是對政治不敏感或健忘或過於務實的杜麗安們的歷史開端，也是告別的起點。實際上，小說中的華人角色在政治理想上相對漠然。

　　2. 馬共情結：非法化的卑微。在大馬歷史上，佔據重要席位的"馬共"/左翼[2]主題也是杜麗安們告別的對象。葉蓮生就是這個卑微的符號，一開始作為華小教師的他是杜麗安的暗戀對象，"皮膚有點黑，卻有一口好牙齒。雖然是教書先生，可他沒近視眼，而且眼神真摯，看人時總像在看著孩子；兩道眉特別醒目，像兩把刀。難怪杜麗安會鍾情此人"（頁 18）。而後，她卻棄之而

1　指 1969 年 5 月 13 日馬來西亞全國大選後發生在吉隆坡，後蔓延全國的種族暴亂事件，是年 10 月官方公佈 196 人死亡（華族 143 人、馬來族 25 人、印族 13 人，另外 15 人無法辨認）、受傷人數 439 人（其中 18 人受槍傷），具體可參林水檺等《馬來西亞華人史新編》（第一冊）（馬來西亞：馬來西亞中華大會堂總會出版，1998）。

2　有關田野考察之後的新穎思考可參潘婉明〈在地跨域身體移動知識傳播——馬來亞共產黨史的再思考〉，《華人研究國際學報》第 3 卷第 2 期，2011 年 12 月，頁 57-71。

選擇黑社會頭目鋼波，"那天葉蓮生才剛從拘留所出來。"（頁 33）他仿若唐堂吉呵德，為抗議政府不公平的新經濟政策而衝向政府武警，結果被刑拘，而在一般人看來，他不過是個"牛頭黨"（頁 34）。到了最後，莊爺八十壽宴上，已經只能化成人群中可以遠觀的模糊一員，"記得上一回見他也只得這麼一團身影，可望不可即"（頁 238）。葉蓮生之於杜麗安的印象和角色轉換，其實也喻示著華人群體對"馬共"的逐步告別。

3. 幫會政治。海外華人社會中長期存有相當顯赫的幫會政治，它們很可能有著不同的政治認同，但從運作和功能上，既可以發揮團結華社維護大多數人利益的功能，同時又可能為個體提供庇護，當然正是因為集體或團體或幫派有大小，利益糾紛與內部傾軋也在所難免，而帶有黑社會性質的幫會更是如此。[1]

《告別的年代》中自然沒有忽略這種組織及發展，正是從杜麗安作為私會黨 —— 建德堂堂主鋼波的繼室的角度，我們得以窺見幫會政治的複雜運作與勾心鬥角。杜的長袖善舞、機靈美麗反倒弔詭地反襯出貌似剛猛有餘的鋼波不得不向幫會組織的最終"告別"的悲劇性。幫會中新老交替時，莊爺更重視血緣關係的親屬而非愚忠的功勳老臣 —— 鋼波，同時顯而易見的是，單靠蠻力和血腥鬥勇的時代似乎一去不返了。而彷彿為了繼續證明這種私會黨模式的變遷和鋼波告別的徹底性和被迫性，黎紫書還詳細描寫了鋼波幼子 —— 石鼓仔（黑二代）更深層次的空洞、墮落，顛沛流離，直至最後必然悽慘滅亡。

（二）婚戀的世俗化與功利化

如果說大歷史（History）淡化為背景或稱為杜麗安們告別的對象是因為女人們對宏大歷史（His-story）的冷漠乃至拒斥，那麼對於人們相當重要的婚戀選擇理念及態度似乎更應該成為關切的要點和價值體現。我們仍不妨以杜麗安為中心加以處理。

從一開始，我們或許認為杜麗安和鋼波的結合純屬偶然，因為失控的瘋子

1　有關研究可參 L.F. Comber, *Chinese Secret Societies in Malaya: A Survey of the Triad Society from 1800 to 1900* (New York: J. J. Augustin, 1959)；邱格屏著《世外無桃源 —— 東南亞華人秘密會黨》（北京：生活‧讀書新知‧三聯書店，2003）；李業霖主編《吉隆坡開拓者的足跡：甲必丹葉亞來的一生》（吉隆坡：馬來西亞華社研究中心，1997）等等。

突然持鐵鍊攻擊平常待他不薄的杜時，鋼波恰好出現並英雄救美；但從故事的後續我們知道出嫁是在底層掙扎的戲院女售票員的深思熟慮之舉，她最終還是告別了更具理想、激情、公共關懷和文化品位的理想男人——葉蓮生，而投向了有權有勢的黑社會堂主——鋼波的懷抱。也正是在部分埋葬愛情婚姻理想後，杜麗安將錯就錯，繼續了她人生的精彩、豐富與苟且。

一方面，是她對婚姻家庭的務實化實踐，她不僅通過身體操控鋼波、穩握經濟大權慢慢經營茶樓、購買新排屋，而且在處理鋼波親情的事宜上也是表面有分寸但內在現實而冷酷，如打發萎靡不振、吸毒空洞的石鼓仔離開，如何操控沉悶內向的繼女劉蓮，甚至是對待自己的閨蜜和髮小娟華姊時也因為自己的地位升遷而更多出於利益考量。從此層面上看，杜麗安的婚姻經濟學毋寧更是一場告別愛情、溫情後的世俗化運作，她經營得越成功，反倒越顯出其過於務實、勢利和世俗，儘管表面上看起來她處理各項事務非常得體，很難挑剔。

另一方面，她又是一個慾望騰漲的女人，善於利用自己的姿色與身體為自己謀利和泄慾，對鋼波是如此，對出軌情人亦是如此。在她和葉蓮生的婚戀無望後，她帶著內心深處的遺憾和花花公子葉望生——葉蓮生的孿生哥哥開始苟且、偷情，即使她知道他是如此不堪，拈花老手，甚至偶爾吃女人軟飯，她大多時候還是和他熱火朝天、性情高漲，直至最後她看穿他而自己亦想修心養性時才收手。概而言之，即便是回到女人特別看重的婚戀上，裏面也大多是苟且、算計、背叛和極少的溫情與責任背負，可見杜麗安的告別大歷史的確是鐵心經營乃至根深蒂固了，這當然也可以理解為大馬華人的"民族寓言"。

如果我們以杜麗安父親來加以輔助性說明，似乎這種告別和墮落更是不言而喻。比如杜父對"馬共"和民主運動的不解乃至嘲諷，不僅毫無理想，而且惡習不少，喜歡嫖娼、賭博，當然也談不上對自己的家庭（包括太太）有真情（除了獸性發泄），而在太太死後，他居然打破了本土／外來種族的界限，去找了一個印族洗衣寡婦華蒂同居，這當然不是種族融合、對大馬多元種族和諧並存精神的大力弘揚，而更多是出於生活本能所需，這種苟且和過於務實可見一斑。

有論者指出，黎紫書這種對歷史的處理方式可以解讀為新生代作家對歷史的獨特體認，"而文章中不斷出現的後設結構，正是刻意打亂歷史的統一敘述，進入一種不斷懷疑和否定的程式，藉以表現華人無法描述華人歷史的斷層現象……與前輩作家主觀性的‘建構’行為相比，新生代作家更為客觀地反映著對歷史多樣性的深層次體認，‘國族’命運在他們筆下也因此呈現出更為複雜和豐富的內涵。"[1] 這或許可以理解為黎紫書對大歷史的幽微告別與複雜敘寫。

二、當下性：一邊告別，一邊記憶，一邊展望

在"杜麗安"主綫故事之外，黎紫書還別出心裁地利用"複眼"裝置，在所有章的第二節裏面以在 301 房的"你"為獨特觀照：他和杜麗安既讀同一本書《告別的年代》，但同時亦有自己的現實關涉、身份找尋與未來展望，從意義的建構方式來看，無疑這和杜麗安故事對大歷史的告別式記憶有別。

（一）複眼敘事的功能梳理

如果從小說情節發展的完整性 / 建構性角度思考，"杜麗安"故事並不完整，而"你"所觀看的世界則是十分必要而有力的補充。

1. 印證背景、具化歷史。小說中"你"自己的生長環境與杜麗安故事有交叉甚至是延續之處，從此視角看，"你"中所呈現的背景、小歷史是對大歷史故事的補充，比如有關葉蓮生的記載就是在第 2 節出現的，"葉蓮生，生卒年未詳，祖籍廣東番禺，出生於銀州石象鎮；讀書人，左派，勞工黨，曾多次參與示威，無數遍出入於拘留所，教師飯碗自然是保不住的，後來也被內安法令請到北島木蔻山小住數載。"（頁 36）

同樣，對於杜麗安和鋼波的結合前奏事件，瘋子施襲鋼波救美，通過"你"的詮釋似乎更具穿透力（頁 69-70），而非第一節故事中近乎一語帶過的含混描述。毋庸諱言，這對情節的具化不無裨益。同時對於葉望生、杜麗安的性交場景和心理揣摩（頁 169-170），也是在"你"的故事中得到具化和強化的。

2. 推進情節、結束故事。《告別的年代》第十一章第一節，劉蓮懷上了葉望生的孩子而葉近乎人間蒸發，無奈之下為掩人耳目，杜麗安將懷孕的劉蓮送

1　彭程：〈從黎紫書創作看當代馬華新生代文學觀念的演進〉，《電影評介》2012 年第 2 期，頁 100。

到杜的舊居。但後續的進展卻是在第二節才近乎以詩的方式揭示：

　　"你的父親是我的丈夫；

　　你的男人是我的情人；

　　你的兒子將是我的兒子；

　　你的秘密會是我倆的秘密。"（頁 277）

　　這自然是對情節發展的說明和推助，因為第十二章第一節恰是在此基礎上繼續披露，可謂相互勾連。

　　而相當耐人尋味的是，《告別的年代》的有關杜麗安等人物的結局恰恰是在第十二章第二節得以展示。某種意義上說，黎紫書恰恰是以"你"的視角終結了杜麗安的故事，以杜的夢撰寫了劉蓮之死以及最終冷清的結局（頁 303-307）。從這一節看來，其地位不可替代，因為如取消此節，這本小說就成了無尾懸案。一言以蔽之，從所有的第二節"你"的補充性敘事角度來看，它呈現出的敘事姿態和前面第一節模式不同，杜麗安的主綫故事是以告別的方式記憶，而此節則是一邊告別，一邊記憶，甚至把虛構的故事化為華人的歷史敘述。如人所論，"歷史是一個延伸的文本，文本是一段壓縮的歷史，文本與歷史共同構成現實世界的隱喻。在黎紫書小說的歷史敘事中，不難發現家族悲劇與國族悲劇同構的題材，而這種題材常被植入個體生命體驗中而呈現更豐富的意味。"[1]

（二）自我追尋和"異"路突破

　　如果第二節"你"的故事僅僅是用來補足和具化杜麗安的故事的話，那麼我們也不妨說，這不過是"花開兩朵，各自表述"，卑職無甚高論，但野心勃勃、工於設計的黎紫書不甘如斯平庸，而同時在"你"的故事中幻設了男性讀者"你"的自我追尋過程。

　　1. 自我追尋：以和親人關係為中心。耐人尋味的是，"你"的故事中，一開始他就是無父（或弒父）的產物，父親變成了和母親捉迷藏找玩具中間的一個事物，尋父和閱讀《告別的年代》有一種隱秘的關聯，這倒是和黎紫書一貫

1　黃一：〈黎紫書"新生代馬華女作家"〉，《中外文化與文論》2008 年第 2 期，頁 221。

的書寫模式吻合，如林春美所言，黎紫書的小說故事中有個反覆出現的敘事結構——父親的背離。父親背離的缺憾，致使尋找和召喚父親變成黎紫書大多數小說主角的宿命。[1]另外一個比較重要的角色就是"J"——在"你"的心中的孿生兄弟，這是"你"心儀的私自收藏，通過J實現對自我的確認，正如杜麗安故事中葉蓮生、葉望生孿生兄弟的鏡像式觀照，不同之處在於"你"和J之間是"你"對J的單向溫暖感覺，而葉氏兄弟卻是內在迥異的。

作為長輩的母親，她是五月花旅店的妓女之一，但對兒子卻充滿了關愛，比如買水時對兒子的細心照料寧願自己多吃點苦（頁96），讓細叔好好記住兒子的生日（頁178），同時又能夠以自己的方式娛樂兒子，甚至給了兒子與眾不同的看待世界的方式，要學會自己去尋找。同樣是長輩的細叔，既是"你"的物質層面的生活照應者，同時又會表達出對"你"母親的忠誠與眷顧，並且以重回歷史現場的方式重溫細節表達懷念也傳遞這種身份記憶（頁74-76）。

除此以外，他們還以自己的方式讓生病的"你"更具活力與鬥志，比如說以託夢和問靈媒的方式把母親的願望告訴"你"，要好好照顧並調整自己，"她說你要是考上大學了，就去念大學吧。"（頁249）這些點點滴滴中，既有樸素而深厚的愛，又有對"你"的精神形塑和身份提升。

2."異"路突破。值得關注的是，黎紫書還書寫了異族人與"你"的交往，藉此"你"也可以實現對自我的判斷。其中最重要的角色就是泰女瑪納。她行事風格、穿著等皆很獨特，年輕貌美，雖然是一個妓女，但卻有一顆善良、熱切的心。恰恰是在"你"母親病重、去世乃至慢慢淡出的時候，瑪納從身心上給了"你"巨大而獨特的安慰，讓"你"充分體驗到關切、奇妙尋找與愛情的美好。毫無疑問，這和杜麗安的故事中老一代華人（尤其是杜父）與異族女人的苟且狀態迥然有異。當然，找尋瑪納成為"你"的成長的經歷與美好回憶，也成為塑造身份和自我的途徑。

同樣值得一提的還有錫克人黑傑克，作為"你"的異族男同事，他熱情善良，比如，熱心為"你"慶生，用摩托飛車帶你去看紅燈區不同風格的妓女（當然也發現了瑪納的妓女身份），甚至和你有過一些精神的交流和關於夜光杯的

---

1   具體可參林春美〈在父的國度：黎紫書小說的女性空間〉，《華文文學》2008年第1期。

一些有哲學意味的對話（頁 279-281）。通過在"你"的故事中敘述你同異族人相對和諧和溫情的交往，其實黎紫書也藉此生發出一種無言的展望，種族和諧必須建立在相互關愛和欣賞的基礎之上。不難看出，黎紫書藉助"複眼"裝置，既很好的補充了杜麗安故事的完整性，同時也蹊徑獨闢，力圖探尋新時代不同種族之間和諧共存的新模式和可能性。

三、後設的弔詭：開始即告別

後起的黎紫書在面對高手如林的前輩們時既有創新和超越的壓力，但同時又因了後發可以調動更多敘事資源與累積。這是一向喜歡花樣翻新的她更擅長的事業。在第一、二節對杜麗安故事進行複眼觀照和立體設置後，她還乘勝追擊，採用了後設的手法繼續小說實驗，踐行其勃勃的野心。

（一）玩具總動員：整合與提升

黎紫書在《告別的年代·後記》中提及，"這小說便如此產生。我勇敢地拿出自己放置玩具的箱子，把裏面簡陋的玩具與物事一一掏出。這些物件毫不特殊，它們缺鼻子少眼睛，像我所有的記憶那樣殘缺不全。它們需要被闡釋和說明，否則它們在別人的眼中毫無意義，而我選擇了長篇小說，因為那裏有足夠的空間讓它們說出各自的對白。"（頁 313）某種意義上說，這部長篇其實也是黎紫書"玩具總動員"之作。我們不妨從書寫主題與虛構的技藝兩個層面略作說明。

1. 南洋主題。黎紫書的中短篇小說[1]中最常見的場景之一就是熱帶南洋小城鎮（往往是現實中的怡保），華人聚居區，多數講粵語，其次就是文化（尤其是飲食）、種族的雜居。簡單而言，常見的關鍵詞有：

（1）不堪的男人。〈某個平常的四月天〉中偷腥的父親，〈蛆魘〉中逼自己的孫子阿弟為其口交的阿爺道貌岸然，甚至是〈天國之門〉裏面神父的人格分裂等等，而在《告別的年代》中對應的則是猥瑣的杜父，日益萎靡的鋼波及其

1　此處主要以黎紫書著《出走的樂園》（廣州：花城出版社，2005）裏面的篇目為中心。

不肖子石鼓仔，同樣的苟且、無謀、內在虛空及墮落。當然，有關解讀只是某個角度的提綱挈領處理，解讀的答案並非唯一。比如我們如果把黎紫書的〈天國之門〉作為寓言故事解讀，也可認為作者巧妙地運用創世紀神話故事，通過塑造林傳道這個主人翁形象，揭示了人的易錯性的本體論存在。[1]

（2）"馬共"題材。〈山瘟〉中通過對草莽氣質很重的"馬共"黨員溫義與祖上的交往相對傳神的勾勒出個體（和集體）的"馬共"黨人的事跡與性格；〈夜行〉則細描單個回歸社會的前"馬共"隊員的經歷與心理流動，而〈州府紀略〉中，黎紫書以婚戀的世俗方式旁涉了"馬共"題材，他是"蘇蝦的父親"，而其中女人譚燕梅也是，至少有"馬共"色彩。在《告別的年代》中"馬共"題材被日益淡化，因為那也是華人們告別的對象，但當年的痕跡隱隱可循。對於此種操作，我們也要注意到黎紫書這一代人處理歷史的空泛性，乃至刻板性操作，如黃錦樹認為不必過於糾纏於黎紫書小說的真實性，"馬共在那些小說裏其實不過是舞台和背景，是故事發生的場所。並不涉及多少歷史解釋。而故事，而非歷史，或許才是那樣的寫作者真正感興趣的。'我方的歷史'也該是多元、甚至互相衝突的（要看那個發生的'我'是誰），並非徑直和官方的歷史二元對立。"[2]

（3）學校（老師）系列。〈流年〉中明顯有對學校的青蔥歲月與師生暗戀的詳細描述，〈有天使走過的街道〉則通過某精神病婦女的視角描述對學校美少年的心緒潛流湧動，〈某個平常的四月天〉裏面也有有關師生的鬧劇，但更多時候往往呈現出對老師的尊敬和親近。《告別的年代》中令人可敬可親的葉蓮生就是華小教師身份，還有"你"的會考，考上大學等都體現了黎紫書對學校的眷戀和關切。

（4）五月花與性曖昧。五月花是非常重要的日益沒落的情色旅館，它是直接被搬進《告別的年代》裏的，在〈推開閣樓之窗〉中小愛的生存環境和愛恨情仇發生地就是五月花。除此以外，還有各種各樣的性曖昧，如〈裸跑男人〉

1　李貴蒼著：〈人的易錯性與救贖自由之間的本源性裂痕——解讀黎紫書的《天國之門》〉，《外國文學》2011 年第 6 期。

2　黃錦樹：〈馬華女性文學批評的本土探索之路〉，林春美著《性別與本土：在地的馬華文學論述》（吉隆坡：大將出版社，2009），頁 11。

中矜生對舅母的不倫之戀，他和同性喬恩的性愛等。而這些都化為《告別的年代》裏的複雜性愛糾葛，如杜麗安與葉蓮生的神交，與葉望生的性交，"你"和可能的攣生兄弟 J 的遠望與確認，"你"和黑傑克的友情，和瑪納的激情愛戀等都可謂其源有自。

2. 虛構的技藝。最引人注目的後設嘗試其實早在黎紫書的《把她寫進小說裏》已經開始，這個文本中至少包含了兩重敘事：（1）有關江九嫂的故事，既包括她和張老師的愛情歷史，又包括她和家庭（含丈夫）以及鄰居萍嫂的恩怨情仇；（2）如何敘寫這個故事，包括敘述人"我"的思路遞進，包括弟弟的介入，又包括了江九嫂侄女蕙出來和"我"現實面對。換言之，這篇小說包含了有關小說的小說，江九嫂的歷史敘事，以及"我"生活現實的敘事。當然其中也偶爾穿插作者從讀者角度進行的思路演進與判斷。毫無疑問，這些技藝在《告別的年代》裏得以發揚光大。

除此以外，黎紫書也擅長書寫詭異與魔幻，如〈蛆魘〉中"我"對阿弟的邪念（推他落水，結果自己不慎淹死）書寫，〈浮荒〉中對細姨以及鬼魂的絮語，〈疾〉中對於死的瑣屑式書寫，〈推開閣樓之窗〉裏的愛恨情仇與歷史敘事都或多或少打上了詭異或魔幻的色彩。甚至有學者指出，"女巫黎紫書總在自己的陰暗空間中，過濾著社會人生中的毒汁，用那陰冷濃稠的毒汁告訴世人在這個污濁世間中有著讓人透不過氣的鬱悶、沉悶、陰暗和無奈。"[1]

上述操作在瑪納身上，在"你"的故事裏都再現過，黎紫書恰恰是充分調動了自己的有效資源來加以敘事實驗，這是不容忽略的基礎，如黎自己所言，"猶似多少年來我已在自己的文字中隱約看見過它，如今我回頭在舊作品中尋找它的殘像，嘗試把這些碎片拼湊與粘合起來，它果然像我想像中的想像之書"（頁 314）。

（二）影響的焦慮："在地的旅台"

仔細考察《告別的年代》裏第三節後設手法的運用，我們不難發現它主

---

[1] 金進：〈日對魔鏡幻化人生的陰暗女巫 —— 馬華女作家黎紫書小說研究〉，《杭州師範大學學報》2011 年第 1 期，頁 105。

要有如下功能：（1）有關《告別的年代》的作者事跡討論，如作家韶子，和現實中麗姊的身份對應與落差等；（2）有關《告別的年代》評論（家）的討論，尤其是以第四人為中心加以分析；（3）有關小說書寫與文壇的感想與評論。當然，偶爾其中也包含對杜麗安故事的進一步解釋，如對瘋子的理解（第四章第三節）。

平心而論，上述操作中凸顯了黎紫書的某種野心和敘事裝置實踐，如董啟章所言，"小說利用鏡像的形式，把有限的經驗通過重重反照而增生，形成豐厚的假像。"（頁 322）如以文學評論註釋的方式豐富大家對該長篇小說的學理化分析，雖然不乏有意分叉與延宕，但畢竟也是一種豐富化的嘗試。同時，偶爾她也以文本互涉的方式在第 3 節中再現其他作品，如第七章〈只因榴槤花開〉對同性愛主題的書寫，第九章對〈屠子〉作者身份的質疑與鑒定，第十一章的〈昨日遺書〉介紹等，這既是對杜麗安故事的系列化，又是對黎紫書本人小說套路的一個縷述。

而有些操作卻也是幫助讀者閱讀和思考的，比如，第八章中對五月花的詮釋也有助於讀者從後殖民視角深化對小說中發生場景的認知。有時黎紫書卻又故意複雜化小說結構和情節，比如韶子的身份，讓"你"遇上寫《告別的年代》之前的韶子並做愛，添加了一些評論家、韶子到底誰是《告別的年代》的真正作者的噱頭和煙霧彈。

但同時需要指出的是，這種設置也有一些副作用，頗有些後現代的無厘頭的平面化（depthlessness）意義追求感覺，某種意義上說，《告別的年代》第三節敘述其實添加了不少大馬文壇（包括黎紫書本人）的一些無聊論爭，比如作者的高中生身份和自卑心結，比如對評論的有意無意調侃和戲弄，比如對少讀書卻有影響力和作家影響論的洋洋得意反擊，這些既和杜麗安關係不大又對小說的提升和哲理化無甚助益。

整體而言，在這些後設的背後，其實也呈現出黎紫書的影響的焦慮，正如黃錦樹在序中所言，她因為獲得台灣《聯合報》大獎進入台灣，更像是"在地的旅台"。在我看來，在後設的批評心態上，她更是"在地的旅台"。某種意義上說，黎紫書的長篇書寫有更多"擬黃錦樹"的操作，對本土文壇的戲弄和調侃其實與黃錦樹的中篇寫作〈M 的失蹤〉〈死在南方〉等遙相呼應，而在《告別的年代》中述及文壇論爭韶子是否《告別的年代》作者的效果時則直接以留台生作為比照和對稱物，"其引起的廣泛關注，就文壇效應而論，一點不比之前由留台作家與學者掀動的'燒芭'熱潮遜色。"（頁 58-59）

從更嚴謹的意義上說，黎紫書通過第四人、韶子的第三節敘事，更多是弊大於利，因為越界"攪局"除了讓小說顯得更繁複外，沒有真正給長篇詩學提供新意。在就《告別的年代》作者問題上，黎紫書挖空心思設置了很多障礙，如果小說最後是佚名或匿名出版，這種設置還讓讀者有捉迷藏的好奇或喜悅，而如今謎底早就揭開是黎紫書作品，那麼這種設置更是一種自得其樂、故弄玄虛的畫蛇添足，意義不大，也難怪她所敬畏的黃錦樹不客氣地指出，"除非小說能真正地匿名出版，否則不免予人'此地無銀三百兩'之感。況且作為程序裸露的技藝，後設手法本身的變化有限，很容易陷入自身的套套邏輯裏。"（頁 5）

從長篇敘事的技藝來看，黎紫書幾乎調動了她自己全部的敘事資源，也近乎機關算盡，《告別的年代》這部讓她自己心力交瘁的書雖然是她自言的"想像中的想像之書"，但也很可能是她一開始就告別長篇的封筆之作，在後續的實踐中，除非是她或洗盡鉛華，樸素老練，或挖掘新題材、重新出擊，否則以目前的繁華落盡、不遺餘力留給她繼續閃跳騰挪的空間並不大。即使在寫她擅長的女人神話時，也有一些模式化的跡象，比如江九嫂和杜麗安，瑪納和之前中短篇中人物性格的疊合等，如有學者所警醒的，"黎紫書樂此不疲演繹'女人神話'，問題不是在於一個女作家就必須以'女性意識'入筆，而是一個獨樹一幟的一流作家必須擺脫一切傳統架構中的模式包括'女人神話'，從而自成一體。"[1]

結語：整體而言，《告別的年代》是一部優秀之作，它幾乎涵容了黎紫書所擅長的所有敘事技藝和主題，以相當繁複的手法再現了杜麗安故事，也隱喻了華人世代進入後"五·一三"時空時的務實化、世俗化，乃

1　許維賢：〈"女人神話"在小說裏的演繹——論黎紫書小說集《天國之門》〉，《華文文學》2004 年第 2 期，頁 36。

至墮落化的可能危機與境界。但在小說技藝繁複的同時，其後設裝置亦有攬局之嫌，並未真正擺脫台灣場域的影響的焦慮，實現自我的真正超越和經典化書寫。

第二節　論黎紫書小說的 "故" "事" "性" 及其限制

提要：黎紫書的小説實踐已經頗有成效，她的小説尤其善於書寫小歷史，以小見大，寓意豐厚，令人稱奇；同樣她也常常借性書寫反映並探勘人性的限度、豐富性，而黎紫書也工於小說技藝，對故事性實踐嫻熟繁複，令人對其創造性嘆為觀止。但同時她也有其局限，如書寫大歷史中的過於狡獪、逃避或碎片化、簡單化處理，在書寫人性時過於暴力和陰暗，而在小說技藝操控時有時亦會用力過猛，而呈現出匠氣的負面效果。

關鍵詞：黎紫書；小説；歷史；敘事

毋庸諱言，黎紫書已經成為馬華本土文壇最炙手可熱的作家，有論者或粉絲指出，"上個星期，跟朋友談起黎紫書，我們都認同，馬華文壇是誰也取代不了她的地位的。黎紫書的才氣、人生際遇等等，對於許多寫作人而言，都是稱羨的。但這樣的際遇，如此的才氣，也僅僅黎紫書有而別人沒有。"[1] 黎紫書現象可謂其源有自，除了她自己的才華橫溢，是個拿獎專業戶，屢屢在大馬、台灣等地斬獲大獎（如 "花蹤" "聯合報" "時報" 文學獎等）以外，不少學術名家對他青睞有加，如王德威〈黑暗之心的探索者——試論黎紫書〉[2]、王潤華〈最後的後殖民文學：黎紫書的小說小論〉[3]，本土前輩如溫任平、傅承得也不吝提攜幫忙寫序，甚至她也成為在台馬華文學批評圈（尤其是黃錦樹，如給她《告別的年代》寫序）的不吝容納並不吝褒揚的外來者之一。另外，她也坐擁《星洲日報》——大馬第一華文報業的鼎力支持，在宣揚與自我表述上佔盡優勢，上述因素內外夾雜、眾星拱月，將黎紫書推上了馬華當代文壇的巔峰。

1　吳鑫霖：〈綿綿若存，用之不勤〉，黎紫書著《暫停鍵》（台北：聯經出版事業股份有限公司，2012），頁 186。

2　黎紫書：《山瘟》（台北：麥田出版公司，2001）。

3　王潤華：《華文後殖民文學：本土多元文化的思考》（台北：文史哲出版社，2001）。

黎紫書與其真名林寶玲雙位一體，左右開弓、著述甚豐。創作方面，中短篇小說有：《微型黎紫書》（馬來西亞：學而出版社，1999）；《天國之門》（台北：麥田，1999）；《山瘟》（台北：麥田，2001）；《出走的樂園》（廣州：花城出版社，2005）；《無巧不成書》（馬來西亞：有人出版社，2006）；《簡寫》（馬來西亞：有人出版社，2009）；《野菩薩》（台北：聯經，2011）。長篇小說《告別的年代》（台北：聯經，2010）、《流俗地》（台北：聯經，2020）。評論有：《花海無涯》（馬來西亞：有人出版社，2004）；散文集有：《因時光無序》（馬來西亞：有人出版社，2008）；《暫停鍵》（台北：聯經，2012）等。作為作家，她相當嫻熟地兼擅各種文體，小說、散文、報告文學、評論等等，尤其是小說，更是有口皆碑。

　　相較而言，有關黎紫書的研究相對豐富，各個層面都不乏探究。既有整體方面的研究，如前述的王德威論文，金進的〈日對魔鏡幻化人生的陰暗女巫〉（台灣《中國現代文學》第 17 期，2010 年 6 月），黃一的〈黎紫書：新生代馬華女作家〉（《中外文化與文論》2008 年第 16 輯）；又有主題探究，如林春美〈在父的國度：黎紫書小說的女性空間〉（《華文文學》2008 年第 1 期），黃熔的〈披著女巫外衣的精靈 —— 黎紫書小說創作主題研究〉（《世界華文文學論壇》2012 年第 2 期）。既有結合其創作探討學科研究理論的邊界思考，如彭城〈海外華文文學研究關鍵詞的闡釋邊界辨析 —— 以黎紫書短篇小說創作為例〉（《暨南學報》2010 年第 3 期）；又有關於具體作品的分析，如許維賢〈"女人神話" 在小說裏的演繹 —— 論黎紫書小說集《天國之門》〉（《華文文學》2004 年第 2 期），魏艷〈"小寫歷史" 與後設書寫的矛盾 —— 評黎紫書《告別的年代》〉（台灣《中國現代文學》第 22 期，2012 年 12 月），石雅嵐〈論黎紫書《告別的年代》中的死亡書寫〉（《世界華文文學論壇》2012 年第 2 期），李貴蒼〈人的易錯性與救贖自由之間的本源性裂痕 —— 解讀黎紫書的《天國之門》〉（《外國文學》2011 年第 6 期）等等。毋庸諱言，這些研究大多推進了我們對黎紫書認知的層次感。但黎紫書似乎對相關研究也有想法，"但我知道人們喜歡用頑固而簡陋的想像，貧乏的詞彙，還有一些陳腔濫調去詮釋別人的故事。我知道我就像自己的行李箱，每走過一處，就得貼一個高度概括的標籤。

離散，或鄉愁。我知道我們總得適應，這世上大多數讀者都十分平庸。"[1]

通讀黎紫書的文本，在我看來，黎最擅長的還是短篇小說——含量豐富，意味深長，架構新穎。長篇固然可以呈現出黎紫書較好的語言感受、疊床架構力，但其結構策略和氣度方面依舊可以提升，從新質的更高要求來看，長篇基本屬中短篇的合體。散文文字迤邐、感受獨特、個性較強，但似乎也過於機巧華麗，文體的跨越性和交叉性較強，模糊難辨，在情感上反倒不容易打動人。即使是黎紫書最擅長的小說創作，亦有其特長與限制。我們不妨結合其創作來剖析其小說的"故""事""性"。

一、"故"：歷史／懷舊的悖論

王德威先生指出，"與許多移居於台港的馬華作者不同，黎紫書長駐大馬，對家鄉人事似乎更為貼近；但與在地的華文創作前輩相較，她眼觀四面，下筆顯然又多了一份對海外趨勢的自覺。這是她創作的最大本錢。以她現有的成績來看，不論是書寫略帶史話意味的家族故事，或是白描現世人生的浮光掠影，黎紫書都優以為之。而營造一種穠膩陰森的氣氛，用以投射生命無明的角落，尤其是她的拿手好戲。"[2]某種意義上說，大馬的華文小說似乎或多或少都會涉及本土華人的歷史，這似乎像是一種文化抗爭，一種宿命，或自我身份的確認，或者也是一種"感時憂族"的傳統延續，也或者是一種耳濡目染的自然流露，黎紫書也不例外。

縱覽黎紫書的所有小說，有關歷史的書寫佔據大多數，而黎的獲獎作品更是往往劍指馬華歷史。在我看來，黎對歷史的處理富含悖論與張力，事實上，無論是對大馬歷史，還是對於馬華文學史，黎紫書都有自己的關切方式和態度，"譬如寫作這回事吧，前陣子在一個年輕寫手的部落格上看到，寫作何所能圖，無非是要入史。我注視那'史'字，楞了神。顯然我比他更消極一些，

1　黎紫書：〈晚上9點的陽光〉，黎紫書著《暫停鍵》（台北：聯經出版事業股份有限公司，2012），頁87。
2　王德威：〈黑暗之心的探索者——試論黎紫書〉，黎紫書著《山瘟》（台北：麥田出版公司，2001），頁4。

只覺‘史’字也虛，而且總思疑歷史這卷宗將盡，人類為生命與存在自訂的價值將如一把界尺掉入無極。"[1]這段自我闡述表面上看是黎對文學史的（表面？）冷漠和質疑，卻也同樣呈現出她對大馬紛繁歷史的整體態度。

依據題材的宏大／微觀與否，我把黎紫書的書寫內容分為大歷史、小歷史，當然這是一種權宜，且不含價值判斷取向。而實際上，在黎紫書這裏，大小之間有一種流動的辯證。

（一）小歷史中的大

這裏的歷史更多是指向個體的歷史、家庭的故事或者是涉及家族的私史。這是黎紫書出道以來最常見也最拿手的好戲，以小見大、四兩撥千斤式的隱喻或內心挖掘，在在引人注目。

〈蛆魘〉書寫家族內部的禁忌、亂倫、人性的卑劣與猥瑣，在在引人側目。在這個家中，老的為老不尊：爺爺有暴力傾向，歧視並毆打孫女、脅迫癡呆親孫子為他口交；母親輕浮放蕩，居然和自己的白癡兒子亂倫排解寂寞；小的，或者陰森恐怖（如姐姐在繼父哮喘發作時見死不救，虐待白癡同母異父弟弟甚至力圖推其落水），或癡呆偏執（弟弟養白蟻做寵物，而且習慣了噁心猥瑣）。當然，如果深究，爺爺的乖戾變態歧視"外來者"孫女、壓榨孫子，似乎也有大馬統治階層排外的影子和隱喻含義，如許文榮所言，"民族主義執政精英每每更關心的是自身的升官發財，在這種官僚主義的作風下，廣大的土著人士仍然沒有憑藉土生者的身份獲得什麼好處，許多好處被執政集團分子所私吞了，他們也一樣被執政官僚所愚弄。"[2]

〈國北邊陲〉的"你"拿著父親的遺書企圖尋找治療家族遺傳病（神經衰弱？活不過 30）的龍舌莧，藥方是，"三十之前需得龍舌莧根部鮮品五錢，配蘿芙木，豬屎豆煎煮，老鱉為引。"（《野菩薩》，頁 20）結果拚死找到的聖草卻發現無根。而按照父親遺囑去找尋並拯救同父異母的哥哥，發現他不僅安然

1　黎紫書：〈靜思雨〉，黎紫書著《暫停鍵》（台北：聯經出版事業股份有限公司，2012），頁 69。

2　許文榮：《南方喧嘩：馬華文學的政治抵抗詩學》（馬來西亞：南方學院出版社、新加坡：八方文化創作室，2004），頁 147。

無恙（早過了 30 歲），而且靠售賣馬來特產 —— 據說可以壯陽的東卡亞里（馬來語，Tongkat Ali）日子過得紅紅火火（娶了幾個馬來老婆）。這個神奇經歷是否暗喻了只有本土化，甚至馬來化才是華人自我救贖的（良途？）藥方裏的老鱉（龜，"歸"諧音）其實和中國認同息息相關，藥方的自謬性卻又被證明已經對家族／民族遺傳病無效了。

黎紫書也擅長對個體內心或經歷的挖掘，如人所論，其"小說深刻，洞悉人性，悲觀中透著不捨。以我體會，巫女洞察人性，觀察生活細緻入微，雖然其文筆中時常流露著悲觀、無奈和對世俗生活的不信任；但是細細揣摩，其中的積極和消極因素的比例也在不斷變化。像太極圖，在一片漆黑中有些許白點，潛藏著平和與慈悲的種子。"[1]《天國之門》中不乏對神學院畢業生轉進教堂之後"我"的慾望和糾結行徑進行梳理；〈某個平常的四月天〉寫小女生肖瑾在酷熱四月天的不平常經歷：哥哥小龍的勒索（借錢不給就砸壞她的撲滿）、撞見父親與膠廠書記小姐在辦公桌上的偷歡、學校裏籃球主力隊員徐智高舉掃帚棒打食言的肥胖中年婦女 —— 中學教導主任；〈疾〉書寫患病的女兒對已死的父親的曖昧情感依戀和糾纏，其病，除了身體其實也包含精神層面。

〈初走〉中書寫兩個受了委屈的華裔少年康生、菜狗出走失敗的經歷：他們搭火車出走前先去看菜狗的智障妹妹，她卻委託哥哥看好他的電子狗，數日後要還給她；他們更看見同學、足球隊友 —— 底層的印裔少年拉祖在艱難困窘中堅持不懈的表現 —— 在他們的大寶森節（Thaipusam）一大早他還要去放牛，之後還要去火車站照顧備受欺凌、殘疾乞討的母親，於是他們放棄初走。當然，小說中也寫到種族之間的隔膜、溫暖和代際變化，如菜狗的父親聽說老師要求捐款幫助拉祖失去雙腿的母親買輪椅時，破口大罵，"丟那媽吉寧男人哪個不酗酒女人哪個不自殺老子沒錢捐輪椅有錢捐棺材，叫他有種自己到這裏拿。"然而菜狗他們一代對於拉祖卻更多理解、同情和敬佩，"文本敘述的過程顯見對'他者'的敬意與同情，這是新一代華人欲衝破對'他者'刻板印象

1　祁國中：〈停不下來〉，黎紫書著《暫停鍵》（台北：聯經出版事業股份有限公司，2012），頁 132。

的語言企圖。"[1]

　　相當引人注目的還有黎紫書小說中瀰漫的懷舊情緒，大馬（尤其是怡保）舊街場的地圖、植物意象、美食、人居環境、戲院等等不時出現，這在她的長短篇中都有強調，傅承得指出，"至於她小說中的橡膠廠的氣味和青龍木的身姿，或許是台灣讀者的'異國情調'，但除了象徵意義，黎紫書沒有賣弄她的'本土色彩'。"[2] 但其實傅只說對了一半，不賣弄並不代表不強調，無論是作品裏，還是作者心中她從未離開本土資源。以其《天國之門》集子裏的〈迷城〉為例，書寫就頗耐人尋味：隨兒子一家從鄉下移居住在城市的華人母親顯得很孤寂而不適應，表面上看是她不熟悉情況而偶爾迷路，實際上，主要是隱喻華人傳統的被遺棄、現代化的冷酷與隔膜（比如兒子兒媳家庭裏講英語），唯一可以聊天的老鄰居阿祥伯卻又去世，他照看的孫女如此描述他，"'死了，上個禮拜跌了一跤，死了。'她輕描淡寫的聳一聳肩，便轉身離去。"（頁200）

　　整體而言，在書寫小歷史時，黎紫書往往得心應手，無論是深入個體內心，還是狀摹家庭內部紛爭，無論是再現式懷舊，還是筆記體寫實，黎往往可以出入其間，其小歷史往往關涉了寓言、隱喻，以小見大，也因此博得眾口讚詞。

（二）大歷史中的小

　　所謂大歷史就是對大馬產生重大影響的歷史事件，比如英殖民統治、日本侵略並殖民馬來亞三年八個月、"馬共"（含砂共）、1969年"五・一三"事件等等。在21世紀以前，黎紫書在小說中處理大歷史時往往是以背景方式浮光掠影顯現，如《推開閣樓之窗》中五月花老闆娘和一個日本軍人的愛，但這裏的書寫也只是一個身份說明，小說中也用寥寥數語書寫日本侵略，但無甚特別，"那年頭風聲鶴唳，據說日本兵在街上抓了女人，總愛到五月花來徵用一個房間。小愛被母親抱在懷裏，在閣樓中聽到地板下傳來女人號咷而哭的聲

1　許文榮：《南方喧嘩：馬華文學的政治抵抗詩學》（馬來西亞：南方學院出版社、新加坡：八方文化創作室，2004），頁91。
2　傅承得：〈異數黎紫書〉，黎紫書著《天國之門》，頁8-9。

音。母親每每咬著牙齒，連連說著咒罵日本人的話。時間如蝸牛爬過，母親帶著寒意的聲音，聽來竟微覺發抖。"（頁74）

1998年3月23日，林寶玲和蕭依釧、許春、林友順、黃永安、及《亞洲週刊》丘啟楓在彼時《星洲日報》老總劉鑒銓率領下秘密赴曼訪問前"馬共"總書記陳平，毫無疑問，近距離接觸大馬大歷史之謎團之一，林寶玲似乎頗有收穫，而他們對陳平的印象是："睿智、謙和、從容淡定、發言謹慎"。[1] 也許是有關的訪談激起了黎紫書的豐富想像，此後有關"馬共"的大歷史書寫一一鋪開。

〈州府紀略〉中有涉及"馬共"（和日本侵略）的書寫，不過是將之安放在譚燕梅、黃彩蓮、劉遠聞之間的戀愛情仇中，主要是藉廖兆國、劉遠聞的口述展開敘述，但馬共的歷史也就因此被窄縮為兩個為劉懷孕的女人爭風吃醋的歷程：其中一個大肚婆黃彩蓮為劉擋子彈、母死嬰留，譚燕梅流產、嬰死母留，於是離隊的譚燕梅幫黃照看小孩。馬來亞獨立後，劉遠聞找譚未遂，被抓走坐監20年，出獄後去"馬共"村，在劉的眼中，"誰還記得馬共呢，還有誰在乎歷史……歷史只是拖在時代背後的影子。"（頁44-45）

〈夜行〉彷彿是續寫另一個"劉遠聞"的經歷，書寫坐火車前去"馬共"村的前"馬共"隊員在火車上的斷斷續續的回憶、追念，其中一面是火車上活生生的現實，他的前後左右旅客，另一面則是沉浸在往事／歷史中的他，比如"馬共"隊員吃猴腦（也遭報應，生出的小孩長相怪異），如何收編日本人阿佐進"馬共"、他們的共患難友誼（阿佐送他帶血的英國人氈帽，他殺穿山甲為阿佐療傷），也包括他們在森林中的艱難生存：殺忠實的老狗療飢、吃炸蚯蚓，也寫到絕望的女隊員，直至最後走出叢林投誠。黎紫書寫道，"現在男人發覺了真相和記憶之間有著無法契合的缺口，他焦慮地想找什麼填補那個遮掩不住的缺失，便伸手到衣袋裏搜索香煙。"（頁56）其實這同時也是黎紫書的書寫困境自述。

《山瘟》以"我祖上"（黃老仙壇主持）的口吻敘述"馬共"第三獨立隊隊長溫義的傳奇，他熟識熱帶山林，被稱為"山精"。主要寫他們1943年相

1　有關成果可參劉鑒銓主編《青山不老——馬共的歷程》（香港：明報出版社，2004）。

遇、1946 年狙擊英國人，1947 年受困斷糧時，溫義救"我祖上"，帶他去打山豬，除了獵獲山豬，還意外擊斃英軍金毛太歲太哥上校。"我祖上"幫溫義剪髮，成家時溫義卻選擇了原住民做老婆，接下來是復員、埋槍，走出叢林，但溫義沒有出現。後部隊重新召集舊員，溫義告誡打工的祖上"莫再捲入政治的漩渦"，祖上因此去了檳榔島。舊同志之間內訌，祖上被逼出賣溫義，溫義被殺，眾人將其遺體分之，祖上得到舊同志報恩（因為被逼債時祖上為舊同志說好話）的溫義"斷指"，祖上把它供起來，尋求良心安慰。需要指出的是，黎紫書在這篇小說中塗上了過多油彩，造成了歷史的暗影，因為敘述人"我祖上"的黃老仙壇主持身份過於具有表演性、人格分裂、欠負感深重，而且語言誇張，迷信的魅影重重，甚至還加上基督教的語句作結，"神要擦去他們一切的眼淚，不再有死亡，也不再有悲哀、哭號、疼痛，因為以前的事都過去了。"（頁 122）更是平添一絲認知的混亂。

黎紫書對"馬共"歷史的書寫策略基本是片段化的、印象化的，要麼是情慾化，或者是暴力內鬥，明顯有一種片面化的傾向，所以，學者林春美指責黎紫書的一些"馬共書寫"小說歪曲馬共形象。[1] 黃錦樹則認為，林春美不必過於糾纏小說的真實性，"馬共"不過是黎的小說的背景和舞台；故事，而非歷史才是創作者最感興趣的 [2]。但實際上，黃錦樹的觀點不過是和其他留台作家的"馬共"書寫共享了同樣的邏輯結構和片面性，以故事消解歷史，甚至虛無化，馬華留台作家張貴興的"馬共"書寫同樣也是問題重重，比如情慾化、殘暴化、政治內鬥擴大化等等。[3]

或許我們通過〈七日食遺〉這篇小說更可探勘黎紫書對歷史的態度與判斷。歷史在此文中被描述成一直備受老祖宗尊重的寵物狗，但它還是被迫吞食老祖宗寫中英文回憶錄過程中的主觀剪裁過的歷史材料（比如殘缺的工黨歷史圖冊），黎紫書還寫道，"第七夜以後希斯德里曾入夢來留話，說回憶錄加自

1　林春美：〈誰方的歷史 —— 黎紫書的"希斯德里"〉，林春美著《性別與本土 —— 在地的馬華文學論述》（吉隆坡：大將出版社，2009），頁 152-181。

2　黃錦樹：〈馬華女性文學批評的本土探索之路〉，林春美著《性別與本土 —— 在地的馬華文學論述》（吉隆坡：大將出版社），頁 11。

3　具體可參拙文〈台灣經驗與張貴興的南洋再現〉，《中山大學學報》2012 年第 5 期。

傳的全部版權收益歸我所有，而我在禁地撿獲的兩顆乾癟睪丸可留作紀念。那可是比回憶錄更重要的東西，暗夜中它們如舍利子幽幽放光，也像希斯德里的眼珠一樣，蘊涵了說悲情故事的才華。"（頁84）顯而易見，黎紫書持歷史虛無主義的態度，睪丸比回憶錄重要，至少是她把歷史敘述和小說虛構看得一樣主觀。

某種意義上說，黎紫書對大歷史的處理方式有點"婦人性"敘事的風格。"婦人性"原本是張愛玲所強調的一種亂世中堅韌存活／苟活的精巧概括，但解志熙教授卻批判張把"委曲以求全、妥協以求生、苟且以求安的生存態度之堅韌"，這樣一種"婦人性"的生存態度抬舉為"人的神性"[1]。從創作態度上來看，黎紫書有一種類似的苟且和圓滑態度，從不從正面主攻大歷史，而是多以迂迴、半遮半掩的方式顯出歷史故事性的一面，而同時呈現出對歷史真實質疑和不信熱的態度。"五·一三"事件也同樣是她的關注對象，但也是蜻蜓點水，《告別的年代》中有所涉及，但只是一個提醒，也是杜麗安這代華人的歷史開端，她更強調的是華人世代進入後"五·一三"時空時的務實化、世俗化，乃至墮落化的可能危機與境界。[2] 當然，也可能是黎紫書本身的設計是要書寫其心中所更強調的"女性的時代"，她"在內容上卻進行著去政治化的分割，以區別與傳統的書寫馬來西亞華人家族史中出現的革命、抗爭、保教、遭受當地法律政策不公待遇等主題。反而，作者筆下的那個時代，是一個女性的時代"。[3]

二、"性"：人性與任性

毫無疑問，性作為個體人以及社會非常強大和主要的活動和力能來源之一，作為不同時空人類不斷繁衍後代、享受歡愉、探尋自我等的物質與精神傳

1　"婦人性"先來自張愛玲，後來成為解志熙教授的批判點之一，可參解志熙〈"人的文學"之歧途："婦人性"的人性宣敘中的妥協迷思〉，氏著《慾望的文學風旗——沈從文與張愛玲文學行為考論》（台北：人間出版社，2012），頁453-483。

2　拙文：〈告別／記錄的弔詭：論黎紫書的（長篇）小說實驗〉，新加坡南洋理工大學《華人研究國際學報》第5卷第1期，2013年6月。

3　魏豔：〈"小寫歷史"與後設書寫的矛盾——評黎紫書《告別的年代》〉，台灣《中國現代文學》第22期，2012年12月，頁144。

統，緊密結合了諸多相關元素：政治事件、時代潮流、意識形態宣揚、經濟滲透、文化介入、道德規範等等，皆可盤踞其上，而且作為性載體的身體亦因此變得相當複雜多變、面目飄忽，我們甚至可以稱之為“身體意識形態”。[1]反過來，透過作家的性描寫我們同樣亦可探勘附著於身體之上的文化內涵和作者心思，而黎紫書作為挖掘人性的高手，性成為她特別重要的藉助。

（一）人性的多元：以性為鑒

　　黎紫書小說中的性書寫可謂五花八門、精彩紛呈，往往也擔負著不同的功能。她可以藉助少女肖瑾的眼睛觀察通姦，〈某個平常的四月天〉裏面就書寫了她不能理解的父親中午性愛加餐，“老李赤裸裸的身子像極了一條發育不良的壁虎，膠廠書記小姐的雙腿盤在他的腰上，像一隻枷鎖般緊緊扣住了男人。”（頁153）她在〈贅〉裏也可以藉臃腫的家庭主婦靜芳的感受書寫搭無空調公車被人性騷擾時的不安、恨與羞，但因為過於遷就他人、缺乏自我，她卻也有另樣的自我嘲諷與安慰，“反正這一身肉她自己也厭惡、也嫌棄，一百九十多磅呢，任他們摸了捏了她也虧不了多少。每回下車後她就透過車窗瞪著車裏的男人看，摸吧摸吧，老娘什麼都沒有，就肉有大把。呸。”（頁186）她也寫到過女人面對不同男人性與愛的差異，如《告別的年代》中的杜麗安。有時她也只是一閃而過，強調性或身體作為古老職業的功能，比如〈推開閣樓之窗〉裏面張五月與小愛母親的初次見面，後者因為急需錢養活女兒而想做妓女深更半夜敲別人們幫忙賺5元錢，本來洗澡後想完成交易的，卻也因為女兒的啼哭而放棄，但卻因此弔詭得到張五月的愛（頁57）。

　　當然，她也寫到少女與少婦身份的差異和不同感受，比如〈野菩薩〉。這篇小說更是描寫阿蠻和殘疾的雙胞胎妹妹複雜精神感應、友誼以及前者對後者的虧欠。當妹妹來月經時，她也有感應，“她便走到妹妹身邊，蹲下來幫她搓洗。她垂下頭才聞到自己的衣襟上有一股淡淡的異馥。彷彿古龍水，男人的髮油，汽車的香精。這香味令她臉紅，手心好冷，小腹那裏一陣微微的痙攣，兩

1　有關論述可參拙著《身體意識形態：論漢語長篇（1990– ）中的力比多實踐及再現》（廣州：中山大學出版社，2009；台北：秀威資訊科技有限公司，2014）。

腿之間又湧出了濕熱的黏液。"（頁144）在生活上，她什麼都願意給妹妹留一份，但性愛卻不能分享（和男人的交媾），當然也包括被拋棄後的自行墮胎，"手術用的時間比想像的短，阿蠻沒想到要挖掉肉瘤似的一條小生命，比舒通阻塞的水管更容易。她依稀聽到醫生和護士交談了幾句話，還有那些刀叉鉗子被放到鋼盤裏時的碰撞聲響。那樣手術便完成了，她已被清理。"（頁172）毋庸諱言，這些都是有關身體的具體微妙的體驗和細緻刻畫，也呈現出女性作家的獨特與真切隱私體驗。

相較而言，上述書寫都顯得相對普通而樸素，顯然未能真正呈現出黎紫書對性的開拓性書寫全貌。相當典型的則是〈蛆魘〉，頗具震撼性的則是家庭亂倫悲劇：風騷豐腴的母親在家裏不注意穿著，往往衣不蔽體，洗澡後也穿的很少，寂寞時甚至要求自己的白癡親生兒子和她性交，怕黑的兒子進去了，敘述人姐姐"我以一種悲痛欲絕的心情站在母親的房門外。屋子陷在一片深色的墨黑中。只有在那樣孤立的位置內，我才能平息胸中狂燒的傷痛，用全然澄淨的心靈去接納外間一草一木的動靜。我聽到野貓交媾的鳴叫、壁虎追逐蟲蟻時發出的尖細訊號……以及母親幾經壓抑的呻吟。"（頁42）林春美指出，黎紫書不僅有"弒男"情結，似乎也有厭女症（misogyny），"她刻畫女性之陰森、淫蕩、惡毒、潑辣、自私、貪婪的文字，一點也不比男性少。"[1]當然，白癡的小孩也還要被逼（貌似主動）為爺爺口交，完事後，"阿弟退開，臉上已經還原了一種豁達睿智的神情。他大口嚥下舌尖上的穢物，末了竟伸出舌尖繞著雙唇舐了一圈，似笑非笑。我赫然，霍地發覺這表情似曾相識。"（頁38）

類似的亂倫慾望宣泄在〈樂園鑰匙孔〉中亦有呈現。老菜面對投奔他而來的性感年輕的表外甥女小圓產生了慾望，居然去偷窺，"其實只是一個鑰匙孔那麼小的世界，浴後的小圓坐在床沿梳理滴水的頭髮。連她的臉龐五官都無法看得真切，竟然可以看透那洗了多年的寬鬆T恤內有某種狂野的暗示"（頁161），當然也曾經為小圓自瀆（頁166），自戀也自棄。慾望來勢洶洶時只好去找自己的老相識阿春，但面對老情人陽物卻不舉，回憶起年輕時候的感覺貪戀阿春的豪乳，甚至一任自己的兒子阿東在樂園內哭泣，"他把臉栽入女人深

1　林春美：〈在父的國度：黎紫書小說的女性空間〉，《華文文學》2008年第1期，頁78。

陷的乳溝，仍然聽到那隱約的哭聲從半闔的窗戶攀進來。'是貓。'阿春把發燙的嘴唇湊近他的耳垂，於是他渾身大顫，甘心蒙昧心智和一切感官，如蹤入地獄般沉淪到女人潮濕、陰暗、酸性的體內。"（頁163）最終成年後的阿東用籃球毆打了偷窺的父親，而老菜也死在了阿春的床上。這些性描寫既寫出了老菜的可悲、變態，同時又寫出了其老態畢現後的可憐。

而耐人反思的還有〈裸跑男人〉。黎紫書先寫了一種亂倫的潛在性，矜生對只比他大五歲的舅母小璐的深層慾望，但只能眼睜睜看她懷孕生子變成寡婦，又離開，讀大學時，矜生特別喜愛桑妮，"她的擁抱是如此的豪情與暴烈，如同宗教之熱衷於大地。桑妮總說她要把矜生嵌入懷裏，讓他在一對碩大的天乳之間，聆聽生命與愛情碰杯的顫音。"（頁177）後來矜生隨著桑妮去了巴黎，接著桑妮出走，其表哥喬恩前來照顧，後來他們成了同性戀人。小璐嫁給了一個富有而風燭殘年的老頭，矜生和神經衰弱精神分裂癒後的喬恩去遍遊歐洲，而喬恩在塞納河邊裸跑，最後他們過著幸福的生活，"就這樣在流浪中長大了。矜生在蘸飽月色的閣樓上，為喬恩刮鬍子。你知道嗎，每次提起'幸福'這個字眼，我腦海裏極深極暗之處，總會捲起一個小小的漩渦。嗯，就像酒窩一樣。"（頁183）矜生終於把對舅母小璐的感情轉移到喬恩身上，是否也隱喻著力比多轉移的性傾向跨越或因果性？

黎紫書曾寫道，"許多年過去了，我仍然扮演著當年的說故事者，並且逐漸實理想，擁有一扇能看見世界而世界無法看真切我的窗。對於我而言，'說故事者'本身就像穿插在這真實世界裏的一個虛構的角色，她也像我隨意編造的其他小說人物一樣，幾乎如同謊言——因為編造了她，從此我就得對她負責，讓她圓滿，使其有血有肉。"[1]毋庸諱言，以性書寫探究個體人性和家庭的罪惡、戀愛的美好、本能的壓抑與宣泄等等，黎紫書這個優秀的講故事者和本人無疑都有令人欽佩之處。

（二）暴力與陰暗：再現的任性

有論者指出，黎紫書前後期的散文書寫風格有差異，但整體基調相對

1　黎紫書：〈二月雪〉，黎紫書著《暫停鍵》（台北：聯經出版事業股份有限公司，2012），頁78。

灰色，"其實由始至終，紫書的散文都有灰色的底蘊……精神上，還是消極的。"[1] 倘若說散文是如此，那麼小說則更呈現出綿密而纖深的暴力呈現，即使在性描寫上也是如此。

毋庸諱言，黎紫書小說往往有一種弒父傾向，小說中的父親往往多病、猥瑣，甚至骯髒，等等，這似乎已經是不證自明的書寫實踐，如溫任平所言，"黎筆下的父親形象齷齪不堪，嗜賭好色，衰微病弱，嘔吐連連，小便起泡。惡臭逼人"。[2] 或許更不堪的是，這種劣根性還在延續。

《無雨的鄉鎮·獨腳戲》，旅人在尋找他的父親，據說"這輩子旅人再沒有見過比他的父親更下賤無恥的人了"（頁45），問題在於，旅人尋找父親的方式卻是一站站嫖宿旅店的妓女，一時找不到父親，但父親似乎無處不在，"旅人隱隱聽到粗重的呼吸聲音，像將死的野獸的呻吟。" 旅人書寫父親死去的小說手稿被退稿，卻被妓女拿來揩試大腿內側的流血，小說文字因此印在大腿上，"旅人想那些字要是不褪色會有多好，妓女擘開腿會有我的小說如紋身或符咒。說不定父親會讀到，他會因此早泄，他會撥開妓女茂密的毛叢去尋找隱去的其他文字。旅人享受這種幻想，旅人和另一個旅人在尋覓彼此，像一面鏡子映照著另一面鏡子。"（頁47）某種意義上說，旅人和他的父親共享同一種骯髒、下賤、無恥的精神結構，而恰恰又要藉助妓女的身體，罪惡通過性的身體也一直在交流著、延續著。

〈盧雅的意志世界〉則更是寫出精神暴力對少女中學生的強烈滲透、傷害與反應。父親工作不順、欠債不敢回家形同消失，母親只好外出台灣打工，少女盧雅不僅要讀書，還要照看九歲的大妹、六歲的小妹，還要生活，比如砍倒木瓜樹將木瓜腌製成菜。她們曾經在家裏遭遇過附著窗口的男人的性騷擾，當著她們的面自瀆，她們高聲呼救，但無人應答，雖然很多鄰居都聽到。而在校門口候車亭，有男人拉開褲鏈手淫，盧雅因為專心看書而沒有發現，那人還提醒她注意看，"盧雅斜睨他，第一眼便看見了被他握在兩手中的東西。醬紫，

---

1 周美珊：〈關於那些認真的事〉，黎紫書著《暫停鍵》（台北：聯經出版事業股份有限公司，2012），頁12。

2 溫任平：〈黎紫書的危疑書寫〉，黎紫書著《野菩薩》（台北：聯經出版事業股份有限公司，2011），頁7。

第四章　聚焦個案

亢奮，像一條碩大的乾烏參。又一個指引者。盧雅瞥一眼那人，他中年了，戴粗框眼鏡，鼻頭滲汗，臉上一副興奮的神色。他小聲問盧雅，它很大，你說，它是不是很大？"盧雅只是微笑，指引者繼續追問，不斷搓弄陽具。她歪著頭，目光純粹，指引者開始毛躁、泄氣，最後"落荒而逃"，"盧雅始終不說一語，之後仍然翹著腿繼續看書。躲在樹影中的學生訕訕地回到候車亭裏，卻沒有人敢坐到盧雅身邊。大家都發現了她的奇特，好可怕的暴力，平靜之極。"（頁 210）不必多說，盧雅以冷暴力擊退了自瀆的男人，這和她年齡極不相稱的殺傷力恰恰反正了暴力對她的貫穿與滲透。

父輩若已經淪落，那麼母親當是一種港灣乃至救贖嗎？黎紫書指出，"美麗與邪惡，其實不是一種矛盾。一面鏡子呈現的必然只有唯一的現象，然而'唯一'可能只是假像。"[1] 實際上，黎更喜歡把邪惡常態化，暴力結構帶來的冷漠依舊在持續。〈我們一起看飯島愛〉中，為報館寫黃色文字的素珠和兒子西門在現實中關係冷淡，但在網絡上他們卻成為好友，甚至密友，負離子（西門的網名）就是她（網名烏鴉）的網上情人，還為她的某些黃色小說情節獻策。聊久了，他要求她電話性愛，她要他的號碼，卻始終沒有撥過去，她最終發現兒子西門是她的網絡情人負離子，因為他正在按照二人約好的黃色小說的情節設定在大廳裏看飯島愛泄慾。一對母子，同一個屋檐下，卻形同陌路，只在慾望宣泄上是同道，而且還想無意"亂倫"。

但這似乎還不是盡頭。〈天國之門〉則深入挖掘了神職人員林傳道的內在墮落。他原本必須潔身自好，卻和有夫之婦在教堂彈鋼琴的女人屢屢苟合，"我必然在她稍微下垂的兩乳之間徹底崩潰，我會說'你放過我吧'，然後一把將她推倒在床上，看著極富彈性的床褥如何抖動她身上的贅肉。或者我什麼也不說也不做，只是冷漠地，像個解剖屍體的醫生，仔細審視她腹部的折痕，或是我的手。"（頁 90）他們之間並無真愛，各有缺憾。同時他也曾經和主日學的女孩有染，女孩懷孕，他拒絕了她，使她割腕自殺。他依舊和彈鋼琴的女人苟合，但她最終離開了他。他不喜歡小孩，卻在是否收留一個棄嬰的理事會議上以上帝的名義留下嬰兒而非將之送往福利局。但實際上，作為神父的他原本

1　黎紫書：〈畫皮〉，黎紫書著《因時光無序》（馬來西亞：有人出版社，2008），頁 187。

就孤獨、徬徨、虛偽，"每一個女人都已經離開我，我赤身而來，又回到孤絕的境地。這郁卒的人生是上帝的試煉嗎？媽媽，我無法忍受過去的歡樂與幸福只是一場魔鬼擺佈的試探，我不是神魔的棋子，我不想對存在有更高的自覺意識，離開我吧，讓我的生活還原為一草一木。"（頁110）他又如何撫慰和救贖他人呢？

身為基督徒的黎紫書固然敢於直面人性的黑暗與淪喪，但是她在小說中卻缺乏一種真正的昇華與超脫，也因此讓她的性書寫走向暴力、陰暗、任性，而陷入一種無法救贖的深深無力感，易言之，"她的對待黑暗、醜惡、暴力等的相對超然與見慣不驚的冷靜在反映到她的小說中也彰顯了某種暴露的迷思。"[1]

三、"事"：敘事的技藝與匠氣

黎紫書指出，"我以為我的存在，從一開始就只是個想像。許多年來，我信奉想像的力量，它恩寵具有追逐的勇氣和實踐能力的信仰者，驅動他們依自己腦中的圖景與心中想望去進行創造。"[2] 觀照其小說實踐，其創作具有相當的創造力，在小說的敘事技藝上屢有出人意料之舉，甚至可以說，每一篇短篇都由其苦心營造，但同時需要指出的是，職是之故，黎紫書的小說實踐也不乏過於雕琢的匠氣，有些時候也難免做作和為讀者刻意設障之嫌，但不管怎樣，也都值得有心人細細品讀、反思。

（一）機杼與取巧

平心而論，黎紫書是善於結構小說的人，比如〈荒蠻真相〉的敘事結構，藉助醫生手記與審訊記錄等的對照來顯示一個醫生之死的核心原因，同時醫生的病歷手記中卻又書寫他的醫治對象 —— 精神病人的發展狀況，環環相扣，而病人之死其實也從某種意義上成為了醫生之死的導火索，所謂的蠻荒何嘗不是指向醫者不能自醫的精神寂寞和荒蕪，"寂寞可以讓人精神崩潰"（頁

1　拙著《考古文學 "南洋" —— 新馬華文文學與本土性》（上海：上海三聯書店，2008），頁112。
2　黎紫書：《暫停鍵·自序》（台北：聯經出版事業股份有限公司，2012），頁5。

192）。同樣，〈夜行〉中書寫"馬共"前隊員乘夜班火車前去"馬共"村的歷程，借現實與回憶的交錯呈現"馬共"，雖然片段化、割裂對於再現馬共更多是碎片化敘事，但敘述的機心處處可見。可圈可點的還有，〈國北邊陲〉信息量豐富，以半文半白貫穿歷史、現實，寓意豐厚，令人回味；〈野菩薩〉書寫雙胞胎姐妹的複雜情誼與愛恨情仇，分分合合、熱烈與冷靜並存，令人唏噓亦令人感動。

但同樣，黎紫書也不乏寫得失敗的作品。比如，〈流年〉。在王德威先生看來，它"也曾獲'花蹤獎'的肯定，但我以為黎在揣摩少女情懷方面仍顯得太矜持了些。全作大量引用中國古典詩詞意境，已有矯情之虞。有趣的是，故事中的女孩情竇初開，作出各種姿態，本來也是矯情的一種。如果黎把握其間的反諷意涵，小說的可讀性將會更高。"[1] 在我看來，這篇小說過於冗長、做作，小說作者更多沉浸在自己預設的師生情境裏，如其所言，與老師的關係不該只是師生，而也該是朋友，"或許我又在逾越了，天曉得呢？我才會喜歡把字填寫在綫上與綫之間。於是人們就無法定論，我是在試圖約束自己，抑或根本就在享受逾越的樂趣。"[2] 通篇小說的純真底色中有點曖昧，但內容指涉上過於簡單，缺乏層次感，這樣反反覆覆的拉長強調的確令人不耐。〈生活的全盤方式〉似乎讓顧城（1956–1993）附體，小說顯得過於朦朧而結構雜亂；〈假如這是你說的老馮〉有點模仿中國大陸先鋒小說的意味，但小說的面目也因此不清，只留下了實驗的跡象。

後設使用的過於取巧化。在《天國之門》自序中，黎紫書寫道，"寫小說寫了五年，直至寫到《天國之門》，我才發覺寫作於我就像睜著眼睛解剖自己，在清醒和痛楚之中發掘許多自我的秘密。那何其殘暴，卻又有著自虐的快感。至此我確知了自己像老鼠一樣的個性，總要在陰暗和潮濕之中才能得到存在的自覺。"（頁12）在彼時，黎紫書的小說實驗雖略顯稚嫩，但卻虎虎生威。〈把她寫進小說裏〉是她較好地使用後設手法書寫江九嫂的故事，其中既有對

---

1 王德威：〈黑暗之心的探索者——試論黎紫書〉，黎紫書著《山瘟》（台北：麥田出版公司，2001），頁7。
2 黎紫書：〈方寸〉，黎紫書著《暫停鍵》（台北：聯經出版事業股份有限公司，2012），頁199。

小說的描述，"至今，我還在思索該如何把她完整的結構成一部小說"，同時又有對如何寫小說的逐步推進和連綴，同時也不乏對人物進行點評，"我的小說裏，江九嫂將如幽靈一般長期蟄居在黑暗中，她的言行總是教人揣測幻想和爭論：她的陰沉的個性狠辣的心腸也許就在無邊無盡的黑暗中叢生與成長。"（頁119）同時也有對"我"的反思，"我發覺自己描寫江九嫂的筆觸似乎過於溫柔，我無法對這種趨向做出圓滿的解釋"（頁120），甚至也不乏女性主義的說理，"我以往也寫過一些刻畫女性的小說，在那些短篇裏，文中的女子總是悲劇性的趨向枯萎和淪落；我想像女性是一種孱弱又可憐的動物，她們動不動便掉淚甚至尋死；我情願女性永生永世擺脫不了男人的懷抱與鎮壓，那也許是我潛意識中的大男人主義作祟但是我的筆卻永遠更改不了女人的命運，像小說中那些因自我掙扎而逐漸淪落的女子。"（頁134）等等。整體而言，小說不僅寫了江九嫂的故事，也寫了如何寫小說，雖偶爾略顯刻意性和生澀之處，但大致而言，兩條脈絡搭配融洽、令人欣喜。

到了長篇《告別的年代》，黎紫書對後設的使用似乎更加得心應手，但同樣她也把這個把戲玩得過於嫻熟而呈現出一種匠氣來。這一點不少論者都有相似的批評，比如為其作序的黃錦樹，"這後設裝置的使用到底有什麼功能？極少部分影射了黎紫書的崛起、文壇的恩怨，但虛多實少。其餘更多的部分是不是企圖讓'杜麗安的故事'複雜化、藉以縫合兩層不同的敘事？就小說而言，可能不見得是利多。除非小說能真正的匿名出版，否則不免予人'此地無銀三百兩'之感。況且作為程序裸露的技藝，後設手法本身的變化有限，很容易陷入自身的套套邏輯裏"（頁7）。還有"第二屆花馬華文學大獎"評審黃子平也有自己的善意批評，"她鄭重的要寫長篇小說，她想要寫得不一樣，設計了同名同姓的不同角色，還有一層一層的敘述，很好看，因為她一旦忘了自己是後設的時候，就寫得很精彩，那些後設有時候就有點多餘了。"[1] 某種意義上說，這確實是她聰明反被聰明誤的表現，其實在書寫〈州府紀略〉是就有此苗

---

1 引自〈第二屆花馬華文學大獎評審意見〉，馬來西亞《星洲日報·文藝春秋》2011 年 12 月 11 日。也可參電子版 http://news.sinchew.com.my/node/230251。

　　　　　　　　　　　　　　　　　　　　第四章　聚焦個案

頭，王德威指出，"情節曲折繁複，但以敘事效果而言，已有刻意求工之嫌。"[1]

（二）濃郁和鉛華

　　駱以軍曾經指出，"黎紫書在這個意義上，可能與我是血緣更近的小說物種，'小說武士'突擊、在語言屍骸曠野的運動戰中，中伏、箭簇插滿身，輜重補給未必足夠卻閃擊戰深入敵境太深，形成一種話語的異教徒雜種。"[2]在表揚之餘其實也有對黎實驗性中濃郁暴烈風格的點明。或許黎紫書難以擺脫她的女性、"南方"身份，如果我們以女性敘事加以簡單概括的話，其小說書寫更多呈現出一種濃妝艷抹、心機重重的少婦形象。在文字上過於強調濃郁效果，在結構架設上往往強調繁複，在意義指向上更強調多元與豐富，這些追求自然有其獨特效果和殺傷力，但一旦過於強調，似乎亦讓人厭煩。如前所述，〈流年〉的失敗之處在於它的過於鋪張的矯情，少女的曖昧逾越其實很簡單、很純情，卻又如此冗長重複。

　　而其短篇〈贅〉中卻是一個相對洗盡鉛華的成功書寫實踐，它從刻意求工中款款而出，將一個普通家庭婦女的贅肉生長原因到心理變遷從容道出，這個短篇背後的深意其實是凸顯出女人毫無自我，並自甘邊緣化、自我醜化並心安理得的女版阿 Q 特徵。而相對較長的〈野菩薩〉也算一篇佳作，在不動聲色中頗顯情感和思索的張力，在表面平靜中書寫感人的愛恨情仇——阿蠻的冷對"性"與妹妹的熱對"情"，對話性彰顯，的確是一種簡單的美，尤其是小說中相當有節制而又芬芳的南洋懷舊情結，也給姐妹們的友誼刻畫蒙上了溫情的外衣。

　　黎紫書指出，"對我來說，書寫時若曾有過自覺，無非是希望把文學淬煉成生活的影子，讓它如鏡像一般反映我的存在。我不想僅僅因為文學曾經帶來過榮光，就不斷把它放大，讓它膨脹，使其成為籠罩生命的一個巨大魅影，或甚至取代了生活，成為生活本身。"[3]但在實際上，她並未真正做到，對著鏡子

1　王德威：〈黑暗之心的探索者——試論黎紫書〉，黎紫書著《山瘟》（台北：麥田出版公司，2001），頁 6。
2　駱以軍：〈跋〉，黎紫書著《野菩薩》（台北：聯經出版事業股份有限公司，2011），頁 219-220。
3　黎紫書：〈暫停鍵〉，黎紫書著《暫停鍵》（台北：聯經出版事業股份有限公司，2012），頁 92。

的她有時會有一種過度表演的慾望，而同時因為中學畢業學歷帶來的不自信和顯赫聲名帶來的過於自信衝突焦慮也不時反映在小說書寫中，這或許都該是她注意修煉的文氣操控，換言之，濃郁暴烈是一種風格，簡單樸素也可以很美。

　　結語：黎紫書的小說實踐已經頗有成效，她的小說尤其善於書寫小歷史，以小見大，寓意豐厚，令人稱奇；同樣她也常常借性書寫反映並探勘人性的限度、豐富性，而黎紫書也工於小說技藝，對故事性實踐嫻熟繁複，令人對其創造性嘆為觀止。但同時她也有其局限，如書寫大歷史中的過於狡猾、逃避或碎片化、簡單化處理，在書寫人性時過於暴力和陰暗，而在小說技藝操控時有時亦會用力過猛，而呈現出匠氣的負面效果，如其自己所言，"馬華文壇確實需要傳奇，因為這邊緣地帶的文學工場需要能量；惟傳奇可以有很多，黎紫書一個就夠了。"[1]

1　黎紫書編著《花海無涯》（馬來西亞：有人出版社，2004），頁 102。

第三節　自如或失據 —— 論黎紫書《流俗地》的進退悖論

提要：《流俗地》作為馬華女作家黎紫書的 2020 年度長篇，在中國大陸、中國台灣、大馬同步出版，引起強烈關注，而黎紫書也因此淡定自稱為小說家，頻頻出鏡鼓吹。整體而言，和之前的創作相比，我們要看到《流俗地》在"進"的層面的亮點：它立足於盲女銀霞的視角對錫都小歷史進行了精彩的刻畫和再現，同時也有意識地呈現了多元文化、種族等的融合與對話，並且得出了自己的寓言／預言，值得讀者深入反思。但同樣《流俗地》亦有"退"的失色，它顯得類型化、情節性偏弱、描述大馬當下缺乏力度。

關鍵詞：黎紫書；《流俗地》；盲女；文化多元

接受了台灣文化藝術基金會的"馬華長篇小說補助專案"的馬華女作家黎紫書終於在 2019 新冠病毒依然肆虐的 2020 年 5 月率先強勢推出了其長篇小說《流俗地》〔另兩位獲得該項資助的分別是賀淑芳和龔萬輝〕，分別在大馬（有人出版社）、中國台灣（麥田出版有限公司）、中國大陸同步出版。馬來西亞版由香港小說家董啟章作序，其他版本則是由哈佛大學教授王德威先生撰寫評論加持。中國大陸版則是由《山花》雜誌社於 2020 年第 5 期全文推出，這是該刊創刊以來"首次完整刊登長篇小說"[1]。不僅如此，新加坡《聯合早報》2020 年 5 月 14 日、香港《亞洲週刊》2020 年第 20 期（5 月 18–24 日）、台灣《聯合文學》2020 年 6 月號等都有專文采訪報道加以放送，大馬《星洲日報》也刊發了節選和部分評論。一部長篇甫一面世就如此聲勢浩大，甚至在大中華文化區近乎一紙風行的確令人側目，而作者黎紫書本人在接受採訪時也多次公然宣稱，因為此部小說敢自視為"小說家"。

1　本文引用的《流俗地》、王德威評論以及黎紫書的創作談皆來自此期期刊。引文見頁 6。下引小說正文只標註頁碼，不單獨註釋。

耐人尋味的是，作為繼《告別的年代》（2010）之後的第二部長篇，磨劍十年的黎紫書交出的答卷——《流俗地》到底有何昇華或突破？2013年我在拙文〈告別／記錄的弔詭：論黎紫書的（長篇）小說實驗〉中如此評價其處女長篇《告別的年代》，"從長篇敘事的技藝來看，黎紫書幾乎調動了她自己全部的敘事資源，也近乎機關算盡，《告別的年代》這部讓她自己心力交瘁的書雖然是她自言的'想像中的想像之書'，但也很可能是她一開始就告別長篇的封筆之作，在後續的實踐中，除非是她或洗盡鉛華，樸素老練，或挖掘新題材、重新出擊，否則以目前的繁華落盡、不遺餘力留給她繼續閃跳騰挪的空間並不大。"[1] 如今結合其《流俗地》看來，上述判斷依然有效。《流俗地》的表現和之前的黎紫書的小說技藝相比的確顯得"樸素老成"，但說不上鉛華洗盡，而更像是掩飾心機、返璞歸真的一次嘗試，其中呈現出一種進退的悖論：在黎本人看來，可能是畢生只寫三幾部長篇的她此部書會具有里程碑意義，或至少撐起了（長篇）小說家的自信，畢竟她賴以成名的首先是中短篇小說，但同時弔詭的是，這種宣稱也可以看出她內心的焦灼與不自信，更是對她長篇實踐中可能退步失據的遮蔽。我們有必要放在聚光燈下加以探勘。

一、"進"的亮點：如何突破？

在拙文〈論黎紫書小說的"故""事""性"及其限制〉一文中我曾經對黎紫書的小說技藝及限制做了一個整體總結，"黎紫書的小說實踐已經頗有成效，她的小說尤其善於書寫小歷史，以小見大，寓意豐厚，令人稱奇；同樣她也常常借性書寫反映並探勘人性的限度、豐富性，而黎紫書也工於小說技藝，對故事性實踐嫻熟繁複，令人對其創造性嘆為觀止。但同時她也有其局限，如書寫大歷史中的過於狡猾、逃避或碎片化、簡單化處理，在書寫人性時過於暴力和陰暗，而在小說技藝操控時有時亦會用力過猛，而呈現出匠氣的負面效

1　拙文：〈告別／記錄的弔詭：論黎紫書的（長篇）小說實驗〉，新加坡《華人研究國際學報》2013年6月第五卷第1期，頁63。

果。"[1] 從"進"的層面來看，《流俗地》儘量避免了上述局限。簡單而言，它書寫的是錫都（以怡保為原型）草根們的風俗史，具有民間性特徵，同時亦有以小見大的效果，而在主題節奏上整體基調變得緩緩推進或左右穿插，亦不乏暖色調，讓人從各個層面感知底層人性的瑣屑溫暖，而在技藝上則採取了開放的寫實主義策略，顯示出"進"的不少亮點。

（一）多元小歷史（histories）

所謂小歷史不是指小說的人物未曾穿越／經歷過重大歷史事件，而是往往和大歷史有著明顯的張力關係更多從個體角度觀察得出一己的結論，同時所謂小歷史也指相對於官方欽定正史的升鬥小民的民間生存史。

1. 盲女的洞見與艱難。某種意義上說，《流俗地》繪製了錫都（尤其是華人區）近半個世紀的民間風俗畫卷，包括衣食住行、吃喝拉撒、雞毛蒜皮、功利溫情、勢利豪氣、混雜語言[2]等等撲面而來。其中尤其令人印象深刻的則是主人公——盲女銀霞。選擇盲女作為主人公自然有其缺憾，比如她原本可以"眼觀六路、耳聽八方"的觀察途徑及視野因此有限，且加上活動空間受阻，自然會限制長篇小說固有的縱橫捭闔的優勢，但盲女視角也有其優點，可以繼續探索內心、彰顯觀察與思考的獨特性，而且還可能生發出一些哲學思考，如王德威所言，"仔細閱讀《流俗地》中每個人物的遭遇，我們於是理解黎紫書的描寫固然細膩逼真，但那畢竟是流俗的幻象。就像本雅明所指出，我們奉看見一切的寫實之名，在恐視症和窺視癖之間打轉，忽略了那更大的黑暗從來就已經席捲你我左右。所謂宿命只是最淺薄的解釋。如此，黎紫書調度穿插藏閃的敘事法就不僅是（古典或現代）小說技巧而已，而指向了更深一層認識論的黑洞。每個人物都有不足為外人道的心事，每個人物也都必須應答生命的洞見與不見，即使作者也不例外。"[3] 易言之，盲女的敏銳也反襯常人的不見，比如在"囚"那節描述的電梯事故中，銀霞反駁顧老師的玩笑話——盲人不怕黑

1　拙文：〈論黎紫書小說的"故""事""性"及其限制〉，《當代文壇》2015 年第 4 期，頁 57。

2　有關馬華文學語言混雜性的研究，可參 Alison M. Groppe, *Sinophone Malaysian Literature: Not Made in China* (New York: Cambria Press, 2013).

3　王德威：〈盲女古銀霞的奇遇——關於黎紫書《流俗地》〉，《山花》2020 年第 5 期，頁 161-162。

及不會有幽閉恐懼症，"連你們開著眼睛的人都覺得這世界不安全，都必須活得小心謹慎，更別說我們這些看不見的人了。"（頁 134）但同時她也坦誠黑暗中的話盲人可能覺得自己更強大了。這些話更顯示出弱勢群體的不易、堅韌與自尊。

從銀霞的個人生命歷程來看，她經歷過相對歡樂而自尊的童年、充實敏感的少年（含盲人院學習），而後是出租車電台工作時段（從青年步入中年）以及結婚，對應的居住環境則從人來熙攘的新村到組屋，再到公寓與相鄰的排屋。黎紫書巧妙地幫不同時段的銀霞設置了幫手（眼睛／引路人／接送者），比如開始的細輝、拉祖，之後是父親老古和馬票嫂，再之後是善良而有品位的退休教師顧有光。中間貫穿的主要大事則是：後"五·一三"時代、馬來西亞經濟騰飛、亞洲金融危機、政府換屆更替等等。而銀霞從事的工作的轉型與沒落也反映出經濟模式的變遷：如手工作坊式的編織，電子商務平台逐步取代舊有的人工傳呼，服務（含按摩業）中國女人的加入與退出（意味著中國崛起）、飲食業的及時調整與口味嬗變等等。從此視角看，黎紫書以小見大，以銀霞的感受彰顯出錫都的日新月異，同時也是記錄個體韶華逝去的過程，而在此過程中，黎紫書的態度是開放的，她無意（當然也無力）找尋一種固定答案，其中不乏對頹敗的哀傷、世態炎涼的感喟、人性的理解和再現中老年婦女的垂暮氣息。

2. 銀霞的關係網及其涵蓋。《流俗地》的主要人物及故事結構就是由銀霞及其周邊組成：她的家庭（父親老古、母親梁金妹、妹妹銀鈴、契媽馬票嫂、誼父梁蝦）、好友細輝（家庭關係如下圖）、拉祖（父親巴布、母親迪普蒂，大哥馬力、二哥卡維等）等等。這些人的生存環境拼湊成了錫都的生活日常。

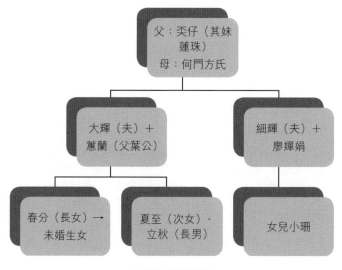

細輝家庭關係圖

　　我們不妨藉人物分析一下其中包含的人間煙火。比如大輝，有一身很好的皮囊，"劍眉星目，長得有幾分像明星鄧光榮，跟弟弟細輝站在一起，真不像同一個阿媽生的。"（頁12）因此很有女人緣（"讓許多女人為他撲心撲命"），但他又是一個吃軟飯／不靠譜的渣男，曾經讓十多歲的中學女生懷孕卻不負責，讓她走投無路不得不在他居住的組屋附近跳樓造成"一屍兩命"，而後他潛逃日本本性不改，又和越南女人搞在一起"花女人的錢，還傷女人的心"（頁55），五年後返回大馬，娶妻蕙蘭，生了春分、夏至、立秋三個孩子，但終究改不了惡習，其長女春分亦和不爭氣的猥瑣小男生搞出人命，17歲就產女（讓人隱隱想起之前和他糾纏不清終至自殺的女中學生的悲劇），而惡習不少的大輝終於被逐出家門而變成了替大惡人處理見不得光事務的清道夫。黎紫書在批判大輝（弒男情結）時也加上了宿命論的惡報。

　　馬票嫂則是另一種類型。最初嫁到陳家時她勤懇能幹、謹小慎微，甚至堪稱做牛做馬，還幫陳家生了一個兒子，但倍受剝削的她想回家探母（丘氏）都很困難，一氣之下和婆婆鬧翻，備受小姑子欺負，軟弱的丈夫也不敢撐腰，於是攜子回娘家的她徹底住下來了，還是屢屢遭受婆家人的流言污衊與羞辱，機緣巧合遇到了黑社會大哥之一——梁蝦，幫其出頭，二人修成正果、結婚，而梁也壽終正寢83歲辭世。馬票嫂隱隱然有幾分《告別的年代》裏的杜麗安的影子，算是相當勵志又傳奇的小典型之一，但這更多是繼承了黎紫書的舊有風格。

（二）族群寓言／預言？

黎紫書在“創作談”中自己寫道，“自我寫作以後，便時時幻想著自己以後也要這麼寫的——寫一部有很多人，有許多聲音，如同眾聲大合唱般的小說。”[1]《流俗地》的確呈現出眾聲喧嘩的效果：不只是不同人物各自的聲音（包括廣東話發音）、工種、身份、文化差異，而且也有引人關注的多元文化實踐，其中尤其是關於族群的寓言或預言更是發人深省。

《流俗地》的核心族群描述當然是華族，黎紫書書寫了大馬（錫都）華人的生存境遇，其中地位最高的則是拿督馮，商而優則仕，地位顯赫，即便是跟他做二奶的蓮珠也跟著雞犬升天，更因為生了兒子而母因子貴，但一路暢順、官商勾結的習氣與人格總有卑劣之處，作為男人的劣根性也因此被放大和延續，以至於五十多歲的他另有新歡而冷落了蓮珠。而其他絕大多數華人角色則往往是低層民眾，如開士多店、出租車、賣馬票、酒樓／茶樓服務員，等等，這也說明“五·一三”事件後大多數華人並沒有傳言中那麼富有，更多是平凡的、普通的。

更值得關注的則是不同族群之間的關係寓言／預言，黎紫書以個人的際遇彰顯出大馬華人及其文化的可能命運。一種是化他人，一種是本土化（尤其是結合馬來文化）。[2]但遺憾的是，似乎前景都不太樂觀。

化他人的代表則是拉祖。作為印度裔巴布理髮師的幼子，他在壩羅華校讀書，表現出上佳的學習能力、成績優異、頭腦清醒，甚至連好友細輝都自愧弗如。而在教育文憑考試放榜時拉祖出盡風頭，“連華文一科也拿了Ａ，因為被學校大肆宣揚，媒體也十分配合，說那是本國有史以來第一個在教育文憑考試中華文考得‘卓越’成績的非華裔考生。”（頁64）拉祖最終成了一位仗義執

1　黎紫書：〈我若不寫，無人能寫（創作談）〉，《山花》2020年第5期，頁155。
2　有關這兩種模式的分析還可參筆者結合張貴興小說的解剖，具體可參拙著《考古文學“南洋——新馬華文文學與本土性”》（上海：上海三聯書店，2008），頁262-270。

言的律師，加入了反對黨，而他的偶像是同為反對黨的印裔政治家 —— 日落洞之虎卡巴爾·辛格，但他不像辛格那樣熱衷政治，而是以自己的職業 "鋤強扶弱"，"將不少私會黨告上法庭。他自己曾兩次收到過裝在信封裏的子彈，亦曾有人將一頭流血不止、半死不活的水牛置於其家門前，可他卻也讓幾個黑社會大鱷嚐到了半夜警察上門，於鎂光燈下被鎖上手銬押上警車的滋味。"（頁106）但拉祖的下場卻很悽慘，居住在華人區雙層排屋（僅次於別墅）裏的他被兩個摩托騎士（黑社會殺手）用巴冷刀（Parang，非常鋒利的馬來長刀）砍死，年僅 36 歲，而其死後的調查也草草了事，葬禮也非常低調，悄無聲息，"拉祖死了便死了，多年前會考成績放榜時他榮登每一份報紙，各族人民皆知；死時如石子落水，只有 '撲通' 一聲，細輝訂閱的報紙上也沒有接續的新聞追蹤。"（頁109）骨灰撒往河海，隨後消失了。這個結局說明，被華化的弱勢群體 —— 印裔青年（他當然也有自己的文化基因）即便是經過努力、善待天分躋身中產階級，而在政治不平等的限制下，他不僅不可能翻身，而且可能沒有好下場。黎紫書以其慘死作為不太樂觀的預言。

另一種類型則是本土化（或更符合統治階層意願的馬來化），其中的個案則是銀霞。聰明程度甚至超過拉祖的她一開始卻無法和同齡人一樣上學讀書，一則是經濟不佳帶來的狹隘視野限制（盲女），二則是她的殘疾難以讓她和普通人一樣目視。所以當她有機會進入盲校讀書時她是快樂的 —— 密山新村盲人學校的時光大部分是令人愉悅的新世界，在她的小夥伴拉祖、細輝看來，"銀霞有了自己的世界，一門心思都用在學習上"（頁 111），她也有自己喜歡的馬來人老師伊斯邁（彼此情感曖昧，超出師生關係），也可以練習使用盲人專用的點字機，沐浴在文化的光輝中，但耐人尋味的悲劇是，煥發青春活力、可愛誘人的銀霞卻是在盲人院裏被馬來人強姦的，" '你還是處女嗎？是嗎？'那人問她。銀霞聽不真切那聲音，其實也不太確認那話的意思。他湊得太近了，說的話混在急促的呼吸裏，像一頭野獸在喘氣。銀霞不知該如何反應，但她知道了那人不是伊斯邁。"（頁 135）這件事情自有其寓言性，馬來文化對於盲女銀霞自有其助益，充實了其精神和拓寬了其視野，甚至她在讀盲文書中獲得了格言 "難得木訥是君子，難得靜默是良人"（頁 70）也成為她幫助暗戀的細輝追求女生的藉助，雖然細輝未成功，但這句話卻出人頭地令人難忘。而銀霞的被強姦經歷說明位居官方的主流文化對其子民和附屬文化的佔有與享受，華人文化要在大馬擁有平等的話語權是相當困難的。當然黎紫書還是給了銀霞一個相對光明溫暖的結局——黎讓曾經救過銀霞（蕩秋千失手跌落受傷）的顧有光老師接納了她，銀霞與顧老師終於成為眷屬，意味著（官／民）文化衝撞的創傷（表面是男女性政治的權力／話語）再回到自己的文化母體才能真正得到療治與撫慰，而在《流俗地》中老師及其代表的文化地位無疑是相當高貴的。

二、"退" 的失色

非常奇怪的是，黎紫書在各種採訪中都對自己的新作《流俗地》的評價超高，且因此作為 "小說家" 的憑藉，"黎紫書說，唯有在連寫 21 萬字的長篇小說都能這麼隨心所欲寫我所思的時候，她才敢自稱，自己是一個小說家。"[1] 比照《流俗地》與之前的黎紫書的豐富小說技藝，她其實也呈現出 "退" 的尷尬，乃至失據，尤其是當她背離自己熟悉和擅長的風格較遠時，她需要外人及自己的肯定慾望就越強烈，而實際上這就是一種不自信乃至焦慮，我們要細察《流俗地》背後的問題。

（一）類型化

相較而言，《流俗地》呈現出比較明顯的類型化特徵，其負面表現就是探索的深度下降，意義指向變得相對浮淺。如大馬本土讀者所論，"《流俗地》讀來總有世故之感。小說總是專注於 '說故事' 這件事情上，而任何涉及的政治、倫理等都被景深化，彷彿不需要有任何的暫留。時間總是會治癒一切？若你期待小說中有對馬來西亞任何的批評、思索，那注定是要失望的。"[2] 如前所述，盲女視角可以部分增強其哲理性，但也頗多限制，主人公銀霞的能力就被

---

1 彭美君：〈在 "文長慎入" 的時代，我們還需要文學嗎？專訪小說家黎紫書〉，具體可參訪問網 https://theinterview.asia/people/26042/，2020 年 5 月 22 日瀏覽。

2 葉福炎：〈銀霞經驗的流俗地〉，《星洲日報·副刊》2020 年 5 月 18 日，電子版可參 https://www.sinchew.com.my/content/content_2273659.html，2020 年 5 月 24 日瀏覽。

（三）描述當下的無力感

《流俗地》自然要承載黎紫書蓬蓬勃勃的野心，如其所言，"我這小說要寫馬來西亞低層社會的人們，用他們看似平平無奇波瀾不驚的人生去折射馬來西亞的歷史。這一幢藏在記憶中的組屋從一開始就自然浮現。我覺得它是個最好的場所，一個社會的縮影。我選揀一個盲女去串起整部小說（她沒有原型，完全是被虛構出來的人物），因為我要一個‘看不見’的人好公平地‘看待’和判斷這社會上的人和事，不為人們的膚色和長相，甚至他們地宗教信仰所左右。失明說是一種障礙，但我們知道那個代表正義的司法女神，卻是特地要蒙上眼睛的呢。"[1]而在小說實踐中黎紫書並未達成預期，而是呈現出相當的乏力感，即便只是書寫錫都怡保。小說寫到 2018 年 5 月 9 日投票為止，實際上事變時移令人眼花繚亂：2018 年 5 月 11 日，92 歲的敦馬（馬哈蒂爾在大馬的尊稱）一舉擊敗上一任總理拿督斯里納吉布，成為新一任總理，而這是大馬六十多年來反對黨第一次贏得全國大選；2020 年 2 月 24 日敦馬宣佈辭職，朝野震動；2020 年 3 月 1 日上午土著團結黨主席慕尤丁在國家皇宮正式宣誓就任大馬第八任總理；馬哈蒂爾指責慕尤丁背叛了自己。爾虞我詐、你來我往的現實政治鬥爭似乎遠比小說的後天複盤更扣人心弦且變幻莫測。從此角度看，《流俗地》的相對樂觀略顯尷尬 —— 小說家描寫繁複當下原本就可能出力不討好。

值得說明的是，這種書寫繁複當下的乏力感不只是黎紫書的問題。中國傑出小說家余華（1960– ）在書寫《兄弟》以前口碑上佳，而到了《兄弟》《第七天》，在涉及光怪陸離的當下中國再現時，卻有很強的無力感，也遭到頗多質疑和批評（比如，扛鼎之作還是平庸之作？）實際上，當下中國的複雜性超出了野心勃勃的作者的把握能力，當他一如以前化繁為簡或以簡馭繁時往往顯得捉襟見肘或左支右絀，於是余華也顯得無可奈何，雖然口頭上他不斷聲稱這些小說是他最好的作品。

某種意義上說，《流俗地》對於世俗的書寫往往是描述性的，缺乏真正的反思，既包括對人物個性、人性、悲劇性的呈現，又包括對各種規律（包括人生、經濟、政治等維度）的揭示與解釋。比如小說中提及"小龍女"（大陸妹），

1　陳宇昕：〈黎紫書終自稱小說家〉，新加坡《聯合早報·文藝城》2020 年 5 月 14 日。

"至於大陸妹，既有異國情調又能語言相通，她們還特別鍥而不捨，說不過來時使用手機傳情達意，一聲一聲'想你'，嬌嗲纏綿之極。"（頁 100）這種描寫過於蜻蜓點水，如果視野開闊一點，對比中國作家九丹的《烏鴉》如何書寫人在獅城的複雜可悲又韌性十足的"小龍女"，或者立足大馬，看看"四零後"作家陳政欣（1948-）如何書寫中馬關係。[1] 同樣在書寫酒樓工作時，《流俗地》中蕙蘭的角色堪稱扁平，對比馬來西亞作家李天葆的《盛世天光》中塑造的豐滿充沛的楊金蕊形象，黎紫書的書寫顯得蒼白無力，這和之前深入探勘人性黑暗面的青年才俊黎紫書相差甚遠。

反思黎紫書走過的寫作道路及其身份轉換，個中情形引人深思。從一開始主業是《星洲日報》的記者兼職小說創作，到成名後的半工半寫到後來的辭職遊走各國變成專職作家，黎紫書的書寫風格與追求亦有階段性變化：之前重口味的暴力迷戀、人性深剖（代表作《天國之門》）到中間階段的重大題材處理（代表作《告別的年代》）不管是旁敲側擊還是正面主攻有聲有色，再到相對通俗、平凡的民間社會（《流俗地》為代表），黎紫書風格上越來越包容、寧靜，自我評價上卻更加野心勃勃、自信至自負，不難看出表面平靜和過度自我肯定背後的焦慮乃至焦灼感如影相隨：在重複自我和突破自我之間也可能是轉型失敗，從這個角度看，我們要肯定《流俗地》的努力轉型，但令人遺憾的是，《流俗地》並未達至黎紫書的期待目標（雖然她自我聲稱很滿意）——《流俗地》不夠獨特和創新。放眼世界華文文學，它無法媲美長於書寫陝西的賈平凹的《秦腔》，後者的綿密或原生態大氣磅礴；縮小至馬華文學，它想不同於張貴興的汪洋恣肆，黃錦樹的奇譎殺厲[2]，力圖以平和的民間取勝，但《流俗地》卻缺乏優秀長篇應有的霸氣節奏與堅實底氣，它以它文字上的部分精緻與場景懷舊連綴了一個平面的怡保，引人關注卻無法震撼靈魂或引人深切反思。整體而言，黎紫書的《流俗地》有"退"的失色，這是她必須要正視的事實。

1　關於《烏鴉》的論述具體可參拙文〈當移民性遭遇本土性〉，《海南師範學院學報》2006 年第 2 期；有關陳政欣的論述可參朱崇科、洪翠婷〈論陳政欣作品中的馬華性操練〉，《文藝爭鳴》2019 年第 3 期。

2　有關張貴興和黃錦樹的論述具體可參拙著《馬華文學 12 家》（北京：生活・讀書・新知三聯書店，2019）以及本書有關主題。

結語：《流俗地》作為黎紫書的最新長篇，在中國大陸、中國台灣、大馬同步出版，引起強烈關注，而黎紫書也因此淡定自稱為"小説家"，頻頻出鏡鼓吹。整體而言，我們要看到《流俗地》在"進"的層面的亮點：它立足於盲女銀霞的視角對錫都小歷史進行了精彩的刻畫和再現，同時也有意識地呈現了大馬多元文化、種族等的融合與對話，並且得出了自己的寓言／預言，值得讀者深入反思。但同樣《流俗地》亦有"退"的失色，它顯得類型化、情節性偏弱、描述大馬當下缺乏力度。但平心而論，我們還是要肯定黎紫書的轉型嘗試，至少《流俗地》保持了較好的水準。

第五章

理論再詮

第一節　再論華語語系（文學）話語

提要：華語語系（文學）話語自然是一個頗具衝擊力的話語論述，既有相對獨特的立場和洞見：兼具本土性觀照，重視區域華文文學，同時又可以讓人具有跨學科視野。當然，它亦有自己的缺憾，如對抗性貧血和指涉新意不足等問題。更關鍵的是，我們也要反思大陸相關學界的話語弔詭，並做出進一步的良性改變，比如，設置相關二級學科，並且重啟"世華文學"概念加以應對。

關鍵詞：華語語系；反離散；跨學科；世華文學；中國性

之所以稱為"再論"，無疑前面已有論述，那就是拙文〈華語語系文學的話語建構及其問題〉（《學術研究》2010 年第 7 期）。毋庸諱言，近些年來有關華語語系的話語／論述頗有賡續和發展，如史書美教授對自我觀點（尤其是以其論著 *Visuality and Identity: Sinophone Articulations across the Pacific.* Berkeley and Los Angeles: University of California Press, 2007[1] 為代表）的豐富和部分擴充，尤其是"反離散"[2] 敘述，石靜遠（Jing Tsu）教授有關將中國／華語（文學）當作是文化"資本"勾連外界的媒介，之間的關係遠比政治對抗複雜，"華語綜理"（Sinophone governance）作為一個別出心裁的關鍵詞可以看出論者的別具匠心。[3] 值得一提的還有陳榮強（E. K. TAN）博士立足南洋文學而做出的有關翻譯語境中的不同中國性及身份認同等議題的再思考。[4] 當然，中國大陸學界也不

1　中文翻譯版為史書美著，楊華慶譯，蔡建鑫校訂《視覺與認同：跨太平洋華語語系表述．呈現》（台北：聯經出版事業股份有限公司，2013）。

2　可參史書美作，趙娟譯〈反離散：華語語系作為文化生產的場域〉，《華文文學》2011 年第 6 期。

3　具體可參 Jing Tsu, *Sound and Script in Chinese Diaspora* (Cambridge: Harvard University press, 2010).

4　具體可參 E. K. TAN, *Rethinking Chineseness: Transnational Sinophone Identities in the Nanyang Literary World* (New York: Cambria Press, 2013).

　　　　　　　　　　　　　　　　　　　　　　　　第五章　理論再詮

乏相關思考和訪談。[1]

　　上述各具特色的論述豐富了我們對華語語系的思考，既帶給我們新的思路衝撞與問題意識挖掘，同時又因為此概念相對較新、依舊處於成長和發展中（in progress），加上有關論者可能的"我執"偏見而亦有其盲點和不見。而同樣重要的是，這同樣亦該引發大陸有關學界的反思、評鑒、吸納與推進。因此，本文的論述分成三部分：一、華語語系論述（Sinophone articulations）的立場與洞見；二、指出其盲點和不足；三、反思大陸有關話語的弔詭和改善可能性。

一、華語語系（文學）：立場與洞見

　　毋庸諱言，日益熱鬧乃至喧嚷的華語語系的話語／論述對於豐富華文文學的有關研究不無裨益 —— 如問題意識的找尋和可能的範式更新，當然，它的產生和興起也是基於目前研究現狀（尤其是作為中心之一的中國大陸）的一種理論不滿以及對應性創造。從此視角看，華語語系的崛起更多是一種中國大陸以外華人學者的理論表態，"從這個角度來講，'Sinophone'話語的建構是海外華人學者的一次理論介入。在'語言'（華語）政治的論述之下，文學的等級秩序、'一統'神話似乎面臨著動搖的危機。"[2]

（一）立足本土性

　　毋庸諱言，無論秉持何種華語語系的觀點和立場，他們似乎都不約而同地指向了細究各地華文文學的本土性訴求，舉例而言，如相對包容而開放的王德威教授，"'Sinophone Literature'的提出，就是期望以語言 —— 華語 —— 作

---

1 如李鳳亮、胡平的論文〈"華語語系文學"與"世界華文文學"：一個待解的問題〉，《文藝理論研究》2013 年第 1 期；劉俊〈"華語語系文學"的生成、發展與批判〉，《文藝研究》2015 年 11 期；《世界華文文學論壇》2018 年第 1 期的主題討論論文以及李鳳亮的訪談錄《彼岸的現代性：美國華人批評家訪談錄》（桂林：廣西師範大學出版社，2011）。

2 李鳳亮、胡平：〈"華語語系文學"與"世界華文文學"：一個待解的問題〉，《文藝理論研究》2013 年第一期，頁 56。

為最大公約數，作為廣義中國與中國境外文學研究、辯論的平台。"[1] 或者是主張剔除中國大陸文學主體的史書美，"我以‘華語語系’這一概念來指稱中國之外的華語語言文化和群體，以及中國地域之內的那些少數民族群體 —— 在那裏，漢語或者被植入，或者被自願接納。"[2]

不難看出，他們對於各個區域華文文學的本土性看重意味著他們突破了大陸官方 / 學界主流語彙中的整體性表達 —— 那當然是中國中心 —— 華文文學大同世界或"世界華文文學"表述的虛幻的一體性想像。易言之，在華語語系的視野裏，不同地域和時空的文學本土生成、場域得到仔細而切實的觀照，同時，本土發展的複雜性，尤其是不同於中華文化母體的差異性更得到重視，即使中國中心主義者最引以為豪的中國性也會產生"本土中國性"，和文化中國性大部分疊合，但亦有更改、衝突或發展。當然，反過來說，這也是它們可能以邊緣消解中心、返回中心，甚至"逆寫"中心，或自我超越中心的資本，如人所論，"‘Sinophone literature’（華語語系文學）最大的優點在於可以對各個區域的華語文學有著歷史的尊重和切實的了解，從而在‘本土性’建構的基礎上，從地域的角度切入華語文學比較研究，重視文學與區域（國家）的微妙互動。這種‘本土性’建構的理論衝動來源於反殖民和去中心化的關切。"[3]

（二）跨學科視野

需要指出的是，史書美的論述更多是華語語系論述，這實際上比華語語系文學更寬泛些。不必多說，這也是基於她自身的特點和研究優勢，同樣因此其論述也有其優點，那就是跨學科（interdisciplinary）視野與強調 —— 這種視野既是一種華族 / 文化的本土呈現，又是一種研究策略。

史書美指出，"‘華語語系’是地方本位的、日常實踐和體驗的，因此它是一種不斷經歷轉換以反映在地需求和情況的歷史性構造。它可以是一塊對

1　王德威：〈文學地理與國族想像：台灣的魯迅，南洋的張愛玲〉，《揚子江評論》2013 年第 3 期，頁 6。

2　史書美作，趙娟譯〈反離散：華語語系作為文化生產的場域〉，《華文文學》2011 年第 6 期，頁 8。

3　李鳳亮、胡平：〈"華語語系文學"與"世界華文文學"：一個待解的問題〉，《文藝理論研究》2013 年第一期，頁 57。

各種中國性建構既渴求又拒斥的營地；它也可以是一塊迂迴地強調民族特性甚或中國無關論（無論是真實的還是想像的）的發酵之地。使用某種跟中國有歷史同源關係的華語，並不必然需要跟當代中國關聯起來，這正像說英語的人不必跟英國關聯起來一樣。換句話說，'華語語系' 的表述，可以在人類言說領域中採取所有的不同立場，單其價值決斷並不必然受制於中國，而是受制於當地的、區域的，或全球的各種可能和渴求。這裏沒有拒斥、合併和昇華（sublimation）等二元辯證邏輯，而至少是三元辯證邏輯（trialectics），因為發揮調節作用的遠遠不止一個持續不斷的所謂 '他者'，而是有很多介質。"[1] 不必多說，上述論述中不乏理想性元素，同時因為她更多以歐美華人族群為研究對象，而推及複雜多變的其他區域，似乎也有一些問題 —— 比如馬來西亞華人文學，它擁有相對完整、堅韌的華文教育制度同時也和中國（尤其是文化上）保持密切關係。但無論如何，這樣的提法更有利於研究者從更整體和立體的角度觀察和思考，比如上述馬華文學的研究者必須同時通曉相關歷史、政治、教育和文化等諸多層面，才能真正成為優秀的專業人士，而缺乏跨學科視野則必然導致殘缺、偏執，甚至是貽笑大方的外行。

當然史書美還有更大的野心，那就是將華語語系上升為一種認識論，"華語語系作為一個概念，為一種不屈服於國家主義和帝國主義壓力的批判性立場提供了可能，也為一種多元協商的、多維的批評提供了可能。這樣的話，華語語系就可以作為一種方法。華語語系一開始是一個關乎群體、文化和語言的歷史和經驗範疇，而現在，它也可以重新被闡發為一種認識論。"[2] 甚至她也希望強調華語語系和其他理論的對話性與連接性（conjunctive），這樣一來，她就將之提升為一種高端理論，不僅立足華人研究，而且又超越華人，成為一種高瞻遠矚的理論制高點。

不必諱言，華語語系一詞的出現自有其巨大功用，比如說，1. 幫助我們重新反省中國大陸文學和其他華人區域文學之間的繁複關係，盡量突破褊狹的中

1　史書美作，趙娟譯〈反離散：華語語系作為文化生產的場域〉，《華文文學》2011 年第 6 期，頁 9。

2　史書美作，趙娟譯〈反離散：華語語系作為文化生產的場域〉，《華文文學》2011 年第 6 期，頁 12。

國中心主義，而更多採用多元並存的視角看待這種既互相呼應、對話、糾纏，同時又往往從本土性和政治屬性上主體性濃烈的事實。2. 提升各區域華文文學的地位，同時也通過跨學科的關聯性思考強化和豐富有關區域華文文學研究，比如如果通過華語語系視角看待新加坡華文文學，同時也可以關聯新加坡華人社會，乃至更龐雜的"新加坡學"。[1]

同樣，如果具體到華語語系（文學）的應用範疇時，我們可以看到，相較於之前大多數概念的過於刻板和籠統，它在如下幾個層面往往可以發揮較好的功效：1. 有關跨文化語境下的文化身份找尋問題；2. 不同區域之間的地緣政治和文學創造如何互相影響，從而帶來各地文學的嬗變；3. 在同一個時空裏，不同政治意識形態對話、衝突乃至媾和之下的文學因應；4. 作家個體在流動／離散場域中的複雜反應和書寫，等等。

二、如何華語語系：盲點與不足

毋庸諱言，因為成長期較短，論述立場和研究對象既有關聯但又千差萬別，華語語系論述也有自己的問題和缺陷。比如史書美教授強調的剔除中國大陸漢語文學立場，更多是借其他區域華文文學消解大陸中心，也自然有其政治策略強調的偏執。[2]

（一）對抗性貧血

或許正是為了增強殺傷力、爭奪更大的話語權和吸引眼球，史書美採取了相當具有顛覆性和對抗性的語彙，比如"反離散"、借用"定居者殖民主義"（settler colonialism）[3] 等等。持平而論，上述觀點不乏壯士斷腕、釜底抽薪的勇氣，比如從此視角看，對於台灣的原住民來說，殖民歷史一直在延續，可能連

1　有關對"新加坡學"（新加坡研究）的強調可參劉宏著《戰後新加坡華人社會的嬗變：本土情懷‧區域網絡‧全球視野》（廈門：廈門大學出版社，2003）。

2　有關批評可參拙文〈華語語系文學的話語建構及其問題〉，《學術研究》2010 年第 7 期。

3　此一概念當然是史書美的借用，有關具體論述可參 Lorenzo Veracini, *Settler Colonialism: A Theoretical Overview* (London: Palgrave Macmillan, 2010).

台灣自詡為本土的閩南人／在地人也變成了一種殖民者，相當令人震撼；但同時此觀點卻又因了政治意識形態的介入而不乏偏執。

我們不妨以其"反離散"為例加以說明，似乎是針對中國中心的論述，她把離散（華人）看作是朝向中國中心的一個行為和思想指向，並指出在離散中國人研究中，"對於以中國為祖國觀念的過多傾注既不能解釋華語語系人群在全球範圍內的散佈，也不能說明在任何給定的國家裏面族群劃分和文化身份上不斷增加的異質性。"[1] 因此她更主張"反離散"，更強調落地生根（乃至歸化）的可能性，這當然是基於歐美華人的研究個案，但東南亞華人聚居區產生的新馬華文文學顯然比她的概括複雜。某種意義上說，離散或移民性是馬華文學、新華文學不可逃避的命運：對於馬華文學來說，整體而言，對於她的身份認同指向，如果不能上升為和馬來文學平等的國家文學，那麼她其實就是在國家內部永遠的陌生人和流浪者，同樣要面對在地霸權（local hegemony/hierarchy）的壓迫，甚至同時可能是無法回歸文化祖國（cultural China）的多重離散；而若歸入到文學內部，留台生文學的文化認同，無論對於大馬還是中國母體，都有不同的離散感。同樣，新華文學的移民性迄今未曾停歇，南來作家，以及似乎永遠"新"下去的各個階層的新移民作者（文化人、留學生、陪讀媽媽、人蛇、女工等等），而新加坡的人才引進政策一直持續。回到新華文學本土內部，我曾經以英培安的《畫室》為例分析新加坡華人身份認同裏面的內部殖民和被離散表現，[2] 這一切，還加上優秀個體具體性千差萬別的身份差異和認同，似乎在在證明了"離散"一詞的巨大功用，遠非"反離散"可以終止的。

同樣值得指出的是，史書美也曾經以東南亞國家中的馬華文學為例加以說明，她認為，即使新馬華人尋求本土化的意願相當濃烈和歷史綿長，而因為其身上的華人性（或譯中國性）則往往被統治者視為是外國的（"離散的"），而不具備真正的本土資格。[3] 這樣的論述不免問題重重：非常弔詭的是，這樣的思維邏輯結構居然和馬來人（尤其是統治者的口徑）如出一轍，難道長期居住在

1　史書美作，趙娟譯〈反離散：華語語系作為文化生產的場域〉，《華文文學》2011年第6期，頁8。

2　具體可參拙文〈（被）離散（詩學）與新加坡認同的困境——論英培安《畫室》的敘事創新〉，〈眾聲喧"華"：華語文學的想像共同體〉，台北國際學術研討會論文，2013年12月18–19日。

3　史書美作，趙娟譯〈反離散：華語語系作為文化生產的場域〉，《華文文學》2011年第6期，頁6。

馬來西亞的華人永遠是一種原罪的存在？必須徹底清除身上的中國性而俯首帖耳馬來人的本土性實現徹頭徹尾的本土化歸（assimilation）？而在我看來，讓大馬的華人徹底同化無異於癡心妄想，過去上百年的歷史事實和無數大大小小的不同種族間的現實協商、衝突、對話等等都一再說明，馬來西亞社會更該是多元種族、文化求同存異之後的和諧並存，即使是佔據主流的馬來人也不能吃掉和同化其他種族，否則，很可能就是災難。新馬華人當然可以在中國性、馬來性（Malayness）、西方現代性之間找尋一種自以為合理的協商，從而生成本土中國性，何況大馬的馬來人和華人都必須同樣面對各個層面（經濟、政治、教育等）的現代化和全球化，他們的主體生成有交叉和共通點？

同時，相當弔詭的是，史書美的華語語系剔除了中國大陸文學主體部分，而呈現出一種對抗性的貧血。眾所周知，無論從文學生產數量（出版、讀者、作家、學人培養等），還是華語文學的延續性、載體規模（如四世同堂等）等，中國大陸都是無可替代的中心之一。如果矯枉過正，那麼 "華語語系" 就成了關起門來自己過家家的短命操作，它要麼變成了和華人性日益疏遠的族群研究很可能被邊緣化，要麼閉關鎖國、落入本土門戶主義自生自滅的窠臼中。某種意義上說，這和中國中心主義、大漢族沙文主義共享了粗暴和短淺的思維邏輯，為此王德威犀利地指出，"在這個意義上，她的 Sinophone 作為一種政治批判的策略運用遠大於她對族裔文化的消長絕續的關懷……更進一步，史教授將 Sinophone 落實在對當前中國論述的對抗上。那就是，相對於中華人民共和國作為'中國'的政治主權，海外華語地區的言說主體也有權決定他們不是'中國'人。而他們既然自認不是這一狹義定義的 '中國' 人，他們就必須捍衛他們的立場，那就是 '華語語系' 立場。同文同種並不保證對特定國家／政權的向心力。華語語系立場因此永遠是一個抗衡的立場，拒絕被收編、被自然化為'中國' 的立場。"[1]

---

1 王德威：〈文學地理與國族想像：台灣的魯迅，南洋的張愛玲〉，《揚子江評論》2013 年第 3 期，頁 12。

　　　　　　　　　　　　　　　　　　　　　　　第五章　理論再詮

（二）實質命名：華語文學？

如果平心靜氣地思考和界定華語語系文學的邊界，暫時刨除既有的文化政治干擾；如果單純鎖定於文學研究，理想化一點，如果排除目前的"華文文學"等概念中的權力／政治因素，其實也和華語語系文學意義指涉近乎疊合，所謂華語語系文學其實就等於華文文學／華語文學。因此，它也難免華語文學的缺憾。

比如，華文文學書寫以外的華人文學創作如何涵蓋和囊括？如何涵蓋華人文學中的其他語種創作？如 2000 年諾貝爾文學獎獲得者法籍華裔作家高行健（1940– ）的法語寫作，作家哈金（Ha Jin, 1956– ）世界聞名的系列英語創作，強勢崛起的馬華作家歐大旭（Tash AW, 1971– ）的英文創作[1]等等，都是未能涵容的問題存在。同理，翻譯文學如何歸屬？也即，如何評鑒其他外語翻譯成華文的文學作品？我們是把這些華語翻譯文學當成是譯者的再創造，還是原作者的寄生物或變異體？

黃維樑教授指出，"假如這個世界真有'大中國（主義）'出現，而它是以王道而非霸道的面貌出現，則'大同世界'或'華文文學的大同世界'應是全球華人人人所樂見的。不同國家地區的漢語（粗糙地說，則為中文、華文、華語）文學，其相同是存在的，差異也是存在的。然而，我們有需要'巧'立名目，去強調劃清界綫式的'陣營'、'霸權'、'對抗'嗎？"[2]上述假設和論點頗耐人尋味。

首先需要指出的是，黃先生的這個假設更多像是物理學上的無摩擦設定，可能具有模型的假設操作／推演意義，但一旦落實到現實中來，則近乎不可能，因為華語文學的生產周邊，往往是多元文化、多元種族、民族國家政治認同錯綜複雜，他們的居住國往往和現實中的中國大陸有著千絲萬縷的利益糾葛（如中國和東盟），剪不斷理還亂，同時，另一方面，中國何時能夠真正行使"純粹王道"（The Kingly Way），如何行使（比如現實外交的霸權因素始終

1　具體可參拙文〈論歐大旭作品中的"大馬"認同確認及弔詭〉，《外國文學評論》2013 年第 4 期。

2　黃維樑：〈學科正名論："華語語系文學"與"漢語新文學"〉，《福建論壇》（人文社會科學版）2013 年第 1 期，頁 107。

利劍高懸）又是一個未知數。但拋開這個前提，黃教授有其一針見血的一面，華語語系（文學）的名稱設定在無形中過於強調了政治對抗性。易言之，在文化政治的辯證對話之餘，更多算是名目的變更，以便切割和大陸有關話語的關聯性。

更進一步，在我看來，更新後的華語語系論述依舊不乏弔詭——為了其包含的寬泛性和幅度，必須儘量擴大邊界，和其他學科理論增強關聯性，但也因此可能產生相對空泛的弊端，不僅內部話語之間錯綜複雜、互相對抗爭鳴，而且往往也有論證的可操作性匱乏的缺憾，相當一部分的論述其實只是添加了"華語語系"的帽子，更多起時髦的裝飾作用，原本可有可無。

三、大陸話語的弔詭與救贖

某種意義上說，華語語系（文學）話語論述更像是一面鏡子，既可以更好地鑒照區域華文文學及研究的豐富可能性，同時其產生語境和衝擊力卻又可以讓我們反省中國大陸有關學界的話語弔詭和不足，本文力圖加以簡述，並找尋可能的修補乃至救贖之道。

（一）概念中的權力話語

立足於教學科研的實際，目前大陸學界有關華語語系文學指涉的常用術語主要有三個：海外華文文學、華文文學、世界華文文學，迄今為止，都在發揮功用，但也弔詭重重。

相較而言，貪圖方便和權宜的"海外華文文學"的適用範圍最窄，它更多是以中國為中心的內部話語，比如可以用於減少口舌的有關課程指涉和文學範圍設定，但卻流傳較廣，比如目前大陸大學有關教材的命名往往是《海外華文文學教程》《台港澳暨海外華文文學教程》等等，但一旦挪用到中國大陸以外的其他區域華文文學身上時，就難免捉襟見肘，因為相關主體作家和研究者皆會一臉茫然和不解：誰的"海外"？為什麼我是"外"而你不是？這是從 1990 年代就開始的質詢。從這個角度看，這是一個問題重重、最該被逐步廢棄的概念。

（世界）華文文學原本是一個相當富有涵蓋力的概念，但頗令人不可思議的是，現代中國大陸文學居然被命名者主動排除在外以顯特殊和強大，易言之，"華文文學"變成了除了中國大陸以外的文學書寫，但同時令人哭笑不得的常識性質疑就是，中國難道不是世界的一部分？還是大陸的主體文學不用華文書寫？這樣一來，其他區域華文文學的在地者就難免浮想聯翩，敏感者乾脆把這些概念理解為政治"收編"之用。

　　近些年來也有其他一些概念出現，比如朱壽桐提出的"漢語新文學"概念，他在自己主編的文學史教材〈緒論〉中指出，"漢語新文學"這個概念的最大優勢是"超越乃至克服了國家板塊、政治地域對於新文學的某種規定和制約，從而使得新文學研究能夠擺脫政治化的學術預期，在漢語審美表達的規律性探討方面建構起新的學術路徑"。[1] 而黃維樑認為，這是朱壽桐從非政治化的角度看"漢語新文學"的整合性。[2]

　　坦白而言，這個概念有其概括性，而使用者也顯示出其良好的初衷，但此概念亦有缺陷：1. 術語的權宜性，所謂"新文學"的"新"到底可以新多久？這一百年來的文學因為和中國古代文學的切割而顯得新穎，但 500 年後呢？2. 術語的隱然政治性。我跟前輩學者黃維樑教授的看法有所不同，即使在中國大陸內部，在多元種族的大語境下，過分強調漢語和漢族其實也難免讓人有種漢族沙文主義（Han chauvinism）的伏筆，乃至傾向，"漢語新文學"的命名其實對於加入中文雜質的華語部分涵蓋有一種歧視感和忽略感，尤其是，如果這種異質性來源於其他異族文化，漢語一詞很難真正涵蓋它們，毋庸諱言，這種命名對於極具批判思維的華語語系論者來說，其實也可能有部分"殖民"傾向，因此反倒是可能政治化的。

（二）學科錯置的缺憾

　　研究漢語文學的學界有句耳熟能詳的調侃性俗語，"一流學者作古代，二

1　朱壽桐主編《漢語新文學通史・緒論》（廣州：廣東人民出版社，2010），頁 8。
2　黃維樑：〈學科正名論："華語語系文學"與"漢語新文學"〉，《福建論壇（人文社會科學版）》2013 年第 1 期，頁 109。

流學者現當代，三流學者作海外"。這裏的 "海外" 自然地位最尷尬，但由此俗語我們也可以發現，中國大陸學界有關華文文學話語的弔詭另一形成原因恰恰就是學科設置的錯置造成的。

相較而言，現實中國（此處循例包括台、港、澳）以外的區域華文文學，如新華文學、馬華文學等，從政治角度看，它們絕對屬外國文學，但在中國大陸的學科設置中，所謂的 "海外華文文學" 變成了二級學科中國現當代文學下的分支，這不僅政治不正確（有把其他區域的華文文學變成中國文學的支流之感，而這也是我要提出 "華語比較文學"[1] 的初衷和原因），而且矮化和錯置了此類文學。換言之，它們和文化中國息息相關，不是一般的外國文學，雖然政治上因故可能不得不有所區隔。在我看來，中國大陸的有關學科設置必須要更具備客觀性和包容性，比如設置 "世華文學" 二級學科，和外國文學、中國現當代文學並列，這樣可謂一箭雙雕，既強化了對其崛起的尊重，同時又突出了它和中國現代文學的千絲萬縷的關係。別有意味的是，2022 年 9 月，國務院學位委員會教育部關於印發《研究生教育學科專業目錄（2022 年）》，將區域國別學納入第 14 類交叉學科一級學科目錄，可授予經濟學、法學、文學、歷史學學位。實際上，區域華文文學最靠近這一學科，也大概可以納入其中。

王德威指出，"'中國至上論' 的學者有必要對這塊領域展現企圖心，如此才能體現 '大' 中國主義的包容性；而以 '離散' 觀點出發的學者必須跳脫顧影自憐的 '孤兒' / '孽子' 情結，或自我膨脹的阿 Q 精神"。[2] 誠哉斯言！在我看來，中國大陸學界需要直面和清醒應對華語語系的崛起，並且亦有自己的考量和獨特性。除了在學科設置上有所改良之外，還要啟用 "世華文學" 這個概念，在包含上它當然涵蓋中國大陸文學，同時 "華" 字（Chinese）既可以是華文又可以是華人。而且，在實際操作上，為了中國大陸本身教學、研究的方便，也可以析離出 "世華文學之中國現代文學部分"，這樣一來，可以讓學生和年輕一代既具有中國文學的視野，又兼容華人文學的遷徙、嬗變，從而達到一種回溯式補充和自我建構 / 強化的效果。

1　具體可參拙文〈華語比較文學：超越主流支流的迷思〉，《文學評論》2007 年第 6 期。

2　王德威：〈華語語系文學：邊界想像與越界建構〉，《中山大學學報》2006 年第 5 期，頁 1。

結語：華語語系（文學）話語自然是一個頗具衝擊力的話語論述，既有相對獨特的立場和洞見：兼具本土性觀照，重視區域華文文學，同時又可以讓人具有跨學科視野。當然，它亦有自己的缺憾，如對抗性貧血和指涉新意不足等問題。更關鍵的是，我們也要反思大陸相關學界的話語弔詭，並作出進一步的良性改變，比如，設置相關二級學科，並且重啟"世華文學"概念加以應對等等。

　　需要指出的是，華語語系論述除了理論爭鳴以外，必須要緊密結合個案作家 —— 他們既可能是例證，又似乎是突破的新的可能性，或許也是更新術語內涵和研究範式的精妙承載。從此意義上說，各個區域的華文文學創作必須先創造出更多的經典，這無疑既是不同區域華語文學辯證、對話、比較[1]的基礎，又是發展和昇華理論深度和高度的載體，良性互動如要展開則缺一不可。

1　具體可參拙著《華語比較文學：問題意識及批評實踐》（上海：上海三聯書店，2012）。

第二節 為反而反的悖謬
—— 論史書美華語語系研究

提要：史書美更新其華語語系話語的"反離散"論述雖然有意實現對自我之前論述的超越，但整體上呈現出過度強調政治功能的偏頗以及缺乏可操作性的話語泡沫特徵，實際上已經破產，其邏輯上的自相矛盾令人驚詫，而其對於區域華文文學的外行與草率挪用又反證了其話語實踐的虛弱。

關鍵詞：史書美；《反離散》；華語語系；在地；中國

毫無疑問，嶄新術語的前赴後繼生產乃至問題意識的範式更新對於一個學科的發展至關重要，華文文學研究亦然。但同樣重要的是，我們也要及時總結與辨析新興術語的崛起，跟蹤其發展，尤其是相對全面而及時地判斷其有效性和可能實質。史書美作為華語語系的一員猛將，其《反離散：華語語系研究論》（台北：聯經，2017。如下引用，簡稱《反離散》或只註頁碼）中有關華語語系的延展性論述可作如此探勘。

《反離散》除導論和附錄以外，共有六章正文，可以一分為二：其中前三章以理論闡發為主，雖然不乏重複，但倒也細表有關華語語系的生產及其問題，其中尤以"反離散"為中心；第四到六章可視為個案或區域（華文文學）研究，其中包括台灣、香港、馬來西亞和美國等。顯而易見，這是一部論文集，並非精心打磨的專著，內在的邏輯關聯顯得相對鬆散乃至粗糙，理論話語與批評實踐之間也並非嚴絲合縫。迄今為止，已有不少論述加以評析，比較有分量的包括台灣東海大學趙剛教授的〈西奴風與落花生：評史書美的"華語語系"概念〉[1]，但最吸引眼球的書評是來自台灣暨南國際大學黃錦樹（馬華文學研究專家、小說家）的酷評《這樣的"華語語系"論可以休矣！——史書美的

---

1 此文刪節版原載台灣《兩岸犇報》第 162 期，2017 年 11 月 9 日。該文完整電子版可參 http://ben.chinatide.net/?p=13272。

"反離散" 到底在反什麼？》[1] 這篇洋洋灑灑嬉笑怒罵的文字中既有犀利辛辣的洞見，如 "似乎不過是語詞和邏輯的自我纏繞重複"，又有驚悚誇張的表演性修辭，"它是我近年讀過的最恐怖的 '學術書籍'" 等等諸如此類，呈現出黃錦樹論述文字中一貫的解構性、破壞性和殺傷力。相較而言，面對史書美相對認真嚴謹（雖然意識形態濃烈）的學術創制，我們必須儘量剔除情緒化與外在干擾，而進行嚴肅認真而又犀利深刻的學術爭鳴嘗試。

一、炮製獨特

不必多說，史書美教授具有成為頂尖學者的基礎、敏銳與才氣，而其較早的代表性論述 *The Lure of the Modern: Writing Modernism in Semicolonial China, 1917-1937* (Berkeley and Los Angeles: University of California Press, 2001)[2] 可以部分彰顯出其問題意識的獨特和犀利。即使其之後的不無瑕疵的話語論述 *Visuality and Identity: Sinophone Articulations across the Pacific* (Berkeley and Los Angeles: University of California Press, 2007)[3] 亦有其銳利性的一面，尤其是其尖銳的批判性以及企圖昇華華語語系為方法論的不懈努力可謂可圈可點。《反離散》一書中亦有推進：一方面是繼續擴大華語語系論述的層次和理論深度，比如啟用 "反離散" 一詞，同時她也一再強調此論述的普適性，比如不是單純指向中國中心主義，而是牽涉更大的關懷，"'華語語系'（Sinophone）研究關注位處民族國家地緣政治以及霸權生產邊陲的華語語系文化，其焦點放置在中國的內部殖民與從中國移民至各地區後形成的華語語系社群。華語語系研究瓦解自民族國家興起後語言、文化、民族與國籍之間形成的等價鏈，透過思考在地生產的獨特華語語系文化文本，探索中國與中國性、美國與美國性、馬來西亞

---

1 原文可參台灣 "說書" 網站 2018 年 1 月 2 日，網絡版可參：https://www.douban.com/note/651722776/（2019 年 11 月 15 日瀏覽）。

2 何恬翻譯了中文版《現代的誘惑：書寫半殖民地中國的現代主義（1917—1937）》（南京：江蘇人民出版社，2007）。有關書評可參易暉〈現代主義："進化" 與 "被殖民化" 的雙重書寫〉，《中國現代文學研究叢刊》2008 年第 4 期。

3 楊華慶翻譯了中文版《視覺與認同：跨太平洋華語語系表述·呈現》（台北：聯經出版事業股份有限公司，2013）。

與馬來西亞性、台灣與台灣性等邊緣如萬花筒般多變且創造性地重疊交錯……若華語語系研究對中國中心主義有尖銳的批判，它同時也批判歐洲中心主義或其他任何中心主義，如在馬來西亞的馬來中心主義。簡單來說，其批判模式是多維批評（multi-directional critique）。"（《反離散》，頁 9-10）

通讀《反離散》，尤其是附錄中幾篇訪談中更清晰看出史書美的有意識的自我修正，因為之前的不少論述中就有對史氏華語語系論述的批評，特別是和王德威版本的把中國大陸文學"包括在外"的靈動和寬容處理相比。[1] 但相當遺憾的是，《反離散》的實踐塑造出的卻是一個更凸顯其固有缺點的史書美，其一就是自我經典化，比如導論註釋 4 中提及她是此術語的最早使用者，而到了第 162 頁正文中又特別加以開篇點出。而實際上若回到此術語的核心內涵，早在二戰期間，馬華作家鐵抗就在〈馬華方言文藝雜論〉一文中提出了"馬華語系"概念，用來涵容也肯定馬華文學中的語言混雜和多語並存，強調其本土性和特色的重要性，並且反抗歐化漢語和中國北方語言的霸權。[2] 從此角度看，鐵抗其實才是類似術語的首創者，史書美無非把鐵抗筆下的"馬華"改成了"華語"。當然，史書美為了強化華語語系論述的主流角色而還有更大的謀劃與關懷。

（一）提升規格

毋庸諱言，史書美必須對其固有的飽受詬病的華語語系論述進行了改造，或揚長補短，增強其使用的國際化程度，策略主要有二：

1. 接軌國際。Sinophone 原本可以比肩國際主流的 Anglophone（英語語

1　實際上對於史書美及其華語語系論述的批評文章不少，除了拙文〈華語語系的話語建構及其問題〉，《學術研究》2010 年第 7 期，頁 146-152、160，拙文〈再論華語語系（文學）話語〉，《揚子江評論》2014 年第 1 期，頁 15-20，還有湯擁華〈文學如何"在地"？：試論史書美"華語語系文學"的理念與實踐〉，《揚子江評論》2014 年第 2 期，頁 58-67，劉俊〈"華語語系文學"的生成、發展與批判：以史書美、王德威為中心〉，《文藝研究》2015 年第 11 期，頁 51-60。《世界華文文學論壇》2018 年第 1 期出了專欄，收入四篇論文，包括李林榮〈當代漢語文學的語言、民族和國家認同：再論"華語語系"與世界華文文學〉，頁 47-53；王德領〈"華語語系"作為一種方法〉，頁 54-58；劉大先〈華語語系文學：理論生產及其誕妄〉，頁 59-65；霍豔〈台灣的焦慮："華語語系文學"與台灣文學〉，頁 66-71，都對此議題進行了批判。整體而言，大多看到了此術語的問題。

2　具體可參拙文〈卓爾不群論鐵抗〉，《世界華文文學論壇》2017 年第 4 期。

系）、Francphone（法語語系）、Hispanophone（西班牙語系）、Lusophone（葡萄牙語系）等語彙。但是史氏的華語語系論述有一個致命的缺陷，它混淆了其中的文化母體——中國角色與其他語系的本質差異，也即，中國並未像其他帝國，比如英國、法國、西班牙、葡萄牙等帝國以軍隊殖民過相關國家和地區（後來的殖民屬國／地區）。弔詭的是，在《反離散》一書中，史氏不是修正自己的錯誤——泛殖民化的弊端[1]，而是啟用了新的語彙——"大陸殖民"（continental colonialism），把中國坐實為和老牌海洋殖民帝國相對立的另一種殖民帝國，"認清中國帝國對疆域的重新鞏固，可以讓我們注視疆域內族群和語言的多樣性。專注帝國內跨族群關係的新清史，因此開啟了中國歷史研究的族裔轉向（ethnic turn）……華語語系研究凸顯大陸帝國從滿清到今日這段一脈相承的歷史。"（《反離散》，頁14）

2. 再起爐灶：反離散。史書美趁熱打鐵，又起用了不無爭議的"定居者殖民"的概念，"從中國來的移民群在當地組成多數人口（如台灣與新加坡）或數量可觀的少數人口（如馬來西亞）聚集成華語語系社群，這些地方在特定意義上可被視為定居殖民地。這些定居殖民地可約略地和英國人定居殖民北美、澳洲與紐西蘭等殖民地相比擬。在這些地方的英國殖民者，雖然有些可能是被迫離開英國，他們不應被視為是被迫離鄉的離散主體，而應被視為以殖民者之姿態統治當地原住民的定居殖民者。"（《反離散》，頁14-15）但很遺憾的是，史氏的論述堪稱顛倒黑白，這樣一來，大英帝國的殖民剝削（主體定居）就和被殖民者招募前來的苦力一併變為本質類似的"定居殖民"，而實際上在殖民體制下，華人（含印度人）苦力和原住民／早期移民一樣是被剝削和奴役的對象，而某些藉助／依附殖民體系謀取私利或寄生的華人買辦該和殖民者一樣被大力譴責，他們的醜惡行徑可謂令人不齒的"中間人定居殖民主義"（middle settler colonialism），甚至到了後殖民社會，他們也恰恰是已經離去的殖民者的物質與精神接班人。

同時她還大力批判離散概念，除了凸顯本土性，則同時將矛頭特別指向

1　具體批評可參趙稀方：〈從後殖民理論到華語語系文學〉，《北方論叢》2015年第2期，頁31-35。

中國，"批判離散在定居殖民主義中作為價值觀的第一層意義，在於強調原住民性，去凸顯那些想藉離散主體之名魚目混珠的定居殖民者……批判離散在定居殖民主義中作為價值觀的第二層意義，則是為了強調在地化，除了拒絕中國政府對世界各地華人的召喚，也反對後殖民國家有系統地否定少數民族在國家內的權利"（《反離散》，頁 16-17）這樣一來，史書美就將自己化成批判強權與中心和不同區域弱勢群體的代言人，而其理論的辨證與互動就似乎左右逢源了。

（二）為反而反

《反離散》的所謂理論創新其實是有意識的先入為主炮製獨特，其人為痕跡和扭曲屬性也勢所必然。類似地，其採用的無論是"大陸殖民"還是"定居殖民"理路也就呈現出為反而反的悖論。

以其中的"離散"一詞為例，史書美的目標理論上該是狹隘的中國中心主義，實際上她對離散採取了過度窄化的界定甚至是有意誤讀，"離散作為一種價值觀隱含在對祖國的忠誠與嚮往，在離散者與祖國之間形成一種約束性的必然關係。儘管在台灣和東南亞的華人表達在文化上（若非政治上）和中國的不同，離散的價值觀仍將分離數世紀後的這些離散漢族與所謂的'祖國'緊綁一起。此離散框架同時也延續'海外華僑'的範疇，這些海外華人被認為應該和中國性在狹義定義下相互召喚，中國性因而成為可量化的概念，成為一個人是否夠中國的準則。"（《反離散》，頁 16）顯然她把華僑的政治和文化認同指向中國的雙重性格和華人的文化中國屬性故意混淆，其實名稱的差異已經呈現出他們自身的特點以及和中國的親疏遠近 —— 中國政府不可能把海外華人當成是中國公民。

史書美的離散批判顯然更是為了強調在地的合法性乃至優先性，但很容易弔詭地和壓迫華人的土著統治階層共享壓迫邏輯結構（以下述及，此處不贅），非常奇怪的是，它在指向中國時卻相當偏頗，很輕易地卸掉了文化離散的層面，她當然指出了其中華人有關鄉愁的在地性和政治屬性，"這些研究讓我們意識到華語語系美國文化是美國文化的一部分，在美國使用的各種華語也是美國語言的一部分。他們也使我們了解華語語系文化，即使以最強烈的鄉愁模式表達對飄渺或真實的中國之依戀，是以地方為本位（place-based）的在地產物。在華語語系美國文化中對中國的鄉愁是因在美國的生存所產生的鄉愁，因此是在地的，一種美國式的鄉愁。"（《反離散》，頁 18-19）令人驚訝的是，美國華人所使用的華語以及其華人特徵難道和宏闊世界的華人屬性沒有交集？美國華語作家指向中國的鄉愁和中國毫無關聯？

華語語系（Sinophone）中的華（Sino）不可或缺，這裏的"Sino"必然具有世界各地的公共交集（或最小公約數）。易言之，如果我們用同樣的文字表達的是各自的完全不同的意義，那麼這種語言已經是外文，比如日語中極少數用漢字書寫卻在現代漢語中找不到交集意義的字詞，至少可以包含兩類：一，日本人自己造的字，也叫日本"國字"，比如："榊"（日本一種樹木，被視為神木）；二，和現代中文意思不同的字詞，如"大家"（房東）、"急須"（茶壺）、"怪我"（受傷）等。[1] 相對迥異且不容忽略的是，世界範圍內的華語語系文學經典必然承載（也可能發展出）豐富的文化傳統，而這種離散（的向心力）恰恰永遠無法斷絕，因為大中國是"華"最不可替代的中心以及傳統文化召喚的物質／物理場域。

同樣，在"大陸殖民"的指控中，史書美將普通話／國語與方言視為是一種語言殖民或大陸殖民的表徵。在我看來，她過度強調了語言的政治性而罔顧了語言的實用性、工具性和自身發展規律。語言同時或首先是為了交流方便，如果沒有普通話／國語，廣東人和福建人可能口頭無法溝通而需筆談（即使面對面），而選擇以北京話為中心的北方話作為官話／國語，其實主要還是為了更多交流的方便。如人所論，普通話／國語的設立並沒有剝奪或壓制方言，更不以消滅或取代口頭的方言土語為目的。因為歸根結底，這種通用語和共同語的生發點或功能訴求從始到終都是為了建構、確立、維繫各地各族及各階級之間和之上的超地方、超區域和超族群、超階級認同和跨越地域、族群及階級界限的穩定關聯的。[2]

更複雜的個案是新加坡官方／工具語言的選擇與設定。建國之初，總理李

1　此處舉例來自古代日本語研究專家、中山大學中文系（珠海）賈智副教授的指教，不敢掠美。
2　具體可參李林榮〈當代漢語文學語言、民族和國家認同〉，《世界華文文學論壇》2018 年第 1 期。

光耀及其人民行動黨政府在東西方冷戰鐵幕下非常複雜的區域政治環境中選擇了以英語而非絕大多數國民更擅長的華語作為工作語言（working language），雖然華語名義上也是官方語言（official languages）之一，但 1980 年南洋大學被關閉，1987 年新加坡中小學採用英語作為教學語言，這種舉措就是更多出於國內外多重政治實用性的考量：既是尊重殖民時期延續的各種族工作語言傳統，同時又是為了和新生的社會主義中國區隔而和諧面對（至少不刺激）虎視眈眈的鄰國（政治上擔心新加坡是紅色中國的第五縱隊，宗教上亦迥異），同樣也是新加坡統治階層領袖們最熟悉的語言。[1] 其中當然有語言政治，比如英校生相對華校生的高高在上，無論是收入還是社會地位，同時也導致了新加坡華文文學及語文水平的整體滑坡，問題重重。但不得不承認，如果回到歷史現場，選擇英語作為工作語言可能是新加坡立國之初基於現實工具理性的最佳方案。從此角度看，史書美的 “大陸殖民” 就是一種生搬硬套的預設和語言殖民的錯誤指控。

二、強大在地

《反離散》中的華語語系論述，一方面反對（中國性）離散，“當離散被視為一種普遍價值時，華語語系替離散訂立了一個截止日期；華語語系的概念排斥單一語言制，民族中心主義與殖民主義；它呈現語言社群存在的開放性與流透性，並以具體普遍性作為目標。華語語系對 ‘中國性’ 霸權的抵抗不僅需要我們在帝國群起的時代重新省視後殖民理論，也迫使我們重新界定學術研究的領域、對象與方法。”（頁 25）另一方面，史書美又一如既往地強調不同區域華人的在地性或本土性，而該書中一半篇幅在論述區域個案亦有此意，“華語語系為多維批評（multi-directional critique），在不同地方有不同的在地及跨界的批判可能，就是這個意思了。”（頁 81）易言之，在地華人文學 / 文化是史書美華語語系話語理論最重要的載體，甚至是核心內容。問題在於，史書美論

1　具體可參吳元華著《務實的決策 —— 新加坡政府華語文政策研究》（新加坡：聯邦出版社，1999），中國大陸版由當代世界出版社於 2008 年出版。

述層次中常有自相矛盾之處，如將其邏輯推至極致，顯然不能自洽。

（一）化的陷阱：移民

《反離散》中出現了"定居殖民"或移民的新型論述，但實際上這種論述自有其缺陷，比如在論述華語語系之為歷史時，史書美彷彿很辯證地指出，"這樣說來，華語語系之為歷史，並不自動就有任何批判性。即使在被殖民的情況下，很多人是同意或擁護殖民的，如歐洲殖民時期的東南亞華人，有些是在英國人、荷蘭人、法國人統治下得到很多好處的，這種殖民關係的多樣性，在後殖民理論中討論的尤其多且全面。有些東南亞的華人，即使在幾百年之後，也還是有對中國有文化鄉愁的，看不起本地人／所謂的土著（即使他們自己也是本地人），這種多樣性，需要批判和分析。"（頁 62）史書美此段論述中有一個令人訝異的批判邏輯，但可以追問的是，對於離散者／漂泊者而言，保留比政治壽命更長遠的文化維繫（哪怕是鄉愁）不是很自然的事情麼？可以理解，即使數百年後華人也依然不會忘記自己的根原屬人之常情，"忘本"才是更值得批評的現象。換言之，這種批判乃至指責就讓史書美和土著統治者共享了同樣的歧視，如果賦予權力運行，甚至變成了加害與虐殺邏輯，從而讓排華和殺戮變成了"師出有名"。更進一步，即使認同其移民理論，如果海外華人變成了不利於土著的"定居殖民者"，那麼最早的土著是誰？以馬來西亞為例，該會是馬來人嗎？抑或是茂盛繁雜的熱帶本土動物或植物？

同樣，如果強調其海外華人身份或移民身份，他們是否一定必須認可被同化？令人不解的是，史書美把華語語系視為一個階段性存在，"在移民族群中，'華語語系'是移民前語言的'殘留'（residual），由於這一性質，它在很大程度上出現於世界各地的移民一代中，以及華人佔多數的定居者殖民地中。就此而言，它只應是處於消逝過程中的一種語言身份——甫一形成，便開始消逝；隨著世代的更迭，定居者及其後代們如果以當地語言表現出來的本土化關切逐漸取代了遷徙前關心的事物，'華語語系'也就最終失去了存在的理由。因此，作為一個分析的和認知的概念，'華語語系'不管在地理學意義還是在時間意義上都是特定的。"（頁 40）這種紙上談兵顯得自說自話，以馬來西亞華文文學為例,馬華文學及其生產、華文教育[1]一直是百多年來馬華人安身立命和奮力抗爭的所在,某種意義上說,只要馬華人存在,馬華文學與華文教育就必然存在,這正是馬華人難以被馬來人政府徹底同化的原因、現實,也會是未來,即使對抗性變弱。

(二)華的尷尬:在地

　　不容忽略的是,無論是華語語系,還是華文 / 華人,其交集 "華" 是相當重要的關鍵字,即使強調在地化 / 本土性,因為關涉到華字,至少也會有各種如筆者所強調的 "本土中國性"。但藉此更進一步思考,華的文化資源何在?

　　在論述台灣文學與中國文學的關係時,史書美寫到,"華語語系台灣文學所彰顯的便是這種特定的、在地的、多重語言文化混融與碰撞之下的產物,也因此對中國文學文化的正統性產生某種質疑的力道。華語語系研究因此與中國研究之間形成某股張力,一方面批判中國中心主義,另一方面透過其在地性和獨特性建構自身。"(頁 135)實際上這不過是畫餅充飢。無論如何,台灣文學作者主要還是以華文寫作,即使和現實中國大陸有著非常複雜的緊張或糾葛,但最重要的文化資源之一還是古代文化中國,甚至在中國傳統文化的研究與傳承上,台灣曾一度以中心自居,甚至和祖國大陸爭正統。海外的其他區域華人文學資源汲取亦有類似渠道,我們不妨以水平很高的馬華文學為例加以辯證。

　　史書美指出,"我們知道,除了以前提出的 '海外華人文學'、'世界華文文學'、'華僑文學' 等的概念之外,或除了各僑辦或僑務委員會之外,我們並沒有和大英國協或法語語系國協相對的華語語系的想像共同體的機構或組織。但是在中國崛起的當今,這樣的機構很可能會在不久的將來出現。而在這樣的時代,如何抵抗收編可能也是必需考慮的問題。"(頁 68)史對現實中國的過度敏感令人愕然,問題在於,文學創作和文化傳承往往不能斷裂,中國的強勢崛起必然伴隨新舊文化傳統的輸出,當然也會有人主動擁抱文化 "軟實力"。已故馬華優秀長篇小說家李永平其作品中有一種遊移的本土性,但亦有相當豐

---

[1]　有關簡史可參鄭良樹著《馬來西亞華文教育發展史》(第一、二分冊)(馬來西亞:馬來西亞華校教師會總會,1998–1999)等。

厚的中華凝練與指向，不管是文字還是意向與主題，其《吉陵春秋》與《海東青》都不乏此類書寫。在我看來，其在美國完成的相對提純中國性的《吉陵春秋》是魯迅以後批判華族劣根性的集大成之作，而長篇《大河盡頭》既有對本土的叩問（解殖民與去殖民），又有對不同文化的狀描（包含台灣元素與華族文化）。[1] 相當耐人尋味的是，其最具特色的書寫部分往往是對中華文化傳統的雙重繼承與融合。史書美相對片面的另一點在於，她忽略了海外華人身份認同傳承或建構的"再中華化"[2] 問題，這個傳統意味著華語語系 / 文化的延續與變異，但同時卻也強調了在地中華性的複雜性超出了史的預計。

三、定論：話語泡沫

在我看來，《反離散》並未帶來史書美期待的效果，因為在其學術的旗幟下，更多是一種問題重重的話語生產，史書美對華語語系話語的自毀主要可呈現為兩大症候 / 原因：

（一）政治掛帥

《反離散》一書中對現實乃至歷史中國的過度政治化書寫過於氾濫，宏觀層面的如強行把中國化為大陸殖民類型的帝國，甚至連華語語系本身也要區隔中國和亂貼標籤，"我們可能還是需要堅持華語語系研究和中國研究的不同，以及其若即若離的關係。如果有人刻意將華語語系研究去政治化，很多時候可能是往中國中心靠攏的一種做法。"（頁 70）而在個案分析時也顯得草木皆兵，還告誡馬來西亞有關人士及部門，"在某些方面，如果馬來西亞不主張華語語系馬來西亞文學是他們的文學，我們知道中國將會如此主張，一如其以往總是索討世界各地華語社群的忠誠，視這些社群為中國的 '海外' 社群，他們 '僑居'，即短暫借住海外，因而是 '華僑'、'僑民'。例如，藉由 '海外華文文學' 的說詞，中國政府及其學術機構已經快速地將世界各地華語語系文學，納

1　具體可參拙著《馬華文學 12 家》（北京：生活·讀書·新知三聯書店，2019）。
2　簡要論述可參王嶽川〈從去中國化到再中國化〉，《文藝爭鳴》2009 年第 1 期，頁 1-3。

入一個全球的文學體系內。"（頁 179）文學書寫變成了政治效忠，而相當悖論的是，華語語系文學排除了中國現代文學，因為我們要反思後者的"霸權解釋對華語語系異質特性的壓制"（頁 101）而她不明白的是，這裏的"中國"可以從更多層面，包括文化層面觀照，所謂"文化中國"[1]，儘管政治、地理、歷史、現實的角度亦相當重要，過分強調哪一面都不太完整。

同樣不可思議的是，史書美居然主張香港文學書寫變成一種無國籍寫作，"華語語系香港文學最能抱持本土性的可能也許是在一種特定意義下的'無國籍文學'，身為一個少數語言及社群的文學，不一定需要拒絕，但是可以策略性的不選擇屬前殖民國和目前的從屬國。"（頁 186）作為一個外人，史書美非常怪異的建議和理解令人側目，香港文學的香港性本身還在形成和發展中，當然迫切需要汲取古代及現當代中國文學經典的營養，1997 年已經回歸祖國懷抱的香港如何故意疏離，甚至不選擇中國文學／文化而形成自己的特色？何況香港文學／文化中本身就有濃厚的嶺南文化背景，而其通俗文學、影視傳播（包括廣東話）曾經風靡一時迄今依然有強大影響力。史書美教授一貫堅持的後殖民理論的批判性何在？當然這也從一個側面反證出她的因為從相對單一的政治視角解讀文學地位／角色的片面。而趙剛教授也毫不客氣指出史書美的觀點謬誤，"這個概念真正要達到的是，在中國崛起的當下，按照美國的學術分工，從文學這個角度提出一種'中國觀'。中國不是一個文明的現代國家，而是一個'帝國'，正是這篇論文的篇眼。她是從'華語語系'的浩瀚太平洋的論點鋪陳中，反過來證明歐亞大陸的中國是一個能而且正在危害周邊、危害有華人人口的眾民族國家，危害世界和平安全與文明前途的'帝國'"，史書美失敗了，因為"無救地混淆了'帝國'與'民族國家'"。[2]

（二）話語泡沫

迄今為止，華語語系話語最致命的缺陷在於，它基本上不具備可操作性，

1　相當具有代表性的則是來自杜維明 1990 年代就有的以儒學為中心的論述，可參杜維明著《文化中國：扎根本土的全球思維》（北京：北京大學出版社，2016）。

2　趙剛：〈西奴風與落花生：評史書美的"華語語系"概念〉（刪節版），《兩岸犇報》第 162 期（2017）。該文完整電子版可參 http://ben.chinatide.net/?p=13272（2019 年 10 月 15 日瀏覽）。

　　　　　　　　　　　　第五章　理論再詮

易言之，它更多是一種理論視角，無法拿來進行文體與個案分析，或更準確地說，即使標題加上"華語語系"字眼，和華文文學的指涉等差異不大。從此角度看，史書美的相關論述日益變成了一種話語泡沫。

相當遺憾的是，史書美並非多個區域華文文學研究的專家，卻往往缺乏敬畏，甚至指手畫腳。問題在於，其有關個案的有限乃至偏頗論述難以支撐起她的論述雄心，比如她批評"中國現代文學中尚未獲得研究以及非常有問題的南洋的再現作為例子"（頁118），而實際上研究此論題的，包括南治國著《中國現代小說中的南洋之旅》（新加坡：新加坡國立大學博士論文，2005）；夏菁著《中國現代作家的南洋書寫研究》（武漢：華中師範大學出版社，2015）。而中國大陸學者顏敏的博士後出站報告也是此議題，《現代中國作家的南洋敘事（1840–1955）》（北京：中國社會科學院，2011）。

如果推而廣之，周寧教授獨具慧眼巧妙處理西方眼中的中國圖像，出版了《世界的中國形象》（北京：人民出版社，2010），憑藉"異域形象作為文化他者"來反思中國，他還主編了"世界的中國形象"叢書，其中包括張旭東著《東南亞的中國形象》（北京：人民出版社，2010），這也可以理解為有意讓曾經被凝視的"南洋"客體主動回望，或至少是凝視主體的自省與反思。而頗耐人尋味的是，周寧教授還將此實踐昇華為一種方法和理論，主要體現在其《跨文化研究：以中國形象為方法》（北京：商務印書館，2011）中。此類研究可謂蔚為大觀，但是史書美隻字不提或視而不見，而只是肆意想像式批評。

史書美自以為華語語系話語功能獨特，她指出，"華語語系馬來西亞文學的訴求為馬來西亞，而非中國，為馬來西亞的文學的一部分，只是語言選擇不同，畢竟馬來西亞是一個多民族、多語的國家，所以文學有語言的多樣，不指涉國家認同的分歧。"（頁238）這段近乎為業界常識的論述中顯出了她的缺乏專業常識：今天即使最傳統或落伍的中國大陸華文文學研究者也不會政治不正確到視馬華文學為中國文學的一部分。另外，馬華文學的當代發展、營養汲取、新生代作者更多留學大陸等元素已經使得他們筆下的中國顯得五彩繽紛、立體繁複，而絕非史書美所言的"而非中國"，這其實根本就是不明真相的草率結論。

結語：史書美的"反離散"呈現出過度強調政治功能的偏頗以及缺乏可操作性的話語泡沫特徵，實際上已經破產，其邏輯上的自相矛盾令人驚詫，而其對於區域華文文學的外行與草率挪用又反證了其話語實踐的虛弱。如果説其《視覺與認同》還有假借其他豐富理論（包括視覺轉向）來支撐華語語系的深意，也有一定實效，那麼到了《反離散》力圖成為大師的史書美已經是為反而反，顯得窮途末路，説得更直白一點，她自己埋葬了這一術語 —— 史書美的華語語系可以束之高閣了。

第三節　流散詩學及其邊界
——論錢超英的澳華文學研究

提要：錢超英的澳華文學研究獨具一格、卓有成效，開闢了一條可資借鑒的大路，尤其是在圍繞流散文學的議題上，他別具問題意識，堅持本土與外來的雙重辯證，也發展了流散與移民性的內在關聯，引人思考。當然，其論述也存在一些問題，如果能夠跨越時間限定，查漏補缺，借用"華語比較文學"等新理念，或許會有更大提升。

關鍵詞：錢超英；流散；澳華文學

表面上看來，區域華文文學的研究主要受制於和研究對象有關的第一、二手文獻資料，這當然是不容否認的實情，但同時相關問題意識[1]卻至關重要：如何激活資料，如何為相關研究建立或拓展出新的研究範式卻更可展現出論者的境界與層次。

澳洲華人／華文文學（簡稱澳華文學），作為本身發展歷史和相關研究史都可謂相對短暫的區域華文文學之一，近些年勢頭突飛猛進，而且在研究層面上，尤其是來自和澳大利亞有過生存體驗交集的華人學者也發出了自己的日益具有影響力的聲音。不必說早就因文字誇張、酣暢淋漓、招招見血、名聲在外的文化刀客朱大可，就是回到學院派，錢超英（深圳大學）、莊偉傑（華僑大學）等等都引人注目，而時不時在中、澳兩地開會並發表論文的熱心人還有何與懷博士。

毋庸諱言，問題意識的更新與範式的演進需要後來者及時總結、剖析，同樣藉此也可以直接或間接提升有關區域華文文學的創作與批評。反過來，如果我們聽憑優秀學者的論述散落一地，魚龍混雜，實際上恰恰會打擊原本就孱弱的學科的推進熱情和思辨深刻度。在上述學者中，錢超英對澳華文學的研究最顯規模，主要有博士論文修訂本《"詩人"之"死"：一個時代的隱喻》（北京：

1　具體可參拙文〈華文文學研究新拓展的理路及其問題〉，《暨南學報》2011 年第 5 期，頁 6-11。

中國社會科學出版社，2000）、論文集《流散文學：本土與海外》（深圳：海天出版社，2007），另外還編了一本《澳大利亞新華人文學及文化研究資料選》（杭州：中國美術學院出版社，2002）。同時，他對某些議題，如流散（或譯離散）用力最深且具有連續性，在筆者看來，完全具有被個案分析的素質和必要性，順便也藉此突破文壇和學界"文人相輕"的藩籬。本文恰恰以其論述為中心，探勘其問題意識的洞見和可能不見，同時亦找尋他度可能。

一、雙重傳統：本土與外來的辨證

詩人學者王潤華教授曾經指出，區域華文文學（研究）有它們的雙重傳統，中國文學傳統和本土文學傳統，"任何有成就的文學都有它的歷史淵源，現代文學也必然有它的文學傳統。在中國本土上，自先秦以來，就有一個完整的大文學傳統。東南亞的華文文學，自然不能拋棄從先秦發展下來的那個'中國文學傳統'，沒有這一個文學傳統的根，東南亞，甚至世界其他地區的華文文學，都不能成長。然而單靠中國根，是結不了果實的，因為海外華人多是生活在別的國家裏，自有他們的土地、人民、風俗、習慣、文化和歷史。這些作家，當他們把各地區的生活經驗及其他文學傳統吸收進去時，本身自然會形成一種'本土的文學傳統'。新加坡和東南亞地區的海外華文文學，以我的觀察，都已融合了新中國文學傳統和本土文學傳統而發展著。"[1]

而在為拙著《考古文學"南洋"——新馬華文文學與本土性》（上海三聯書店，2008）作序時，王潤華又指出，"朱崇科在新加坡期間，恰恰是遠離中國政治文化中心，從外而內，從內而外研究中國與東南亞華文文學與文化，從而能夠建構現實客觀的文學文化研究史學。"[2]一言以蔽之，一個優秀的區域華文文學研究者必須對症下藥，也必然兼具本土與外來的雙重乃至多重視野，這樣才能保持內行的洞察力和外在的客觀性。而錢超英教授恰恰是兼具雙重傳統

1　王潤華：《華文後殖民文學——中國、東南亞的個案研究》（上海：學林出版社，2001），頁129-130。

2　王潤華：〈序一〉，收入拙著《考古文學"南洋"——新馬華文文學與本土性》（上海：上海三聯書店，2008），頁2。

的研究者。

（一）本土的同情與犀利

　　饒芃子和費勇先生曾在〈海外華文文學的命名意義〉一文中提出文學—歷史的互動關係，尤其是前者對後者的補充意義，"海外華文文學的命名包含著四種歷史的影像，一是海外華人史，二是海外華文文學史，三是居住國的歷史，四是中國本土的歷史；這四種歷史以'海外華文文學'為紐結產生關係，對於海外華文文學本身有著重大的制約作用，而海外華文文學又從文學的觀點補充一般通史的見解。"[1] 這種對相關研究的高瞻遠矚和高屋建瓴指點是值得尊敬的，但坦白說，這種預設更多還是理想主義的，文學與歷史的複雜互動是一個宏大層面，而即使在文學研究內部的本土關懷和跨域觀照對於大部分專業研究者都可謂殊非易事。而錢超英卻是其中相當出色的一個踐行者，這尤其體現在其《"詩人"之"死"：一個時代的隱喻》中。

　　1. 同情之了解。正是深切的澳洲經驗讓錢超英把博士選題鎖定在 1980 年代末到 1990 年代初中國大陸華人移民在澳洲創制的"新華人文學"上。而反過來，正是因為他對研究對象的本土化同情與熟稔而讓他呈現出深刻的理解力和洞察力。

　　首先是對澳洲（華人）大小歷史的如數家珍。在概念釐定結束後，錢超英對澳洲新華人文學展開了"現狀概覽"，不同年代的重大和代表性事件都悉數登場。而尤為值得關注的是，他將"全球歷史的鏡像"作為一種獨特的歷史視野並以之來觀照研究對象，而提出了層次清晰、重點突出的歷史回顧，其中就包括：（1）澳大利亞和中國移民的關係；（2）當代中國移民動態與澳大利亞多元文化主義問題；（3）新華人群體在澳大利亞的生成及其意義。這種操作不僅為理解新華人文學提供了切入的背景和宏闊條件，而且反過來更為其文學與思想地位的確立提供了社會歷史支撐與要因探尋，如其所言，"這種文學就不僅可能在其具體內容上，而且也可能在其存在本身的意義上，構成第三世界背景的文化相對於西方文化、少數群體的精神文化相對於資本—大眾流行文化的邊

---

1 饒芃子、費勇：〈海外華文文學的命名意義〉，《文學評論》1996 年第 1 期，頁 35。

緣處境的寫照和隱喻。"（頁 30）

其次，特別值得關注的是錢超英對澳大利亞本土議題的細膩剖析與不卑不亢的點評。如多元文化主義政策，自然有它政策的涵蓋範圍和主要內容，如強調文化平等、社會公正、經濟效率等，當然，也有它相關的限制和目標。[1]當然，這種文化多元主義也是發展著的，它既有積極影響，也碰到過一些阻力，為此，"作為政策的制定者與執行者，澳大利亞政府一方面要持續性地完善和發展這一既定國策，另一方面還要與反多元文化主義的勢力與思潮作鬥爭。"[2]

難能可貴的是，錢超英既看到了多元文化主義的社會進步性，同時他又指出了其限度，"西方對華人（以及其他第三世界人民）的'吸引'和'排斥'的矛盾並沒有消逝，它只是在更大的範圍和新的、更複雜的層面上運行。"（頁22）也恰恰是以此為基礎，錢看到了國際移民非常複雜的身份問題，並把它和"新華人文學"研究緊密結合，相輔相成。

2. 介入之犀利。錢超英以澳大利亞本土的視角重新觀照澳華文學／文化現象時顯示出相當犀利的效果，我們不妨以第二章"出走與居留"為例加以分析。首先，他從理論高度指出"文化身份"與"居民身份"的糾葛與差異，為新華人的身份曖昧提供理論支撐。其次，他還引入"西方主義"的概念（雖然略顯簡單，後文述及），揭示出澳洲新華人為自己的"文化身份"安放尋找"居民身份"的落實，而探勘在此期間的身份焦慮。同樣，他還以《中華魂》晚會為例考辨其間混雜的舊民族主義話語在承載重新定向的新身份時的尷尬與錯置。

仔細省思錢超英的發言和反省位置，本土介入的效果顯而易見，他沒有像民族主義者那樣以宏大敘述的假大空遮蔽新華人內部文化的遊移、轉型與身份焦慮，同時，他也沒有簡單化澳洲新華人物質追求的形而上關懷——為文化身份安妥靈魂。

1　具體可參景天魁、韓慶祥著《澳大利亞國民素質考察報告》（南寧：廣西人民出版社，1999），頁37-38。

2　王宇博：《移植與本土化：大洋洲文明之路》（北京：人民出版社，2011），頁 113。

第五章　理論再詮

（二）外來的客觀與融入

強調本土並不意味著放棄外來者的可能客觀，同時更是結合二者實現最佳組合殺傷力的契機，而尤其精彩甚至堪稱經典的是錢超英對"二八論爭"的條分縷析。

所謂"二八論"其實是源於 1994 年初施國英發表在悉尼《大世界》月刊 1994 年第一期的感想性文章〈和澳洲西人結婚幸福嗎？〉。爭議發生在她談到男女關係時，她認為女人在婚戀中要重視性的愉悅，並且建議中國男人要向西方男人學習相關態度和技巧，同時不無挑釁意味地指出，"做愛精彩西方男人到處都是，十個起碼有八個精彩，二個馬馬虎虎，中國男人是十個中二個馬馬虎虎，八個很糟糕。"毫無疑問，此語一出，軒然大波紛起，且指向各異。[1]

相當惹人關注的是，錢超英對爭論代表性各家的仔細評判。他特別指出了學者鍾勇論述的精彩之處 —— 鍾認為，從諸多男性論者對施國英的批判乃至辱罵可以看出，在批判性的霸權話語背後具有某種和中國人有關的種族中心主義以及父權制（patriarchalism）的殖民性。[2]但錢也指出鍾論述的過於抽象性，未"完全顧及實際的社會語境。"（頁 133）而且，即使從女權主義視角思考，也有其狹隘性，錢認為，這個問題"關乎邊緣化境況中的文化身份的尋求。使這個問題複雜化的是其性別身份問題的深入並構成了其外觀，它很容易使人從性解放的角度切入。"（頁 135）不難看出，錢對諸多議題考慮的細緻入微和極強的平衡能力。

更進一步，錢超英又指出了施國英"二八論"的對華人"西方主義""風流夢"的邏輯複製，她是為了"文化"問題需要借用婦女解放旗幟。不僅如此，錢還快馬加鞭，繼續提升"二八論爭"的文化內涵：1. 它使包含在出國 — 居留運動中的中國當代海外知識分子的內在矛盾激化和公開化了；2. 它代表了對新華人民族身份困擾的一種"革命性"解決方案；3. 它標誌著在西方文化影響下，新華人部分成員在重構身份活動中流失了中國民族主義角色；4. 還顯示了

1　有關文章和論爭可參錢超英編《澳大利亞新華人文學及文化研究資料選》小輯 C，頁 143-176。

2　Yong ZHONG, 'Sex Acts: Coverage of a Sex Debate by Australian Chinese Community Media', *Media International Austrilia*, No. 84 May 1997, pp.59-66.

新華人對個人與種族社區關係的新定位策略（頁 141-142）。無疑，這種昇華和定位顯示出錢對此類問題的精深思考。

（三）拓展流散

如果我們簡單化錢超英的有關研究，流散及其後果可謂是他十數年來思考和闡述的關鍵詞。

1. 流散寓言與昇華。身份焦慮（identity anxiety/crisis）雖然不是錢的創制，但他卻巧妙借用它摧城拔寨，而且又賦予它新的內涵與魔力，如 "居民身份" "社會階層身份" "性身份" "種族成員身份" 等等，這些具有經驗化的總結既是對概念的具體化，又是豐富和補充。

難能可貴的是，錢還深入探討了澳洲新華人文學的寓言性問題，他將此有文化意義的現象昇華到一個新的高度 —— 族群寓言，認為它 "綜合了歷史和現實、中國與世界涉及全球人類生活結構重組的種種文化議題，無論是較為具體的理想與現實，中心與邊緣，世界主義與民族主義，世俗慾求與終極關懷，還是較為寬泛的現代性與後現代性，本質主義與多元主義等等"（頁 200）。

除此以外，錢還藉流散理論提出對研究 "對象細分" 的建議，這樣可以考察出時空因素對不同背景和來源的華人影響的後果和細微差異；不僅如此，他也更強調流散身份的現實性和可建構性，"正是因為身份的這種多樣的可能和不穩定性所導致的緊張，才促成了身份問題在這種文學中的核心地位。"（頁 229）

2. 對話移民。在處理澳洲新華人文學過後，錢超英有關流散的思考並未停止，而是繼續開花結果，而對流散的拓展，體現在他把 "廣義移民" "文化離散" 等概念互相打通，求同存異，為此，他長期關注的深圳都市文學的移民性就成為上佳的反思和剖析個案。同樣，跨越 "國內移民" "國際移民" 的分界，錢超英又做了新的探險，這尤其體現在其《流散文學：本土與海外》論文集中。為此，也有論者認為，他藉 "流散" 實現了把傳統中國大陸文學和海外華文文學變成一種匯通。[1]

在筆者看來，其中最具理論含量的劃分大概就在於，他把海外華人／華文文學的流散問題與身份研究從至少三個維度加以理解：（1）歷史的維度（中國移民的身份焦慮受民族文化整體危機難以克服的決定性影響）；（2）社會結構的維度（"族內群體"的複雜性等）；（3）審美的維度（需要更多越界的理解）。[2]

面對後現代性的衝擊，深圳文學和文化時空的刺激，錢超英把既有的擅長文學理論和文學現實加以震蕩，為此巧妙整合了流散與移民議題，"流散文學就是觀察、研究人在其生活世界、在多種不同的社會文化條件的變遷之中所經歷的身份變化、精神波瀾及其文化─審美意味的一種視角。要之，它應是後現代、後殖民批評、全球化和移民文學研究的某種綜合。"（頁257）

二、路向拓延：邊界與跨越

簡而言之，錢超英有關澳華文學的論述無論從問題意識的創新性上還是從其可操作性上都給我們提供了諸多示範，比如，方法論的、文化論的、跨學科的銳利實踐[3]，而且如前所述，其思考也在不斷推進中。但同時，我們亦可以反思其間的一些問題，以求獲得更完善的突破。

（一）問題與不見

毋庸諱言，任何基於某種立場／視角的研究如果轉換角度／位置，則很可能得出不同於預設的結論，而跨學科、混雜多變的區域華文文學研究更是如此。對錢超英澳華文學論述的某些問題的指陳貌似有吹毛求疵之嫌，但實際上卻更是立足於對更多元可能性的探求。

1　常江虹：〈"越界"中的新視域——讀錢超英的新著《流散文學：本土與海外》〉，《世界華文文學論壇》2008年第1期，頁71。

2　具體可參錢超英：〈流散文學與身份研究——兼論海外華人華文文學闡釋空間的拓展〉，《中國比較文學》2006年第2期，頁77-89。

3　澳華文學研究，迄今為止，依實落寞，朱立立在她的《身份認同與華文文學研究》（上海三聯書店，2008）中對各地華文文學多有論及，但對此卻無涉獵。亦可部分看出澳華研究的不易與錢的論述的相對前衛。

1. 新華人文學："新"的悖謬？儘管錢超英相對清晰地點明了澳大利亞新華人文學的時間限定是 1980 年代末到 1990 年代，而且也意識到時間跨度的複雜性和殘酷性，但他還是選擇了此概念 —— 新華人文學。但問題在於，這種命名依舊是權宜的，如果我們拉長時間段，以百年或是千年為單位，這種"新"的稱謂顯然涵蓋性不足，而且新的旗幟可以扛多久？

另外，這種新質的內涵其實也可能在豐富和流動中，如果曾經或一度單純的"新"日益無所不包，顯然就不得不降低其自身的準確性，到了最後我們如何確定和剖析它？無疑，這種命名有其悖謬性，這和"新移民文學"的認知有類似的弔詭，可以說，無論從新質，還是從時代性角度看都有其缺陷。[1]

2. 如何西方主義？或許由於論述的時間關係，錢超英對於比較複雜的"西方主義"（occidentalism）的借用雖然不無意義，但還是相對淺顯的，它更多是針對於東方主義的一種對位設定。但西方主義的內涵究竟如何？其話語如何運行，又蘊含了如何繁複的權力邏輯？等等問題都是值得進一步探討的。吹毛求疵一點，可惜錢對此並未繼續深挖，即使 2007 年出版的《流散文學：本土與海外》一書中也涉獵甚少。

而實際上，這個概念在 21 世紀以來開始普及和流行，而主要論著則有：(1) Carrier, James G. *Occidentalism: Images of the West*, Oxford, Calrendon Press, 1995; (2) Chen, Xiaomei, *Occidentalism: A Theory of Counter-Discourse in Post-Mao China*, second edition, revised and expanded. Lanham, Maryland: Rowman & Littlefield, 2002; (3) Bonnett, Alastair, *The Idea of the West: Culture, Politics and History*, Houndmills, Basingstoke, Hampshire; New York: Palgrave Macmillan, 2004; (4) Buruma, I. and Margalit, A., *Occidentalism: A Short History of Anti-Westernism*, Atlantic Books, London, 2004.

可以想像，如果能夠結合新的理論發展和進化繼續推進，在對立中選擇有機同一，則勢必會深化和豐富化既有的澳華文學論述。

3. 流散背後的霸權話語。毫無疑問，錢超英對流散的認知、使用和發展已

1　具體可參拙文〈"新移民文學"："新"的悖謬？〉，《華僑華人歷史研究》2009 年第 2 期，頁 21-26。

經達到了一個新的高度，尤其是近些年來，他將之和移民性掛鈎，具有新的空間和題材拓展。但需要指出的是，流散的背後亦有可能的霸權話語在起作用，比如中國中心主義可能依舊陰魂不散，新的由於政治、經濟、文化或其他因素導致的"被流散"似乎並未停止。

問題亦可能日益複雜，曾經的被流散或自我放逐，而最終經過內化也可能變成一種自我確認與承擔。比如劉再復先生這二十多年來的散文書寫（如《遠遊歲月》等）就呈現出令人訝異的變化，他對中國性的狀寫或承載更多和自我連接，他甚至讓文化中國變成自己作為漂泊者的自我背負、傳承和發展對象，也把自己變成了中華文化流動的勇於擔當的集大成者，這明顯和所謂的文化離心／向心的簡單二元對立有了較大差別和昇華，也是很值得有心人專章討論的。

（二）跨越界限

某種意義上說，在華文文學研究中，我們如果想儘量減少思考的局限和可能錯誤，則必須儘量立足本土，實現越界與跨國，反過來，這樣又可以壯大自我和本土。

1. 跨越時間限定。如前所述，錢超英在《"詩人"之"死"：一個時代的隱喻》中將研究對象鎖定為新華人文學，這固然顯示出其論述的嚴謹性和以小見大的非凡功力，但同時我們亦要看到這種設定的局限。在筆者看來，錢更該跨越時間限定。

如果將時間向前追溯，哪怕只是到 20 世紀，我們可能就可以發現與所謂新華人有著較大差別的其他華人，如香港移民、新馬越南華人等等，而這些和其背後的時空、文化糾纏息息相關，同時亦可能和他們所從事的工種（如淘金、種菜等）不無關聯。無疑，這些變化可以豐富我們對澳華歷史、文學與文化的複雜性認知。[1]

當然，如果我們把時間往後推，即 21 世紀以來的二十多年變遷，我們也可發現新的狀況，比如，持澳大利亞護照的文化人的回流，他們利用自己的身

1　具體可參〔澳〕艾瑞克‧羅斯著，張威譯《澳大利亞華人史（1888–1995）》（廣州：中山大學出版社，2009）第九章。

份和獨特體驗更好地參與國內華文文學的研究，比如莊偉傑，回國擔任大學教授，同時繼續自己的創作，具有再中華化／再中國化的複雜性，而如王岳川所言，"元素的再中國化、生活的再中國化與精神的再中國化是再中國化的三個層次。"[1] 而莊偉傑同樣也是值得研究的個案。

2. "華語比較文學"的理念與實踐。"華語比較文學"[2] 一直是我近些年來強調的關鍵詞之一，它的堅實基礎就是，首先要強調論者對各區域華文文學本土性的熟悉，在此基礎上，我們可以乘勝處理更多議題，如同一主題在不同時空的旅行和同中有異，相當有名的個案就是"五四運動"在中國大陸、台灣、香港、南洋各有千秋，令人關注。當然，我們也可以考察同一時間段的文學異同，比如後 89 時段的澳華文學和歐美的"新移民文學"（權宜的稱呼）的差異與契合。

同樣，我們也要看到在全球化語境中，華人文學寫作中有關中國性和本土性的混雜（如新馬華文文學中的本土中國性）、對流[3]、對抗（如"去中國化"等）的多樣姿態，這些議題可能真正需要華語比較文學的理念和跨越性實踐。

而我目前所從事的研究課題之一"台灣經驗與'南洋'敘述"目的也是考察旅行的個體或群體經由文化浸濡所帶來的文學書寫與批評實踐的可能嬗變，從更大的問題意識考量，這本身就是"華語比較文學"的有力踐行和一條獨特而複雜的進路。

結語：錢超英的澳華文學研究獨具一格、卓有成效，開闢了一條可資借鑒的大路，尤其是在圍繞流散文學的議題上，他別具問題意識，堅持本土與外來的雙重辯證，也發展了流散與移民性的內在關聯，引人思考。當然，如果從嚴處理以吹毛求疵的精神加以拷問，其論述也存在一些問題。如果能夠跨越時間限定，查漏補缺，借用"華語比較文學"等新理念，或許會有更大提升。

1　王嶽川：《發現東方》（修訂版）（北京：北京大學出版社，2011），頁 265。

2　具體可參拙著《華語比較文學：問題意識及批評實踐》（上海：上海三聯書店，2012）。

3　具體可參拙文〈當移民性遭遇本土性——以《烏鴉》與《我這濫男人》為例論本土的流動性〉，《海南師範學院學報》2006 年第 2 期的有關論述。

第四節　論"馬共"題材小說再現的類型及其類型化

提要：有關"馬共"書寫的小說再現若按照地域分佈以及流派實踐大致可分成三種類型：以 1. 新加坡作家流軍為代表的現實主義書寫，以 2. 馬華作家小黑為代表的現代主義狀描與反省以及 3. 在台馬華作家們的後現代拼貼。相當有意味的是，它們既是一種類型，又有各自的局限或者說"類型化"特徵。

關鍵詞：馬共；流軍；現實主義；小黑；在台馬華文學

　　毫無疑問，有關"馬共"[1]的存在 —— 從其相對自由戰鬥到成為禁區（1948年"緊急法令"宣佈後，相當長時間內馬共成為非法組織，顯得相當神秘。即使到走出叢林後，其面紗被逐步揭開，但還是不乏撲朔迷離之處）到走出叢林逐步解禁（1989 年 12 月，在泰國邊境城市合艾，以陳平為團長的馬共代表團，終於與泰、馬兩國政府代表簽署了和平協議，決定放下武器，走出叢林，回歸大社會，但陳平 2013 年最終客死他鄉，始終未被批准返回馬來西亞），上述種種本身就是一個令人興趣盎然、欲說還休、紛紛擾擾的秘聞話題。而有關回憶錄的出現，如馬共總書記陳平口述，伊恩沃德（Ian Ward）、諾瑪米拉佛洛爾（Norma Miraflor）著，方山等譯的《我方的歷史》（新加坡：Media Masters，2004）及其他高官的訴說和有關對話等更是掀起了曾經的神秘面紗和引發一個小高潮。[2]相當耐人尋味的是，如果結合國際共產主義思潮及運動歷史，則話題更為廣泛，比如具有越南血統長期擔任馬共總書記的萊特長袖善舞：彼時既和共產國際關係密切，又善於在黨內玩弄權術，為自己的地位和

1　這裏的"馬共"（馬來亞共產黨）採取寬泛指涉，包含了砂共（砂拉越共產黨），而實際上二者是有差別的，有關砂共的論述可參田農著《森林裏的鬥爭》（香港：東西方文化事業出版社，1990）。但同時因為砂拉越 1963 年併入了馬來西亞，有關歷史也不妨一併論之。

2　此方面較新的研究資料主要有陳劍著《與陳平對話 —— 馬來亞共產黨新解（增訂版）》（吉隆坡：馬來西亞華社研究中心，2012），及 2012 年由馬來西亞策略資訊研究中心出版的系列論述：黃紀曉著《烈焰中追夢：砂拉越革命的一段歷程》；陳劍主編《砂拉越共產主義運動歷史對話》；馬共主席的回憶錄《阿都拉・西・迪回憶錄》三卷本等。

私利謀劃，同時他又令人驚詫地扮演多重間諜角色，比如同時為英國和日本效力。

同時，馬共和中共的千絲萬縷關聯同樣令人浮想聯翩：1940 年代的馬共在叢林的游擊戰指導思想之一就是毛澤東軍事思想，而 1961 年陳平到了北京，1969–1980 年馬共在中國的廣播電台在益陽縣設立並對外播出。[1] 同樣，砂拉越共產黨中的中國籍領導者在被殖民政府驅除出境後，其實也同樣面臨本土化的實踐問題，而 1973 年大部分人員的向政府投誠其實也隱喻了其革命本土化的失敗；1974 年馬共內部發生分裂時，"馬列派""革命派"其實和陳平領導的馬共在意識形態認知上有較大差異，而陳平的隊伍則明顯和中共保持了一定的距離。

和亟待廓清迷霧、顯露真相的歷史（挖掘）相比，有關馬共的文學再現及與歷史的互動關係似乎更耐人尋味：這裏面可能密佈又彰顯著現實主義、現代主義、後現代拼貼的（文化政治）話語爭奪與形式美學媲美。簡而言之，組成了別具意味的書寫類型，當然也有其各自的限制，可謂類型化。由於此類題材的小說書寫浩瀚且卓有成效，本文即以小說文類加以探討。

一、新加坡的此時此地：流軍的"中間性"

相較而言，在新馬華文文學史上，長篇小說的書寫相對不那麼發達，甚至有些蒼白，雖然從馬華文學第一部長篇小說 —— 林參天《濃煙》（上海文學出版社，1936）開始，長篇巨製也不少見，但相對散文、詩歌和中短篇小說等流行文體，長篇小說的生產的確顯得寂寞。但新華作家流軍卻是數十年如一日、堅持不懈在書寫長篇的好手之一。

流軍（1940–）原名賴湧濤，祖籍廣東豐順縣。童年成長於馬來西亞柔佛州邊佳蘭鎮（Pengerang），15 歲移居新加坡。肄業於南洋大學中文系。曾經做過割膠工人、售貨員、任課老師、工廠秘書、船廠經理，也曾經在商海浮沉 15 年。不必多說，這些五彩斑斕的生活經歷對於他構思小說不無裨益。他已結集

1　有關說明可參陳益南〈設在中國的馬共電台〉，《炎黃春秋》2015 年第 8 期。

出版的小說有：短篇小說集《熱愛土地的人》（新加坡：青山文化社，1964）、
《暗渡陳倉》（新加坡：勝友書局、新加坡文藝協會，1991）；中篇小說《玉鐲
的故事》（新加坡：新育出版社，1983）、《蜈蚣嶺》（新加坡：春藝圖書貿易
公司，1989）；小說集《流軍小說選集》（新加坡：新華文化事業有限公司，
1996）、《丁香》（新加坡：流軍寫作室，2012）；長篇小說《濁流》（新加坡：
潮州八邑會館，1987）、《赤道洪流》（新加坡：勝友書局，1993）、《海螺》（北
京：中國文聯出版公司，2002）、《在森林和原野》（流軍寫作室，2008）、《林
海風濤》（流軍寫作室，2015）；多幕劇《盧家莊軼事》（流軍寫作室，2009）等。

　　1948 年 1 月，吉隆坡《戰友報》新年特刊上刊發了周容的〈談馬華文藝〉，
他開始針對 “僑民文學” 猛烈開炮，並且認為一切文藝都有獨特性，都是表現
“此時此地”，沒有獨特性的文藝是僑民文藝。[1] 這就是引發馬華文學史上赫赫有
名的 “馬華文藝獨特性” 論爭的代表作之一。數十年過去了，論爭已經煙消雲
散，可謂塵埃落定，但有關書寫 “此時此地” 的現實主義實踐卻從未間斷，而
流軍就是其中的有心人、堅守者，某種意義上說，也是代表人物之一。相當耐
人尋味的是，他到底如何堅守 “此時此地” 的馬華現實主義[2]？在數十年的創作
中，他又有了怎樣的發展和調試？而在他身上又呈現出有關現實主義的怎樣的
困境？

（一）“中間性” 與客觀化實踐

　　縱覽流軍長篇現實主義書寫的軌跡：在人物性格塑造上，他有一種更強調
“中間性” 的傾向。在周蕾（Rey Chow）教授看來，香港擁有一種獨特的 “中
間性”，這是一種對 “不純淨的根源（impure origins）” 及對 “根源本身不純
淨（origins as impure）” 的認知。[3] 我們可以把此概念挪用到人物塑造與情節營
構上來，其中呈現出流軍更尊重人物自身的曖昧性與角色遊移。

1　具體可參方修著《戰後馬華文學史初稿》（新加坡：T. K. Goh，1978），頁 36。

2　雖不無爭議，但方修的《馬華文學的現實主義傳統》（新加坡：洪爐文化企業，1976）還是值得參考。

3　Rey Chow, "Between Colonizers: Hong Kong's Postcolonial Self-writing in the 1990s." In her *Ethics After Idealism: Theory, Culture, Ethnicity, Reading* (Bloomington and Indiapolis: Indiana University Press, 1998), p.157.

整體而言，《在森林和原野》（2008）作為一部集中書寫馬共題材的長篇，自有其特點。它裁取了抗日軍如何從英雄變成英殖民者"緊急法令"下的非法存在的一段歷史書寫，而涉及了馬共相當核心的議題，如總書記萊特的叛變、幹部們被捕後如何越獄、組織游擊隊伏擊高薪兵車，小說中還書寫馬共中央的錯誤計劃，"新村"[1]統治下的艱難與應對，當然也寫到了馬共內部隊伍中的叛徒等。小說最後寫阿花奉命潛入烏拉山，以沈瑞揚為隊長的隊伍準備突圍，他們還成功設套伏擊直升機，終於成功突圍。小說對馬共組織、個體成長、愛恨情仇都有相當繁複的表現，自有可圈可點之處。

　　《林海風濤》亦然，主要書寫馬工支隊如何精心準備成功伏擊英國駐馬最高專員葛尼爵士事件，以及因此帶來的"新村"政策打壓以及被逼轉移的故事，當然其中也帶來各種鬥爭：外在的馬共與剿共勢力之間，內在的叛徒與馬共隊員之間，甚至包含了轉移過程中人與自然、馬共隊員與異族同胞（阿沙族）等的交往。

　　其次是客觀化實踐。《在森林和原野》則以相對客觀和全面的眼光處理問題，比如他當然寫到內鬥和背叛，從萊特到何鳴都屬此類，但它同樣涉及了馬共的數次成功戰鬥，這些在歷史上亦有跡可尋。即使以非主人公夏志康為例，亦可看出其客觀化實踐。不必多說，夏志康是何鳴的心腹下屬，正是因為過於聽話，而錯過了撤離的大好時機導致營房遭炸、傷亡慘重，但他亦深入反省後，在墨水河邊打了一場以少勝多的勝仗。而在斷崖谷之戰中，他和沈瑞揚設計埋伏敵方直升機，又是頗有收穫，但犧牲的六位同志（包括智勇雙全的阿花）卻又是因為未聽從夏的勸誡而陣亡，而令人驚訝又惋惜的是，夏志康最終還是忠於何鳴，受利益誘惑、不願吃苦，率四個夥士兵走出叢林投降。這種對複雜性以複雜化方式的呈現讓人感覺到作者的客觀化實踐與用心。

（二）類型化困境

　　某種意義上說，流軍是一個有追求的作家，他經商多年卻為了寫作急流

1　有關介紹可參林廷輝、宋婉瑩著《馬來西亞新村五十年》（吉隆坡：馬來西亞華社研究中心，2000）。

勇退，而其豐富的生活閱歷，對小說故事性的營構以及對本土歷史、人文、自然環境的熟諳都讓他在書寫"此時此地"時亦有一己的特色，這是需要肯定的一面。但同時我們也不難發現其相關書寫似乎日益墮入了一種困境——無論是書寫題材，還是敘述套路都陷入了同質化的困境，難有新突破。如人所論，"從流軍的不足中可以看到，流軍基本上還滯留在一種舊的、傳統的現實主義小說觀念裏。他的小說有著許多對生活的正確透視和理解，始終保持著謳歌或鞭撻的熱情與嚴肅的態度，顯示著屬他自己的藝術個性特點，但從整體上來說，他的小說創作是呈單向發展的"[1]。

在我看來，若從自身內部的修煉來看，流軍的長篇書寫至少在這兩個層面尚有可提升之處：

1. 精神牽引。如米蘭·昆德拉所論，"小說家有三個基本的可能：講述一個故事（菲爾丁）；描寫一個故事（福樓拜）；思考一個故事（穆齊爾）。浪漫主義的描寫在十九世紀與時代的精神（實證主義、科學性）相符合。把一部小說建立在具有永久意義的沉思之上，這在二十世紀是違背其時代精神的。這個時代的精神不喜歡思考任何東西。"[2] 不管怎樣，強調小說的思考性或精神牽引是非常重要的。某種意義上說，流軍的長篇生產在可讀性、情節性乃至通俗性上有所發展，尤其是雜糅了中國傳統章回小說的一些特點，但其精神高度和哲學提煉卻有待提升。

這一方面呈現在其小說人物的塑造中，比如《在森林和原野》中有關馬共的思想教育不過是形勢政策教育，而理論指導是劉少奇的《論共產黨員的修養》，從某個角度說，過於講求實際性而缺乏對指導思想的高度的認真挖掘；《赤道洪流》中則是選用古代的《孫子兵法》和毛澤東的"論人民戰爭"、〈矛盾論〉和〈實踐論〉作為理論指導，但有關主人公對此也不熟悉。這當然還只是表面的書籍呈現，而內在的精神思考和追問顯得更加慘淡。易言之，小說中最睿智博學的靈魂人物們恰恰在精神層面上是蒼白的，而另一方面，在這書寫

1　陳實：〈從《蜈蚣嶺》看流軍的小說創作〉，《廣西民族學院學報》（哲學社會科學版）1990 年第 3 期，頁 77。

2　〔捷克〕米蘭·昆德拉著，孟湄譯《小說的藝術》（北京：生活·讀書·新知三聯書店，1992），頁 136。

的背後更多呈現出流軍思想高度的缺陷，無論是對人性的拷問、終極關懷的追思，還是宗教政治信仰的踐行，都有拓展空間。比如有關馬共思想的深度挖掘：其主動追求理想的層面偏弱，而更多是被逼入叢林。易言之，作為精神牽引的主動救贖功能何在？能夠讓許多革命志士為之"拋頭顱、灑熱血"的烏托邦吸引力何在？

2. 越軌的技藝。毫無疑問，長篇創製非常需要想像力、虛構性，這恰恰是傳統現實主義作家的弱勢，他們往往受制於塑造典型人物，強調歷史真實，最後束手束腳、徘徊於材料整理與小說生產之間，內外交困。從此角度看，流軍缺乏一種越軌的技藝，也即讓現實主義更加開放駁雜，甚至走向"無邊的現實主義"[1]，盡可能收編現代派乃至後現代的書寫技藝，而其目前的書寫太過循規蹈矩，即使以其代表作《海螺》為例，亦有一些缺陷，比如第九章的過度跳躍、濃縮。問題的關鍵在於他過分追求完整性，取捨不當，卻又難以挖掘新的可能性，如"五・一三"事件的反應／反映，同時他對小說的敘事仍然是傳統的全知敘事，小說中的人物缺乏複調性[2]和對話功能，從而顯得相對古板和沉悶。

作為新華文壇為數不多的長篇小說作家，流軍一直堅守馬華現實主義的"此時此地"傳統，不僅書寫新馬現實，而且敢於回望重大歷史題材（曾經的"此時此地"），在此基礎上，他亦有所調試，比如以立體化和客觀化突破"平面化"，同時又以"中間性"書寫修正傳統現實主義。但流軍也面臨內外交叉的困境，從內而言，他需要提高精神牽引境界、強化越軌的筆致。整體而言，流軍是一位孜孜不倦、頗有追求的長篇小說家。

二、馬華代際：朦朧與反省

不必多說，馬華文壇上書寫馬共題材的作家不少，如商晚筠、小黑、梁

1　具體可參〔法〕羅傑・加洛蒂著，吳嶽添譯《論無邊的現實主義》（天津：百花文藝出版社，1998）。

2　這方面最著名的則是來自巴赫金的論述，具體可參拙著《張力的狂歡》（上海：上海三聯書店，2006）上編。

放、黎紫書、賀淑芳、晨硯等等，但如果從類型的角度考察，大致可分成兩種：一種是相對朦朧的片段式書寫，如黎紫書[1]等，另一種則是採用現代派手法再現與反省的文學實踐，如小黑等。這裏的論述則以最具特色的苦心孤詣的小黑為中心。

小黑，原名陳奇傑，祖籍廣東潮陽，1951 年出生於馬來西亞吉打州，馬來亞大學數學系榮譽學士，曾任《蕉風》《清流》文學雙月刊執行主編與中學校長。出版過小說集：《黑》（馬來西亞：蕉風出版社，1979）、《前夕》（馬來西亞：十方出版社，1990）、《悠悠河水》（馬來西亞藝青出版社，1991）、《白水黑山》（馬來西亞華文作家協會，1993）、《尋人啟事》（馬來西亞：彩虹出版社，1999）、《結束的旅程 —— 小黑小說自選集》（台灣：秀威，2012）。散文集：《玻璃集》（十方出版社，1983）、《一本正經》（馬來西亞：紅樹林書屋，1994）、《和眼鏡蛇打招呼》（紅樹林書屋，1996）、《抬望眼》（馬來西亞：大將出版社，2004）、《在路上，吃得輕浮》（台灣：釀出版，2012）。曾獲大馬華人文化協會小說獎（1986）。其作品曾獲得首屆鄉青小說推薦獎（1990）、首屆星洲日報《花蹤》小說推薦獎（1991）、第二屆美國萬元《馬華文學創作獎》（1994）以及第九屆馬來西亞華文文學獎（2006）等。小黑由於成名較早、表現獨特，亦有獎項輔證，有關其研究無論是在馬來西亞還是中國大陸或台灣都相對豐碩。

潘碧華指出，“小黑的小說承載了馬來西亞華人在歷史的發展中，最受關注的敏感事件，如反殖民、抗日、馬共、新村、‘五·一三’種族衝突事件、華校改制、茅草行動等，在當時屬國家極為敏感課題，一般作家不敢輕易下筆。小黑勇敢走在時代的前端，敏銳和準確地把握了馬來西亞華人經歷的重要歷史事件，通過後現代的寫作手法，避開國家法令的地雷，為華人記下了民族在夾縫中求存的慘痛經歷。比較起同期的小說家，無可否認，小黑對歷史事件的冷

1　有關論述可參拙文〈告別／記錄的弔詭：論黎紫書的（長篇）小說實驗〉，新加坡南洋理工大學《華人研究國際學報》第五卷第 1 期，2013 年 6 月，頁 47-64，以及〈論黎紫書小說的“故”“事”“性”及其限制〉，《當代文壇》2015 年第 4 期。

靜描述和客觀處理，提供我們許多反思的空間。"[1] 毫無疑問，馬共亦是其中不可繞過的重大議題。毋庸諱言，小黑的馬共書寫自成一家，尤其是他又是相對較早成功處理此題材的大馬小說家。

整體而言，從後顧的眼光來看，小黑的馬共書寫別具特色：如和本土掌握第一手資料更豐富的新加坡作家流軍相比，小黑具有更繁複和立體的表現手法；同時他平添了理解之同情，在觀念上具有較強的批判性，但卻更有說服力。大致而言，小黑的馬共書寫可分為三個階段：《樹林》（1985）寫於馬共走出叢林前；《細雨紛紛》（1990）、中篇《白水黑山》（1991）寫於馬共 1989 年 12 月 2 日與政府簽署和平條約不久後；〈煉丹記〉〈結束的旅程〉（2003）[2]。但若從書寫風格和策略角度劃分，可以分成兩大類：

（一）個案反思

某種意義上說，作為影響大馬歷史進程的重大歷史存在，馬共既是一個作家們開拓疆域、突破自我的豐富資源，又是一種撲朔迷離的"集體記憶"[3]，即使在馬共走出叢林後，各種立場各異的回憶錄、訪談、一手資料紛至杳來、遍地開花以後，這或許只是更讓主綫事態明朗化，但並未徹底廓清迷霧，這就要求書寫者有勇有謀 ── 眾說紛紜中如何決斷、如何取材。而小黑的馬華話語建樹恰恰是策略性的立足於馬共主題。

1. 旁敲側擊。書寫於馬共走出叢林前的〈樹林〉貌似平淡，其實是一篇相當精緻的短篇，書寫了每天在不同的樹林窮人區兜售雪糕並收買玻璃瓶的父親和懂事的兄妹倆相依為命的故事，父親貧窮卻堅韌、有愛心。某種意義上說，小說中也呈現出父親對大馬土地的深沉眷戀，同時也有為人父的善良與愛意 ── 在售賣他最大的財產 ── 玻璃瓶之前可以讓孩子們選擇他們喜歡的玻

1　潘碧華：〈挑戰敏感課題：論小黑小說的禁忌書寫〉，《中國 ── 東盟論壇》第 2 期，第 1&2 冊，2012 年 4 月 /10 月，頁 158。

2　這兩篇皆收入小黑著《結束的旅程 ── 小黑小說自選集》（台北：秀威資訊科技股份有限公司，2012）。

3　具體可參〔法〕莫里斯·哈布瓦赫著，畢然、郭金華譯《論集體記憶》（上海：上海人民出版社，2002）。

璃瓶留下。故事的最後才亮出底牌 —— 父親進入樹林後因為同情馬共幫人送東西而慘死。而樹林這個意象不僅具有本土（尤其是馬來甘榜居民）的象徵，同時亦是神秘的馬共的棲身地，貧窮而善良的父親與樹林的親密／曖昧關係恰恰呈現出馬共與底層人民之間的複雜張力關係。而尤其有意味的還有小說中心理活動與情節推進的糾纏，如人所論，"小黑的〈樹林〉，新小說結構和情節小說結構兩者兼而有之，這就是聯想法結構和懸念式結構，是一種複合結構。在這裏，人物行動所構成的情節綫索，已為人物的內心活動所替代，因為人物的內心活動已成為推動小說進程的'主綫'，聯想統帥一切"。[1]

　　相較而言，在馬共走出叢林後的重大影響依然熱辣時，小黑的〈細雨紛紛〉問世。他自然是以個案的角度介入，呈現出相對清晰的情節性和因果安排，同時亦有一定的反思性。故事以馬共第二代的"我"作為敘述人講述故事，父親原本是香草鎮同鄉會館的座辦，因為葆有理想，而在 1969 年"五·一三"事件發生後走入叢林，也曾在 K 鎮戲院為清除三名走狗發動爆炸恐怖事件，殃及無辜十餘人，其中包括"我"大學畢業旅行且對馬共有興趣的女友雪兒，父親投奔馬共後在隊內和女同志結合生子，二十年後走出叢林和母子謀面一晤，但並未回到原家庭。小說中呈現出相當繁複的情感判斷、理性考量與價值寄託。一方面是父親高揚理想和對制度不滿的曲高和寡。"五·一三"事件發生前，恰恰是馬來好友督瑪末通知父親逃離，因為他作為蛤河鎮唯一的華人住戶必然首當其衝，但父親原本有他的認知，"這裏是你的故鄉，也是我的家園，沒有理由要我放棄，也沒有人能叫我們分離！"（《白水黑山》，頁 40）但他最終還是不得不搬到香草鎮，從此事中父親覺得要改變制度。但悖論的是，連"我"對父親的理想都相當冷漠，甚至指出，"共產黨已經不成氣候了，是不是？他們最終也要走資本主義路綫呀！"（《白水黑山》，頁 47-48）而另一方面則是對馬共的反思。如從人性角度批評其大義滅親，"鬥爭方式令人懼怕"；甚至還炸死了女友雪兒和傷害了母親，父親將之歸結為"大時代來臨，每一個人皆須做出犧牲。"（頁 58）

1　阮溫凌：〈愛心，留下的神秘 —— 小黑短篇小說《樹林》的"聯想法"與"懸念式"複合結構〉，《華文文學》1997 年第 1 期，頁 75。

2. 痛定思痛。某種意義上說，2003 年是小黑在新世紀再度反思馬共的小高潮，他書寫了兩篇小說〈煉丹記〉〈結束的旅程〉，可視為《白水黑山》的"外二章"或續篇。在這兩篇中，小黑再度呈現出他的犀利，雖未能突破《白水黑山》的長度、高度或巔峰書寫，但亦有較高水準和小黑特色。〈煉丹記〉充滿了令人玩味的反思性，主要是書寫在小鎮上拚搏了大半生的男人們，如錢亞明等，最大的嗜好和享受居然是沉醉在來自"家鄉"（中國大陸）妓女們的溫柔鄉（既是指女人窩，也是實存，之前曾經是抗日軍地下成員的居所之一）中，甚至放棄了為人夫為人父的責任與擔當，他們在與妓女們的結合中視死如歸，最終錢亞明因為相信偏方在吞食眼鏡蛇毒液調製的藥液和妓女漢麗葆做愛時死去。從輸出共產主義革命到輸出"資本主義"風格的性工作者，還慨嘆"就像馬中兩國今天的關係空前融洽，馬中人民的交往如此深入，在數十年前絕對不敢想像。"（頁 383）其間的落差和革命理想的淪落令人不勝唏噓，但反過來思考，弔詭的是，或許當年革命成功的結果之一就是享受生活或是醉生夢死？

《結束的旅程》中，小黑採取了相當別致的敘事方式，它和小說《白水黑山》有著相當強烈的互文性，甚至呈現出小黑後現代元素的植入。小說寫當年在戰鬥中失蹤後又復活的"三叔"重回革命舊地（其實已經變成旅遊勝地）懷舊與再敘事。弔詭的是，因為變化很大，他對多數地方比較陌生，面無表情，只有在自己當年逃生（瀑布）和逃過劫難的地方露出詭異笑容，換言之，不管是 136 部隊登岸的海灣還是馬共集訓的山洞對回訪的三叔而言已不重要，他更在乎的是個人英雄主義的細節。而在此時，〈結束的旅程〉中也指出《白水黑山》的虛構性，聲明三叔才是《白水黑山》中二舅的原型，同時修正了馬共的部分負面色彩。而出人意料的是，這卻是他（也是他記憶中的馬共）"結束的旅程"，三叔說"幸好要回去了"。這句話讓敘述者十分感慨："三叔本來是白水鎮的孩子，如今卻說'幸好要回去'，我默默地咀嚼，一時間也不知怎麼形容"。（頁 396）相互對照來看，〈結束的旅程〉有元小說的風格，但相當弔詭的是，它也不過是作者小黑的一種虛構。

（二）歷史輪廓：《白水黑山》

毋庸諱言，作為小黑小說書寫的高度和代表作，中篇《白水黑山》可謂弔詭重重、機關處處。它採用相對長綫的眼光安放馬共議題，同時又將歷史真實、文學真實、價值判斷與小說虛構水乳交融，如人所論，"就小黑小說書寫的整個進程過程來看，《白水黑山》應是他最後現代、後殖民的傑作，文字已呈現了一股洗盡鉛華的味道。"[1]

1. 歷史真實與價值判斷的弔詭。毫無疑問，《白水黑山》中間包含了大馬相當廣闊的時空賡續，比如 1930 年代的英殖民、1940 年代的抗日、1950 年代的反殖民以及 1990 年代的中—馬政經互動等等。而不必多說，馬共主題無論是所佔的篇幅還是承上啟下能力都最為綿長，尤其是如果我們把馬共同時理解為一項偉大事業、一種理想追求和精神堅守的話。當然，這些重大事件的進展卻是建立在楊、陳、白三家的個體連綴之上的。

小黑在〈黑山巍峨 白水悠悠（跋）〉一文中寫道，"四十多年戎馬倥傯，所追求的究竟是什麼？也許是時間太長遠了，有許多人經過四十多年的鬥爭，已經忘記了當時是怎麼開始的了。"（《白水黑山》，頁 204）從此角度看，小黑有一種追求歷史真實的衝動。儘管在弔詭的主要出現在《白水黑山》小說中的"陳白水"書寫的〈白水・黑山〉的"套中套"中，有關馬共的歷史真實依然片段式歷歷可見，這尤其呈現在楊武（率領陳立安、黃熊等）的艱苦卓絕、韌性戰鬥中，他們如何抗日、反殖、如何在森林中謀生（包括遭遇和射殺土著人）等等，都具有相當的可信度。

但同樣小說中也不乏對歷史真實的質疑，其中既有歷史自身的疑點，如有關馬共的大敘述有闕疑，以及小說中的楊武在卡布隆瀑布的被暗算 —— 到底和白猴的出賣有無關係？父親陳立安相信是白猴的出賣，大舅楊文則認為"老白是被冤枉的"。小黑寫道，"誰也不相信誰。誰說的故事才是真實的歷史？每一個說故事的人都相信他自己才是真正的目擊證人。歷史就有得看了。"（《白水黑山》，頁 177）這其中當然也可能包括有關馬共的歷史真實。同時又可能因為權力／話語的介入而產生扭曲，比如白猴和陳立安的爭執，除了各自理想和理念的差異，當然也可能是因為各自的理解的主觀性帶來偏差。

1　　陳鵬翔：〈論小黑小說的軌跡〉，許文榮主編《回首八十載・走向新世紀：九九馬華文學國際學術研討會論文集》（馬來西亞：南方學院出版社，2001），頁 302。

從價值判斷來看，小說中的楊武／陳立安與楊文／白猴形成相當明顯的對話或對立關係。後者屬兩類不同借重的機會主義者，比如白猴在歷次歷史重大事件中的見風使舵、溜鬚拍馬與仕途暢順，不管是英殖民者、日本人，還是馬來人政府，他都可以八面玲瓏、紋絲不動；大舅楊文則在商界如魚得水，他不只是沒有原則、好色好脾氣，娶了一妻三妾，子孫繁多，而且越到最後哪怕是納妾越成為其政治、經濟上屢次攀爬、高升的工具，如白美麗（色權雙收）、暹籍寡婦（土地和利益）等，如人所論，"大舅則是歷史的怪胎，也是歷史描繪它自己時最得意的一筆"。[1] 相當耐人尋味的則是楊武的復活與回來探親，他不僅搖身一變成為廣州某大學的退休教授，"雍容華貴、氣色紅潤、臉頰圓滑、眼睛銳利"（頁 185）。而且，他還勸說堅持信念的父親適應環境。而最堅守的父親生活潦倒，卻成為負隅頑抗的被嘲笑者，"父親的倔強雖然為他贏得一聲'硬骨頭'的薄名，實際上他並無任何實質收穫。一直到他晚年，他都是那麼硬朗，真應了親戚朋友們背後給他的'屎坑石'的稱號。"（頁 105）所謂歷史真實的錯位與真相往往令人唏噓不已。

2. 小說虛構中的文學真實。相當耐人尋味的是，或許是因應馬共歷史真實的複雜性與不確定性，小黑的《白水黑山》其實具有很強的虛構性展示與後現代實踐。某種意義上說，我們可以確認其間歷史階段輪廓的真實性，但這種輪廓卻更多是來自於"我"在虛構的〈白水·黑山〉裏的虛構，頗有"鏡像中的鏡像"的弔詭。

不僅如此，小說中更清晰可辨的其實是"我"所看到的家族現實，正是由於"我"是馬共第二代的當代人，他對於馬共及其精神的理解既有同情，但又有隔閡與冷漠。相當弔詭的是，他對於大舅、二舅所代表的潮流／為人思考更多是立足於人性和平庸俗世的判斷，某種意義上說，作者強化了文學的真實，而又朦朧化了可能的歷史真實，從此角度看，《白水黑山》呈現了馬共宏大敘事的歷史輪廓。

恰恰是基於家庭、個體，作者小黑／敘述人"我"可以對馬共及其追求進行更多反思，包括在〈結束的旅程〉中的三叔亦然，他們可以更"真實"，但

1　陳賢茂主編《海外華文文學史》（第二卷）（鷺江出版社，1999），頁 85。

明顯呈現出其民族主義的狹隘性，理想堅守的變異，如人所論，"三叔與二舅身份有所變異，然而他們最終的歸屬沒有改變：回到中國。'歸來'，竟成了他們早已'回去'的明證。隱含作者對此的'咀嚼'，是否有意暗示讀者：馬共的革命——雖然也有如〈細雨紛紛〉中的對其他族群的階級關懷，然而，終究也還是以華人為中心的族群—民族主義的革命？"[1]

三、台灣場域：仇共慣性與插科打諢

相較而言，留台／旅台的馬華作家在書寫馬共時呈現出相當不同的風格，比如其中的仇共慣性和情慾化描摹。相當具有代表性的作家則是張貴興與黃錦樹。由於本人對他們都有較多論述，此處只是簡論之。

（一）張貴興：仇共慣性與妖魔化

張貴興 1976 年入讀台灣師範大學，1982 年入籍台灣，之後主要擔任中學教師工作。不必多說，他經歷了台灣四十年的風風雨雨，但其中自然也不乏對共產黨的妖魔化教育慣性，比如反共立場與抹黑操作。由於張貴興從故鄉砂拉越攫取資源，他的矛頭主要指向了砂共。

1. 泛情慾化。張貴興的小說書寫中不乏利比多氣息，而有關共產黨的書寫也蒙上了類似的色彩。比如在《群象》（台北：時報文化，1998）中書寫揚子江隊長余家同甚至在和政府軍鏖戰時，躲在大樹洞裏面的領導人居然和女隊員熱火朝天，二人在穴內汗流成河，如泡在爛泥地。"家同在宜莉身邊細聲說不要動不要叫，否則我們一起坐牢。說完撫她身體，吻她嘴唇。政府軍向空中開槍示警，用擴音器籲他們儘早投誠。不遠處傳來格鬥聲，揚子江隊員開始還擊。家同撕開宜莉的黑衣衫，褪下她的黑長褲。當家同射出精液時，兩位揚子江隊員正鼠竄向絲棉樹，在絲棉樹下被機關槍和手榴彈轟得不成人形，血液像雨降旱地漫入泥土，染紅樹根和家同宜莉繾綣的整個穴，滲著宜莉的處女血"（頁 170-171）。

1　林春美：〈小黑的歷史修辭與小說敘事〉，《華文文學》2013 年第 6 期，頁 38。

2. 政治內鬥擴大化。或許如下的描寫能反映出張貴興對馬共殘忍性和情慾化的雙重契合，在他的筆下，《群象》中的余家同如此評價跟他發生關係的不同女隊員的叫聲，"凌巧⋯⋯她是我揚子江部隊最後一個愛人⋯⋯乳房闊厚，屁股密實⋯⋯興奮的呼叫⋯⋯像⋯⋯多奇怪⋯⋯就像象叫⋯⋯有時深沉遙遠，有時震耳欲聾⋯⋯有時溫柔，有時粗暴⋯⋯讓我全身奮昂，想對著她腦袋扣下扳機⋯⋯"（頁 190）哪怕是發生性愛的時候，他依舊希望是雙槍迸發。

不必多說，這是張貴興對砂共的簡單化處理，甚至和他的台灣身份密切相關。但需要指出的是，張貴興的馬共書寫在虛構策略上獨樹一幟，其充沛的雨林美學[1]令人印象深刻，繁複的結構設置令人讚嘆不已，而其雄奇的想像力尤其令人驚訝。某種意義上說，這是華語文學有關雨林書寫的一個高度。但同時卻也不乏弔詭，問題的關鍵在於，張貴興對南洋熱帶雨林的處理的東方主義思維，他表面的本土意識其實更多是台灣的本土視角，因此，作為以台灣讀者作為預設讀者的南洋書寫反倒慢慢變成了一種奇異化考察和東方主義式的想像，這顯然阻礙了張貴興可能的歷史深度與穿透力。[2]

（二）黃錦樹：後現代反諷與拼貼

既是台灣暨南國際大學教授，又是作家的黃錦樹的小說主要有：《夢與豬與黎明》（台北：九歌，1994）；《烏暗暝》（台北：九歌，1997）；《由島至島》（台北：麥田，2001）；《土與火》（台北：麥田，2005）；《南洋人民共和國備忘錄》（台北：聯經，2013）。

相較而言，黃錦樹採用了平面化拼貼和政治狂想的雙重策略。

比如〈鄭增壽〉是黃錦樹較早的一篇作品，並不正面主攻，而更多是關注其中可能的小人物或邊緣角色，但他們這樣的平凡個體卻組成了讓人關注或側目的強大集體，鄭增壽這樣一個在不同時間地點都被假借使用的姓名符號，可以部分反映出馬共政治存在的手段之一 —— 集體主義的高揚和化名策略。

---

1 具體可參拙文〈雨林美學與南洋虛構：從本土話語看張貴興的雨林書寫〉，《亞洲文化》（新加坡）第 30 期，頁 134–152，2006 年 6 月。已收入拙著《考古文學 "南洋" —— 新馬華文文學與本土性》（上海：上海三聯書店，2008）。

2 有關論述可參拙文〈台灣經驗與張貴興的南洋再現〉，《中山大學學報》2012 年第 5 期。

真正有震撼性的代表作則是〈猴屁股，火，及危險事物〉。此篇小說藉助在華人區相當炙手可熱的文化人"我"（疑為影射余秋雨）的視角去探勘被新加坡建國總理李光耀流放的對手的近況。黃錦樹左右開弓，既藉"賴得"（lighter，諧音馬共全權代表萊特，黃還把他的收集打火機嗜好和名字關聯）攻擊老李的荒誕自負、詭計多端，同時又反過來嘲諷李的對手趺扈恣睢、專制獸性（比如誘姦母猴）、人格分裂（白天是囚犯，晚上變成了面對猴民們善於演講的偉大領袖）等，從而揭示出他們一丘之貉的共通本質。

2013 年出版的《南洋人民共和國備忘錄》是黃錦樹集中書寫馬共題材的小說集，經由個體的具體性、複雜性和曖昧性，黃錦樹從某個視角呈現出馬共的面目：一方面，他採取了和盤托出的態度將馬共題材當代化，部分坦誠地交代了它的複雜和面目模糊，這當然是一種藝術真實；另一方面，黃似乎對這個題材把握並不大，也無力下手進行新的創制，所以，他依舊採取了歷史、現實拼貼和插科打諢的處理方式，反倒讓原本撲朔迷離的馬共面目更加難辨。

毋庸諱言，黃錦樹的這種實踐也是一種針對新馬繁複歷史與詭異現實再現的應對策略，對於富於政治禁忌或內涵過於複雜難以廓清迷霧的歷史，作者往往採用狂想的方式加以誇張處理，在佯狂或嬉笑怒罵中痛快淋漓、直指要害，這自然是新馬本土書寫者難以擁有的優勢；但同樣這種手法亦有其弔詭，恰恰反證出黃錦樹的可能局限，由於不了解歷史的全貌，只能劍走偏鋒、肆意發揮，當然也不乏爭議。[1]

結語：有關馬共書寫的小說再現按照書寫地域、文學流派實踐大致可分成三種類型：以新加坡作家流軍為代表的現實主義書寫，以馬華作家小黑為代表的現代主義狀描與反省以及在台馬華作家們的後現代拼貼。相當有意味的是，它們既是一種類型，又有各自的局限或者說"類型化"特徵。這當然是小說再現的迷人之處，但如何能夠整合出更具殺傷力和客觀性的兼具文學真實／歷史真實的經典文本的確也是另外一個問題。

1　具體可參拙文〈爭奪魯迅與黃錦樹"南洋"虛構的弔詭〉，《暨南學報》2015 年第 10 期，頁 1–11。

代結論

區域華文文學的越界、跨國與主體解／構
── 以旅台馬華文學為例

　　某種意義上說，不同時空、代際更迭的華人其屬性特徵或身份認同也往往與時俱進，而新老移民之間的關係既有傳統的磨合性／競爭性矛盾，又可能產生新的聯繫與衝突，而重大歷史事件或思潮又會對他們產生新的衝擊或影響，比如全球化或跨國主義，這些元素一方面增加了身在其間的人的身心流動感，同時另一方面卻又可能強化了其日益累積的在地主義痕跡，導致了可能的本土全球化。

　　更值得關注的是，新媒體／媒介的崛起（比如微信 /wechat、facebook 等）會讓舊有的交通不便、溝通不暢難度大大降低，這就讓某些本土化進程變慢，而某些重大事件席捲全球（比如新冠疫情）卻又大大改變了個體的工作、學習與生活習慣，甚至堪稱風格突變，比如雲留學（綫上課程）、居家辦公、嚴重依賴快遞等。毫無疑問，這都讓某些新移民的移入國認同變弱，而採取更務實、靈活的策略。

　　類似地，不同區域的華文文學也因了華人社會的歷史變遷、現實撞擊、創作主體的流散與跨越而與常規套路（文學史上的某些規律）不太吻合，產生了值得我們認真探勘的新質與繁複張力。比如新移民文學（尤其是以北美為中心）的延續與嬗變（變更為他國護照只是為了出行與活動方便，他們更多還是在移出國 ── 中國活動，不管是創作語言還是發行與評論市場），此中當然也會有各種各樣的危與機。[1]

　　耐人尋味的是，為了論述的集中性與有效性，即便是我們把視野縮小到旅

---

[1]　具體可參拙文〈論新移民文學生產的危與機〉，《暨南學報》（哲學社會科學版）2020 年第 3 期。

台馬華文學[1]的場域中來，其中的複雜變化也值得我們認真總結與反思。在此視閾中，越界、跨國實踐中所彰顯的豐富意蘊令人眼界大開，尤其是，它也折射出華人寫作主體的從個體到群體的自我解／構。這裏所選的個案分別是李永平與黃錦樹。李橫跨了英殖民者統治時期和馬來西亞獨立，黃則經歷了台灣的解嚴節點（1987 年 7 月 15 日）；他們都有自己的執念，李不願承認自己是馬華作家，黃對中國性濃烈的中國大陸頗多意見，但弔詭的是，他們最終都與之和解，乃至趁勢飛揚。

一、向他者要強者

　　正如華人移出中國、漂泊海外的複雜動因主綫清晰（更多是生計或工作需要），旅台馬華作家留學台灣亦是原因繁複但又有跡可循。簡單而言，可用推拉的張力理論加以解釋。在大馬國內，因為同化需要而實際上相對歧視華人的教育政策使得不少優秀華人學子選擇留洋，而上一兩代"返唐山"的叮嚀浸潤言猶在耳，這是赴台的推力；在拉力方面，打著"中華民國"旗號的台灣更需要藉助華僑華人子弟充實力量"反攻大陸"實現光復大業或春秋大夢。這邊廂李永平留學時期的中國大陸正在轟轟烈烈搞"文革"（1966–1976），想回而不能；黃錦樹的大學時期則是中國大陸改革開放的前十年內，彼時的台灣（亞洲四小龍之一）生龍活虎、意氣風發，明顯更有吸引力。

（一）強化中國性

　　如果從新馬華文教育背景來看，語言政治視野下的英校生們多選擇前往歐美（尤其是英美加國等），至少也是大洋洲（澳大利亞、新西蘭）留學，而華校生除了本地南洋大學以外，往往都是台灣，畢竟中國與新馬的關係交往自有其節奏（與大馬 1974 年 5 月 31 日建交，與新加坡則是 1990 年 10 月 3 日）才逐步正常化，1990 年代以後留學中國大陸的馬來西亞學生才開始增多。但是李、黃的留學皆在此之前，只能選擇為僑生優質服務一條龍且有獎學金的

1　目前的研究專著主要有陳大為著《最年輕的麒麟 —— 馬華文學在台灣（1963–2012）》（台南：國立台灣文學館，2012）、溫明明著《離境與跨界 —— 在台馬華文學研究（1963–2013）》（北京：中國社會科學出版社，2016）。拙文〈大馬"南洋"敘述中的台灣影響及其再現模式〉，《廈門大學學報》2015 年第 3 期也對此有所推進。

台灣。

　　從拉力角度思考，台灣當局更希望把僑生培養成為海外華人效忠"中華民國"且協助祖國建設的有生力量或至少是同盟；而從文化主導權的角度思考，台灣雖然偏安於一隅，卻又要和中國大陸競爭文化的宰制權和正統地位（尤其是中華文化傳統的嫡系傳承人身份），這都意味著無論是李永平還是黃錦樹都必然意味著被濃烈的中國性所包圍，而更耐人尋味的是，作為彼時身為青年學子的李與黃對這種中國性卻又是熱烈擁抱的，惟其如此，才能夠壯大與強化大馬華族文化與文學創作的譜系與根脈。

　　李永平最直接的表現其實是他的"文字修行"[1]。來台灣留學之前，他已經是一個小有所成的青年作家（1966 年以中篇小說《婆羅洲之子》參加了由婆羅洲文化局舉辦的徵文比賽獨佔鰲頭），關注的議題更多是大馬（尤其是婆羅洲）故事，而赴台後的李日益精進，台大外文系的訓練讓他更能夠從比較的視野對中華文化及文字展開精心探索，通讀李永平的文字表述，不像 1949 年後中國大陸的規範化文字 —— 現代漢語的白話化那麼準確、簡單卻又枯乾，李筆下的文字、場景更顯得文白夾雜、中西混融，有一種明清氣質 + 民國風度的雜糅感。而表現在重人主題或事務上，他的《海東青》（1992）出版於台灣解嚴之後卻弘揚了蔣介石"出埃及記"的精神，這種出力不討好的操作卻也可視為中國性延遲（belated Chinesness）的再現。

　　從台灣"慘綠的中文系"（從本科到博士分別是台大、淡江大學、清華大學）畢業的黃錦樹則是另外一番光景。他的視閾或研究對象被限定在 1949 年以前，而焦點之一其實就是中國性。不只是探勘中華文化（尤其是晚清為中心）中的中國性，比如他 1998 年的台灣清華大學博士論文題目為《近代國學之起源 1897—1927》，而碩士論文則研究章太炎；而且他也研究現代的中國性，並出版了專著《文與魂與體》（台北：麥田出版，2006），甚至他還愛屋及烏、舉一反三，藉此反思馬華文學的中國性，並成為這方面的一流專家，《馬華文學與中國性》（台北：元尊文化，1998）則是集中代表。正是建基於對強大的

1　黃錦樹：〈流離的婆羅洲之子和他的母親、父親 —— 論李永平的"文字修行"〉，台灣《中外文學》，第 26 卷 5 期，1997 年 10 月。

中國性的熱烈擁抱和研究，他才洞察了馬華文學中中國性的表演性與依附性特徵，甚至為了強大馬華而提出或擁護"去中國性"的概念[1]，如"斷奶論""經典缺席"等等，乃至演化成令人矚目也側目的"黃錦樹現象"。

（二）擁抱本土性

這裏的本土主要是指台灣，當然也部分兼及大馬。長期的旅台讓李永平、黃錦樹對台灣的本土性呈現出複雜的擁抱態度。簡而言之，他們更加擁抱或熱愛包容時期的台灣本土，而與過度民粹，比如"台獨"（也是本土性的一種）保持距離和深切反思，因為作為僑生的他們更是國民黨政府政策下的產物或獲益者，而成為了民進黨執政時期的外來人、犧牲品與賤視者。

李永平留台時期的台灣經濟繁榮、活力四射，即便是文學創制上亦有其獨特性和高度，包括台灣現代詩、現代小說及其現代派批評自有其本土韻味，同時又接續了 1930 年代的中國現代文學、橫向移植或對話了彼時的歐美文學潮流，李永平在這樣的環境裏堪稱如魚得水。可以理解的是，在李永平超過一半的小說創作主題中，台灣都是不折不扣的中心，不只是人物活動的場域，還包括了引領者朱鴒，重大事件等等皆有台灣風骨。當然，李永平視野開闊、氣勢恢宏，在其創作的首尾也有涉及大馬本土的狀描，二者也有交叉，包括書寫二戰時期被日本侵略者派到南洋的台灣籍士兵以及相關生活（包括妓女、慰安婦等）。李永平對台灣的反思也相對深入全面，令人讀後可感知其拳拳之心。

黃錦樹對台灣本土的擁抱顯而易見。正是台灣嚴格的學術訓練與犀利的問題意識讓他在回望大馬時既顯得胸有成竹、殺氣騰騰，同時又恨鐵不成鋼以台灣的標尺丈量現實大馬。而此時的台灣成為黃錦樹學術批評的資源寶庫，同時台灣的活躍、包容和良好文學生態也成為黃錦樹得以快速成長的溫床，他憑藉此上佳平台一躍成為優秀青年作家。關鍵的是，黃本身的方言 —— 閩南語與台灣交流的主流話語對接順利。

1　具體可參拙文〈"去中國性"：警醒、迷思及其他〉，《亞洲文化》（新加坡亞洲研究學會）第 27 期，2003 年 6 月。後收入拙著《"南洋" 糾葛與本土中國性》（廣州：廣東人民出版社，2014），頁 206-225。

二、對抗詩學與 "承認的政治"

東南亞華人身份認同的複雜性或多重性（multiple identities paradigm）[1] 不只是源於多種元素的較力，政治、經濟、文化、族性與現實關懷，而且還可能蘊含了個體內部的衝突——撕裂與長期的對抗，當然也可能是個體超越自我的痛苦昇華成卓越。從個人品性而言，李永平相對簡單純粹，但也顯得執著與激烈；黃錦樹複雜敏感、安全感低，容易被激怒、攻擊性強，他們在書寫實踐中呈現出不同的追求。當然，我們也可理解為這是不同作家對個體文學身份地位 "承認的政治" [2] 的不同類型探索。

（一）提純中華性

李永平自有其高遠追求，而其人生經歷也部分成就了他。離開台灣後，他繼續赴美深造，從一個區域中心位移到世界第一強國——美國取經，獲美國紐約州立大學比較文學碩士、聖路易華盛頓大學比較文學博士，而台北和紐約的差異想必讓他感觸頗深。作為學者的李永平和作為華人作家的李永平在身份感受上明顯有別，前者為追求學術可以忽略他的複雜華人身份，後者則難以擺脫類似的糾葛。如今看來，已經成為李之經典名作的《吉陵春秋》彰顯出李前所未有的創造力高度與意義指涉，從這個角度看，他既傳承了魯迅，某些層面甚至部分超越了魯迅。

李永平以其別致的筆觸建構了一個紙面上的文化中國象徵——吉陵，它是一個具有四不像哲學內涵的惡托邦，它既有台灣、南洋、中國大陸南方省份的影子，然而又都不是，它和魯鎮、湘西、山東高密一起成為成為華語文學圈文學地理學上虛構出來的精神原鄉地標。李的超越性不只是體現在此長篇結構的精妙與精緻文字的提純上，而且還呈現出它對 "中華性" 的豐富與挖掘寬度，李永平對國民劣根性的批判從中國人擴大為世界範圍內的華人，而其筆下

1　有關論述可參王賡武〈東南亞華人的身份認同之研究〉，《王賡武自選集》（上海：上海教育出版社，2002）。

2　最精彩的代表性論述來自〔加〕查爾斯·泰勒（Charles Taylor）著，董之林、陳燕谷譯《承認的政治》，汪暉、陳燕谷編《文化與公共性》（北京：生活·讀書·新知三聯書店，1998）。英文版可參 Charles Taylor, Amy Gutmann, *Multiculturalism and the Politics of Recognition* (New Jersey: Princeton University Press, 1992).

的吉陵作為半開放的場域結構（小城 + 山坳圍繞），實際上隱喻了轉型中的城鄉同質性，它代表了鄉村、小城、大城，實際上等於否認了未來各種救贖（知識、宗教、自我等等）的不可能性，其內在深切的悲劇性有很強的原罪意識、高遠的批判性和悲憫情懷。

頗耐人尋味的是，李永平再也未能寫出類似《吉陵春秋》的高遠作品，或許是他身居美國時相對單一強勢的語言 —— 英語的刺激和誘引讓他的中國書寫有了更大的世界性眼光和強大的超越性。類似的書寫還體現在王潤華先生的《內外集》（台北：國家書店，1978）中的 "象外象" 創作上，這組詩原本是在美國威斯康辛大學麥迪遜校區攻讀博士的王跟隨周策縱教授等老師修習古文字和古代文學的副產品，這種時空的超越性引發了他回歸古代文化中國原點的再現與反思，他之後的類似書寫（新馬詩人）都未曾超越此類詩作，甚至包括王潤華自己。[1] 李的其他作品往往落實到台灣或記憶／神話中的南洋之上了。

（二）"壞孩子" 全面開弓

被王德威視為 "壞孩子"[2] 的黃錦樹兼具作家和學者雙重身份，而在作家身份中，他又長於書寫中短篇小說、文學批評及散文，堪稱是多面手。或許是由於性格問題，或許是過於敏感地感悟到了身份遊移的尷尬，他也近乎全面開弓，為自己多頭身份得到全面確認而不惜見人殺人、見佛殺佛、見鬼捉鬼。

身為作家，即使黃錦樹日益在台灣文壇上建立了自己的地盤且揚名立萬，但黃從未放棄他的大馬本土根據地或橋頭堡，和某些立志返回中國的華僑類似，他似乎要返回大馬。他首先拿來祭旗的其實是長期盤踞大馬文壇的馬華現實主義（他所謂的 "本土老現"），而其殺伐具體對象之一就是曾擔任會長、德高望重的老作家方北方[3]；其次，他也不斷在大馬文壇放火 "燒芭"，包括斷奶論、清算本土評論者，努力建立起（後）現代主義的聲威與搶佔地盤，和他論爭過的新馬本土論者比比皆是，包括陳雪風、許文榮等等；第三，他還將殺伐之劍指向了中國大陸學者：言其缺乏良好的問題意識、得當的學術規範以及

1　具體可參拙文〈論王潤華放逐詩學的三階段〉，《香港文學》2015 年第 11 期。

2　王德威：〈序論：壞孩子黃錦樹 —— 黃錦樹的馬華論述與敘述〉，黃錦樹著《由島至島》（台北：麥田出版公司，2001）。

3　具體可參拙文〈方北方的文學本土轉型及其限制〉，《西南民族大學學報》2014 年第 6 期。

充分的本土知識（local knowledge），所寫文章往往是膚淺的表揚修辭學或是標籤式套用。

平心而論，黃錦樹的上述批判自有其合理性，馬華本土現實主義的固步自封的確部分阻礙了大馬華文文學的更新換代與整體提升，但現實主義並未過時，黃錦樹不該錯誤地一棍子打翻一船人；大馬文學評論界整體含金量不夠，原本他可以發揮所長，但他的惹火燒身、四面樹敵卻又強化了這種土法煉鋼批評裏殘存的意氣用事與不合理性。而對其他場域的有關研究者，他不懂得惺惺相惜，缺乏"理解之同情"，不能並肩作戰，提升馬華文學批評及研究的國際影響力，而是肆意踐踏，以武大郎開店的心態大開殺戒、杜絕一切競爭的可能性。

從宏闊的層面上講，黃錦樹及其馬華文學情結似乎具有很強的不安全感，儘管馬華文學已經是東南亞華文文學中整體實力最強的一支，但主體性成長困厄於中國大陸與馬華本土的雙重夾擊中，黃具有很強的危機感和對抗意識，一方面是因為他視自己為馬華文學的傳薪者，另一方面則是因為他的好鬥狹隘、不善團結有生力量壯大集體，這恰恰是他應該向他的批判對象所認真深入學習的強項部分：團結犧牲、堅韌不拔、他者視角。對抗詩學如果從內部整合或超越的角度來看，它可以變成一個別致的突破路徑，甚至產生上佳的效果，如李永平的《吉陵春秋》；但如果控制不好，原本是弱者爭取權益的合理合法合情的"承認的政治"就變成重複霸權邏輯的殺伐攻掠、雞犬不寧，這往往是兩敗俱傷或同歸於盡的套路。

三、共謀的雙贏？

時間總是流逝，後繼的我們總可以看到歷史的結尾或至少是部分發展。作家們一代代老去"各領風騷數十年"，新一代強勢崛起虎視眈眈，哪怕是個體作家也會隨著現實的推演而衰老，甚至發生了出人意料的翻轉。

（一）李永平：與全世界和解

有情有義的李永平終究入籍台灣，而他對大馬的感情也是相對複雜。在接受訪談時，李永平說自己"同時擁有三位母親：生育我的婆羅洲和收養我的台灣，加上一個遙遠的、古老的，打我有記憶開始，就聽爸爸不時叨叨唸唸的

'祖國'——唐山"，但當被問到他是哪裏人時，卻終其一生面臨認同的困惑，既無法認同自己是馬來西亞人，也認為自己始終客居台灣，最終只回答："我是廣東人！"[1]

可以理解的是，由於他出生在 1947 年的英屬婆羅洲沙撈越邦古晉市，十年後馬來西亞才宣告獨立，而東馬和西馬的齟齬關係始終非常複雜，所以長期以來，他並不承認自己是馬華作家，但退休後的李也在發生變化，他終於肯承認自己是馬華作家，他的《吉陵春秋》早已進入大馬華文教材（無論是中學還是大專院校），而他晚年創造的《大河盡頭》（月河三部曲之一）已經成為他安妥大馬及自我靈魂的長篇巨製，歷史、神話、現實、自我、異族等等，和諧並存、縱橫交錯，他無論從文學創作還是身份認同上都指向了大馬。

頗有意味的是，在紙面上建構文化中國的李永平也和中國大陸結緣了，不只是他的優秀長篇逐步在大陸面世，在臨終的前幾年，他終於踏上了"祖國"的土地。2014 年 11 月 11–12 日，第三屆"中山杯"華僑華人文學獎頒獎儀式和華文文學與"中國夢"座談會在廣東省中山市舉行。經過評委會認真評審，李永平的長篇小說《大河盡頭》（上、下卷）、加拿大作家張翎的長篇小說《陣痛》摘得評委會大獎並共享 30 萬元獎金。據新聞報道說，李永平對獲此華僑華人文學大獎感到十分意外，此次文學獎之旅也助年過花甲、一生漂泊無居的他首次踏上祖國大陸。"如今在外 60 年的南洋浪子終於回家了！"李永平萬分感慨地說。

從更終極的意義上說，李永平實現了他的文學世界、個體身份與現實世界之間的和解，無論是大馬、中國台灣、中國大陸都是他念茲在茲的原鄉、故鄉或他鄉，作為漂泊一生的浪子，2017 年被病魔糾纏多年的他終於回歸了大地母親的懷抱，不必糾結於身份的撕裂與對抗，而實際上他無論是在大馬、台灣，乃至整個華文文學圈都已經是當之無愧的經典小說家了。

1　高嘉謙：〈迷路在文學原鄉：李永平訪談〉，高嘉謙編《見山又是山：李永平研究》（台北：麥田出版，2017），第 269-270 頁。

（二）黃錦樹：實用主義

　　四面出擊乃至樹敵不少的黃錦樹也在發生重大變化，身體抱恙[1]讓他更依賴他人，而他在風格上似乎變得更通達乃至圓滑了，畢竟也是年過半百之人了。

　　黃錦樹所做的第一件出人意料卻又可想而知的事情就是入籍台灣。當年在他大殺四方時他也將矛頭指向了台灣，包括他獲取碩士博士學位風波、論文發表審查等等都認為自己受到了不公正待遇，但他終究務實地變成了台灣人。而旅台馬華文學作家中依然持有大馬護照的陳大為、鍾怡雯夫婦，他們的態度卻相對平和而穩健，雖然陳大為也曾為此為黃錦樹辯護，認為黃從皮到骨都是大馬人。耐人尋味的是，黃和他最倚重、一度並肩作戰、理論功力最強的馬華同鄉旅台學者林建國博士也分道揚鑣了。有些時候，表面上看是學術觀點不同，而內在的則是性格差異帶來的人情撕裂。

　　或許更令人驚訝的是，黃錦樹對他一貫不滿的中國大陸（從中國性批判到言論出版自由，比如《南洋人民共和國備忘錄》出版風波等等）逐步高調回歸乃至搶佔了。一開始只是參加少數學術會議，如去他所在台灣就職單位（國立暨南國際大學）名稱相當的廣州暨南大學開會演講，而後他又開始拿取大陸頒給他的大獎，根據新聞報道，2018 年 4 月 25 日上午，首屆＂北京大學王默人－周安儀世界華文文學獎＂頒獎典禮在北京大學英傑交流中心陽光廳舉行。本屆評獎通過兩輪評選，最終確定賈平凹《極花》和黃錦樹《雨》獲得評委會大獎。與此同時或之後，黃不斷在大陸連續出版他的文學創作——《雨》《烏暗暝》等等，不少大陸讀者恍如發現出土文物般驚訝不已，而實際上，遠比這些作品豐富的黃錦樹還有待繼續挖掘。[2]

　　總結黃錦樹的變化，我們不難發現貫穿不變的是他的實用主義和功利主義：在他才華橫溢卻名實未符時，年富力強的他打開了迅速殺伐之門，這是建

1　馬華學者張惠思在 2017 年為黃錦樹的《烏暗暝》（上海文藝出版社，2020）寫序〈我們的南洋摩羅〉時提及＂發現我們的南洋摩羅已老。才不過四十九歲。坐在機場高速道路往吉隆坡賓士的車子前座，因為身上的病，他彷彿真的是一位已經完全透支的疲憊旅人在返鄉。在不停的瞌睡如夢中和我們斷斷續續的閒話家常＂。

2　有關研究可參拙文〈爭奪魯迅與黃錦樹＂南洋＂虛構的弔詭〉，《暨南學報》2015 年第 10 期。

功立業的捷徑，雖然也難免不少誤傷；但當他年老力衰、相對虛弱卻已功成名就時他選擇了連縱策略，把自己包裝成願意為人所見到的不羈才子形象，繼續擴大戰果，這是黃的隨機應變，抑或銳氣盡失？我們或許稱之為共謀的雙贏嗎？

21 世紀以來，華人作家或華人的價值動向似乎日益難以歸類，尤其是有才華的個體更易變得原子化，令人悲哀的是，李永平這一類型的純粹性情中人作家似乎已成絕響，而功利性或實用型追求似乎日益甚囂塵上。我們不妨開闊眼界，把視綫投放到馬華本土作家黎紫書身上，她的最新一部長篇《流俗地》雖有一些變化，但在我看來，並未真正超越其處女長篇《告別的年代》，但此書卻在大馬、中國台灣、中國大陸近乎同步發行，風生水起，關鍵是宣傳廣告先聲奪人，甚至超越了嚴肅作家該有的嚴肅而變得產業性浮誇。某種意義上說，這也同時更凸顯出中國大陸文化產業及廣闊市場的強勢崛起，甚至已經回到中心地位。

結論：從歷史的眼光去探勘族群的發展與界限設定，我們往往會發現：變，似乎才是主旋律。即便是以旅台馬華作家中的兩位優秀作家李永平、黃錦樹為例，我們依然可以察覺其重大變化。從一開始找尋自我的學習過程中強化中國性、擁抱台灣性，到確立自我過程中的提純中華性或四面出擊存在，再到名利雙收後選擇與世界和解或實用主義取向，越到後面似乎差異越大，或許不變或交叉之處恰恰是永恆的利益：有的人選擇了精神，有的人選擇了名利、物質。後疫情時代的華人社會何去何從值得關注，但變是永遠的，這或許是我們目前為止唯一可以肯定的東西，畢竟我們可以或不得不因應時代並且勠力建設一個新世界。

附

錄

附錄 1：從問題意識中提升的詩學建構
—— 評《尋找身份 —— 全球視野中的新移民文學研究》

　　從寬泛的意義上說，問題意識的不斷更新換代，尤其是範式更新是一個學科發展和推進的必不可少的推助力。即使回到海外華文文學研究中來，相關的問題意識轉換也是勢在必行。簡單回顧該學科實踐嬗變的三十餘年歷程，我曾經把問題意識的層次歸結為三層：1. 資料累積階段；2. 藉助部分資料、思潮、理論加以整合的階段；3. 儘可能窮盡第一二手資料，並對研究對象了解精深，輔以研究者的個人長處，實現問題意識的世代更替。這當然只是粗略劃分，而階段的遞進往往是並存的。[1]

　　回到目前海外華文文學研究界的現實中來，我們既要看到學科蓬勃發展、實力不斷壯大的可喜成績，不只是隊伍的數量遞增，還有新的學術理念的推進，如身份認同、華語比較文學、華語語系文學、海外華人批評家等等，同時，相關研究也在區域華文文學史（尤其是台灣文學史、香港文學史相對成熟）的框架下有了部分對個案的精彩而獨到的分析，如西西、白先勇等等，成果喜人。但同時，我們也要看到在繁榮昌盛下面的喧囂與浮躁，尤其是，問題意識的更新換代似乎陷入了瓶頸期[2]——重複勞作、自說自話，或者借一點有限的二手資料加上自己擅長的文論就開始煞有介事地想像，尤其是相當自信而勇敢地罔顧歷史時空限定及具體優秀作家的個性和巨大差異。

　　吳奕錡、陳涵平兩位教授合著的國家社科基金結項成果《尋找身份 —— 全球視野中的新移民文學研究》（北京：中國社會科學出版社，2012，以下簡稱《尋找身份》，下引只註明頁碼）的出現在讓人慨嘆從海外華文文學研究徘

1　具體可參拙著《華語比較文學：問題意識及批評實踐》（上海：上海三聯書店，2012），〈緒論〉頁 3。

2　即使和論述研究領域相關的海外華人研究相比，華文文學研究問題意識更新換代緩慢：1. 缺乏足夠的學科反哺能力，難以讓人仰視和尊敬；2. 頂尖學者的輻射度亦有欠缺，如聞名遐邇的王賡武教授本身是具有世界影響力的學者；3. 學科的認知視野、開拓創新性和學者親赴研究對象現場田野考察的吃苦耐勞意識都有欠缺，易言之，專業性強度不夠。

徊於瓶頸期的黯淡情緒中看到了一抹亮色和暖色，也給海外華文文學研究界注入了一絲清醒，甚至也讓人看到了此學科研究實踐操作中的更多美好的可能性。

一、新穎獨特的詩學建構

毋庸諱言，兩位學者對"新移民文學"的名詞設置有其合理之處，比如其相對寬泛的概念界定，"是指 20 世紀中後期以來，出於各種各樣目的（如留學、打工、經商、投資等等），由一個國家向另一個國家遷徙移居的華人／華裔人士，用華文作為表達工具而創作的，反映其移居國外期間生活境遇、心態諸方面狀況的文學作品。"（頁 19）但實際上，該書更多是將中國大陸輸出的作家作品作為論述焦點。自然，對這一時間段和主流作家的進一步限定讓這種思考和論述更具有可操作性，畢竟，大陸學者對這批新移民作家的心態、手法具有更貼近的靈魂共振和更廣闊的對話空間。

（一）問題意識的更新：以身份尋找為中心

正是因為該書從全球視野的語境下重新思考新移民文學的流變，那麼相較而言，在全球化範疇內探討流動的身份確認無疑既是主流，又是必需的。而毋庸諱言，身份認同與海外華文文學的關係研究也是 21 世紀以來相對深入和成功的理論利器，比如朱立立教授的《身份認同與華文文學研究》（上海：上海三聯書店，2008）就值得關注。[1]

毫無疑問，1970 年代後期的華人移民和一百多年前的先輩們移民的目的既有相同更有差異。相較而言，對前者來說，經濟因素固然重要，但實現個人價值、理想、幸福，尤其是找尋一種合理的身份確認似乎日益重要。如果相對簡化新移民們身份認同的認知模式，暫時剔除具體時空和個人際遇差異，那麼華人移民們的認同模式往往在一開始會心向中國祖國，而後對居住國日久生情，對於某些人來說，漸漸企圖扎根本土（移居地），而其文化認同、政治認同往往會因此分裂、分化，乃至走向離散。對於某些人來說，文化身份依舊是

---

1 有關書評可參蘭志成〈利器與盲視的雙重悖論——讀朱立立的《身份認同與華文文學研究》〉，《華文文學》2009 年第 2 期。

中國人，但物理身份卻變成了異國護照，自然而然，多元認同貌似和諧地共存，這其中有不少相當複雜而迷人的議題值得仔細探討。[1]

《尋找身份》一書呈現出相當獨特而又相對深入的問題意識，如考察其間的文化身份轉換軌跡，甚至更從全球化帶來的衝擊和回應特徵上產生了不同的認知模式。如 1990 年代以後的北美新移民文學中，美國不再作為一種神秘、新奇的"他者"形象而存在，這很大程度上是由於產出新移民作者的中國大陸日益捲入了全球化的浪潮，和所移居國家往往享有某些方面內在邏輯類似的全球化和跨國性模式。而新移民創作也從較早時期（如 1980 年代初期）對移居國外在的物質等層面的津津樂道就滑入對人性、自我在不同文化中碰撞的幽微再現，當然，這也更涉及到自身身份的複雜轉換。論者還把新移民文學的華裔美國文學進行比較，尤其是側重他們對文化身份的尋找的類似點，"即使是這些身在美國土生土長的華人移民後裔，當骨子裏的中國文化遺傳基因不可避免地遭遇西方文化的固執排斥時，在自我身份認同與他人對自己的認同之間，依然還存在著一道或有形或無形的隔膜，甚至是難以逾越的鴻溝。而對於我們的新移民來說，尋找必然產生困惑，焦慮更是難以排解。這，或許就是他們的宿命。"（頁 32）

整體看來，《尋找身份》的論述一方面有助於更為全面地了解世界華文文壇中新移民文學的文化內蘊和詩學建構，同時也的確為正處於兩難狀態的世界華文文學研究提供了新的切入角度和突破方向，有較好的示範意義。

（二）詩學內涵的豐富

不僅如此，該書藉助一些前沿性的理論學說，如薩義德的後殖民理論、女性主義批評、敘事學、意象學等等，對新移民文學的不同形態的詩學特徵進行深入的探討和分析。除了上述所言的身份認同以外，作者還特別強調文化衝突與文化混雜的可能與實際現象，反思本土與異域之間的複雜辯證等等。

同時，該書卻又可以結合一些相對經典的文學意象來思考新移民文學書寫

1　雖然更多是論述東南亞華人的多元文化認同問題，但王賡武教授的論述無疑極具借鑒意義，可參考 Wang Gungwu, "The Study of Chinese Identities in Southeast Asia," in Jennifer W. Cushman and Wang Gungwu (eds.), *Changing Identities of the Southeast Asian Chinese since World War II* (Hong Kong: Hong Kong University Press, 1985), pp. 1–21.

中的焦點意象敘事和詩學內涵。比如，在北美新移民文學中，論者就選擇了三組意象："行走"與"飛鳥"；"背影"與"冰河"；"美國"與"唐人街"等，不僅僅是對關鍵詞的巧妙總結，更對它們背後所蘊含的文化意味進行總結和梳理，令人眼前一亮。

同樣值得一提的還有對代表性場域（如紐約）進行相對精當的形象分析，這無疑推進了新移民文學論述的視角、境界和論述高度。比如，對北美新移民文學中的紐約書寫就相當精彩，"夢想""天堂""地獄""熔爐"等名稱總結既是有靈性的歷時性梳理，又是和紐約之於華人移民形象認知的日漸清晰與客觀化描述環環相扣，"由'夢想'到'天堂'到'地獄'到'熔爐'的幾個發展階段，事實上正好構成了新移民文學的'紐約書寫'，由濫觴初期的單薄浮躁的敘述逐漸化轉到後來的厚重沉穩的表達這樣一個大致過程……並不意味著界限清晰的時段劃分，因為有時候這種書寫也呈現出相互交叉的模糊狀態"（頁150）。毋庸諱言，《尋找身份》採用多種策略，立足於較豐富的文本分析和理論調試，豐富了海外華文文學研究的詩學視角。

（三）論述策略的精當

特別值得讚許的是該書的論述策略，作為一部對迄今為止的新移民文學的較為全面的整體性研究和理論闡釋的學術專著，結構上頗具匠心，尤其是我們要考慮到這是一個有時間限定的國家社科項目成果，這種設計的心思更顯難能可貴。

整體而言，該書的設計風格是三結合：1. 宏觀與微觀結合；2. 點面結合；3. 理論與實踐結合。全書分成四編：前兩編屬宏觀論述，第一編側重理論高度，既強調理論視野、背景，同時又對其中的關鍵詞加以仔細分析；第二編重點關注相關區域新移民文學的整體特徵，比如北美、歐洲、澳洲東北亞新移民文學等等，而其中對北美新移民文學論述尤顯功力。第三、四編強調敘事詩學，第三編是整體關鍵詞耙梳，如敘事形態、文學意象、女性敘事、地域書寫、文化誤讀等，第四編則是就各個區域的代表性／精彩個案加以分析，如嚴歌苓、張翎、少君、高行健、虹影、林湄、畢熙燕、蔣濮等。

這種論述策略無疑是相對精當的，既有立足於大量文本之上的詩學總結、規律現象梳理，甚至是理論昇華，這無疑開拓了對此議題研究的寬度、深度和高度，同時又有對優秀個案的集中火力剖析，不致於過分割裂了優秀作家的整體性、個性和複雜獨創，這種縱橫交錯、點面互動的動態描述詩學最大程度地呈現出對相關議題的宏觀把握和微觀剖析，比較令人信服，這也是該成果在全國哲學社會科學規劃辦公室組織的專家結項評審中獲得“優秀”的實至名歸之處。

二、吹毛求疵與瑕不掩瑜

儘管《尋找身份》就其研究論題而言是一部優秀之作，達到了相關研究的值得讚許的高度，但如果將其置之於海外華文文學研究的宏闊語境與詩學經典建構理念的更高層次要求來看的話，該書似乎也還存在著有待完善的遺憾與不足。

（一）命名的權宜

如前所述，“新移民文學”相較於早期的“留學生文學”或僑民文學等稱謂 / 概念有提升之處，而對於論者縮小範圍進行可行性研究亦不無裨益，但整體而言，它也有其致命缺憾——權宜性。

一方面，所謂的“新”可以新多久？[1] 隨著時間的推移，20 世紀初期的移民文學和後來的新移民文學漸漸會被時間合併、淡化，後繼者（無論是學者還是普通民眾）並不能完全看出其間的巨大差異，而時間限定往往把它們的特色變得面目模糊而形象扁平，那麼此時的“新”變成了未來的“舊”，說服力和可持續性缺乏，易言之，這不是一個可以放眼長遠的名詞設定。同樣，在其論述空間的涵蓋上，論者對港台出去的作家論述相對較弱，大陸作家佔據主流，似乎不盡符合“新移民作家”的實際現狀和代表性，某種意義上說，這也和論者對個案文本複雜微妙的文學史地位認知限制密切相關。

另一方面，“新移民文學”內涵容量有限。對於新移民文學的界定，前面的論述貌似寬泛，但也有疑惑和自相矛盾之處。到底是以書寫身份、書寫主題還是以書寫場域來加以確認？若以作家身份確認，那麼書寫內容可以無關乎新移民；若以主題確認，優秀作家的其他書寫就被很遺憾地捨棄；若以場域為

1　有關論述可參拙文〈“新移民文學”：“新”的悖謬？〉，《華僑華人歷史研究》2009 年第 2 期。

準，離開此場域的書寫者創作又該如何安放？另外的關鍵是，當他們暫居的身份變成了永久居留，甚至變成了異國公民後，所謂的新移民內涵和參照物其實是滑動的：對於不承認雙重國籍的中國人來說，這些作家的文學創作嚴格意義上說則是外國文學，從文化角度來說，可視為海外華文文學，但這些作者更是當地國家的新移民，而非中國人了，這種新移民的界定明顯是曖昧的、滑動的。

（二）東南亞華人新移民文學的缺席及缺憾

《尋找身份》一書強調不同板塊新移民文學的整體區域特徵，單獨遺漏了東南亞華人新移民文學，儘管論者在後記中坦承，"由於我們對於這一部分了解不多，無法進行全面的介紹和評述，故而只好繼續保留這一遺憾。"（頁261）

事實上，如果考察這一區域新移民文學的話，該書的不少觀點肯定要得到修訂，而內容上亦會大大豐富。東南亞華文文學，尤其是更加豐富多彩、源遠流長的新馬華文文學，是世界華文文學大家庭發展中除大中華文學圈外最複雜、豐富和資源充盈的板塊，由於其華人移民歷史悠久，文化人旅居、聚居或定居的頻率和人數眾多，故而和中國始終保持著千絲萬縷、方方面面的密切關聯，故其華文文學亦長期表現出強烈的"移民性"[1]特徵，而新馬華文文學與大陸、台灣、香港更是有著難以割捨的影響、互動和對話關係。

從此視角看，新移民文學的許多觀點並不能簡單挪移到新馬華文文學的時空中來，《尋找身份》的不少觀點似乎也要加以更正。我們可以主要從兩個層面加以簡單探研。比如恰恰是因為 1949 年後社會主義新中國在建國後一段時期內的相對閉關鎖國使得東南亞華人學生留學更多選擇了台灣，半個多世紀以來，源源不斷的留台生文學、旅台文學和在台馬華文學已經成為馬華文學史不可或缺的三大板塊之一，尤其是他們還攜帶著批評的話語霸權更是對馬華本土文壇影響深遠，毋庸諱言，其間的複雜性、深刻性和悖論性往往令人刮目又

1　具體可參楊松年著《新馬華文現代文學史初編》（新加坡：BPL 教育出版社，2000），頁 30-37。或者可參拙著《本土性的糾葛──邊緣放逐・"南洋"虛構・本土迷思》（台北：唐山出版社，2004）之〈看與被看〉一文。

眩目。

同樣需要說明的是，1990 年代後才和中國大陸更多互動的新加坡場域，若按照《尋找身份》的寬泛界定，此時空中的留學生文學、陪讀媽媽、人蛇系列作品都是值得探研的文化現象，雖然它們大多算不上文學經典。但尤其引人注目的則是九丹，其一系列創作，包括《烏鴉》《鳳凰》等，揭示了中國女子在樣板國家 —— 新加坡的心酸際遇，若從中－新對視的角度考慮，卻別具新移民內涵。同時值得認真反思的是，《烏鴉》書寫旋風卻又影響了獅城本土作家卡夫加以效仿，形成一種令人大跌眼鏡的悖論式對話[1]，但亦具有研究價值。從上述層面來看，《尋找身份》似乎在有意無意間忽略了東南亞新移民文學的無可替代的存在價值。

（三）理論缺失與疏漏

前述《尋找身份》一書的重大優點之一在於三結合，而實際上恰恰是在其宏觀論述中，不乏失血的宏大敘述，令人扼腕。而這種論述風格往往會將不同時空的文學書寫平面化、類型化，而缺乏對其差異性的立體建構，比如該書中比較薄弱的論述有，"新移民文學的女性敘事" "新移民文學中的生存書寫"，既缺乏理論新意，又不乏因宏大敘述帶來的疏漏。

若從問題意識提升高度來看，該書在理論上亦有粗疏之處。如緒論中，對關鍵詞之一 "全球化" 的梳理過於陳舊，更多是憑藉一篇二手的論文來點評和介紹至關重要而又相當複雜的概念，儘管此概念最終眾說紛紜，但還是可以看出論者對此理論關注較少，論述上有不嚴謹之處。同樣，回到理論的使用上，對詹明信 "國族寓言" 的使用亦有誤解之處，要麼至少是自己論述上有抵牾之處。比如，該書指出，"作為顯然屬第三世界文學的新移民文學，其 '族群寓言' 也就必然地透露出中國這個第三世界國家的子民面對西方發達的第一世界時產生的不同文化相互衝突或交融的信息。"（頁 27）新移民文學能夠簡單的屬第三世界文學嗎？若按照前面的寬泛界定，某些新移民文學已經變成了作者所在國的文學，如美國、加拿大、歐洲等，無疑這些新移民文學不可算作第三

1　具體可參拙著《考古文學 "南洋" —— 新馬華文文學與本土性》（上海：上海三聯書店，2008），頁 153-166。

世界文學。詹明信的這個論述有它的問題[1]，但明顯不是論者所言的問題。

即使回到該書相對擅長的個案分析，它對某些經典作家的論述亦有粗疏之處。如對 2000 年諾貝爾獎獲得者高行健的處理。高行健屬多元文化藝術家，毫無疑問其戲劇創作是其藝術成就的雙峰並峙之一，但論者對此著墨太少，實際上這在高行健研究中屬顯學之一，對於新移民的內涵開拓意義重大。[2] 即使是小說研究，《尋找身份》對既有的研究關注亦有不足之處，更多是自說自話，原本可以憑高遠眺的。

整體而言，《尋找身份》是一部相對優秀的論著，是近些年來海外華文文學研究的一個亮點。當然，若從問題意識範式更新的視角來嚴格要求，如上所言，它也有提升空間和繼續努力的方向。

1　具體可參拙文〈誰的東南亞華人／華文文學？——命名的後殖民主義批判〉，《學海》2006 年第3 期。

2　如趙毅衡著《高行健與中國實驗戲劇：建立一種現代禪劇》（台北：爾雅出版社，1999）；Quah Sy Ren, *Gao Xingjian and Transcultural Chinese Theater*（Honolulu: University of Hawaii Press, 2004）等。

附錄 2：新馬華人的離散與向心辯證
—— 評游俊豪著《移民軌跡和離散論述》

　　游俊豪博士的論著《移民軌跡和離散論述：新馬華人族群的重層脈絡》（上海：上海三聯書店，2014，下引只註頁碼）表面上看似乎更多是有關新馬華人的國家、僑鄉、文學層面的不同主題論文的合集，仿若烏合之眾，但實際上，一旦深入期間則不乏可圈可點之處，尤其是，如果可以結合該領域研究的現狀，則不難看出其相對獨特的問題意識，乃至背後的匠心和野心，值得仔細探勘。

一、跨越學科

　　游著特別引人注目之處就在於它是立足本土的本土學者有關本土研究的獨特性論述，這是一支從中國台灣、中國大陸學者汗牛充棟論述中脫穎而出的養精蓄銳的伏兵，用王賡武教授的話說，"書中章節投射到華人的各種脈絡，觀照面不但廣闊，切入點也有所翻新，所作出的論述當能跟現有的其他文獻與論著進行對話。"（序，頁 2）俗話說，"知子莫若父，知生莫若師"，王先生對游著的評價恰恰反映出其跨越學科的特色和效果。

　　簡單而言，新馬本土學院派的學者更多屬跨學科理念的實踐者，畢竟，他們的本土研究風格更多是介於中國大陸相關研究與西方（尤其是歐美）中國學（Chinese studies）之間的一種學界存在：從左右逢源的角度來看，他們一方面避免了不少歐美漢學家隔膜於中國／華人現實歷史脈絡的弊端，而另一方面卻又往往可以自如沐浴西風，擁有較強的理論根基和全球化素養。當然也可能存在被"雙重邊緣化"的危險和某些傾向，也即：既不真正擁有中國學界研究的體系性和扎實基礎，同時又受制於西方理論的機械販賣，兩邊不靠岸。

　　游俊豪博士當然是具備了本土學者的上述優點，而且還更進一步 —— 他體現了對諸多學科的雙重跨越：一方面，他本科、碩士就讀於大馬檳城的馬來西亞理科大學（Universiti Sains Malaysia 以馬來文撰寫學位論文[1]），博士師從王賡武教授就讀於新加坡國立大學（National University of Singapore，以英語撰寫博士論文），因此，他具有上佳的語言能力，中文、英文[2]、馬來文轉換自如，這意味著他擁有大部分新馬學界之外的學者很難兼善的語言能力以及對本土發展脈搏的精深理解與深沉感悟；另一方面，他主修歷史、副修文學，同時又對國際關係、社會學多有涉獵，因此，他是一個真正跨學科的踐行者，也初步具備優秀乃至頂尖學者的獨特氣質和基礎條件。

同時，值得一提的是，有關學界（尤其是歷史和國際關係學界）未必知道，游俊豪其實也就是筆名"游以飄"的頗有才氣的馬華詩人，他創作不多，但曾斬獲馬來西亞星洲日報"花蹤文學獎"新詩首獎（1995、1997 年）及佳作獎（2001）、新加坡金筆獎華文詩歌第 2 名（2005）；同時他也是文學評論的好手，亦曾獲得馬來西亞大專文學獎詩歌、散文、小說、文學評論等獎項。上述種種專長，讓游俊豪十年磨一劍，交出了一份貌似雜糅其實學有專攻和交叉的靚麗答卷。

毫無疑問，在游著中，我們可以看到有關華人研究的不同時段的時髦理論呈現，當然其中的關鍵詞是離散。但此時的離散和向心的辯證指向的不只是中國，而且也有逐步變成了故鄉的馬來西亞。利用此利器，他可以考辨出陳嘉庚、李光前既有交叉又有差異的離散路徑、文化認同以及各自的標杆意義（"落葉歸根"和"落地生根"）。而尤其耐人尋味的是，正是利用此理論，他以更合理的多重視角（如家族、種族和國族層面）疊合，並重新觀照大馬華人的移民境遇，克服了聚焦"族群"的單一性和可能粗暴。

同樣，在這本論著中，我們既可以看到嚴格的史學訓練痕跡，比如對第一、二手文獻的精當處理，同時又可以看到社會學、人類學等田野考察、口述

1　其碩士論文後來也被其母校出版社出版：Yow Cheun Hoe, *Antara China and Tanah Tempatan Ini: Satu Kajian Pemikiran Dwipusat Penulis China 1919-1957* (Between China and This Local Land: A Study of Dual-Centred Mentality of Chinese Writers in Malaya, 1919-1957)(Penang: Universiti Sains Malaysia Press, 2011).

2　其英文代表性論著為：Yow Cheun Hoe, *Guangdong and Chinese Diaspora: The Changing Landscape of Qiaoxiang* (London & New York: Routledge, 2013).

訪問等手法的嫻熟使用。在第二輯"僑鄉"中，他以相對動態的視角既考查了不同場域（新、馬、香港）中的番禺會館的功能演變；同時，他又以番禺、信宜為個案精心探研了新、老僑鄉不同類型的流變與關聯。可謂別出心裁、舊中出新。

而尤其值得關注的還有他對文學版塊的處理。既有對馬華文壇個案的精彩剖析，如對新生代詩人呂育陶（1969– ）詩作的細膩解讀，又有對整體創作的觀照，如中國新移民作者在新加坡；既有對馬華文學不同學術研究理論的梳理和重估，評析中肯，同時又有從本土視角對中國 80 後女作家張悅然"南洋"場域歷練（留學新加坡國立大學）之後文學再現的精準剖析。上述分析往往既發人深省，又視角獨到，毫無疑問，這都是其雙重跨學科時間的深厚功力體現。

二、中國鏡鑒

需要指出的是，如果要研究東南亞華人議題，而且力圖讓有關論述別致、科學而又有創造性，那就意味著我們必須服膺且實踐"跨學科"理念 / 操作。游著最精彩的特點之一就在於利用這種實踐和理念更加客觀和全面地呈現出新馬華人的立體性存在，而實際上，大馬華人對中華文化、自身多元認同[1]的關注也毫無疑問是立體的、多元的、多重脈絡的。

易言之，經濟層面固然是大馬華人關注的物質重心和存在基礎，但同時有關馬華政治、歷史、文化（含文學）、華文教育等層面絕對不可或缺，而且薪火相傳、源遠流長[2]，某種意義上說，華人的文化傳統的繼承與更新成為他們安身立命和團結進取的精神維繫與積極憑藉，一般的中國人或許很難想像一場專業的有關馬華文學的國際學術研討會，往往成為老少鹹宜、積極參與的文化活

---

[1] 特別精彩的論述可參 Wang Gungwu, "The Study of Chinese Identities in Southeast Asia," in Jennifer W. Cushman and Wang Gungwu (eds.), *Changing Identities of the Southeast Asian Chinese since World War II* (Hong Kong: Hong Kong University Press, 1985), pp. 1–21. 也可參考王賡武著，天津編譯中心譯《中國與海外華人》（香港：商務印書館，1994）等。

[2] 具體可參林水檺等主編《馬來西亞華人史新編》（吉隆坡：馬來西亞中華大會堂總會，1998）三卷本；林水檺、何國忠、何啟良主編《馬來西亞華人歷史與人物》（吉隆坡：華社資料研究中心，2003）三卷本等論述。

動乃至盛事。

　　游著的研究令人眼前一亮的地方就是因地制宜、對症下藥，呈現出和馬來西亞華人這種立體存在大致吻合的跨學科實踐。我們不妨以該書第九篇“馬華文學的族群性：研究領域的建構與誤區”為例加以說明。通覽全書，我們不難發現游俊豪對固有“族群性”研究模式和慣性的警惕，這當然也是跨學科的，包括歷史、政治層面他都做過梳理，而以此解剖馬華文學論述的理論介入乃至研究範式（paradigm）時，他更是一針見血：比如，他精心剖析馬華文學中的“中國性”元素和角色，實現了對“斷奶論”（在台學者觀點）、影響論（中國大陸代表性觀點）層面的突破，認為“馬華文學本身就是一個場域，擁有自己的中國論述，在自己特定的軌道上進行著中國各種圖像的想望，形成自己特別的系統裏的模塑。它不是‘大中國’，是馬華族群性裏的‘中國性’，更準確的說法是華人性裏的中國元素。它也不是‘小詩人’的‘多愁、善感、濫清’，而是整個馬華族群的憂患意識，對所處的現代民族國家體制的反應和還擊。”（頁 159）

　　繼而，他也客觀批評了在台學者張錦忠極力提倡的左哈爾（Itamar Even-Zohar）的複系統理論（polysystem theory）的馬華文學研究套用[1]，並指出，作為理論模式，它精彩多變很有包容性，但不符合馬華實踐，“馬來西亞的結構，雖然多元性明顯，可是複系統還未存在。”（頁 163）同樣，他也別具洞見，批評新興的“華語語系文學”概念，認為這個概念在安放到馬華文學語境中時問題較多，“‘華文’固然屬少數的標籤，‘華族’更是少數的坐標。顯然，在馬來西亞的語境當中，‘華語語系文學’不夠貼近現實。”同時，也批評有關論述名家——史書美教授的“定居者殖民主義”論述的盲點，“華人抵達東南亞，實際是移民到歐洲的殖民地裏去。即使是考量到文化殖民主義的可能性，理論也難以成立。中國文化的傳播，在華人移民當中並不帶有強迫性，華人移民其實就是這種文化的載體。隨著時間的推移，這種文化或中國性內化成華人

1　有關論述可參 Tee Kim Tong, *Literary Interference and the Emergence of a Literary Polysystem* (Doctorate dissertation, National Taiwan University, 1997) 和張錦忠著《南洋論述：馬華文學與文化屬性》（台北：麥田出版公司，2003）等。

性的一部分，同時華人性還整合了其他族群的元素。"（頁 166–167）毋庸諱言，上述批判一針見血、洞燭幽微。

縱覽游著，同時返觀中國大陸相關學界，有關此方面的研究既有自己的優勢，但同樣缺陷顯而易見，那就是專業設置在系統性之外的壁壘森嚴、自立門戶。因為考察個體學者過於繁瑣，而且由於千差萬別、個體也具有動態特徵，我們不妨考察有關學術期刊的價值取向。遍覽有關華僑華人研究、東南亞研究、南洋研究的幾家代表性學術期刊，它們作為提供給數代海內外學者發表、交流、思考的學術陣地和生產場域毫無疑問具有非常重要的作用，它們在某些方面頗有優勢，但大多數刊物的錄稿取向亦有其偏執 —— 往往是文化、文學層面和空間受到壓縮，即使是優秀的馬華文學／文化論文也往往一句不合本刊風格打發了事，甚至編委會和審稿人裏面缺乏此類專家，實際上，大多數刊物裏面，即使是文化層面的論文都鳳毛麟角。

這樣的取捨標準和對研究對象的人為切割讓人覺得：彷彿海外華人（尤其是東南亞華人）都是高度關聯政治、經濟的高等動物，刊物本身採取了無意的"東方主義"姿態和刻板印象的方式去處理研究對象，其客觀態度和學術能力都不免令本土學者懷疑。易言之，歷史、國關出身的學者們、編輯們何嘗不該尊重大馬華人存在的立體性事實／史實而努力"跨學科"呢？史學大師陳寅恪先生的"以詩證史"策略和傳統似乎並未得到大陸學者的真正繼承。

反過來，在研究東南亞華人／華文文學的學術生產中，亦有學科單調、各自為政的缺陷，有些學者把（馬華）文學研究當成了技術活。他們很可能具備良好的文本分析能力，甚至也有較好的理論功底，但他們對有關文學文本的解讀結論卻很可能是錯誤的，表面上看，他的訓練和教育並沒有太多問題，問題出在它更多還是一種敘事技藝的分析與操練，他們抽空了區域華文文學必須要置身於相關文學史場域以及更宏闊而息息相關的政治史、教育史等立體語境（social context）的必要性而變成了冷冰冰的機械操作。易言之，沒有對本土華人生存語境、時空轉換、精神認知的幽微感覺與跨學科整體把握，想處理好文學文本並不容易，至少比看起來要艱難。返觀游俊豪博士對同是詩人的呂育陶的處理就相當精彩：一方面固然是呈現出"詩人批評家"解讀詩人同行的精當，另一方面更有對大馬"多元文化公民性"與文學再現複雜互動關係的精彩論斷，這恰恰是純粹文學研究所難以企及的內行修煉。

當然，游著具有相當清晰與精彩的重層策略展現，但若採取更高要求反思，同樣它亦有可以繼續提升的空間。顯而易見的是，游著的重層論述更多還是良好的起點，它還需要更多個案進行論證和支撐，而更有體系性的分層、論證亦需要進一步展開。除此以外，亦有可以具體操作的完善空間。

比如，1. 需要剖析更多文本形式，隨手拈來，僑批、會館會刊、文學期刊（報紙副刊）、新馬華文教育中的可能深層關聯；2. 總結和梳理更多實質的理路交叉；3. 更細膩與具體的課題論證，比如 "華語語系" 話語論述，依然具有再出發的論述空間 —— 在我看來，華語語系（文學）話語自然是一個頗具衝擊力的話語論述，既有相對獨特的立場和洞見：兼具本土性觀照，重視區域華文文學，同時又可以讓人具有跨學科視野。當然，它亦有自己的缺憾，如對抗性貧血和指涉新意不足等問題。更關鍵的是，我們也要反思大陸相關學界的話語弔詭，並做出進一步的良性改變。[1]

整體而言，游著呈現出對新馬華人離散的精彩辯證，正是立足於多元視角，以跨學科的繁複實踐去對應新馬的現實與歷史，游著中有關離散、向心的互動論述在各個層面都令人印象深刻，值得認真拜讀、借鑒並且更上一層樓。

1　具體可參拙文〈華語語系文學的話語建構及其問題〉，《學術研究》2010 年第 7 期；〈再論華語語系（文學）話語〉，《揚子江評論》2014 年第 1 期等。

參考書目

中文書目（以漢語拼音排序）

A

〔英〕托馬斯·斯特恩斯·艾略特著，李賦寧譯《批評批評家》（上海：上海譯文出版社，2012）。

B

〔俄〕M.巴赫金著，白春仁、曉河譯《巴赫金全集》（石家莊：河北教育出版社，1998）。

〔法〕皮埃爾·布爾迪厄著，劉暉譯《藝術的法則：文學場的生成與結構》（新修訂本）（北京：中央編譯出版社，2011）。

C

陳大為著《馬華散文史縱論（1957–2007）》（台北：萬卷樓，2009）。

陳大為著《最年輕的麒麟——馬華文學在台灣（1963–2012）》（台南：國立台灣文學館，2012）。

陳芳明著《台灣新文學史》（台北：聯經出版事業股份有限公司，2011）。

陳劍著《與陳平對話——馬來亞共產黨新解》（增訂版）（吉隆坡：馬來西亞華社研究中心，2012）。

陳華文著《喪葬史》（上海：上海文藝出版社，1999）。

陳平口述，伊恩沃德、諾瑪米拉佛洛爾著，方山等譯《我方的歷史》（新加坡：Media Masters，2004）。

陳順馨著《社會主義現實主義理論在中國的接受與轉化》（合肥：安徽教育出版社，2000）。

陳賢茂主編《海外華文文學史》（第一卷）（廈門：鷺江出版社，1999）。

陳義芝著《聲納——台灣現代主義詩學流變》（台北：九歌出版社有限公司，2006）。

崔貴強著《新馬華人國家認同的轉向（1945–1959）》（修訂卷）（新加坡：青年書局，2007）。

D

戴小華、尤綽韜主編《扎根本土·面向世界：第一屆馬華文學國際學術研討會論文集》（吉隆坡：馬來西亞華文作家協會、馬來亞大學中文系畢業生協會，1998）。

E

〔加納〕克瓦米·恩克魯瑪著，北京編譯社譯《新殖民主義：帝國主義的最後階段》（內部讀物）（北京：世界知識出版社，1966）。

F

方北方著《方北方全集》（吉隆坡：方北方全集出版工委會、馬來西亞華文作家協會，2009）。

方修主編《鐵抗作品選》（新加坡：上海書局，1979）。

〔美〕安德魯‧芬伯格著，陸俊等譯《可選擇的現代性》（北京：中國社會科學出版社，2003）。

馮肖華著《現實主義文學的時代張力：20世紀中國文學主潮的詩學價值》（北京：中國社會科學出版社，2011）。

〔法〕米歇爾‧福柯著，謝強、馬月譯《知識考古學》（北京：生活‧讀書‧新知三聯書店，1999）。

G

龔鵬程、楊松年、林水檺主編《21世紀台灣、東南亞的文化與文學》（台灣：南洋學社，2002）。

郭建文、張夏幃主編《郭寶崑：風風雨雨又一生》（新加坡：闖新文化私人有限公司，2002）。

郭於華著《死的困擾與生的執著——中國民間喪葬儀禮與傳統生死觀》（北京：中國人民大學出版社，1992）。

辜瑞榮編著《回顧內安法令40年》（馬來西亞：朝花企業，1999）。

H

〔英〕弗里德里希‧馮‧哈耶克著，鄧正來譯《自由秩序原理》（北京：生活‧讀書‧新知三聯書店，1997）。

〔法〕莫里斯‧哈布瓦赫著，畢然、郭金華譯《論集體記憶》（上海：上海人民出版社，2002）。

何國忠編《社會變遷與文化詮釋》（吉隆坡：馬來西亞華社研究中心，2002）。

胡興榮著《記憶南洋大學》（桂林：廣西師範大學出版社，2006）。

黃光國、胡先縉等著《人情與面子——中國人的權力遊戲》（北京：中國人民大學出版社，2010）。

黃錦樹著《馬華文學與中國性》（台北：元尊文化，1998）。

黃錦樹著《馬華文學與中國性》（增訂版）（台北：麥田出版公司，2012）。

黃錦樹著《謊言或真理的技藝》（台北：麥田出版公司，2003）。

黃錦樹著《文與魂與體：論現代中國性》（台北：麥田出版公司，2006）。

黃孟文、徐迺翔主編《新加坡華文文學史初稿》（新加坡：新加坡國立大學中文系、八方文化創作室，2002）。

黃萬華著《新馬百年華文小說史》（濟南：山東文藝出版社，1999）。

黃萬華主編《多元文化語境中的華文文學》（濟南：山東文藝出版社，2004）。

J

〔法〕羅傑・加洛蒂著，吳嶽添譯《論無邊的現實主義》（上海：上海文藝出版社，1986）。

江洺輝主編《馬華文學的新解讀——馬華文學國際學術研討會論文集》（吉隆坡：馬來西亞留台校友會聯合總會，1999）。

K

〔美〕馬泰・卡林內斯庫著，周憲、許鈞譯《現代性的五副面孔：現代主義、先鋒派、頹廢、媚俗藝術、後現代主義》（北京：商務印書館，2002）。

〔英〕蒂姆・克雷斯韋爾著，徐苔玲、王志弘譯《地方：記憶、想像與認同》（台北：群學出版有限公司，2006）。

L

〔法〕古斯塔夫・勒龐著，馮克利譯《烏合之眾》（北京：中央編譯出版社，2004）。

黎紫書編著《花海無涯》（馬來西亞：有人出版社，2004）。

李恩涵著《東南亞華人史》（台北：五南圖書出版公司，2003）。

李鳳亮編著《彼岸的現代性：美國華人批評家訪談錄》（桂林：廣西師範大學出版社，2011）。

李歐梵著《現代性的追求》（北京：人民文學出版社，2010）。

李業霖主編《吉隆坡開拓者的足跡：甲必丹葉亞來的一生》（吉隆坡：馬來西亞華社研究中心，1997）。

李元瑾主編《南大圖像：歷史長河中的審視》（新加坡：南洋理工大學中華語言文化中心、八方文化創作室，2007）。

利亮時著《陳六使與南洋大學》（新加坡：南洋理工大學中華語言文化中心、八方文化創作室，2012）。

梁秉鈞、黃勁輝編《劉以鬯作品評論集（第一集）》（香港：香港文學評論出版社，2012）。

梁秉鈞、譚國根、黃勁輝、黃淑嫻編《劉以鬯與香港現代主義》（香港：香港公開大學出版社，2010）。

廖炳惠著《吃的後現代》（台北：二魚文化事業有限公司，2004）。

林春美著《性別與本土：在地的馬華文學論述》（吉隆坡：大將出版社，2009）。

林華瑜著《"革命與愛情"的現代性敘事圖景——中國現代小說的題材敘事研究》（武漢：湖北人民出版社，2008）。

林水檺等《馬來西亞華人史新編》（馬來西亞：馬來西亞中華大會堂總會出版，1998）。

林廷輝、宋婉瑩著《馬來西亞華人新村五十年》（吉隆坡：馬來西亞華社研究中心，2000）。

林毓生著《中國傳統的創造性轉化》（北京：生活・讀書・新知三聯書店，1988）。

劉崇漢編著《吉隆坡甲必丹葉亞來》（吉隆坡：馬來西亞中華大會堂總會，1998）。

劉宏著《戰後新加坡華人社會的嬗變：本土情懷‧區域網絡‧全球視野》（廈門：廈門大學出版社，2003）。

劉鑒銓主編《青山不老——馬共的歷程》（香港：明報出版社，2004）。

劉以鬯著《暢談香港文學》（香港：獲益出版社，2002）。

盧卡奇著，楊衡達編譯，丘為君校訂《小說理論》（台北：唐山出版社，1997）。

羅開玉著《中國喪葬與文化》（海口：三環出版社，1987）。

〔澳〕艾瑞克‧羅斯著，張威譯《澳大利亞華人史（1888–1995）》（廣州：中山大學出版社，2009）。

駱明主編《鐵抗研究專集》（新加坡：新加坡文藝協會，2006）。

M

馬漢著《文學因緣》（馬來西亞雪蘭莪：興安會館，1995）。

馬來西亞留台校友會聯合總會主編《馬華文學與現代性》（台北：新銳文創，2012）。

馬崙編著《新馬華文作者風采 1875–2000》（馬來西亞：彩虹出版社，2000）。

莫順生著《馬來西亞教育史 1400–1999》（馬來西亞：馬來西亞華校教師會總會、林連玉基金，2000）。

O

歐大旭著，王麗豔譯《絲之謎》（海口：南海出版公司，2008）。

歐清池著《新華當代文學史論稿》（新加坡：斯雅舍，2010）。

Q

錢理群著《周作人論》（北京：十月文藝出版社，1990）。

丘格屏著《世外無桃源——東南亞華人秘密會黨》（北京：生活‧讀書‧新知三聯書店，2003）。

丘立基（吳岸）著《砂勞越史話》（馬來西亞古晉：黃文彬報業機構，2003）。

邱依虹著，黎紹珍等譯《生命如河流——新、馬、泰十六位女性的生命故事》（吉隆坡：策略資訊研究中心，2004）。

S

〔法〕蒂費納‧薩莫瓦約著，邵煒譯《互文性研究》（天津：天津人民出版社，2003）。

沈慶旺著《蛻變的山林》（吉隆坡：大將出版社，2007）。

生安鋒著《霍米巴巴》（台灣：生智出版社，2005）。

釋聖嚴著《比較宗教學》（台灣：台灣中華書局，1995）。

史定國主編《簡化字研究》（北京：商務印書館，2004）。

史書美著，楊華慶譯、蔡建鑫校《視覺與認同：跨太平洋華語語系表述‧呈現》（台北：聯經出版事業股份有限公司，2013）。

思想編輯委員會編《解嚴以來：二十年目睹之台灣》（思想7）（台北：聯經出版事業股份有限公司，2007）。

T

田農著《森林裏的鬥爭》（香港：東西方文化事業出版社，1990）。

田思著《沙貝的迴響》（吉隆坡：南大教育與研究基金會，2003）。

田思著《馬華文學中的環保意識（1989–1999）》（馬來西亞：大將出版社，2006）。

W

汪暉著《反抗絕望：魯迅及其〈吶喊〉〈徬徨〉研究》（台北：久大文化，1990）。

汪暉、陳燕谷編《文化與公共性》（北京：生活‧讀書‧新知三聯書店，1998）。

王安憶著《故事和講故事》（上海：復旦大學出版社，2011）。

王德威著《想像中國的方法》（北京：生活‧讀書‧新知三聯書店，2003）。

王德威著《歷史與怪獸：歷史，暴力，敘事》（台北：麥田出版公司，2004）。

王富仁著《中國反封建思想革命的一面鏡子——〈吶喊〉〈徬徨〉綜論》（北京：中國人民大學出版社，2010）。

王賡武著《王賡武自選集》（上海：上海教育出版社，2002）。

王瑾著《互文性》（桂林：廣西師範大學出版社，2005）。

王潤華著《從司空圖到沈從文》（上海：學林出版社，1989）。

王潤華著《沈從文小說理論與作品新論》（台北：文史哲出版社，1998）。

王潤華著《華文後殖民文學：土本多元文化的思考》（台北：文史哲出版社，2001）。

王潤華著《越界跨國文學解讀》（台北：萬卷樓，2004）。

王潤華著《魚尾獅、榴槤、鐵船與橡膠樹》（台北：文史哲出版社，2007）。

王潤華著《王維詩學》（香港：香港大學出版社，2009）。

王炎著《小說的時間性與現代性：歐洲成長教育小說敘事的時間性研究》（北京：外語教學與研究出版社，2007）。

王宇博著《移植與本土化：大洋洲文明之路》（北京：人民出版社，2011）。

王嶽川著《發現東方》（修訂版）（北京：北京大學出版社，2011）。

王植原著《葉德來傳》（吉隆坡：藝華出版印刷有限公司，1958）。

溫明明著《離境與跨界——在台馬華文學研究（1963–2013）》（北京：中國社會科學出版社，2016）。

溫賢定著《回憶——砂拉越革命鬥爭的一段歷史》（砂拉越：余清祿，2021）。

吳道順撰《鍾怡雯散文的神秘敘事》（台灣東華大學碩士論文，2010）。

吳耀宗編《當代文學與人文生態》（台北：萬卷樓，2003）。

伍燕翎主編《西方圖像：馬來（西）亞英殖民時期文史論述》（馬來西亞：新紀元學院馬來西亞與區域研究所，馬來西亞研究中心，2011）。

X

夏鑄九、王志弘編譯《空間的文化形式與社會理論讀本》（台北：明文書局，1993）。

謝詩堅著《中國革命文學影響下的馬華左翼文學（1926–1976）》（馬來西亞：韓江學院，2009）。

解志熙著《慾望的文學風旗——沈從文與張愛玲文學行為考論》（台北：人間出版社，2012）。

熊婷惠、張斯翔、葉福炎編《異代新聲：馬華文學與文化研究集稿》（台灣：國立中山大學人文研究中心，2019）。

徐吉軍、賀雲翱著《中國喪葬禮俗》（杭州：浙江人民出版社，1991）。

徐秀慧等主編《從近現代到後冷戰：亞洲的政治記憶與歷史敘事》（台北：里仁書局，2011）。

許文榮主編《回首八十載·走向新世紀——九九馬華文學國際學術研討會論文集》（馬來西亞：南方學院出版社，2001）。

許文榮著《南方喧嘩：馬華文學的政治抵抗詩學》（馬來西亞：南方學院出版社、新加坡：八方文化創作室，2004）。

許倬雲著《我者與他者：中國歷史上的內外分際》（北京：生活·讀書·新知三聯書店，2010）。

Y

楊松年著《戰前新馬文學本地意識的形成與發展》（新加坡：國立大學中文系、八方文化企業公司，2001）。

〔美〕哈羅德·伊羅生著，鄧伯宸譯《群氓之族：群體認同與政治變遷》（桂林：廣西師範大學出版社，2008）。

游俊豪著《移民軌跡和離散論述：新馬華人族群的重層脈絡》（上海：上海三聯書店，2014）。

Z

張春榮著《現代散文廣角鏡》（台北：爾雅出版社，2001）。

張光達著《馬華現代詩的時代性質與文化屬性》（台北：秀威資訊科技股份有限公司，2009）。

張箭飛著《魯迅詩化小說研究》（南寧：廣西教育出版社，2004）。

張錦忠等編《重寫台灣文學史》（台北：麥田出版公司，2007）。

張錦忠著《南洋論述——馬華文學與文化屬性》（台北：麥田出版公司，2003）。

　　　　　　　　　　　　　　　　　　　　　　　　　　　　　　　　　參考書目

張琳琳、黎亮著《面子》（重慶：重慶出版社，2006）。

張鐵榮著《周作人平議》（天津：天津人民出版社，1998）。

張永修、張光達、林春美編《辣味馬華文學：90年代馬華文學爭論性課題文選》（吉隆坡：雪蘭莪中華大會堂，2002）。

翟學偉著《中國人的臉面觀：形式主義的心理動因與社會表徵》（北京：北京大學出版社，2011）。

趙稀方著《後殖民理論》（北京：北京大學出版社，2009）。

鄭卓群著《馬華文藝叢談》（新加坡：維明公司，1956）。

止庵著《周作人傳》（濟南：山東畫報出版社，2009）。

鍾怡雯著《亞洲華文散文的中國圖象（1949–1999）》（台北：萬卷樓，2001）。

鍾怡雯著《靈魂的經緯度：馬華散文的雨林和心靈圖景》（吉隆坡：大將出版社，2006）。

鍾怡雯著《內斂的抒情》（台北：聯合文學，2008）。

鍾怡雯著《馬華文學史與浪漫傳統》（台北：萬卷樓，2009）。

周寧主編《東南亞華語戲劇史》（廈門：廈門大學出版社，2007）。

周兆呈著《語言、政治與國家化：南洋大學與新加坡政府關係1953–1968》（新加坡：南洋理工大學中華語言文化中心、八方文化創作室，2012）。

周作人著《知堂回想錄》（石家莊：河北教育出版社，2002）。

朱崇科著《本土性的糾葛——邊緣放逐·"南洋"虛構·本土迷思》（台北：唐山出版社，2004）。

朱崇科著《考古文學"南洋"——新馬華文文學與本土性》（上海：上海三聯書店，2008）。

朱崇科著《身體意識形態：論漢語長篇（1990– ）中的力比多實踐及再現》（廣州：中山大學出版社，2009）。

朱崇科著《魯迅小說中的話語形構："實人生"的梟鳴》（北京：人民出版社，2011）。

朱崇科著《張力的狂歡——論魯迅及其來者之故事新編小說中的主體介入》（上海：上海三聯書店，2006）。

朱崇科著《華語比較文學：問題意識及批評實踐》（上海：上海三聯書店，2012）。

朱崇科著《"南洋"糾葛和本土中國性》（廣州：廣東人民出版社，2014）。

朱崇科著《馬華文學12家》（北京：生活·讀書·新知三聯書店，2019）

朱立立、劉小新著《寬容話語與承認的政治》（江蘇鎮江：江蘇大學出版社，2009）。

朱壽桐主編《漢語新文學通史》（廣州：廣東人民出版社，2010）。

莊華興主編《國家文學：宰製與回應》（吉隆坡：大將出版社，2006）。

英文書目

Apple, Michael W., *Ideology and Curriculum* (London: Routledge, 2004 third edition).

Aschcroft, Bill; Griffiths, Gareth & Tiffin, Helen (eds.), *The Post-Colonial Studies Reader* (New York: Routledge, 2006).

Aschcroft, Bill; Griffiths, Gareth & Tiffin, Helen, *The Post-Colonial Studies Reader* (London: Routledge, 1995).

Barclay, John M. G. (ed.), *Negotiating Diaspora: Jewish Strategies in the Roman Empire* (New York: Continuum International Publishing Group, 2004).

Berlin, Isaiah, *The Hedgehog and the Fox: An Essay on Tolstoy's View of History* (London: Weidenfeld & Nicolson, 1953).

Braziel, Jana Evans, *Diaspora: an Introduction* (Malden, MA: Blackwell 2008).

Calinescu, Matei, *Five Faces of Modernity: Modernism, Avant-Garde, Decadence, Kitsch, Postmodernism* (Durham: Duke University Press, 2003).

Chow, Rey, *Ethics After Idealism: Theory, Culture, Ethnicity, Reading* (Bloomington and Indiapolis: Indiana University Press, 1998).

Comber, L. F., *Chinese Secret Societies in Malaya: A Survey of the Triad Society from 1800 to 1900* (New York: J. J. Augustin, 1959).

Cushman, Jennifer W. & Wang Gungwu (eds.), *Changing Identities of the Southeast Asian Chinese since World War II* (Hong Kong: Hong Kong University Press, 1985).

Dunn, Robert G., *Identity Crisis: A Social Critique of Postmodernity* (Minneapolis: University of Minnesota Press, 1998).

Freilich, Ariel S., *Jews of the Amazon: Self-Exile in Earthly Paradise* (Philadelphia: Jewish Publication Society, 1999).

Hechter, Michael, *Internal Colonialism: The Celtic Fringe in British National Development, 1536–1966* (California: University of California Press, 1977).

Higgins, John, *Raymond Williams: Literature, Marxism and Cultural Materialism* (London & New York: Routledge, 1999).

Liu Jianmei, *Revolution Plus Love: Literary History, Women's Bodies, and Thematic Repetition in Twentieth-Century Chinese Fiction* (Honolulu: University of Hawaii Press, 2003).

Ma, Laurence J. C. & Cartier, Carolyn L.(ed.), *The Chinese diaspora: space, place, mobility, and identity* (Lanham, MD: Rowman & Littlefield, 2003).

Sayer, Derek, *Capitalism and Modernity: An Excursus on Marx and Weber* (London: Routledge, 1991).

Tan Chee-Beng, *The Baba of Melaka: Culture and Identity of a Chinese Peranakan Community in Malaysia* (Petaling Jaya, Selangor: Pelanduk Publications, 1988).

Tan, E. K., *Rethinking Chineseness: Transnational Sinophone Identities in the Nanyang Literary World* (New York: Cambria Press, 2013).

Tsu Jing, *Sound and Script in Chinese Diaspora* (Cambridge: Harvard University press, 2010).

Veracini, Lorenzo, *Settler Colonialism: A Theoretical Overview* (London: Palgrave Macmillan, 2010).

Waugh, Patricia, *Metafiction: The Theory and Practice of Self-Conscious Fiction* (London: Methuen, 1984).

Yow Cheun Hoe, *Guangdong and Chinese Diaspora:The Changing Landscape of Qiaoxiang* (London & New York: Routledge, 2013).

後記

轉眼間到了"大叔"與"大爺"交接的年紀，而這是我出版的第十二部書。前面的十一部分別是：1.《本土性的糾葛》；2.《張力的狂歡》；3.《考古文學"南洋"》；4.《身體意識形態》；5.《魯迅小說中的話語形構》；6.《華語比較文學：問題意識及批評實踐》；7.《廣州魯迅》；8.《觸摸魚尾獅的激情與焦慮》；9.《〈野草〉文本心詮》；10.《馬華文學 12 家》；11.《論〈朝花夕拾〉及其周邊》。出到第七部《廣州魯迅》的時候，友人就戲稱我為葫蘆娃的爹了，怎麼能夠如此長於生養？！甚至，更進一步坐實了我是"快字手"（形似"劊子手"）的印象。

其實，這都是錯覺，或者更多只是表面的推測。長期以來，我最欣賞自己或聊以自慰的只有一點 —— 勤奮。實際上，我對學術的尊敬、享受與自我嚴格要求緊密相關，在新加坡國立大學讀博時，差不多每天工作 12–16 小時。回到中山大學執教以來，時間略微減少且顯得碎片化，但學習、運動、思考等習慣近乎不可更改，甚至有時候連出去遊玩超過三天都覺得慚愧，不讀書、思考、寫作似乎就覺得自己面目可憎。何況，我深知每個人學術創造的黃金時光極其有限，一旦學術的浩然之"氣"被人為掐斷，則很可能無力再續，甚至逐步江郎才盡。2016 年 4 月迄今，我受命一直勠力主持新成立的中山大學中文系（珠海），學者時間被高度壓縮與切割，但我始終有意保持一定的銳氣、堅守與文青特質，每天 5 點 30 分左右起床幹活就是此意。

《台灣經驗與"南洋"敘述》的書寫實際上始於 2009 年，2010 年曾經申請到教育部人文社科項目，為結項和興趣維繫斷斷續續書寫了一部分，當然最集中的書寫時間是我 2013 年上半年在台灣東華大學華文文學系擔任客座教授時，於"好山好水好無聊"的美麗花蓮縣奮筆疾書完成了主體部分，直至如今的修修補補、敲敲打打，又過去了十多年。嚴格說來，這部書同時也是我廣東省社科規劃辦《廣東華僑史》特別委託重點項目"粵籍作家與東南亞華文文學"（編號 GD13TW01-8）的部分結項成果。一本書能夠面世，在每年浩瀚的中文出版品種中，似乎已經其貌不揚乃至微不足道，但坦白說，正如一個不可複製的孩子的出生和成長，其實維繫著太多（友）人的關愛。此刻，我的內心只有感激。

特別感謝我的博士導師王潤華教授慷慨賜序，樂於助人、活力四射與勤奮不輟的"80 後"王師是我輩學生們的終生楷模；歷史學家陳春聲教授，長期作為學校主要領導，他日理萬機卻依然保持學者本色，於百忙之中賜序，讓拙著因此增色不少，本人不勝感念。當然，也感謝中山大學及其優秀青年教師培育計劃的關照，感謝吳承學（敬稱恕免）、劉志偉、王坤、業師王劍叢（2022 年已故）、楊松年、濱下武志、張應龍、袁丁、韓晗、南治國等前輩師友的無私幫助，還有許許多多朋友（包括親友團）的各種各樣的幫助，限於篇幅恕我不能一一點名感謝，但我會銘記於心、不負眾望，以更勤奮的鬥志和豐碩的成果來表示回應和回報。

　　本書出版前的單篇論文多有各地學術期刊垂青，特別感謝如下期刊（按照本書章節出現先後順序），謝謝責編和主編讓系列拙文得以面世，接受關注，無論是表揚、建議還是批評，都令人不那麼寂寞。

　　1.〈卓爾不群論鐵抗〉，《世界華文文學論壇》2017 年第 4 期；

　　2.〈"大""小"的辨證：重讀《棺材太大洞太小》〉，《生命旅程與歷史敘述》（暨南大學出版社，2014）；

　　3.〈論王潤華放逐詩學的三階段〉，香港《香港文學》2015 年第 11 期；

　　4.〈論淡瑩作品中的"新"華性〉，《華文文學》2017 年第 4 期；

　　5.〈（後）殖民／解殖民的原鄉（朝聖）：《大河盡頭》論〉，《南洋問題研究》2014 年第 1 期；

　　6.〈台灣經驗與張貴興的南洋再現〉，《中山大學學報》2012 年第 5 期；

　　7.〈台砂並置：原鄉／異鄉的技藝與迷思 —— 以李永平、張貴興的小說書寫為中心〉，《中山大學學報》2015 年第 4 期；

　　8.〈後殖民時代的身份焦慮與本土形構 —— 台灣經驗與潘雨桐的南洋敘述〉，《華僑華人歷史研究》2014 年第 2 期；

　　9.〈台灣體驗與黃錦樹"南洋"論述的弔詭〉，《暨南學報》2014 年第 6 期；

　　10.〈論鍾怡雯散文中的南洋書寫及其限制〉，《台灣研究集刊》2016 年第 1 期；

　　11.〈劉以鬯的南洋敘事〉，《福建論壇》（人文社科版）2014 年第 10 期；

　　12.〈（被）離散（詩學）與新加坡認同的困境 ——《畫室》的敘事創新〉，《華文文學》2014 年第 6 期；

　　13.〈告別／記錄的弔詭：論黎紫書的（長篇）小說實驗〉，新加坡《華人研究國際學報》第五卷第 1 期，2013 年 6 月；

14.〈論黎紫書小說的"故""事""性"及其限制〉，《當代文壇》2015 年第 4 期；

15.〈自如或失據 —— 論黎紫書《流俗地》的進退悖論〉，《粵港澳大灣區文學評論》2022 年第 2 期；

16.〈再論華語語系（文學）話語〉，《揚子江評論》2014 年第 1 期；

17.〈為反而反的悖謬 —— 論史書美華語語系研究〉，新加坡《華人研究國際學報》第 11 卷第二期，2019 年 12 月；

18.〈流散詩學及其邊界 —— 論錢超英的澳華文學研究〉，《世界華文文學論壇》2016 年第 3 期；

19.〈論"馬共"題材小說再現的類型及其類型化〉，加拿大《文化中國學刊》2021 年第 1 期；

20.〈區域華文文學的越界、跨國與主體解／構 —— 以旅台馬華文學為例〉，新加坡《華人研究國際學報》第十四卷第一期（2022 年 6 月）；

21.〈從問題意識中提升的詩學建構〉，《暨南學報》2013 年第 2 期。

當然，也感謝數次國際會議和演講主辦者的邀請，讓我可以當眾更清晰地表述並修訂自己，謝謝柯思仁、陳大為、須文蔚、劉秀美、王力堅、李瑞騰、游俊豪等諸位教授的邀請和指正。當然，該書中可能存在的所有錯誤都由本人負責。

或許不是多餘的話，該書原計劃於 2019 年夏天在內地出版，但因為某些外部原因只能無疾而終。這點變故也因此讓我有了更多時間重新檢視拙著，查漏補缺，索性按照本意做了較大變動，這也是所謂"塞翁失馬，焉知非福"的實踐之一吧。感謝三聯書店（香港）有限公司的青睞，讓它以清新面貌最終呈現，也讓我對作為研究對象的香港更多了一分親近。

無論如何，感謝它能面世，期待您真誠的關注、批評和建議。創造永遠是迷人的，文化永遠比政治長久，這是讀書人與著述者的命定與幸運。

朱崇科

2023 年於依山傍海的中山大學珠海校區

責任編輯：王　穎

書籍設計：a-kun

排　版：陳先英

校　對：栗鐵英

書　名　台灣經驗與"南洋"敘述

著　者　朱崇科

出　版　三聯書店（香港）有限公司

　　　　香港北角英皇道 499 號北角工業大廈 20 樓

　　　　Joint Publishing (H.K.) Co., Ltd.

　　　　20/F., North Point Industrial Building,

　　　　499 King's Road, North Point, Hong Kong

香港發行　香港聯合書刊物流有限公司

　　　　香港新界荃灣德士古道 220-248 號 16 樓

印　刷　美雅印刷製本有限公司

　　　　香港九龍觀塘榮業街 6 號 4 樓 A 室

版　次　2023 年 11 月香港第一版第一次印刷

規　格　16 開（170 × 240 mm）400 面

國際書號　ISBN 978-962-04-5336-6